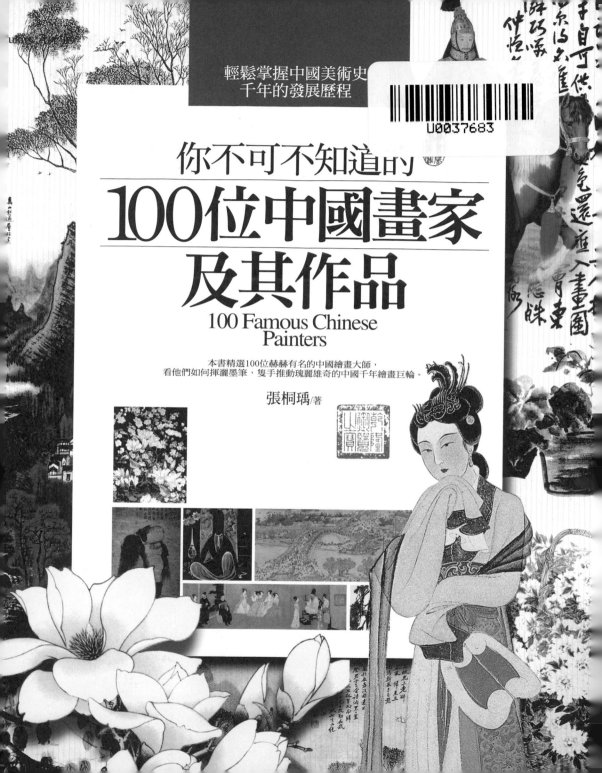

輕鬆掌握中國美術史
千年的發展歷程

你不可不知道的
100位中國畫家
及其作品

100 Famous Chinese
Painters

本書精選100位赫赫有名的中國繪畫大師，
看他們如何揮灑墨筆，隻手推動瑰麗雄奇的中國千年繪畫巨輪。

張桐瑀/著

Cultus Art

你不可不知道的
100位中國畫家
及其作品

高談文化藝術館

國家圖書館出版品預行編目資料

你不可不知道的100位中國畫家及其作品／張
桐瑀著.─台北市：高談文化，2005〔民94〕
　　面；　　公分
　　ISBN 986-7542-80-0　（平裝）
　　1. 畫家 – 中國 – 傳記

940.98　　　　　　　　　　　　　94006767

你不可不知道的100位中國畫家及其作品

作　　者：張桐瑀
發行人：賴任辰
總編輯：許麗雯
主　　編：劉綺文
責　　編：鄒湘齡　李依蓉
美　　編：陳玉芳
企　　劃：張燕宜
發　　行：楊伯江
出　　版：高談文化事業有限公司
地　　址：台北市信義路六段76巷2弄24號1樓
電　　話：（02）2726-0677
傳　　真：（02）2759-4681
http://www.cultuspeak.com.tw
E-Mail：cultuspeak@cultuspeak.com.tw
郵撥帳號：19884182 高咏文化行銷事業有限公司
印刷：卡樂彩色製版印刷有限公司　（02）2883-4213
圖書總經銷：凌域國際股份有限公司
　　　　　電話：(02)2298-3838
　　　　　傳真：(02)2298-1498
行政院新聞局出版事業登記證局版臺省業字第890號
本書圖文經原出版者海南出版社授權
由高談文化事業有限公司在台灣地區獨家出版發行繁體中文版
2005年5月出版
定價：新台幣480元整

目錄

◣第一部分 山水畫的萌芽 人物畫的極盛

◣第二部分 由繪畫到寫意的歷程

第四部分　傳統圖式與價值的嬗變

出版序

　　文明的發展和人類的進步，往往可以從當時所留下來的藝術創作中展現出來；而藝術創作的深度和其對當時社會的紀錄，正是詮釋一個國家及其文明程度的最有力證據。

　　中國幾千年來，除了文字紀錄外，繪畫藝術的精湛與其對當代社會的詳實紀錄，不僅能讓我們還原當代人們的生活風景，同時揭開了中國文明一脈相承、風華盛世、泱泱大國的恢弘氣度。而中國藝術美學不同於西洋藝術創作的迷人之處，在於它記實與寫意兩脈並陳的獨特技法，自然流露其不凡的感性審美趣味，以及充滿詩意的藝術世界。

　　《你不可不知道的100位中國畫家及其作品》以歷史為縱軸，畫家為橫軸，選取100位在中國繪畫歷史上舉足輕重的畫家及其代表作品，縱跨魏晉南北朝、隋唐、宋、元、明、清以至近現代，全面性呈現名家輩出、派別林立的完整風貌。而這100位中國畫家的繪畫故事、創作背景、性格特質，更將帶領您親自領略中國繪畫藝術由傳統邁向現代的發展樣貌，看見中國三大畫風──人物、山水、花鳥畫的變遷歷程；工筆、寫意的交錯變化；文人畫的來龍去脈，以及書卷氣質的形成軌跡。

　　這本包羅宏偉的中國繪畫賞析創作，以圖文並茂的敘述形式，讓您輕鬆品味歷代中國畫家的經典雋永作品，藉由畫作解析進而瞭解其師承脈絡，以

及中國繪畫在數度重要轉折時，所象徵的歷史意義。

　　《你不可不知道的100位中國畫家及其作品》，秉持「不可不知道」系列叢書一貫的編輯理念，以一幅幅大師筆下的傳世珍品、深入淺出的文字敘述、兼顧畫派與畫家性格的開闊閱讀方式，讓您輕鬆走進多采多姿的中國繪畫世界，了解文明發展背後的菁英與市民文化的差異，創作技巧與藝術家性格之間的關係，閱讀本書，讓您能侃侃述說那一頁頁豐富多姿的中國千年繪畫史。

高談文化總編輯

許麗雯

引 子

　　一般說來，世界文化藝術概莫能外的是仰觀天象、俯察地理；遠取諸物、近取自身而成。單從物理基礎而言，可分為三種類型：西方的「金石文化」，日本、印度的「竹木文化」，中國的「泥土文化」。正是這種三足鼎立的態勢，撐起整個世界文化，結成了人類文明的基本框架。

　　西方的「金石」文化注重金屬和石器，這也和生存方式緊密相連，西方農業和定居生活比我們要晚得多，以狩獵和食肉為主。原始時期擊打獵物，和城邦奴隸制時期用於戰爭搶掠，無不是透過金石武器而獲得。現代奧林匹克傳統體育項目中，有許多就是當年戰爭的遺存。擲鐵餅、投鉛球、投標槍，助跑投擲的距離差不多是船頭到船尾的長度；投鉛球的動作在我們看來，仍有在船頭旋轉怕掉進水裡的感覺。金屬武器是他們頭等重要的物品，因為是海上戰爭，不能像陸戰那樣穿鎧甲兵服，戰士們都赤裸身體，不然的話，掉進水裡，鎧甲兵服會使他們沉入海底。

　　起先是戰爭的必需，然而也因在戰爭中體現出了人的價值和自信，他們赤裸的身體後來漸被提升到美和藝術的高度。看來藝術正是在長期生活中造就的，「遠取諸物、近取自身」正是注腳。

　　有學者說，中國沒有「裸體文化」和「性文化」，並呼籲建立中國的「裸體文化」。這是沒有重視中國的文化國情所致。我們的文化發源地——黃河上下，是黃土萬里（海洋文化影響中國是後來的事了），我們的文明一開始就是根植於「海中地」上、皇天后土之中的「衣冠文明」，和西方肇源於

「地中海」水面上的「裸體文明」是有區別的。

西方的居所也都以石材為主，在關鍵裝飾部位配以金屬點綴，從教堂到皇宮再到民宅，無不如此。甚至全用金屬構成建築，法國艾菲爾鐵塔便是這種愛好的極端表現。他們的醫藥大多也都從金屬石塊中提煉。從狩獵到戰爭，再到日常生活，「金石文化」無所不在。

因為是「金石文化」，表現在美術中是重視品質、體積，長期的狩獵和戰爭使他們發現了單眼瞄準更加準確，就有了對透視和空間的認識，表現在美術中則是強調定點透視和空間位置。

再者，西方人眼窩都很深，而且視閾窄，閉上一隻眼就是一架天然「透視鏡」。碧海藍天造就了他們對色彩的敏感，在美術中走的是以色圖形的道路。因為是金屬石塊，就有了反光和高光，反映在繪畫中就有了光和影。

西方繪畫的創作過程是由點到線、由線到面、由面到體積、由體積進入空間，再由空間構成畫面，並用色彩呈現畫面、由畫面表達思想、由思想體現智慧與修養。因

◎原始湯

1924 年，俄國化學家A. I. Oparin 和英國演化學家J. B. S. Haldane分別提出「原始湯」（primordial soup）生命起源假說，認為四百萬年前，從簡單的分子與氨基酸構成的「原始湯」中，產生了世上第一個活細胞。

▼《舞蹈紋彩陶盆》
（新石器時代）

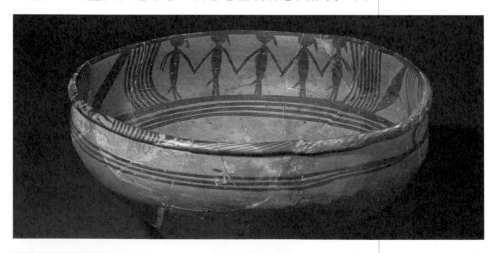

此，審美要求和審美習慣和我們有所不同。

而我們中國的「泥土文化」，重視的是我們賴以生存的土地。中國是以農業和素食為主的，定居生活比西方早得多，也有過以「金屬和石器為標誌」的時代，可我們的食品主要不是靠戰爭獲取，而是透過耕種從泥土中長出。我們的體育項目更多的是以柔克剛，西方人鍛鍊的是體魄，我們練就的是智慧。揣摩智慧往往只能靠人的表情，我們的人物畫重視的是面容，頭以下有時顯得造型不準，但是我們看的主要是傳神與否。我國最早的繪畫理論是「傳神論」，和西方最早的繪畫理論多是數理規則大相逕庭。

泥土對我們華夏民族的造就比任何一個國家都重要，在日出而作、日落而息、臉朝黃土背朝天中增加了我們對泥土的親和力，也增加了我們對土地的認識。自從我們的先民搏土造器開始，便掀開了中華「泥土文化」的新篇章。犁開春土一線，使我們領悟到這一線的魅力，犁開的泥土深淺和土壤的厚度肥力關係到收成的好壞，也關係到情緒上的喜怒哀樂。對土壤的評價最後引申到書畫評價是再自然不過的事情，書畫中用筆「輕重緩急」、用墨「濃淡乾濕」，畫面渾厚華滋、敦厚有力，無不和土地耕種有關。

心理學家判斷，人類在長期進化中，進化行為在人類心靈深處也許同樣留下了痕跡，並且沉澱在意識和本能深處，平時不易被人覺察，而在審美過程中則會起到微妙的作用。對泥土和作用於泥土之上犁痕的敏感和認識，使我們的繪畫一開始就走上了用筆、用線造型的道路。

我們的建築多是由土木構成，從長城的磚，到民宅的瓦；從皇宮的牆，到府第的門，無不以泥土為主；即使是高級一些的琉璃，也還是用泥土煉就。西方建築理念中追求的是獨立於自然，甚至是排斥自然的城堡式建築，窗門很小，力求縱線的高聳。在這方面，我們刻意使建築與自然息息相通，甚至用格、透、借景等辦法，把很遠的景致都納入其中。窗門開得很大、留意橫線的寬廣，並且注重空白和空間疏密的運用，對書法繪畫的空間布白具有「原始湯」[註]之用。

因為我們是以農立國，在長期的農耕採集中，造就了我們一雙善於宏觀、整體把握事物的心眼，對土地好壞、果實成色，用的是上下左右打量的眼光，而不是獵取動物時的單眼瞄準。因此，我們對平面空間的把握機會多於對焦點透視的認識，表現在美術中強調的是散點平面透視。這種透視方法不像西方繪畫那樣受定點、閉單眼的限制，運用起來比較自由，可以在一幅畫中畫春夏秋冬、千山萬水；而西方繪畫就很難做到這一點。另外，中國人的眼窩大多外突，視野廣闊，這也是散點平面透視的生物學基礎。長時間在烈日下的勞作耕耘，使之更嚮往大屋簷裡和林蔭之下的愜意，久而久之，我們發現了陰翳之美，沒有比濃淡相宜的水墨更適合這陰翳之美的了。

這和西方人躲在暗處等待獵物襲擊目標時，嚮往陽光下的多彩世界，正好形成了強烈的對比。西方繪畫追求色彩的富麗變化，絕不是偶然的選擇，而是和生存方式緊密相關。

由於泥土在我們的生活中無所不在，使我們有更多的機會在泥土上和泥土製品上刻畫，這不僅是人的本質力量的外化，也體現出了人類對美的追求，我們對這刻畫的線賦予了更多的情感和內涵。在繪畫中不僅僅停留在輪廓線上，而是超越輪廓線，在線本身的美上用意頗深，所以在繪畫中我們不稱用線，而是稱為用筆。我們最高的藝術是用筆難度最大的，書法、繪畫無不如斯。

中國繪畫有時在不構成任何物象的單純筆墨中，可以體現出作者的學識、修養、品格、境界。中國繪畫領域中，真正的大師很少，主要原因也許就在這裡。在偏離筆墨本質，追求形、色方面，大師更是罕見，因為這不是我們的強項。

所謂「竹木文化」，是指中國文化兩極邊界的日本和印度，這種文化往往是移植或吸收其他文化而成，是生長於「金石文化」和「泥土文化」表層之上的文化，它易受周邊文化影響，改變自己的文化，適應性很強。

印度古代就受到西方影響，在美術方面吸收得更多，甚至曾一度影響到

中國美術的進程。日本古代文化多受中國影響，而近代更
多的是受西方影響。

　　古代的印度、近代的日本，都是我們看西方的視窗。
因為是「竹木文化」，它很適合異地移植，只要培育得
當，就能紮根發芽、開花結果；因為是「竹木文化」，體
現在美術方面，追求的是竹木紋似的細膩效果和紋理的裝

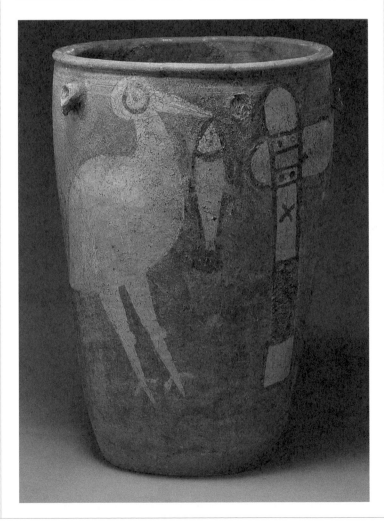

飾風格，在色彩的單純明淨上更顯神通。這在許多方面是很值得我們中國和西方借鑑學習的。

綜上所述，由於中華民族和泥土的特殊關係，最早具有繪畫性很強的作品，都和泥土有著密切的關聯。新石器時代仰韶文化晚期的甘肅秦安大地灣地畫就畫在地面上。更多的繪畫性作品則出現在用泥土所製的陶器表面，我們名之為彩陶藝術。彩陶藝術大致可分為繪畫類和圖案類，繪畫類以青海省大通縣孫家寨所出的舞蹈紋彩陶盆，和河南臨汝村出土的鸛魚石斧彩陶缸為代表。舞蹈紋彩陶盆，繪三組舞蹈者，每組五人，被間隔描繪於盆的內壁上，人是剪影式的，腦後垂著髮辮，很像兒童。他們手拉著手舞動，律動整齊，音樂感很強。由於是畫在器物內壁上沿部，欣賞時，有一種循環不已的韻律美。如果在舞者腳下幾道弦線部位盛水欣賞，舞者身影會映入水中，使畫面更加美麗動人。我想，古人也許就是如此來欣賞這件作品的吧！

舞蹈彩陶盆在中國共有兩件，另一件也出土於青海，其繪畫技法、圖案安排和前者極為相似，所不同的是舞者一組多至十多人，腰間好像著裙，很像女童，兩幅作品可以互為參考研究。鸛魚彩陶缸上的作品就有些像獨立的花鳥畫了，技法難度也增加了很多。畫面繪有鸛鳥銜魚，旁邊立一件石斧，缸高47公分，畫面大而突出，用白色在夾砂紅陶缸外壁繪出鸛、魚、石斧，然後以粗重有力的黑線勾出鸛的眼睛、魚身和石斧的結構，鸛喙部位和石斧握把部位用銳器刻畫而成，可以說是刻繪結合的作品，也是中國美術由刻畫向繪畫轉變的佐證。

關於這幅作品也有多種說法，有說是鸛魚崇拜，有說石斧是權力象徵等等，我們在研究先人文化時很容易把圖騰崇拜到處亂用，用當代社會政治學理去對應上古社會。其實在上古社會中，自然對人們的影響是大於社會政治對人們影響的，只是近代我們遠離了自然，社會政治對人們的影響才增強。

鸛魚石斧彩陶缸有另外一個名字叫伊川缸，是埋葬死嬰的葬具，上面所繪畫面無非是祈福辟邪之用，這和漢唐陵墓繪畫、明器用途並無二致。鸛魚

是表示漁汛季節豐收景象，石斧是獵魚時把魚趕入淺灘擊打魚頭所用，魚被擊死後，剖腹晾曬，以備日後食用。也許有人會問，有些陶器上所繪的是魚銜鸛或鳥又如何解釋？我們所見到的大多是魚銜水鳥，一般認為魚不會飛，是不可能吃到鳥的。其實在許多生物學、動物學中，我們都可以瞭解到魚是能吃鳥的，而且能吃鳥的魚有許多種，

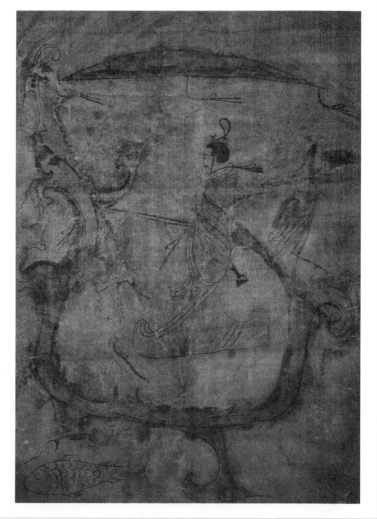

▶ 《人物馭龍圖》

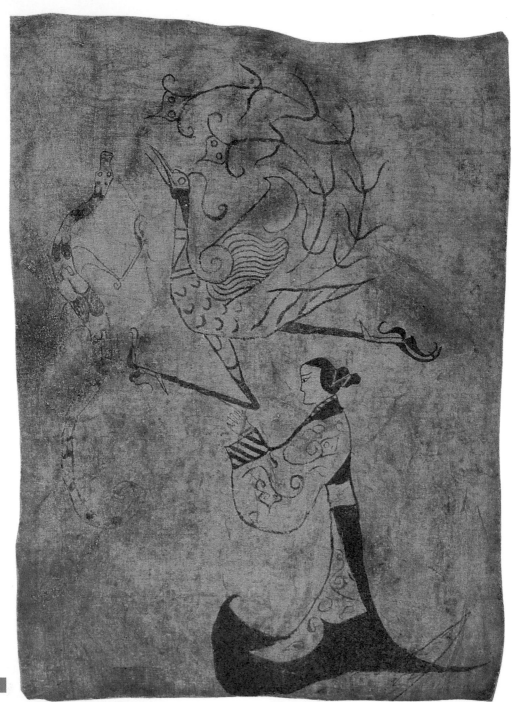

▲ 《龍鳳仕女圖》

它們成群結隊把涉水捕食的鳥拖入水中吞而食之。魚銜鳥和鳥銜魚所表達的意思沒有質的差別，都表達了辟邪祈福、豐收吉祥的涵義。

在彩陶藝術中，數量最多的還是圖案紋樣類。透過這些圖案紋樣不僅可以劃分一個時期，也可以劃分一個地區。彩陶藝術在中國文化中流行的時間長達三、四千年，可以說是在所有美術種類中存在時間最長的，而且是母系社會時代女性所創造的燦爛文化。但我們當今許多美術工作者對彩陶藝術最爲陌生，雖然它尚在美術的孕育萌芽階段，但它卻是源頭。如果我們對所研究的東西不去探本溯源，那也很難講對流脈的梳理了。

我們應當理智地考慮到，沒有一個孕育萌芽的階段就沒有以後的茁壯成長，彩陶藝術產生於沒有文字的時代，它不僅是爲了美觀才如此這般，更重要的是表達了某種觀念，傳達了某種資訊，也許代表著部落氏族的共同追求和共識。當時不僅在陶器上繪飾紋樣圖案，而且在身上和面部也用顏色塗繪紋飾，新疆出土的幾具古代乾屍，臉部仍能看出塗繪的殘跡。

雖然彩陶藝術遍布全國各地，但代表其藝術水準的主要是黃河流域，並可簡單劃分爲仰韶文化和馬家窯文化。仰韶文化最初發現於河南澠池仰韶村，年代爲西元前5000～前3000年，其前段稱半坡類型，後段稱廟底溝類型。馬家窯文化發現於甘肅臨洮馬家窯，年代爲西元前3300～前2050年，根據先後傳承，可區分爲石嶺下、馬家窯、半山、馬廠等四個類型。

彩陶藝術特點總體來說，首先是注重立意，不單純模擬自然形狀、不斤斤計較事物局部細節，往往把被描繪物的本質特徵概括爲幾何形，按一定格式規律重新組合成新的形態，以表現其律動意味。圖案大都採用動的格式，廟底溝、馬家窯還採用了動而不對稱的格式，以突破均衡的二方四方連續。做定點的圓點以奇數居多，這樣形成的對稱比偶數對稱靈活可愛，但又不失穩定感。

南北朝以前，裝飾紋樣沿著彩陶運動的格式發展，象徵了中華民族上升時期旺盛的生命力，也因此逐漸發展固定爲代表中華文化傳統的保留圖案。

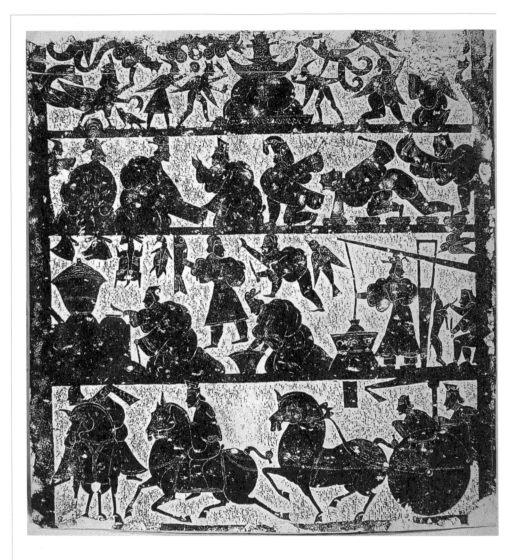

彩陶圖案具有標誌性，是以最大限度的單純化，高度概括、濃縮而成。有些紋樣已發展成爲徽標樣式，只有能夠表達完整的一個觀念才能如此固定。這和象形文字有共同之處，思維方法是相同的，表現出古代人民較強的邏輯思維，和善於把複雜的事物做哲理性概括的能力。可以說，彩陶藝術已具備了

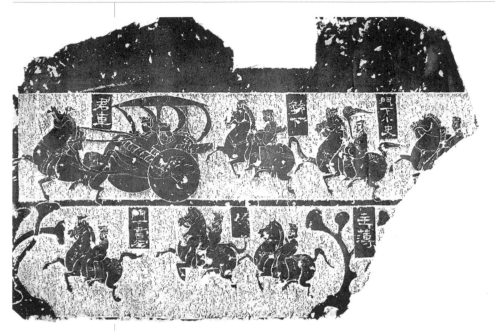

▲ 君車畫像石
（東漢）

◄ 東王公、樂
舞庖廚畫像石
（東漢 山東嘉祥）

後世美術發展的全部內核，也暗示出傳統藝術發展的方向。

在談到刺激美術發展的作用時，首先應該肯定宗教為美術發展起了相當重要的作用，無論西方的基督教或是東方的佛教，莫不如是。但在中國，墓葬文化也對美術的發展有著不可忽視的重要作用。中華民族在上古時期就對宗廟祖先非常重視，想方設法表達他們的崇敬心情和美好祝願。把這種情緒外化於各種載體之上，便產生了絢爛多彩、美輪美奐的藝術作品。

在佛教藝術引進中國之前，我們有著統一而具有民族特色的美術發展史。佛教美術傳入後，改變了我們美術的進程，也改變了我們的審美習慣。在這以前，中國美術重視的是形與容，是一種意象的形和傳神的容，體會的是形

與象的意味，而不是西方的形與體給人的視覺衝擊。人物畫身上的衣褶是貼圖形走，說是衣褶，毋寧說是一種紋飾———一種表達情緒的紋飾，它疏密有致、節奏飛揚，耐人尋味。而西方的衣褶是緊貼形體結構走，表現的是體量和深度；因此，可以說中國重形、西方重體。

在先秦法家韓非子的論述中，有這樣一個寓言故事：

有人為齊王作畫，齊王問：「畫孰最難者？」曰：「犬馬最難。」「孰易者？」曰：「鬼魅最易。」「夫犬馬，人所知也，且暮罄於前，不可類之，故難。鬼魅，無形者，不罄於前，故易之也。」（《外儲說左上》）從這段文字裡，我們也可以體會到中國繪畫對形的重視，也指出形有難易之分。

而西方繪畫造型就無所謂難易，只要掌握了技法，畫山水、人物、靜物，要求都差不多，會畫一種其他都會，就看畫家個人喜好與否。中國繪畫分科很多，學一種會一種，所以才會出現畫山水的幾乎不能畫人物、擅長畫人物不擅花鳥的特殊現象。

佛教美術傳入後，由於人們對佛的尊崇之心，又有佛教儀規的固定樣式，畫者只好遵法而行；到了唐代，才把佛教美術融化吸收為具有中國特色的大唐藝術，但重工、重法、重色還是佛教美術的衣缽。（按：中國自己血脈發展的帛畫、漢畫，和魏晉南北朝時期的彩磚畫，因受到抑制而發展緩慢。）到了南宋前後，我們才走出尚工、尚法的羈絆，發展了最能代表中國特色的水墨寫意，找回了那隨意的用筆、鮮活的形象。佛教美術的進入，豐富了我們的審美視野，也使這個領域複雜了，甚至是更加矛盾了。我們美術學界的一些學術爭論及審美趣味的差異，與外來美術介入，引起觀念改變、複雜不無關係。甚至有人認為，外來美術進入，究竟是促進了中國美術發展進程，還是延緩了這個進程，是一個值得研究的問題。

發現於湖南長沙的兩幅戰國晚期的帛畫，是我國美術自主發展、沒有受佛教美術影響時期的作品。雖然還殘留著裝飾圖案的痕跡，但在用筆和樣式上，已很像後世的寫意畫，可以說是卷軸畫樣式的先聲。戰國帛畫一幅是

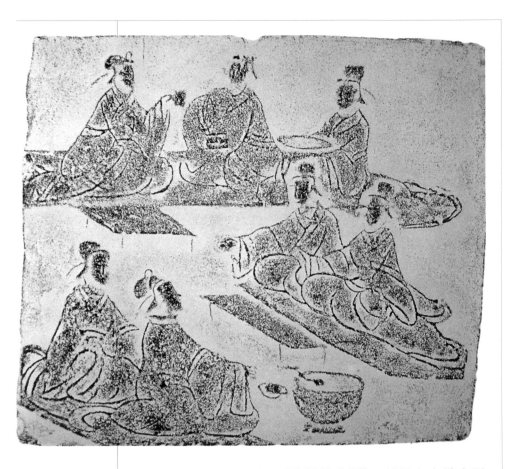

▲ 宴飲畫像磚
（東漢 四川大邑）

《人物馭龍圖》，一幅是《龍鳳仕女圖》，都是在喪儀中張舉的旌旛，也就是俗稱的招魂旛，逝者入葬時覆於棺蓋之上。

　　《人物馭龍圖》中，畫一高冠長服、佩長劍的貴族男子側身而立，手握馭龍韁繩，凌空而行。整個畫面以勁健有力的線條勾出，已注意了筆的提按起始，用筆轉折輕鬆自如。此圖雖然還殘留著許多圖案紋樣的痕跡，但這也證明了中國繪畫，是從圖案紋樣中獨立出來的。

《龍鳳仕女圖》畫一名側身而立的年輕女子，頭纏髮髻，著束腰繡花長袍，裙襬很寬，很可能是當時的流行款式。女子左手抬起，面帶笑容，似乎正要緊隨上方的龍鳳，步入理想的天國。這幅畫在整體藝術水準上要高於《人物馭龍圖》。構圖簡潔精練，沒有多餘的東西。人物被安排在橫線的十分之七處，避免了人物居中給欣賞者帶來的迫塞感，這也合乎「黃金分割」的構圖原理。在用筆方面，《龍鳳仕女圖》也較《人物馭龍圖》出色，提按頓挫均有照應，線條變化微妙而豐富；尤其鳳凰的兩根尾翎，用筆富有彈性，體現出較強的控筆能力。關於這幅畫的內涵，有學者認為鳳凰代表正義一方，龍代表惡勢力；這幅作品表現了正義戰勝邪惡、光明戰勝黑暗的思想，圖中鳳凰處於即將勝利的時刻、龍處於將要失敗的地位等等。但其實該作品用意非常簡單明瞭，是一幅龍鳳呈祥圖，表達了人們對逝者的美好祝願，這種龍鳳呈祥圖，現今還以各種形式流行著。

兩漢時期，政治上主張「罷黜百家，獨尊儒術」，以儒學為標誌、以歷史經驗為內容的先秦理性精神開始滲入人們的觀念，「助人倫，成教化」、「懲惡揚善」成為藝術作品的禮教要求。按理說，這樣的時代會產生那種說教式刻板的藝術樣式，但恰恰相反，禮教根本沒有束縛住兩漢人的心靈。漢代是一個充滿青春活力的時代，是一個極有魅力和充滿幻想的時代，是一個造就出漢武帝和霍去病的英雄時代。這樣的時代，禮教只能規範人的行為，但不能規範人的靈魂；人們充滿了對生命活力的渴望、對美好生活的浪漫幻想。我們翻開漢代畫冊，一匹匹駿馬、戰車從畫冊中竄出，按都按不住，成群結隊的人馬不停地馳騁奔跑著，不知是去往何方，到哪裡才能停下。也許是去戰場爭殺？也許是欣喜漢帝國的廣闊樂土？這些疾馳的人馬到了東漢末年才放慢了腳步，也許是跑累了，也許是預感到不久將有一個自家兄弟相互拚殺的時代。總之，漢畫繁盛的時代也將謝幕了。

兩漢畫像石與畫像磚，可代表漢代的藝術成就。它濃縮了時代的方方面面，藝術品如果能代表一個時代，那它的價值會超出藝術價值而具有社會歷

史價值，漢畫就是這種具有這雙重價值的藝術。

　　畫像石與畫像磚是以刀鑿代筆，在堅硬的磚石上雕鑿而成，是繪畫與雕刻相結合的藝術。畫像石是用於構築墓室、石棺、宗祠或石闕的建築石材；畫像磚多用於裝飾宮殿府舍的階基，西漢中期以後，主要用來裝飾墓室。畫像石萌發於西漢昭、宣時期，畫像磚則在秦代就已有所發展。

▼　鹽井畫像磚
（東漢　四川）

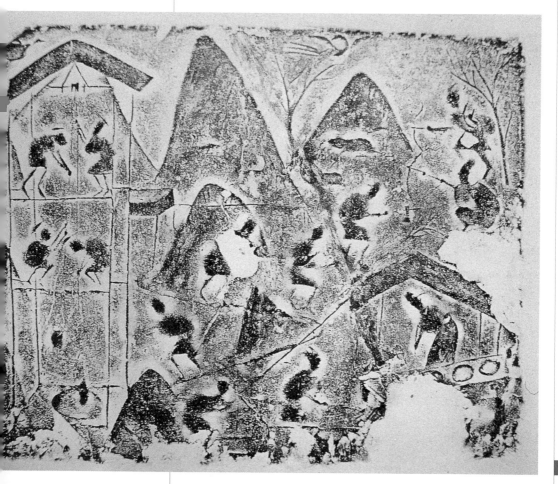

　　東漢時期，畫像石分布地區擴大，形成幾個主要地區：以山東爲基點，輻射蘇北、皖北、河南地區，陝北、晉西北地方、四川地區。內容多爲迎賓拜謁、車馬出行、軍列對陣、樂舞雜技、神仙鬼怪、歷史典故、日常生活、帝王義士等等，可以說是漢代現實生活的眞實寫照。雕刻技法主要有陰刻線、陽刻線、減地淺浮雕。山東地區的畫像石，在雕刻技法、樣式種類上比其他地區多，而且水準也高，各種風格都有體現。最豪邁奔放、粗獷有力的是河南南陽地區的畫像石，它是直接在荒石上鑿刻而成。我們所見的南陽漢畫拓片，畫面斑駁不堪，會以爲是年代久遠風化所致，其實是條石表面粗糙而形成的。最細膩有致的要算淮北地區的畫像石了，它在減地淺浮雕的基礎上，又在形象上雕刻細部，有些地方細如毫髮。最具有生活氣息的是四川漢畫，所表現的內容大多是現實生活、生產場面，有躬耕畎畝、弋射收穫、荷塘漁獵、深井探鹽等等。這些活生生的形象，不僅給人以審美享受，而且也讓人領悟著生命的內在意義。

　　畫像磚形狀分大型空心磚和實心磚兩種，畫像製作方法有模印和刻畫兩種技法，模印又有陰模、陽模之分，是在磚坯未乾時，用預先刻成的印模按印而成。陽模印的是凹線，陰模印的是凸線。我們現在所看到的漢畫多是黑白拓片，雖然黑白分明、對比強烈，但和漢畫本來欣賞方法是不同的。漢畫石、漢畫磚原來都是著色的，由於年代久遠而褪色，從色彩保存完好的磚石來看，當時的色彩非常豔麗華美。那時不僅漢畫石、漢畫磚大多著色，陶俑也不例外，西安出土的著色兵馬俑就是明證。

　　創造漢畫藝術的是古代的普通工匠，他們都沒有留下自己的名字，卻以群體的合力載入美術史冊，推動著中國美術的發展以至成熟。從繪畫史上看，漢畫藝術是中國繪畫從牆上到紙上、從墳裡到家中、從圖案到繪畫欣賞轉換的分水嶺。

　　以上所舉的作品，都沒有作者的姓名，而且都是普通工匠所爲。這些作品都和現實功用緊密結合在一起，並不是獨立於功用之外、專供欣賞的藝術

品。可是，在我們今天的人看來，這些並非藝術品的藝術品，是那樣的耐人尋味、生動鮮活。雖然這些作品造型還不夠準確，著色也隨心所欲，但卻將萬物的神采傳達無遺。這些普通工匠，並沒有被形、色所困，他們想表達的是自己的胸臆和萬物的神采氣韻。透過這些作品，我們也許會明白，中國最早的畫論為什麼是傳神論，而不是造型論。這也預示著，中國美術史的車輪，不久將駛向晉代的傳神論者——顧愷之。

第一部分

山水畫的萌芽
人物畫的極盛

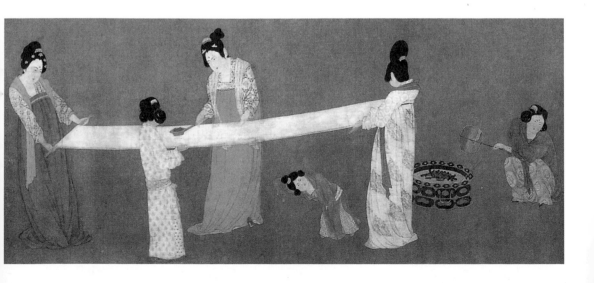

1. 顧愷之

——傳神論者

漢末的戰亂結束了兩漢王朝的統一局面，進入了時間最長的政權分裂時期——魏晉南北朝。這個紛繁動盪的時代，在中國的二十四部「正史」中，竟有十一部正史對此有過記述。

動盪戰亂不僅動搖了統一的江山，也動搖了「獨尊儒術」的禮教規範。長期的戰爭，使人們對人生和生命的體認比任何時代都深刻。生命的突然消失、仕途的起伏坎坷，使人們在患得患失中，更覺人生無常，在出世與入世中流連往復，在放浪形骸與希冀價值肯定間徘徊，矛盾的心情在所謂「魏晉風度」中體現出來。這使得中國繪畫開始追求所謂的「神采」。

信仰的危機，並不等於信仰的真空，從原始先人到當今人類，從來沒有停止過尋找寄放心靈的載體。漢末東傳的佛教開始在適合它成長的土地上紮根發芽，從更新的角度重新認識《周易》、《老子》、《莊子》的玄學清議之風開始流行於士人階層，這又造就了全新的藝術氛圍。

在中國歷史上有一個獨特的現象，就是任何少數民族進占中原後，不是生活難以適應，自行退卻，就是被中原文化所融化，甚至把整個民族消解殆盡。中國文化包容量之大，在這裡也可見一斑。

魏晉南北朝階段就是這樣的一個時期，戰亂紛爭使各民族互相融合，文化在這裡碰撞，佛教也踏上了漢化的歷史馭車。文化藝術往往在曲折中產生，而不是太平盛世的產物。魏晉時代是一塊適合生成藝術的土壤，顧愷之就生活在這樣的土壤上。

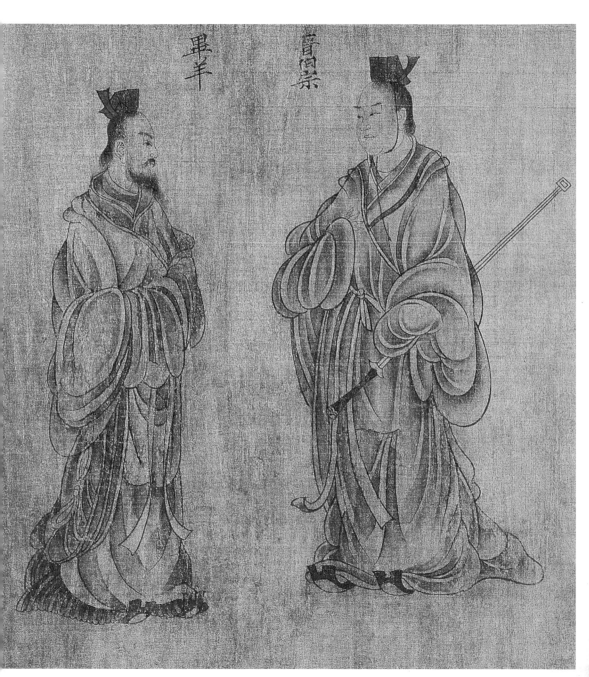

▲ 顧愷之 《列女仁智圖》（局部）

戰國、兩漢時期，普通工匠、畫工們創造了美輪美奐的作品，可謂彪炳千秋、永載史冊。但是，那時的繪畫一般都畫在墓葬牆壁上和建築材料上，而獨立性繪畫多和工藝圖案、紋樣相混雜，沒有獨立意義的繪畫作品。因此，以顧愷之為代表，具有藝術家意識的畫家們，把繪畫從圖案紋樣中解放出來，從此繪畫開始了本體意義的自律發展。

顧愷之（345～406），字長康，小字虎頭，江蘇無錫人。他出身官宦家庭，父親悅之歷任無錫縣令、別駕、尚書左丞。顧愷之幼時秉承家學，多才多藝，尤工丹青，有「才絕、畫絕、癡絕」三絕之名。與上層社會名流過往密切，晚年曾仕散騎常侍，是東晉成就卓著的畫家和早期繪畫理論家。

傳說年輕時的顧愷之曾在南京瓦棺寺許諾施贈百萬錢，僧眾之中沒有一個人相信。於是，顧愷之命留白壁一牆，並關門閉戶一百餘日，畫出了維摩詰說法圖。等到開光之時「光照一寺」，施者紛紛出錢，不久即得錢百萬，可見顧愷之的繪畫在當時是非常受歡迎的。

他的繪畫非常重視傳神，尤其注重眼神的描繪。他作畫數年不點眼，人問其故，他回答：「四體妍媸本無關妙處，傳神寫照，正在阿堵中。」認為人物形體美醜對繪畫的意義不是主要的，而眼睛才是傳神的關鍵。

他畫過許多人物肖像畫，都完善地表現了人物的風采。畫有眼疾的殷仲諶將軍肖像時，為使畫面美觀，他以「明點瞳子，飛白拂上，使如輕雲之蔽日」的構思，巧妙地化醜為美。畫謝鯤時，把他畫在有山岩的環境中，用以

◎六法

南齊謝赫在《古畫品錄》中提出了著名的「六法」理論。其內容有：氣韻生動、骨法用筆、應物象形、隨類賦彩、經營安排、傳移模寫。這是中國繪畫從法到意的一般品評標準，對中國美術發展取向影響巨大。實際上，顧愷之的「傳神」論和「六法」的「氣韻生動」，在審美取向上是一致的。

▶ 顧愷之
《《女史箴》圖》
（局部）

襯托人物的個性。他畫裴楷肖像時，在面頰上加了三毫，頓覺神采殊勝。關於這「三毫」有兩種說法，一種是在臉上畫三根毛，以顯人的神氣；一種是在顴骨處加三筆，以示清瘦之志，但不管怎麼說，都是圍繞人的神采用意。

顧愷之有三篇畫論——《論畫》、《摹拓妙法》、《畫雲臺山記》，是關於繪畫評論、美學追求、繪畫技法的總結。中心思想是「傳神」論和「遷想妙得」的意境追求。【註】

顧愷之與南朝的陸探微、張僧繇，在繪畫史上稱為「六朝三傑」。可惜陸探微、張僧繇的繪畫已無跡可尋，即使是顧愷之的作品，也是靠後世臨摹才得以流傳至今。這些作品有《女史箴》圖》、《〈洛神賦〉圖》、《列女仁智圖》等。雖然是唐宋摹本，也是我們研究早期繪畫的重要資料。

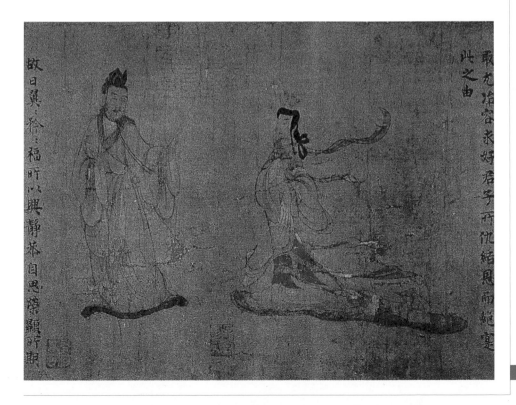

《〈女史箴〉圖》根據西晉張華諷諫賈后宣揚封建女德的《女史箴》內容所作。作品原分十二段,前三段已佚,現存九段。《〈洛神賦〉圖》根據三國時期曹植的〈洛神賦〉為題材內容。《列女仁智圖》據漢代劉向《仁智傳》內容創作,繪有智謀遠見的婦女四十九人,現僅存二十八人。

東晉時期的繪畫仍然沿襲曹植「存乎鑑者,圖畫也」的理論體系,繪畫的作用是:「明勸誡,著升沉,千載寂寥,披圖可鑑。」繪畫題材多以倫理綱常為主。

從這幾幅作品中我們可以看到,顧愷之的用筆和漢畫有著一脈相承的關聯,他在漢畫基礎上,進行了秩序上的梳理,使人物衣袍和人的情緒融合在一起,透過袍袖、帔帛的飄飛,體現人物的心理和感情,同時增加了畫面的節奏律動感。線條是以連綿不斷、悠緩自然的「高古遊絲描」為之。如「春蠶吐絲」、「行雲流水」一般,充分發揮了毛筆的特性。改變了漢魏繪畫先塗形色後勾線的畫法,而是先勾輪廓後著色,為中國繪畫用筆獨立埋下了伏筆。

東晉的繪畫處在「尚韻」階段,因此在形、色方面不刻意追求,而是追求鼓動飛揚的神韻。顧愷之的繪畫就是傑出的代表。

顧愷之在美術史上的貢獻是多方面的,他把繪畫藝術從圖案紋樣中解放出來,使捲軸畫開始具有獨立藝術價值。創立了使用毛筆的「描法」,為以後的「十八描」奠定了第一描。改變了先色後線的繪畫方法,總結了兩漢美術成果。使繪畫藝術從工匠藝術抬升到士人藝術,為文人介入繪畫開了先河。提出了「傳神」理論,指明了中國繪畫的追求方向。可以說,顧愷之是東晉最傑出、最偉大的藝術家,也是中國美術史上不可或缺的藝術宗師。

2. 展子虔
——山水畫的奠基人

　　中國山水畫濫觴時期，是在南朝的劉宋。作為人物環境背景來處理的山水，已早在漢畫藝術中出現，中國山水畫相對獨立比西方早一千多年。

　　歐洲在文藝復興後期才有風景畫的概念，是幾個國家在歷經百年的共同努力下，才完成了獨立的風景畫進程，而且在審美趣味上和中國有著極大的不同，追求的是質感、量感，以及空間感的形、色方向。在解決了風景畫的所有問題後，開始了式微期，到現在我們已不知西方還有什麼風景畫派和風景名家，這是西方風景畫走向終結的信號。而中國山水畫在發展了一千五、六百年後，仍然方興未艾，生氣依舊。這是一個值得研究的問題。

　　中國山水畫的萌生，是有著深刻的社會、文化背景的。南北朝時期的兵荒馬亂，給人民帶來了沉重的災難，卻造就了中國獨特的士族莊園經濟，使一些士人游離於社會，得以有機會對中國文化做形而上的深刻思考。

　　東漢氣節此時已無濟國事，人們開始轉向對個人的清議品評，由兩漢的「齊天下」之激情，開始轉向退避山林、精研玄理的獨善之道。山水詩也在此時繁榮起來，文人在以山水詩寄託情懷的同時，也把目光投向了錦繡山河。

　　因戰亂而南渡的中原民眾，始終沒有割斷對家鄉山川的眷戀之情。佛教昌盛必將廣建廟宇，正像唐代詩人杜牧所云：「南朝四百八十寺，多少樓臺煙雨中。」可以說：率土之濱，莫不有寺。名山之頂，何處無僧。

叢林僧眾的生活，也是文人士大夫嚮往的境界。儒、道、釋、玄已成爲南北朝山水畫萌生的語境，在這語境中產生被稱爲「唐畫之祖」的展子虔，便是順理成章的事了。

展子虔（約550～604），渤海人。據《歷代名畫記》載，曾歷北齊、北周，至隋代，爲隋文帝楊堅所召，任朝散大夫、帳內都督。

傳說展子虔剛到京都長安時，汝南的著名畫家董伯仁也從河北來到長安，他很看不起展子虔，輕視展子虔所繪的作品。隨著時間的推移，董伯仁逐漸認識到展子虔繪畫的妙處，不僅改變了對他的成見，而且向他學習優點，最後與展子虔有了許多相同的繪畫特點。

正如李嗣眞所說：「皆天生縱任，亡所祖述。動筆形似，畫外有情。」這足以說明兩位畫家的繪畫，是不受傳統古法的約束，突破傳統、另闢蹊徑的創造。

在唐代，展子虔以畫人物車馬聞名，是一種「描法甚細，隨以色暈開」的畫法。人物面部神采如生，意志俱足。代表作品有《北齊後主幸晉陽圖》、《維摩像》、《故實人物圖》、《十馬圖》等，可惜都已散佚無存了。

展子虔現存的繪畫作品，只有一幅山水畫《遊春圖》，是收藏家張伯駒所捐獻，現由北京故宮博物院收

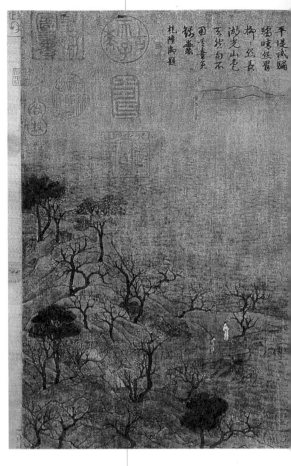

▲ 展子虔
《遊春圖》

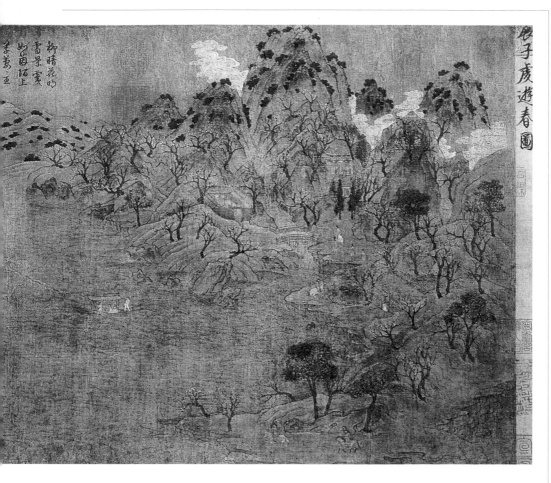

藏。雖有年代存疑，但也不失為一幅具有歷史意義的精品。

　　該圖以全景方式展現了廣闊的山水場景，圖中群山草木蔥蘢、白雲出岫。畫面中部，表現出陽光絢爛、碧波蕩漾的湖面上，有一葉扁舟遊弋。湖岸之上有遊人策馬而行，雜以樓閣、院落、橋樑。在人

們面前展示出一幅杏花初綻、春風習習的遊春畫面，將「仁者樂山，智者樂水」的旨趣，轉化成了美麗的畫卷。

　　該圖是勾線敷彩的青綠畫法，是以礦物質顏料赭石打底，然後再敷以石青、石綠而成，追求的是一種富麗堂皇的效果。從這裡可以看

出中國畫的「水墨」是從「丹青」中蛻變而成的。從畫面上看，峰巒層次重疊，前後遠近分明，湖面寬闊、輕舟蕩漾，已有「咫尺千里之趣」，完全改變了魏晉山水畫的「人大於山、水不容泛」的缺點。在樹木造型上，也改變了魏晉山水樹木的「列植之狀則若伸臂布指」的幼稚程序。

唐代以前各種皴法還沒有總結成形，是用勾勒人物之法，勾勒山石，無皴無擦；山上遠樹之點完全是為狀樹之貌，和宋元以後各種「混點」樹法差距很大；山水遠近是靠羅列山形輪廓層層推去而成。這說明此時山水畫還未完全成熟，尚待日後進一步的發展。

但是，展子虔的《遊春圖》在中國美術史上有著劃時代的意義，在構圖、用筆、用墨、用色等諸多方面構建了基礎骨架，全方位找到了適合中國文化國情發展的山水畫一般模式。中國畫的所謂「南宗」、「北宗」，都從這裡流變而成，從《遊春圖》中，我們已窺視到了中國山水畫成熟的曙光。

3. 閻立本
——青出於藍傳神寫照

經過兩晉、南北朝三百多年的戰亂、分裂，至隋唐才又得以完成統一。這一時期是在兩漢之後，中國文化空前發展的又一高峰，這一高峰是全方位的復興，政治、經濟、宗教、書法、文學詩詞、美術等各方面都出現了高度繁榮，這是歷史給予唐代的一次機遇。

隋朝統一的時間很短，但在各方面皆呈現開花結果階段，政治上的胸懷博大、經濟上的恢復，宗教領域，佛、儒、道都有自己的天地。書法中的北碑為過渡到唐楷創造了條件，文學中的詩歌已為唐詩鋪好了產床，佛教美術、造像已完成漢化進程。

這一切都是在隋朝以前播下的種子，唐朝所承接的是一個百花齊放的園地，只要施肥、剪枝適當，就等瓜熟蒂落，享受這豐收的果實了。在繪畫的園地裡，最先摘得這果實的人就是初唐畫家閻立本。

閻立本（約601～673），雍州萬年（今陝西臨潼縣東北）人，官至工部尚書，後任右丞相。初從父親閻毗學丹青之法，後學張僧繇、鄭法士而「青出於藍」。

在唐代，畫家的地位不是很高，這可能和中國文化注重形而上的思辨，輕視形而下的器物形色有關。唐代的繪畫用筆、用墨還沒有獨立，筆墨的功用主要是模物狀形，在美術領域還沒完成「提器為道、提技為藝」的任務。

當時的閻立本雖然身居要職，卻以繪畫顯名於眾。人們把他與立功沙場的左相姜恪做了比較，稱「左相宣威沙場，右相馳譽丹青」。

據史料記載，有一次唐太宗與侍臣泛舟春苑，見池中異鳥隨波蕩

漾,太宗十分歡悅,急命閻立本畫此情景。把已官至主爵
郎中的閻立本,當作畫師呼來喚去,以致使他「奔走流
汗,俯伏池側,手揮丹素」。閻立本回家後感到非常恥
辱,因而告誡兒子說:「吾少好讀書屬詞,今獨以丹青見
知,躬斯役之務,辱莫大焉!爾宜深戒,勿習此藝。」從
中我們也可以體會到唐代畫家的社會地位,不過如此這般
而已。

　　唐朝崇奉佛教、道教,道、釋人物畫極為盛行,佛教
美術進入後,經過幾百年的互相吸收,雖然已經漢化,但
我們融合佛教美術的同時,也受其影響彌深。顧愷之前後
時代的那種帔帛飄飛、綢服鼓脹的風格,以及衣紋按儀
態、情緒而行的畫法已有所改變。

　　佛教美術受西方影響,西方美術重體量,衣褶順結構
而行,說明的是形體,只有衣褶而無衣紋。唐代受佛教美
術的影響,中國人物畫的衣紋,也開始按形體結構而行。
鼓脹飛揚的綢服已失去焦點,畫家往往把更多注意力集中
到了人物的動作、表情上。

　　佛教美術對中國人物畫的另一個影響是人物安排方
面,佛教美術有一定的樣式,就是把佛放在高大而中心的
地位,如一佛兩菩薩就是典型。中國人物畫吸收了這一
點,也把主要人物和帝王放在中心突出地位,甚至把陪襯
人物縮小,來突出重點。

　　有人說,唐代佛教美術是在走向世俗化,其實唐代人
物畫是在走向佛教化,真正的佛教美術世俗化,是五代、
宋朝以後的事了。不能因為佛教美術有了世俗人物模樣,
就說它是世俗化,正是企圖把人的本質力量抬升到宗教的

▶ 閻立本
《步輦圖》

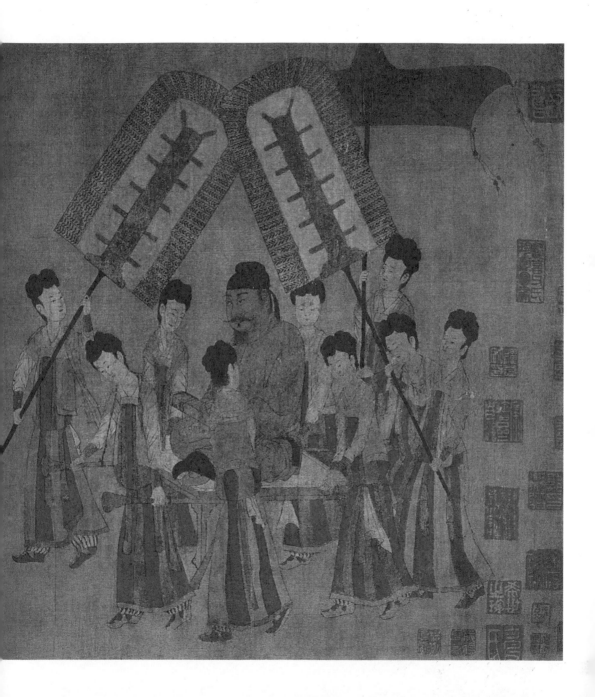

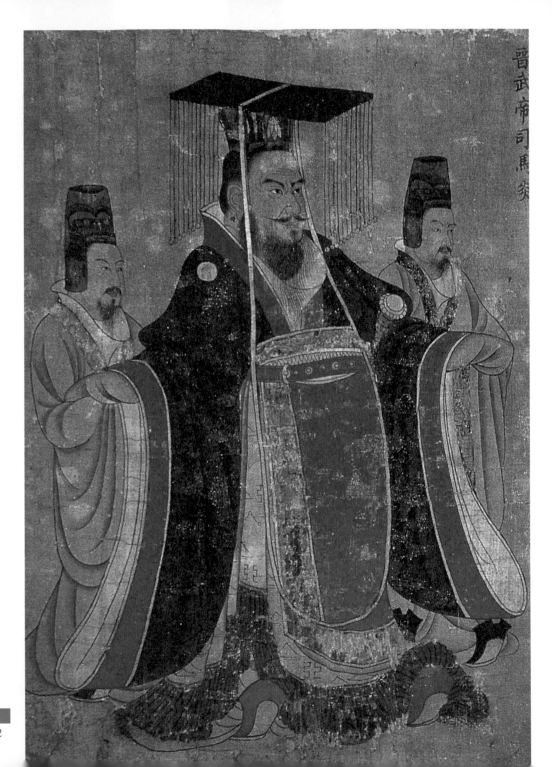

晉武帝司馬炎

崇高地位，才使佛教美術有了世俗人物的模樣，這也符合大唐盛世的風範氣度。試想，有哪個朝代的帝王能比佛的地位高呢？那只有唐代才能做到，唐朝以後再也沒有過。在閻立本的兩幅帝王人物作品中就可以體會到這些，一幅是《步輦圖》，另一幅是《歷代帝王圖》。

《步輦圖》絹本橫卷，後人摹本。貞觀十五年，唐太宗把文成公主嫁給吐蕃王松贊干布，松贊干布派使者來迎接文成公主入藏。此圖描繪唐太宗接見吐蕃使者祿東贊的情景，圖中人物身分和性格生動鮮明，這是一幅紀實性領袖人物畫。

《歷代帝王圖》共畫了從漢昭帝劉弗陵到隋煬帝楊廣，共十三位帝王像。畫面透過人物服飾、器物及坐立的不同姿態來表現人物性格，並注重描寫人物面部特徵、刻畫氣質個性，可以代表閻立本在肖像畫方面的最高水準。

閻立本的繪畫是在各種因素相互作用中產生的，有成就卓絕的一面，也有匠作之氣的一面，這是唐代複雜的文化相互對抗、融合的表現，也是文化在發展的表現。

統治者人物畫是一個從古至今永不衰微的繪畫題材，近現代的偉人畫更是數量繁多，但真正能載入美術史的卻很少。閻立本畫的也大多是統治者，卻能張張永載史冊，這是一個值得我們深思的問題。

4. 吳道子
——一代畫聖

唐代經濟文化鼎盛時期的開元天寶年間，繪畫藝術也發展到了繁榮昌盛階段。吳道子就是這一歷史階段的傑出代表，被稱爲「百代畫聖」，被民間畫師奉爲「祖師」，故又稱吳道君。

吳道子（約685～760），又名道玄，河南禹縣人。吳道子幼喪父母，少年時過著孤獨的生活，長期生活於社會下層，養成了他放浪不羈、好酒使氣的性格。曾一度向當時著名書法家張旭、賀知章學習書法，但沒有學成，後改學繪畫。由於他的刻苦努力，加上與生俱來的繪畫天分，不滿二十歲就有所成就。

他曾任小吏，赴四川「寫蜀道山水，始創山水之體，自爲一家」。他還做過縣尉，因覺俗務纏身，不能馳騁丹青，便辭去官職，開始從事繪畫。他在寺觀壁畫創作上顯出了卓越才華，名聲大振。

唐玄宗聽聞其名後，將他徵召入宮供奉，又被授予「內教博士」的職銜。因得玄宗召見，便改名吳道玄，後來他又晉升爲相當於五品官的「寧王友」。因吳道子繪畫名氣漸盛，皇帝便下令「非有詔，不得畫」。

天寶年間，唐玄宗想看四川嘉陵江山水景色，特命吳道子前往四川寫生。吳道子飽遊蜀中山川景色，把對嘉陵江的感受、體會，都深深銘記於心。回來時玄宗問他畫在何處？他回答說：「臣無粉本【註】，並記在心。」玄宗大惑不解，遂命他在大同殿作畫。

吳道子飛筆走墨，一天之內就把三百里嘉陵江美麗景色描繪出來。而「金碧山水」畫家李思訓，也在大同殿畫嘉陵山水，卻是「累

月方畢」。唐玄宗讚歎道：「李思訓數月之功，吳道子一日之跡，皆極其妙。」

又據載，開元年間，舞劍名手裴將軍，欲以金帛請吳道子在天宮寺為其亡故的雙親作佐福壁畫。吳道子不受金帛，卻對裴將軍說：

> 我聞裴將軍之名久矣，若能為我舞劍一曲，足能
> 抵當所贈，且觀後可壯我氣，助我揮毫。

於是，裴將軍脫去哀服，持劍起舞。只見「走馬如飛，左旋右轉，擲劍入雲，高數十丈，若電光下射，引手執鞘承之，劍透室而入。觀者數千人，無不驚慄」。吳道子看畢，無比激動，揮毫圖壁，颯然風起，「有若神助」。

從這兩個故事中我們可以看到，一個是關於山水畫方面的，一個是關於人物畫方面的，這說明吳道子山水、人物都很擅長，這在他以前是少見的。

吳道子人物畫有兩種風格，一種是如唐初那種用筆細勁、敷色豔麗的風格；一種是他自己獨創的用筆富於頓挫有致、著色淺淡的風格。正如元人湯垕所說：他早年差細，中年似蓴菜條，流暢而又有頓挫。在十八描中的「柳葉描」與「棗核描」，就是吳道子的描法。吳道子還有一種叫「白畫」的畫風，已開宋代「白描」之先河。

唐代人物畫，在吳道子之前的閻立本，已從佛教美術中走出，完成了中國化進程；但由於用線勻細，而少有變化，再加用色過厚，又把線條遮蔽，很難體現出用筆優勢。而吳道子卻在這方面把人物畫向前推進了一步，他把

◎粉本
中國古代繪畫施粉上樣的稿本。元代夏文彥《圖繪寶鑒》：「古人畫稿謂之粉本。」方法有二：一、用針按照畫稿墨線密刺一個個小孔，再把粉撲入紙、絹或壁上，然後依粉點作畫；二、在畫稿反面塗以白堊、土粉之類，用簪釵按正面墨線描傳於紙、絹或壁上，再依粉痕落墨。後來，引伸稱為一般畫稿。

審美視角引入了線條本身，使其見線條風姿而又淺淡著色，這是具有劃時代意義的一個偉大貢獻，吳道子終於把中國繪畫用筆、用墨的特色又恢復光大，這是中國繪畫的靈魂。

張彥遠《歷代名畫記》論吳道子用筆：「離、披、點、畫，時見缺落。眾皆密於盼際，我則離披其點畫；眾皆謹於像似，我則脫落其凡俗。」從中我們也能體會到吳道

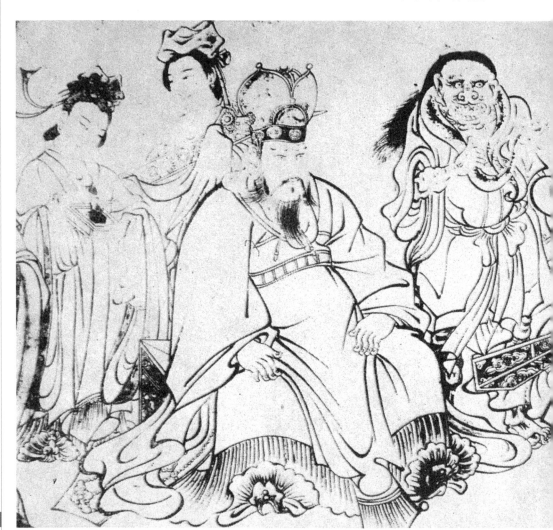

子已開始游離形、色追求，而走向了筆墨本體價值的探索之路。

　　我們在相傳為吳道子所作的《送子天王圖》中，已能感受到那用筆的變化多端、黑白的對比、動靜的呼應，這和前代有很大的差異，已從體制稠密、衣衫緊窄貼肉、結構謹嚴的「曹衣出水」，過渡到了其勢圓轉、衣服寬鬆、裙帶飄舉的「吳帶當風」。

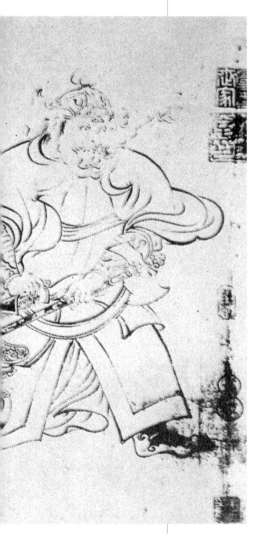

　　吳道子另一貢獻是把已能交代人體結構的畫法，引入了山水畫。吳道子以前的山水畫，就像展子虔、李思訓所畫的那樣，細線勾描、用色濃重，空間平推而遠。吳道子把人物畫法用於山水畫，這樣就可以表現山石的結構形體，線條按結構穿插，能把每座山峰畫得很立體，徹底改變了只能用平面山形堆磊推遠的方法。吳道子又把淡著色或淡墨暈染的畫法用在山水畫上，使山水畫從此有了筆墨的韻味。

　　《歷代名畫記》載，吳道子在佛寺畫壁，「縱以怪石崩灘，若可捫酌」，這種栩栩如生的真實具體感，足以說明他的山水畫效果了。山水畫之變「始於吳，而成於二李」的說法是有根據的，李昭道就是在父親和吳道子的影響下，才完成了「山水之變」。

　　吳道子在山水畫和人物畫方面的貢獻是不可估量的，他無愧於「一代畫聖」的地位和祖師的稱號。

5. 李昭道
——丘壑一變奇境出

　　在中國繪畫發展時期的唐代，出現了兩位以「金碧山水」畫盛名於世的父子畫家，即李思訓及李昭道。

　　李思訓（651～716），唐宗室孝斌之子，曾任揚州江都令，開元初年至左武衛大將軍。李思訓妙極丹青，是一位早以繪事稱著於世的大畫家。其子李昭道，曾做太原府倉曹，後又官至中書舍人，他在繪畫方面，子承父業，「爲一時妙手」。因父子都以繪畫齊名，所以有「大李將軍」和「小李將軍」之稱。

　　李思訓師承展子虔而有自己的獨創，在前人小青綠設色法基礎上，施以大青綠，並用泥金勾線，創成了色彩富麗的「金碧山水」畫，被譽爲「國朝山水第一」。

　　傳爲李思訓的作品有《江帆樓閣圖》，整個畫面成功地表現了煙波浩渺、漪紋重疊、林木雜生、岸坡曲轉、院落幽靜的藝術效果。

　　李思訓把山水畫的語言給予最大的豐富，爲山水畫最後擺脫人物背景而成爲獨立欣賞的藝術科目做出了貢獻，明代董其昌提出山水畫「南北宗」說，把王維奉爲南宗始祖，把李思訓稱爲北宗始祖，從中我們也能知道李思訓在「青綠山水」[註] 系統中的地位了。

　　唐代張彥遠所記：「山水之變，始於吳，成於二李。」

◎青綠山水
早期中國山水畫大多用礦物質顏料來著色，一般先以朱砂、赭石打底，再著上石青、石綠，畫面厚重富麗。唐以前青綠山水爲最，宋以後開始式微，其法現已基本失傳。

明人王世貞《藝苑卮言》云：「山水至大小李一變也。」從這裡我們似乎感覺到，在「山水之變」中，父子兩人的貢獻是相同的，但我們應該明白，名盛於時和在美術史中的貢獻大小是不可同日而語的。

我們在研究李思訓的繪畫中，得出大李的山水畫只是在前人的基礎上起了一個完善的作用，是一個程度和量的變化，這和在美術史上起重要作用的「山水之變」有一個質的差異。那麼，是誰完成這「山水之變」的呢？應該說是李思訓的兒子李昭道。

從張彥遠的「山水之變，始於吳，成於二李」來分析，吳道子之於李思訓的年代仍屬後生晚輩，若定論吳道子對李思訓產生一定的影響，可能性不大，倒是李思訓有可能影響吳道子。

李昭道無生卒年份可考，但從他在開元年間（713～741）擔任太原府倉曹和後為直集賢院太子中書舍人的記載來看，他和吳道子應是同時代的人，在繪畫藝術上互相影響是順理成章的事。

另外，在我們民間對姓氏排行除了有大小之稱外，還有大和二的稱呼，那麼「成於二李」的「二」應是指李昭道。

李昭道如果只是在程度上對父親的繪畫進行量上的改進，那是談不上所謂貢獻的。從世傳他作金碧山水畫時，設色用筆更為纖細畢具來看，儘管技術水準上升了，可藝術水準卻有下降之嫌。時人「變父之勢，妙有過之」的評說，也是和父親相對而言，是程度上的完善，和「山水之變」無關。

真正促使李昭道在繪畫藝術上產生質的變化之人，是唐代「畫聖」吳道子。

吳道子把表現身體結構的畫法，引入山水畫創作，並把墨線變化豐富的用筆也用於山水畫，把淡墨暈染用於山水之陰陽向背，這樣才有所謂「怪石崩灘」的立體效果。

試想，展子虔、李思訓那種平面山形、層層推遠的繪畫方法，怎麼能有「怪石崩灘」的效果呢？李昭道順應歷史，以敏銳的藝術眼光

發現了吳道子山水畫中真正的藝術
價值，把塑造力強，按形體結構行
筆的方法用到了他的山水畫中，線
條也很富於變化，改變了「青綠山
水」用色打底的技法，而以淡墨打

底，並以墨色分出山體的陰陽向
背。這樣既可以墨顯色，增加色彩
對比，又不失墨韻的深厚，並使展
子虔、李思訓那種還帶佛教壁畫影
子的山水畫，終於有了水墨意味和

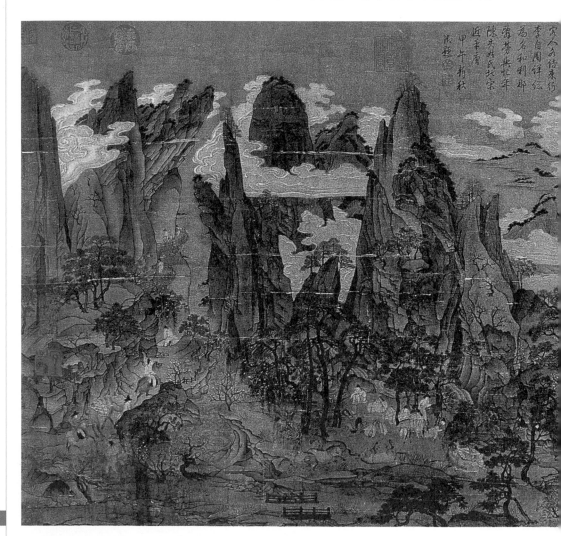

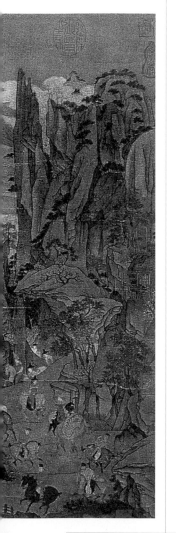

▼ 李昭道
《明皇幸蜀圖》

中國特色。從傳為李昭道所繪的《明皇幸蜀圖》中,我們就可以領會到他所創造的藝術特色。

《明皇幸蜀圖》繪製的是安史之亂時明皇避難入蜀題材。圖中一隊騎旅自右側山間穿出,前方一騎者著紅衣乘三花黑馬正待過橋,騎者可能是唐明皇。馬見小橋,作徘徊不進狀,中部隨者數人在解馬放駝略作休息。山勢突兀,白雲出岫,山石勾勒雖無皴法,但其結構已交代明白,山勢轉折已很生動,在青綠石色下面已略有墨韻,是一幅可以代表李昭道繪畫水準的佳作。

我們說李昭道完成了繪畫史上的「山水之變」,並不否定李思訓在山水畫上的地位,李昭道正是在父親的基礎上才完成了他的大業,是在父親量的積累上和吳道子質的促進下,才占據了美術史上的重要地位。只有這樣,「山水之變,始於吳,成於二李」才順理成章,一代「畫聖」吳道子的桂冠也才名副其實。

6. 王維
——水墨世界詩的情懷

王維（699～761）是唐代著名詩人和畫家，字摩詰，貴族子弟，原籍太原，開元九年中進士，爲大樂丞，因伶人舞黃獅子獲罪。

在唐代，黃色被定爲皇族專用，皇族以外不得私用，舞黃獅已屬犯上，王維因罪被貶爲濟州司庫參軍。

一波未平，一波又起，安史之亂，又被安祿山俘獲，欲委以要職，王維拚死不從，並服藥作啞，但最後還是被委職以用。平亂後，唐肅宗以陷賊官論，又把王維罪降爲太子中允，後官至尚書右丞，世稱王右丞。

晚年在陝西輞川購得唐代詩人宋之問的「藍田別墅」，與友人作畫吟詩、參禪奉佛其中，過著陶淵明式的隱居生活。

王維一開始師從李思訓的畫法，後來又學吳道子，因此他作畫有兩種風格，一種是青綠山水，一種就是從吳道子畫風變化而成的「水墨山水」畫。就是這「水墨山水」掀開了中國美術進程新的一頁，也奠定了王維「水墨山水」畫之祖的歷史地位。

中國山水畫發展到吳道子之時，已找到了新的形式，對用筆、用墨本身有了進一步的認識，這種筆墨不僅可以被李昭道運用於改變青綠山水的面貌，就是筆墨本身也已具備了相對獨立的價值，長期的文化造就，使我們的先人，在筆墨的選擇上，由自發到自覺。最後用單純的筆墨建造我們的精神家園，已是必然結果。

在色彩富麗的「金碧山水」發展高峰期，卻出現了追求渲淡效果的「水墨山水」，這絕不是偶然的事

情。藝術規律有時是逆反的，發展到一定極點，很容易走向它的反面，所謂「絢爛至極，歸於平淡」就是這個道理。

另外，「水墨山水」是由王維所創，也絕非偶然，這也許和他的情懷變化有關。中年時的王維，政治上積極向上，也曾位居要職，但後來的變亂與個人的仕途坎坷，使他感悟到人生無常，便隱於「藍田別墅」。這也是一種「逆反」，這種「逆反」的結果，是最容易把感情寄託於詩詞書畫，那麼「水墨世界」是最適合承載王維「詩的情懷」了。

王維是在吳道子畫風的基礎上，弱化了劍拔弩張的用筆，強化了水墨渲染的用墨。董其昌說他「始用渲淡，一變鈎斫之法」，基本上點明了王維的繪畫風格。

「金碧山水」是用色彩對比強烈的效果表現山川的美麗，而王維的「水墨山水」是用黑與白的對比來表現墨裡乾坤，他非常愛畫雪景圖，即是對黑與白的強調。

黑與白是我們的祖先最先認識到的對應關係，是最純粹的對比，是一種認識世界的觀念，中國哲學與文化莫不依此而生發。王維「水墨山水」一確立，群而應之的都是文人學者，足以表明它是中國文化的一個信號，是中國文人的一種共識。

王維在唐代畫名沒有吳道子高，因此蘇東坡、董其昌為首的文人學者，把王維推到了「始祖」地位。蘇東坡在《書摩詰藍田煙雨圖》中寫道：

> 味摩詰之詩，詩中有畫；
> 觀摩詰之畫，畫中有詩。

這裡表明王維的繪畫境界，已突破了前人那種山川景色的描寫，是把詩的情懷注入作品之中，使繪畫有了「以文化成」的靈魂，從表現山水外在面貌，發展到表現文人內心世界，成為文人最好的情感宣洩途徑，最後匯成了勢不可擋的「文人畫」巨流，以致在中國形成了文人成為繪畫主流的現象。

明代畫家董其昌，以禪論畫，把山水畫分為「南北宗」——「北宗始祖」為李思訓，「南宗始祖」

為王維，並對拘泥形、色的「北宗」頗有微詞，對以表達文心萬象的「南宗」推崇備至，把王維的藝術追求和生活方式，提升為中國文人理想的人格境界。實際上，董其昌的「南北宗」，就是藝術風格上的「文野」之分，我們應該承認藝術上的追求不同，會導致風格上的差異和格調上的高低。

文學史論一直把王維與李白、

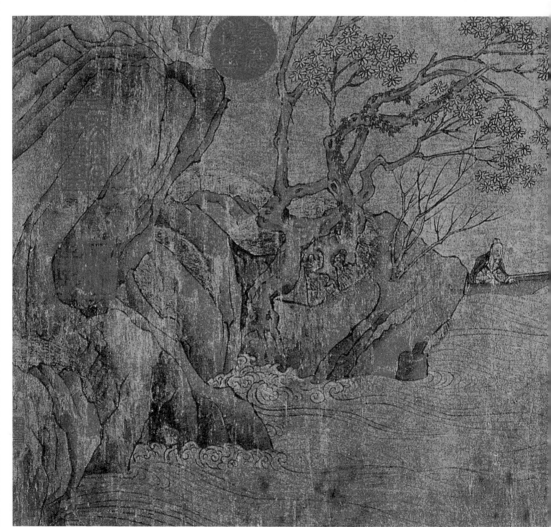

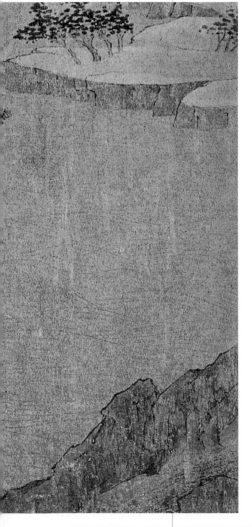

▼ 王維
《山陰圖》（局部）

杜甫、孟浩然相提並論，稱為詩壇「四傑」。王維在山水詩方面的成就，對他的繪畫創作有著非常重要的作用。他的詩不像六朝山水詩那樣游離物象、追求幽玄，也不是那種簡單的風景描繪，而是景和情融合在一起，是可以落到實處的畫面。如「明月松間照，清泉石上流」、「行到水窮處，坐看雲起時」等詩，就是一幅幅生動的圖畫，而把李白的詩落實在畫面上就有圖解之嫌。但我們不要理解成王維在畫上題詩，其實他從來不在畫上題詩，他在畫中表達的是詩的意境。真正在畫中題詩，那是元、明以後的事了。

　　王維的代表作有《輞川圖》、《江山雪霽圖》、《山陰圖》等，但大多都是後世摹本，我們也只能根據這些摹本來體會王維的畫風。

　　歷代畫家在美術史上的地位，都是以畫跡而論的，後人可透過臨摹作品來學習，但唯有王維留給我們的不是具體畫法如何，而是一種靈魂、一種精神。

7、8. 張萱、周昉
——中國工筆人物畫樣式的確立者

中國人物畫發展至中唐時，已有三種主要樣式，南朝張僧繇的「張家樣」、北朝曹仲達的「曹家樣」、盛唐吳道子的「吳家樣」。樣式的建立，不僅是樹立起一種風範，更重要的是體現出了繪畫的發展進程。

「張家樣」的確立者張僧繇，是蕭梁時期的畫家，他的畫法吸收印度畫風，追求物象高處受光的光影效果，畫法是中間淡兩邊深，有物體凹凸出壁的幻覺。這種畫法講究輪廓線條必須跟著形體走，由於中間淡兩邊深，所勾筆跡被兩邊深色遮蔽，而無法體現中國繪畫用線的長處。再加上「張家樣」是隱跡才能立形，用筆只能在輪廓上，而不能在形體上複加線條。

美術史稱「張家樣」是「筆才一二，像已應焉」的「疏體」，其實這是受侷限的繪畫方法所導致，並不符合中國文化國情，因此它必將退出歷史的舞臺。

「曹家樣」的創立者曹仲達，是來自中亞的北齊畫家，他在繪畫中吸收的是印度笈多朝佛教造像的特點，「其體稠疊而衣服緊窄」，即所謂「曹衣出水」。這種畫風雖然可顯用筆之致，但「衣服緊窄」、「曹衣出水」，是印度熱地服裝，和中國寬袍大袖的衣冠文化不相和諧。

「吳家樣」的吳道子，變「曹衣出水」為「吳帶當風」，有著「天衣飛揚、滿壁風動」的藝術效果，用筆方面已有所變化，追求用筆力度和厚度，但在色彩上走的是淡墨淺色的風格。在山水方面，已有李思訓父子把強調富麗色彩的「金碧山水」發展到了極致，而人物畫在色彩方面還有待發展；在這方面的完

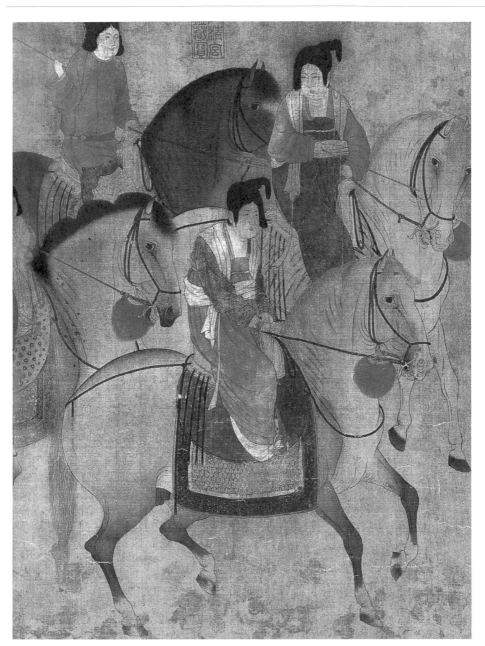

▲ 張萱《虢國夫人遊春圖》（局部）

善者，就是張萱和周昉。

張萱是開元年間（713～741）的宮廷畫家，京兆（今陝西西安）人。朱景玄《唐朝名畫錄》說他以「畫貴公子、鞍馬、屏幛、宮苑、仕女，名冠於時」。

張萱前的人物畫已大致從佛教美術中走出，有了中國文化的特點，把「張家樣」的「畫低不畫高」，變為「畫高不畫低」，把用筆從「隱跡立形」中解放出來。因為中國繪畫強調用筆，這種畫法既能使用筆顯露無遺，又不影響形體厚度和立體效果。

在衣紋布置方面，前人基本上已能和身體相符合，但衣紋走向和動作相符合就有些欠妥，我們看到唐代早期人物畫，動作多是直立、呆板的姿勢，有匠作勉強之感。張萱正是在這些方面有所發展，他的人物畫衣紋走向既表現形體、又和動作天衣無縫，生動自然。

唐代早期人物畫都是淡彩著色，而張萱把人物畫色彩推上了一個高潮，追求富麗堂皇的貴族之氣，用色厚實細膩，強調色彩的對比。由於色彩濃重，有時把人物墨線都給遮住了，所以他常用墨和色複勾一次衣紋，以使畫面醒目。

張萱在畫兒童方面的成績尤其斐然。畫兒童一直是繪畫中的難題，一般所作，不是身小而貌壯，就是類似於婦人，很難抓住特徵。由於張萱有著超凡的造型能力和細緻的觀察能力，他筆下的兒童充滿天真可愛之氣，是其他畫者所難以達到的境界。這一點我們可從他在《搗練圖》中所繪製的兒童身上，體會到個中意味。

《搗練圖》，橫絹本設色，描寫了婦女的勞動生活，全

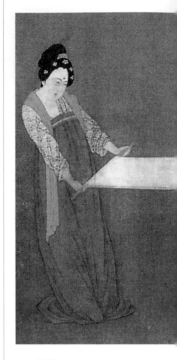

▲ 張萱
《搗練圖》（局部）

◎練

絲織品的一種，質硬，須煮後漂白，再以木杵搗之，才能柔軟潔白。

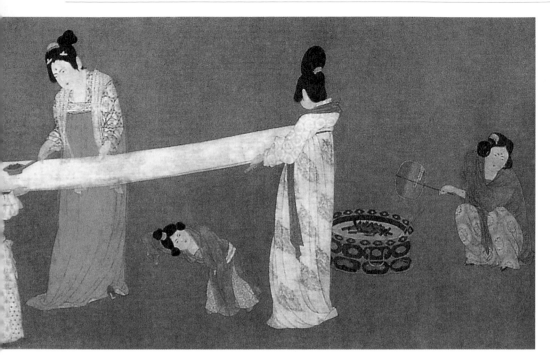

卷總共十二人，人物活動分成三組。卷右一組，兩婦女舉木杵搗練【註】、一人握杵觀望，另一婦女正在捲起袖子準備接手。第二組一人坐地氈上理絲，另一人坐矮几上縫製。後一組人數最多，兩人相對把練扯擺平整，一婦女正用熨斗熨平白練；背向而立的少女正用手扯練，一女孩蹲著搧炭爐，似因畏熱而回首。在這繁忙的過程中，畫家頗具匠心地描繪了一小女孩在白練之下俯身仰視，作玩耍嬉弄狀，使畫面頓增生氣。三組動態徐緩、儀態嫻靜的婦人，各自完整而又相互呼應，刻畫入微，生動傳神。

張萱的另一幅作品《虢國夫人遊春圖》，描寫的是楊貴妃姐妹三月三遊春的場景。畫面馬步輕快，人的形態、儀容，都符合郊遊的主題。此作品最大的特色是不依任何背景，僅以一組人物的動作、馬的跑動和色彩的運用，就把春天的氣息表現出來，真是令人不可思議。

繼承學習張萱畫風，而有所變

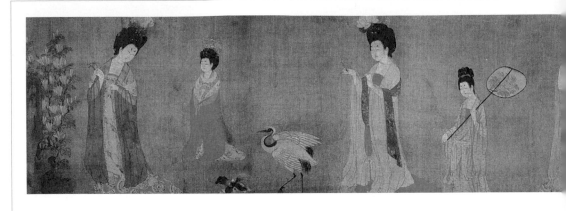

革的是盛、中唐之際的畫家周昉。他和張萱同為陝西西安人，先後任越州、宣州的長史。

傳說郭子儀的女婿趙縱，曾請當時的名畫家韓幹畫了一幅肖像，後來又請周昉也畫了一幅，觀者認為兩人都畫得很好，很難分出誰優誰劣。

郭子儀便問他的女兒，哪一幅畫得最像呢？女兒說：「兩幅畫得都很像，不過後一幅畫得更好。因為前面一幅空得趙郎狀貌，而後一幅卻能得趙郎情性笑言之姿。」因而，周昉的肖像畫被認為超過了韓幹。這表明他除了表現人物特徵外，更注意抓住人物的內在神情。

還有另一個故事：周昉曾在長安通化門外新修的章敬寺畫壁畫，轟動全城，觀者萬計。周昉請問妥否，其間「有稱其善者，或指其瑕者」。周昉一面聽取不同意見，一面修改。經一月許，壁畫圖成，觀者「是非語絕，無不歎其神妙」，被推許為當時第一。貞元年間有新羅國（古代朝鮮）人以高價購其畫幅十卷而歸，使其畫風播及海外。

周昉的代表作品有《簪花仕女圖》，該圖橫絹本設色。畫中盛裝貴族婦女共六人，寬袖長裙、肩披帔帛、頭簪鮮花，在庭中閒踱。有採花、賞花、漫步、戲犬四段情節，概括地描寫了貴族婦女的閒逸生活，以及內心深處幽怨、無聊的精神狀態。另外，該圖除了繪製人物外，還描繪了作為環境背景的玉蘭、仙鶴、小狗，為我們瞭解唐代

花鳥畫的發展提供了絕佳的參考。

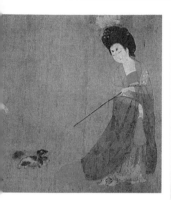

▲ 周昉
《簪花仕女圖》

▼ 周昉
《揮扇仕女圖》
（局部）

《揮扇仕女圖》是周昉的另一幅代表作品。該圖描寫漢成帝時班婕妤失寵，供養太后於長信宮，遂托辭於紈扇、作怨詩以自傷悼的情狀。此後，「秋風紈扇」便經常出現於詩中、畫中，表現宮中女子被遺棄的愁怨心理。圖中一側畫梧桐一株以示秋節已至，昔日宮中佳麗手執紈扇倦容滿面，是一幅立意明確的宮怨圖。全圖十三個人物，分為獨坐、撫琴、對鏡、刺繡、倚桐等情節，圖中各種道具，起襯托畫面喻意的作用，把宮女們的失意、怨愁表現得淋漓盡致。

周昉的繪畫，是對張萱畫風的繼承和發展。周昉在吸收張萱富麗色彩的同時，改變了用色過分厚重而產生的

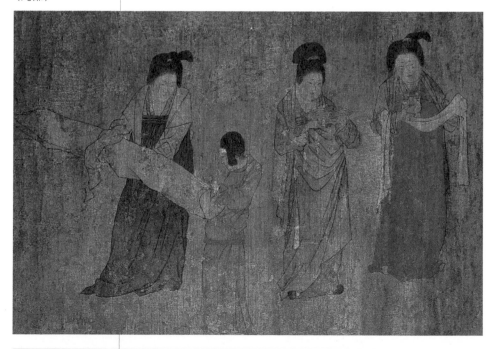

「粉氣」，施色有所減弱；也捨棄了色遮墨線而後複筆重勾的方法，始終保持用筆的完整性。用色不遮墨線，既能體現用筆的力度，又不失色彩豔麗。張萱有時用色代墨勾薄服衣紋，畫面略有「火氣」，周昉也給予校正，改用淡墨勾薄服衣紋，儘量保持墨韻。

　　在唐代，周昉創造的「水月觀音」，形象端莊、風格華麗，成為佛教繪畫流行的標準，被後世譽稱為「周家樣」而載入史冊。其實，周昉在美術史上真正的貢獻，是在張萱畫風的基礎上，建立了具有中國特色的工筆重彩人物畫標準樣式，以中國方式，解決了佛教美術中國化的問題，成為工筆重彩人物畫不可逾越的高峰。

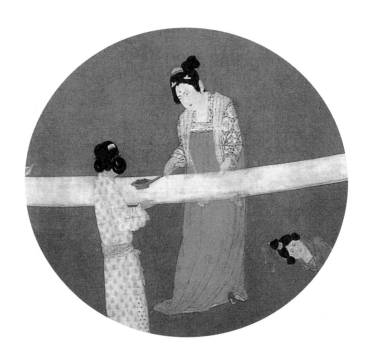

▲ 張萱《搗練圖》（局部）

第二部分
由繪畫到寫意的歷程

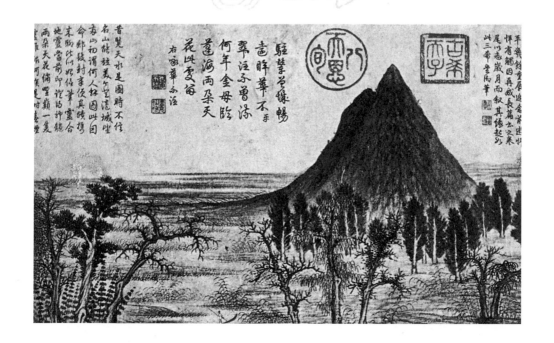

9、10. 荊浩、關仝
——筆墨並重　搜妙創真

西元907年，唐王朝覆滅，中國進入了一個動盪戰亂的「五代」時期。爲避戰亂，許多賢人達士隱退山林、藏而不仕，行「獨善其身」之道，這其中就有以水墨山水名響絕代的荊浩。

荊浩，字浩然，自號洪谷子，生於唐末，卒於五代初梁，山西沁水人，是一位博通經史的士大夫。在唐末天下大亂之際，隱居於太行山的「洪谷」，號因此而名。他躬耕畎畝，過著自食其力的隱士生活，餘暇之時，常坐望群峰，體會大自然的幽奧，每見奇景，「攜筆復就寫之，凡數萬本，方如其眞。」

有學者認爲，五代戰亂頻繁，北方文化南下，基本上無藝術可言，而南方由於北方南渡文人很多，文化藝術發展中心南移。文學藝術範圍太廣，單就繪畫而言，南方各種畫科的確發展迅速，幾乎全面開花，山水、花鳥、人物俱盛。然而，僅從山水畫來說，中國山水畫的最後成熟，開始標領於中國畫之首，卻是在「五代」的北方完成的。

在美術史上，我們發現，太平盛世會給人物畫的發展帶來機遇；個體生命坎坷，會造就寫意花鳥畫大師；而國運不祚，卻是萌育山水畫的時節。魏晉南北朝，國運不濟，文人們仕途受阻，情懷寄望山林，山水畫萌發並發展出雛形的「水墨山水」和成熟的「青綠山水」畫；唐末五代天下又一次紛亂。有許多畫家，隱跡群山，殷殷情意傾注毫端，用書之所剩的墨色，勾勒著風林霧岩，本是聊以自慰，無意卻使「水墨山水」畫最後成熟。這其中貢獻最大者就是荊浩。

水墨山水畫，興起於盛、中唐，到了唐末有了較大發展。荊浩在其繪畫理論著作《筆法記》中，對用筆、用墨有了進一步的認識，而置賦彩於「媚」、「華」，提倡以墨爲之的山水畫。

荊浩擅畫「雲中山頂」，能表達出「四面峻厚」的氣勢。並且「筆」、「墨」並重，曾說：「吳道子畫山水有筆而無墨，項容有墨而無筆，吾當採二子之所長，成一家之體。」並提出繪事「六要」——氣、韻、思、景、筆、墨【註】。所謂「氣者，心隨筆運，取象不惑。韻者，隱跡立形，備儀不俗。思者，刪撥大要，凝想形物。景者，制度時因，搜妙創眞。筆者，雖依法則，運轉變通，不質不形，如飛如動。墨者，高低暈淡，品物淺深，文采自然，似非因筆。」

在「六要」中，把「墨」單獨提出來，與「筆」並列，這說明「筆墨」到了五代，已成爲中國繪畫造型的重要工具。關於用筆，早在南齊謝赫的《六法論》中，就有「用筆」一項，但「用筆」的內涵外延，僅指輪廓功用。如果「用筆」不和「用墨」相對應來研究，那麼，「筆墨」將不會有獨立的審美價值。

當時，鄴都青蓮寺的大愚和尚曾以詩向荊浩索畫，詩云：

> 六幅故牢建，知君恣筆縱。
> 不求千澗水，止要兩株松。
> 樹下留磐石，天邊縱遠峰。
> 近岩幽濕處，惟借墨煙濃。

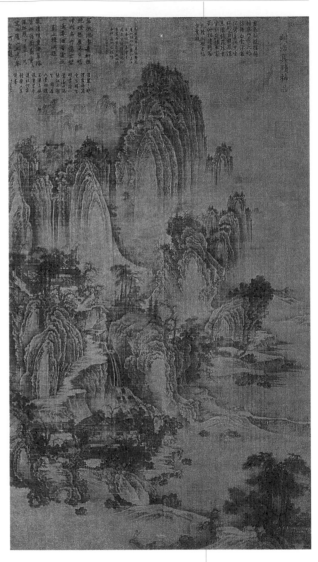

荊浩贈畫並答詩云：

　　恣意縱橫掃，
　　峰巒次第成。
　　筆尖寒樹瘦，
　　墨淡野煙輕。
　　崖石噴泉窄，
　　山根到水準。
　　……

　　詩中的「墨煙濃」、「墨淡野煙輕」，都能透露出荊浩水墨山水畫風格的個中訊息。

　　他在「搜妙創真」的基礎上，又提出「神、妙、奇、巧」四個品第。關於用筆，荊浩提出「四勢」，謂「筋、肉、骨、氣」。「絕而不斷謂之筋，起伏成實謂之肉，生死剛正謂之骨，跡畫不敗謂之氣」。這種用筆要求是對筆本身的價值認識，是游離物象形廓用筆的本體追求。

▲ 荊浩
《匡廬圖》

▶ 關仝
《關山行旅圖》

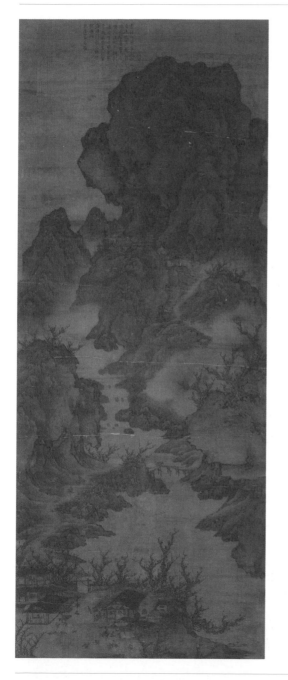

在畫面意境方面，提出畫有二病：一曰無形、二曰有形。「有形病者，花木不時，屋小人大，或樹高於山，橋不登於岸，可度形之類是也。無形之病，氣韻俱泯，物象全乖，筆墨雖行，類同死物」。

荊浩雖然提出「筆墨」並重，但卻又提出了「忘筆墨而有眞景」的論斷，這才是他「筆墨」的眞正要義，他沒有侷限於「筆墨」之中，明白「筆墨」只是一種手段、工具，而不是目的。所謂「得魚忘筌」就是這個道理。

傳爲荊浩所作的《匡廬圖》，絹本水墨，該圖雖名爲《匡廬圖》，實則是北方高山峻嶺的眞實寫照：「中挺一峰，秀拔欲動；而高峰之右，群峰巑岏，如芙蓉初綻；飛瀑一線，扶搖而落。亭屋橋樑林木，曲曲掩映。」此圖是全景式構圖，樹木山石勾皴渲漬，多以短筆直擦，有如釘頭。作者著力表現宇宙天地的美麗壯

觀和大自然造化雄偉之美，把中國「水墨山水」畫向前發展了重要的一步。

荊浩的《筆法記》，在美術史上也具有重要的地位，他發展了前人的理論。尤其是「六要」的提出，把謝赫的「六法」向前推進了一步，把原來主要針對人物畫的理論，轉換成針對山水畫，使理論具體化，具有可操作性。他提出的「筆墨」概念深入人心，以致此後成爲可概括中國畫的名詞。

被美術史家稱爲「三家鼎峙，百代標程」的關仝、李成、范寬，莫不學成於荊浩，而且，關仝還是荊浩的入室弟子，被史家常一起稱爲「荊關」。

關仝是陝西西安人。畫山水師法荊浩，「刻意力學，寢食都廢」，至晚年筆力活潑，有「出藍」之譽。師生共同創立了北方山水畫派，在畫史上並稱「荊關」。

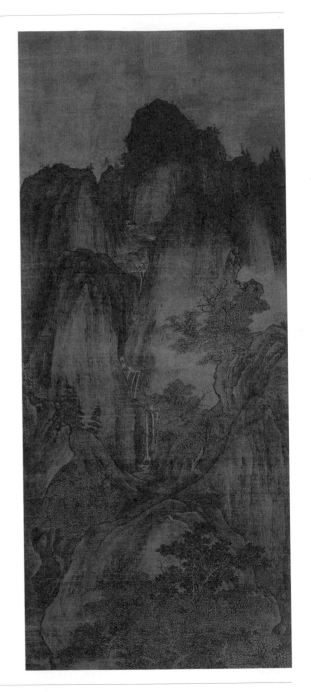

關仝的山水畫在宋初很有影響，被稱之為「關家山水」。

與荊浩一樣，關仝的山水多描寫北方關陝一帶的林木山川，尤愛畫秋山寒林、村居野渡、溪橋山驛等。他筆下的山水，特別著力刻畫山石樹木的形質。如《圖畫見聞誌》所言：「石體堅凝，雜木豐茂、臺閣古雅，人物幽閒者，關氏之風也。」其用筆勁利，有刀砍斧鑿般的渾厚之氣。他的代表作品有《關山行旅圖》，絹本水墨，畫中畫一怪岩巨峰突兀雲天，氣勢偉岸。山中流水成溪、雲霧繚繞，山岩大小有主賓揖讓，山下有野村茅店、柴橋連岸，並有人來人往，雜以雞犬馬驢。樹木皆「有枝無幹」，這是「關家」樹木的特徵，畫中山岩輪廓用筆有粗細提按和皴擦，以水墨漬染分出陰陽向背，把北方山水的雄壯之勢昭然於表。《秋山晚翠圖》是關仝的另一作品，此圖以萬刃群峰擁立畫面，幾疊細泉順岩而下；近景幾株雜木落葉正黃，交代了秋天季節；岩邊有棧道拾階而上，遠處有刹頂露出，看來表現的是秋山問道之類內容。整幅畫面有些壅塞之感，作者在中景以雲霧虛之，儘量使群峰有靈動之勢。整幅山水把北方秋季的蕭瑟之氣表現得神完氣足。

明代王世貞《藝苑巵言》評述山水畫的發展，提出「大小李一變也，荊、關、董、巨又一變也」的觀點，足以證明荊浩、關仝對後世山水的影響了，荊、關以自己的繪畫實踐和繪畫理論，上接晉、宋、隋、唐，下開五代以後中國山水畫的新局面，對我們當代的山水畫創作仍然有著現實意義。

11、12. 董源、巨然
——水墨輕嵐寫瀟湘

　　五代的山水畫壇，正當「荊關」一派在北方興盛之際，江南也出現了新興的「董巨」畫風。雖然一個萌發於北方山林，一個濫觴於南方宮廷，但所表達的水墨精神和人文萬象，卻是殊途同歸。

　　北宋以前，由於文化中心在北方，因而北派山水受到重視，有蓬勃繁盛之勢；在南宋以後，隨著文化中心的南移，南派「董巨」畫風才被世人所重視；到了元、明以後，「董巨」畫風幾乎成了山水畫主流，統治著山水畫壇近千年，這真可以說是一個奇蹟了。

　　我們不能簡單地說，南方山水和北方山水孰高孰低，從藝術風格來說，南方、北方各有特色。一種畫風的藝術水準高低，並不和從事的人數、流行的廣度成正比，而關鍵要看它介入美術發展史有多深、多廣。一個沒有介入美術史的畫派，和一個沒有介入美術史的畫家，不管當時多麼風行於世和多麼風光於世，最後終究會被歷史所淘汰。近現代不就有許多所謂的流派、所謂的大師，仙逝不久就被從「大師」行列開除出局了嗎？中國畫大師的名號有誤定的，但開除出局的所謂大師，沒有一個是冤枉的。

　　「董巨」畫風是以涓涓細流，慢慢匯成滔滔江水，不僅流行於江南一隅，最後還倒灌北方，這是中國美術史的奇蹟，是中國文化特有的現象。而成為「董巨」畫風涓涓細流的源泉之人，就是五代南唐畫家董源。從他的姓名，我們就能體會出他在中國山水畫流變中的重要位置了。

　　董源，字叔達，鍾陵（今江西進賢西北）人，南唐中主時任北苑

副使，故俗稱「董北苑」。董源善畫山水，兼工畫龍、牛及鍾馗。他還擅長人物畫，據傳，南唐中主李璟召宰相馮延巳商議國事，馮延巳至宮門，卻徘徊遲疑不敢入內，說是看見一位著青紅錦袍的宮娥當門而立，因而未敢擅入。李璟命人查看，原來是在八尺琉璃屏上，有董源所繪古代美人夷光的肖像。可見董源人物畫水準也很高超。

董源在山水畫方面有兩種風格，一種是李思訓畫風的青綠山水，一種是王維畫風的水墨山水。他以水墨山水為體、以青綠山水為用；以墨為裏、以色為表，透過吸收兩家優點和對大自然的細緻觀察，體會江南山水的溫潤幽深，創立了和北方山水畫風迥異的南派山水，並促使中國山水畫發展進入了又一次的轉變時期，為後世畫壇開闢了新的蹊徑。

沈括在《夢溪筆談》中評述董源時說：

江南中主時，有北苑使董源善畫，尤工秋嵐遠景，多寫江南真山，不為奇峭之筆。

並說他的山水畫風格是「近視之幾不類物象，遠觀則景物粲然，幽情遠思，如睹異境」。

董源的代表作有《瀟湘圖卷》、《夏山圖卷》等。

《瀟湘圖卷》，絹本水墨設色。圖中繪起伏連綿的南方丘陵山崗，林麓映帶、洲渚迂迴、江湖平遠、煙霧溟濛，一派江南幽野秀色。山水之間點綴人物若干，左有漁夫合力網漁，一葉扁舟划來湊趣；右邊江中渡船正要靠岸，上有六人，岸上眾人擊鼓奏樂，似乎在迎接一位貴客。蘆汀沙渚間有六艘小舟往來東西。畫名《瀟湘圖》，為明代董其昌所取，根據「洞庭張樂地，瀟湘帝子遊」詩句而題。

《夏山圖卷》，絹本水墨設色，圖中畫平遠景象，群巒丘崗、洲渚煙汀、樹木蔥蘢、廊橋橫溪、水邊牧牛，雲起山腰，形似龍頭；把草木豐茂的江南景色，表現得淋漓盡致。董源所繪山水，多以橫卷形式

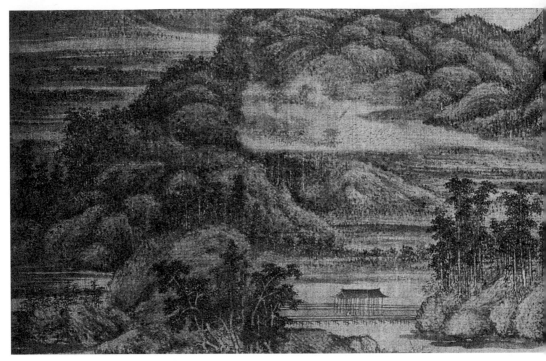

▲ 董源《夏山圖卷》

▼ 董源《瀟湘圖卷》

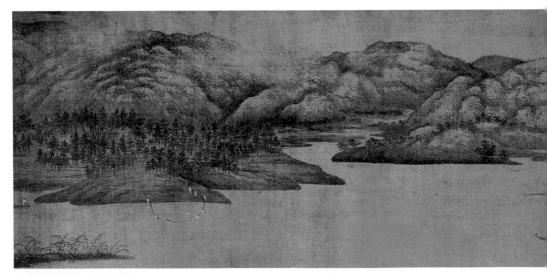

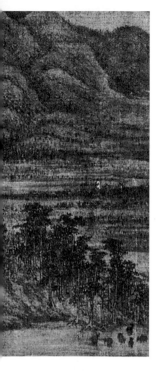

描繪草木繁茂的江南丘陵山景，表現峰巒重疊、雲霧晦明、平淡幽深的氣象。用濃淡相宜的圓潤之筆，皴山勾樹，筆觸形似披麻，山頂多作礬石，其上點以焦墨苔點，表現江南山頂草木。所勾皴筆層層積染、所點苔點濃淡相疊，層次參差而又渾然。

董源這種畫法，爲北宋山水畫家米芾所讚賞，米芾在所著《畫史》中說：

> 董源平淡天真多，唐無此品，在畢宏上，近世神品，格高無與比也。峰巒出沒、雲霧顯晦，不裝巧趣，皆得天真。嵐色鬱蒼、枝幹勁挺，咸有生意。溪橋漁浦、洲渚掩映，一片江南也。

董源開創了江南畫派，成爲後世文人畫標準法式。董源山水畫地位的確立，是和宋代沈括、米芾的發現和宣揚分不開的。從此以後，董源名望日漸高升，元代黃子久把董源尊爲山水之冠；到了明朝，董其昌則稱董源山水爲「無上神品、天下第一」，使董源在山水畫壇無與倫比的地位更加穩固。

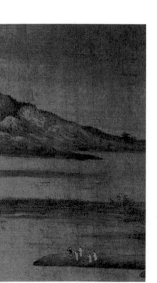

董源被認爲是江南畫派的開創者，而承接衣缽又有所成的是「董巨」並稱的巨然和尚。

巨然（生卒年不詳），江寧（今江蘇南京）人，活動於五代、宋初，早年受業於江寧開元寺。當時，南唐的君主信奉佛教，皇宮貴族與僧眾之間交往頻繁。巨然大概以此因緣得隨董源學畫，後來又成爲後主李煜的賓客。南唐覆滅，後主降宋，巨然同行來到汴京，居開寶寺。

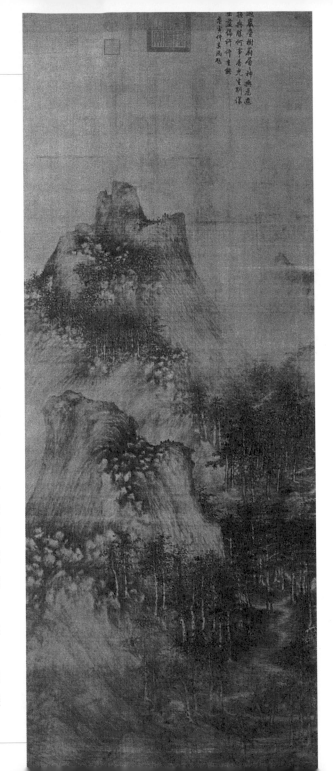

巨然師法董源，有所發展，這種發展不是別出心裁、另立門派，而是在董源山水畫體系內的發展，是把董源風格向前推進了一步。沈括《圖畫歌》云：「江南董源僧巨然，淡墨輕嵐爲一體。」這也是「董巨」合稱的由來。

巨然的畫法和董源差不多，也以溫潤之筆作皴法，以濃焦墨點點苔，整個山水給人煙雲溫潤、平淡天眞的感覺。但他還是有著自己的風格，他很少畫平遠山水、江岸沙渚，而是變橫爲豎，他的山水畫以高山大嶺、重巒疊嶂、叢林層崖爲主，變山頂小礬頭爲大礬頭，林麓間多用卵石，變短披麻皴爲長披麻皴。整個畫面，山川深厚、草木華滋，比董源山水更加秀潤可人。巨然的發展，是在董源山水所有環節程度上的擴展

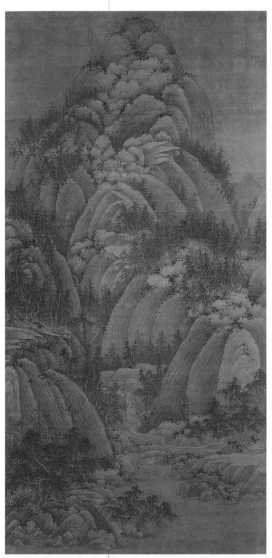

和強調，完成了董源畫風的指向目標。

巨然的代表作，有《秋山問道圖》、《層崖叢樹圖》等。《秋山問道圖》現藏臺北故宮博物院，絹本水墨，圖中繪層層峰巒相疊、林木叢生，「礬頭」相聚，深山中一徑通幽，樹叢中掩映茅舍，一老者靜其中，意境幽靜，整個畫面以「長披麻」爲主，「短披麻」爲輔的濃淡、乾濕用筆爲之。

《層崖叢樹圖》也藏於臺北故宮博物院，絹本水墨，畫風和上圖有所區別，構圖結景稍簡，僅主峰兩座，雜以樹木，層崖叢樹、煙雨微茫，皴法若有若無，山上礬石閃閃泛光，和上圖相比更生動，更顯率眞、幽靜，幽深淡遠最合此畫意境，可稱爲水墨山水傑作。

山水畫第二次飛越，從荊浩、關仝到董源、巨然已經完成，這是師徒四人共同努力的結果。至此，山水畫開始了第三次轉變的準備。

「董巨」畫風的出現，是

山水畫發展史上的重要一環。唐代王維水墨山水留給後世的，主要是一種水墨精神和詩人的境界，他的畫跡在五代已很難覓尋，據說，董源的畫風與王維類似，想必相去不遠，學者想透過「董巨」作品，學得王維風範，這也許是「董巨」何以名重的原因之一。

水墨山水獨立，北方「荊關」開先河，但北方多是立峰岩石，用筆只能從上往下豎拖，不便毛筆趣味施展，再加北方山水多重視山形，形和筆墨總是矛盾重重；而南方丘陵多為橫坡，用筆、用墨橫走即可。南方山水多一巒半崗，山形不必過分看重，筆墨可游離物形，著意自身品位。筆墨得以解放，文心可寄其中，人們自覺不自覺地選擇了董巨畫風，這也許又是「董巨」畫風名響文人階層的另一層原因。

水墨山水獨立，是針對著色山水而言，僅是對色彩的反動。水墨山水要想獨立發展，必須要創造自己的語彙天地，「董巨」山水畫中，已有皴法開始獨立。所謂皴法，即以書之所剩為皴。因此，文人書家最易介入繪事，而介入繪事首先選擇的畫風，就是「董巨」風格。這也為「董巨」名盛起了推波助瀾的作用。

看來，「董巨」名揚天下是經過一個過程的，這個過程就是人們的認識過程，而認識是永遠不能完結的，相信將來我們對「董巨」會有一個更深刻的認識。

13、14. 貫休、石恪
——豪放狂逸寫禪心

晚唐時期，工筆重彩人物畫，再也沒有出現盛唐時的繁榮和輝煌，而這時期的水墨山水畫卻蒸蒸日上，地位開始超越人物畫，並影響了人物畫的趣味走向。

晚唐時，佛教禪宗已發展壯大，以教外別傳、不立文字、直指人心、見性成佛相標榜。禪機悟對、物我一如，是和水墨境界相協調的。禪宗說「不立文字」，可沒說不准畫畫，所以禪師畫「禪畫」就成了一種風尚。五代畫僧貫休，就創造了風格怪異的宗教人物畫。

貫休（832～912），字德隱，本姓姜，婺州蘭溪（今浙江）人。七歲出家為圓貞禪師童侍，能日誦《法華經》一千字；二十歲時受具足戒【註】，幾年後開始登壇講授經義；六十歲移居杭州靈隱寺。

天復二年，唐昭宗封錢鏐為吳越王，貫休前去祝賀並獻詩一首，但錢鏐讓他把詩中「十四州」改為「四十州」，貫休斷然拒絕說：「州亦難添，詩亦難改。余孤雲野鶴，何處不可飛？」遂收拾行囊遠走荊州，又因詩書雅事得罪荊南節度使而走他鄉。

天復三年前後，貫休以七十餘歲高齡「避亂」入蜀，蜀主王建賜紫衣和「禪月大師」的名號。貫休不僅善詩能畫，而且草書也很有名，時人將他比之為懷素和尚，將其

◎具足戒

意即「具足圓滿之戒」，受具足戒亦即受全戒，受過戒就不可以再犯。年滿二十歲的出家男子受了具足戒（共有二百五十戒）之後，叫「比丘」；年滿二十歲的出家女子受了具足戒（共有三百四十八戒）之後，叫「比丘尼」。

書法謂之「姜體」。

貫休擅長佛像、人物，尤以羅漢著稱於世。

《益州名畫錄》說他師法閻立本，「畫《羅漢》十六幀，龐眉大目者，朵頤隆鼻者，倚松石者，坐山水者，胡貌梵相，曲盡其態」。據說，蜀主以他所繪《羅漢》像「納之宮中，設香燈崇奉者逾月」，並命翰林學士歐陽炯作《禪月大師應夢羅漢歌》：

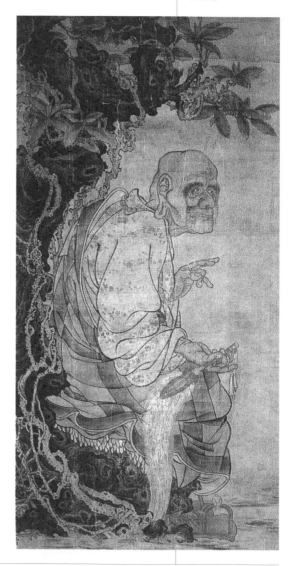

▼ 貫休
《十六羅漢圖·迦諾迦》

　　西嶽高僧名貫休，高情峭拔陵清秋。天教水墨畫羅漢，魁岸古容生筆頭。時幀大絹泥高壁，閉目焚香坐禪室。忽然夢裏見真儀，脫下袈裟點神筆。高握節腕當空擲，窣窣毫端任狂逸，逡巡便是兩三軀，不似畫工虛費日。

貫休自謂，這些「不類世間所傳」的佛教人物形象，是「自夢中所睹爾」。其實，這些梵像是他冥思悟對和禪學深厚的產物，是禪宗境界的外化。

貫休著名的作品是《十六羅漢圖》，現藏日本皇宮內

廳，日本學者定爲宋初摹本。現存於世的《十六羅漢圖》有多種摹本流傳，有紙本、有絹本，也有石刻；有設色，也有水墨。大多流布海外，而日本藏本最接近原作面貌。

此圖以極度誇張變形的手法，著力表現超世絕塵的胡相異貌。用筆持勁，線條詭異飛動，曲繞方折，形象極盡誇張之致。以墨渲染，分出陰陽起伏，把岩石作爲形象整體來考慮，既渾然一體，又有立體感，把古代僧眾「苦修」的精神氣質表現得很生動。

有學者說，貫休的畫法是由晚唐時吳越、西蜀兩地的「潑墨山水」發展而來，講究墨暈變化和筆法粗放，而不是細線勾勒的形式。由於潑墨的形態難以描摹，於是變成細線勾勒的樣式。這個問題的研究，應把它放進美術發展進程當中，才可能解決。

初唐時期，尉遲乙僧畫風「皆是外國之物象，非中華之威嚴」的形貌特徵，他所畫外國之人那種深目大鼻的形象，其實是眞實寫照，根本沒有誇張變形，只是我們中土之人感到怪異罷了；盛唐時期，吳道子所畫「地獄變相」之類題材，也是把眼目、嘴角誇張一些而已，並沒有整體變形。

我們知道，中國繪畫在唐朝中後期有了很大的變化，「青綠山水」走向色彩極致，而開始出現水墨山水；粗筆人物的「疏體」的流行，又開始轉向細緻畫風。

唐代人物畫，無論從形到色，至張萱、周昉時代，已達到不可逾越的地步，按著美術的「自律」發展規律，必將走向另一方向，那就是水墨和變形的追求。雖然人物、山水可互相影響，但終究代替不了自身的「自律」發展；因此，貫休在形上找到了突破口，又和水墨暈染相契合，形成了自己的畫風，至於「潑墨」人物是西蜀畫家石恪才有的。

所以，《十六羅漢圖》應該就是貫休的畫風，而且是有原稿本的。貫休的繪畫，是美術發展的必然結果，他在人物畫方面開啓了一條道路，順著這條道路一直可達我

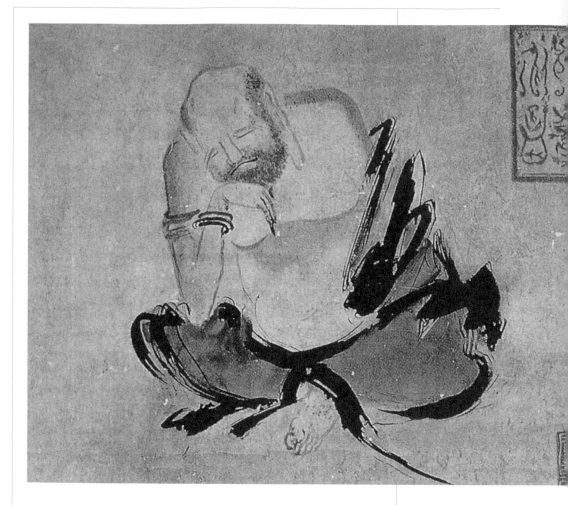

▲ 石恪
《二祖調心圖》
（之一）

們近現代的寫意人物畫領地。

　　貫休人物畫的變形，是全方位的變形，是根據禪意境界的要求來變形的，他筆下的羅漢是符合禪學意志的，是營造一種境界，不是那種「爲賦新詞強說愁」的爲變形而變形，這一點值得我們當代畫家深思。

　　貫休的繪畫在當時不被欣賞，到了明代陳洪綬才漸被

人所認識，而真正產生影響卻是在近現代。而在五代，只是在禪林和居士階層流行，其中的禪學畫風和貫休相得益彰的，便是西蜀畫家石恪。

石恪，字子專，成都人，生卒不詳，大約活動於五代、宋初，蜀平，曾至汴京，奉旨畫相國寺壁，授予畫院之職不就，力請還蜀，相傳死於歸蜀之路。

史籍評論石恪人怪、詩怪，畫亦怪。他處世不合時流，常諷議時風，並剛性不羈、玩世不恭。豪紳相請作畫，他常以圖中所繪暗諷於人，真可謂蜀中一怪。

石恪繪畫學張南本，《聖朝名畫評》謂：「初事張南本學畫，才數年已出其右。多為古僻人物，詭形殊狀。筆法頗勁，長於詭怪。」張南本是唐末活動於蜀地的著名道釋人物畫家，擅畫火，與孫位畫水齊名。石恪在張南本的基礎上，形成了「自擅逸筆」的豪放畫風。

石恪流世作品只有《二祖調心圖》，現藏日本東京國立博物館，確為真跡與否，學術界還沒取得一致意見。該圖描寫《景德傳燈錄》所載《慧可傳》中放蕩不羈的行為。圖中筆墨縱逸、簡練灑脫，人物造型奇崛誇張。半熟紙與狼毫筆所呈現的破筆淡墨的效果，掩映著大筆大墨的純正寫意精神，眉目的精勾細點與衣袍的狂草疾書之間形成強烈對比，透出水墨寫意畫的無限機緣，淋漓盡致地體現了寫意畫捨形求意、捨表求神的精神。

石恪的人物畫，正好和貫休的人物畫形成了對比、呼應關係。貫休是追求細勁用筆的變化和水墨暈染的玄淡，以及形的誇張；而石恪是以豪放的粗筆、潑墨，追求水墨淋漓的效果。一個以筆勝、一個以墨顯；一個用線、一個用面；一個細緻、一個粗放。他們都以自己的方式，表達著共同的禪學境界，而石恪的大寫意更符合禪機妙理的表達。

貫休與石恪，以共同的合力完成了工筆人物畫向寫意人物畫的轉變，這種轉變不僅是技法的變化，更重要的是水墨精神的轉變。

對貫休與石恪藝術價值的認

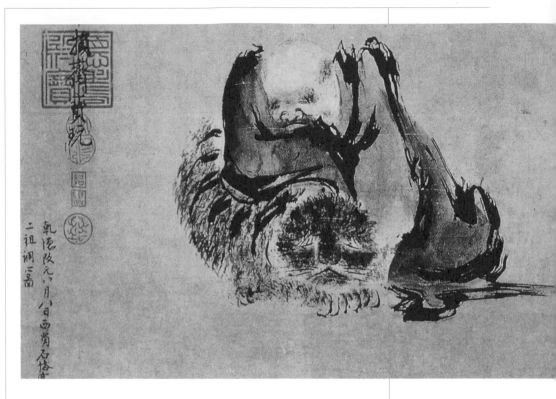

▲ 石恪
《二祖調心圖》
（之二）

識，不是在古代，而是在近現代，這期間差不多經歷了一千多年。這是一個值得研究的問題，是我們的審美趣味改變才認識他們，還是我們的藝術水準下降才和他們息息相通？當代許多畫家學習研究貫休、石恪，但真正成績卓然者幾乎沒有，更多的是表面的庸俗化。但不管怎樣，我們對貫休、石恪的認識還在深入著，他們的繪畫藝術還在影響著後世的畫家們。

15、16. 黃筌、徐熙
——富貴野逸與花鳥精神

中國花鳥畫，可以說是世界上獨一無二的畫種，中國在唐代時已設花鳥畫科，並有專業的花鳥畫畫家，從事花鳥畫創作。

西方繪畫的靜物畫中常出現花鳥內容，但精神追求和中國大相逕庭。西方油畫中的花，是從野外採集回室內的「插花」之類，我們在欣賞的同時，已知它不久將枯乾死去，也體會不出花卉所生長的環境如何富有情趣；西方油畫中的鳥，是從野外狩獵而歸的美味佳餚，我們一邊觀賞、一邊品味的是煮熟後的味道，體會不出鳥和人與自然的關係及詩情畫意。

西方繪畫中的花鳥，是占有欲的表現，而且花鳥靜物成為畫科，是在「文藝復興」以後的事了；而中國花鳥畫，是中國人透過一枝花、一隻鳥，來傳達人的情懷、寄託人的感情，表現的是鳥語花香的大自然和人文關懷。

中國花鳥畫萌芽於魏晉南北朝，至唐代漸趨成熟。我們在早期佛教壁畫中已能看到花鳥的形象，但那時的花鳥，充其量是起「寶相花」[註]圖案裝飾作用，離獨立成科相去甚遠。在初、盛唐的人物繪畫中，以及在墓室壁畫上，出現了大量的花鳥題材，但它們都是人物的陪襯部分，是處於背景地位。真正作為獨立畫種，則是從五代開

◎寶相花
又稱寶仙花，是一種類似荷花或牡丹花的中國傳統裝飾紋樣。實際上，它是取材自自然界中各種花的美麗之綜合性花型，經過藝術手法處理為各種不同的形象，為富貴、美滿和幸福的象徵。

始，是以黃筌、徐熙的出現為標誌，才使花鳥畫踏上了漫漫征程。

也許是花鳥畫孕育時間太長的緣故，它包含了人物畫、山水畫所有的營養成分，在溫度、濕度都很適合的「五代」土壤中，迅速地茁壯成長，一開始便以「黃徐異體」的成熟面貌與人物畫、山水畫並肩而立，旋即向著排行於中國畫之首的目標迅猛前進。

黃筌（903～968），字要叔，四川成都人，工人物、山水、墨竹和龍、水，尤擅花鳥畫。曾先後歷仕前、後蜀和宋初。黃筌十三歲起跟隨刁光胤學畫花鳥竹石，並師從滕昌、孫位等諸家，郭若虛稱他「全賅六法，遠過三師」。黃筌從十七歲入前蜀禁宮，任待詔職，一直到晚年，未離開過宮廷。後蜀孟知祥設畫院時，授其「翰林待詔」職，並賜佩「紫金魚袋」，任命他主持院事，當時年僅二十三歲。乾德三年（965年），黃筌隨孟昶歸宋，被封為太子左贊善大夫，禮遇備至。同年九月二日病故。

黃筌所作繪畫，取材廣泛。據《宣和畫譜》記載，「凡山花野草，幽禽異獸，溪岸江島，釣艇古槎，莫不精絕」。因他一生都是宮廷畫家，所畫題材多是皇家宮苑裏的「珍禽瑞鳥、奇花怪石」。黃筌平日多與皇族往來，耳濡目染多為奢華生活，多數作品又是旨命所作，因而繪畫風格漸以富麗工巧為能事，這是生活環境使然。

據傳說：後蜀廣政七年（944年），外地來使，送來仙鶴數隻，蜀主孟昶命黃筌繪於偏殿壁上。黃筌抓住鶴不同典型動態，畫出唳天、驚露、啄苔、舞風、梳翎、顧步六種鶴姿，竟使真鶴誤為同類，翔舞壁旁。蜀主甚為驚奇，對黃筌更是感佩不已。由於他畫的鶴已超過唐代畫鶴名家薛稷，因而有「黃筌畫鶴，薛稷減價」的諺語流傳於世。

又說，孟昶命他繪四季花竹兔雉於「八卦殿」上，時有「雄武軍」進獻的白鷹見畫中雉雞，誤以為真，連連飛撲過去。蜀主嗟歎不已，連命翰林學士歐陽炯作《壁畫奇異記》一篇。

據記載，黃筌的作品數量極

多，僅《宣和畫譜》著錄的就有三百四十九件，但流傳至今的，僅有一幅課徒畫稿《珍禽圖》。圖中畫麻雀、臘嘴等十隻鳥，兩隻烏龜，還有蚱蜢、蟬、蜜蜂等許多昆蟲。畫得十分生動細緻，質感很強，尤其那展翅張嘴的小麻雀，振翅乞食似在鳴叫；幾隻昆蟲也畫得輕雅巧致。

黃筌的花鳥畫，多用細勁淡筆勾勒，然後淡墨渲染打底，再敷以重彩，即「雙勾填彩」法。沈括說他「畫花妙在敷色，用筆極精細，殆不見墨跡，但以五彩布成，謂之寫生」。其實，這種畫法就是盛唐時張萱的「工筆重彩」人物畫法的濃縮，這種畫法本身已有幾分富貴之氣，再加黃筌所繪皆宮廷苑囿之花鳥，因有「黃家富貴」之評也順理成章。

▼ 黃筌
《珍禽圖》

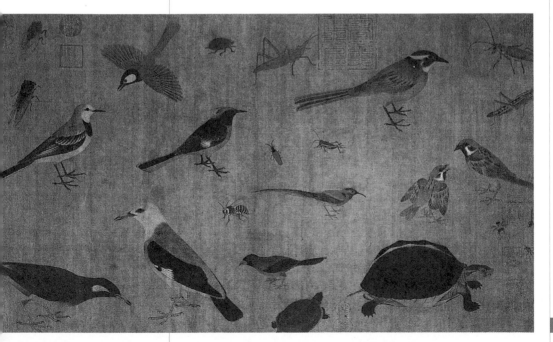

黃筌花鳥畫的功績，是使花鳥畫成為獨立的畫科，並確立了工筆花鳥畫的基本模範樣式，真正使黃家畫風發揚光大於宋代的是黃筌三子黃居寀。

黃居寀繼承家法，極擅花鳥，曾在孟蜀畫院任翰林待詔，後隨蜀主入宋，深受當朝禮遇，仍任職翰林待詔，並委以搜羅、鑑定名畫，而成宋初畫院的中心人物。黃家畫風因其名盛，並左右了當時的畫院，凡畫家想進宮廷畫院，必先符合黃家標準，黃家畫風的影響之大可見一斑了。

和「黃家富貴」相對應的，就是「徐熙野逸」了，徐熙是五代南唐（937～975）江寧（今南京）人。雖出身於世代為官的「江南顯族」家庭，卻「志節高邁，放達不羈，以高雅自任」，人稱「江南處士」或「江南布衣」。

徐熙以花木、禽魚、蔬果為專攻，其畫無所師承，全靠腹飽經史、寓興開放的才華描寫野花汀草的逸淡之情。他的畫風不追時流，不繪宮廷苑囿的名卉珍禽，視野專注重於野趣逸興，所作花鳥質樸簡練。

《宣和畫譜》說他「落墨以寫其枝葉蕊萼，然後敷色」；沈括《夢溪筆談》也說他以「墨筆」為主「殊草草，略施丹粉而已」，卻有「神氣迥出」的「生動之意」；徐熙也說：「落筆之際，未嘗以敷色暈淡細碎為功。」

蘇東坡曾題徐熙《杏花圖》詩云：

> 卻因梅雨丹青暗，
> 洗出徐熙落墨花。

可見徐熙的畫法，是「落墨為格，雜彩敷之」的一種畫法，是用筆略粗、濃淡墨暈染，然後淡彩敷色。

實際上，這種畫法是在盛唐吳道子人物畫基礎上，有所變化的一種畫法。五代花鳥畫之所以發展很快，就是因為在技法上直接借鑑了盛唐的人物畫技法，吸收張萱、周昉畫法而發展出的「黃家富貴」風格，以及吸收吳道子人物、山水畫

法，而造就出的「徐熙野逸」之風。

　　花鳥畫在五代發展迅速的另一原因，是西蜀、南唐畫院的建立，在花鳥畫將要成熟之際，就在畫院中得以總結和發揚，使藝術水準不斷提高。可以說，花鳥畫趕上了這千載難逢的機會。

　　徐熙不僅勤於觀察萬物情態，更有高度的表現能力。據記載，李煜降宋時攜去一幅徐熙所繪《石榴圖》，圖中畫果實百多個，構圖奇偉，筆力豪放。宋太宗見之，嗟歎曰：「花果之妙，吾獨知有熙矣！」並把此圖遍示諸畫師，要他們以此圖作為創作樣本，可見當時徐熙畫風對畫院也有很大影響。

　　劉道醇《聖朝名畫評》把徐熙列入花竹翎毛門「神品」中第一人，並把他與黃筌以及

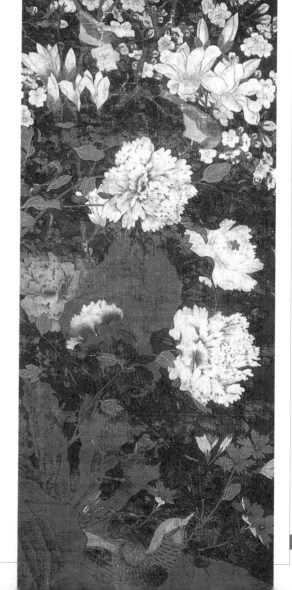

▶ 徐熙《玉堂富貴圖》

北宋畫家趙昌做了比較：「筌神而不妙，昌妙而不神，神妙俱完，舍熙無矣！」

　　徐熙傳世作品幾乎沒有，傳為徐熙作品的《玉堂富貴圖》，現藏臺北故宮博物院。此圖繪牡丹幾朵，上首有玉蘭、海棠橫枝而出，下首一羽錦雞從石後閃現，整個畫面一片爛漫氣象。而用筆稍顯粗略，用色不是很重，基本上能領略到徐家風範。

　　徐熙的孫子徐崇嗣，秉承家學，又創以「沒骨」花卉畫法，使花鳥畫別開生面。這種畫法是不用墨線勾勒，直接落色、落墨，為寫意沒骨畫的發展埋下了伏筆。

　　「黃家富貴、徐熙野逸」和「徐黃異體」的提出，實際上是風格的判斷，是審美追求不同的結果，也是成熟的象徵，這表明花鳥畫一走進藝術領域，就有兩種成熟畫風並行發展，這是其他畫種所沒有的現象，似乎預示著花鳥畫必將後來者居上，登上中國畫之首的位置。

17. 顧閎中
——以圖紀實寫軼事

唐代人物畫在吳道子、張萱、周昉時期達到高峰，此後人物畫領域似乎黯然了許多，開始了一段所謂「近不及古」的式微階段。但這並不等於人物畫停止了發展，而是按著它固有的規律，順著歷史的軌道，駛進一片新的天地。

唐代以前，繪畫主要內容是宗教題材，之後又開始表現帝王嬪妃生活場景，除了畫皇帝要忠實於實際人物形象外，其他都以典型形象概括而已，不在姓氏名分上用意。人物畫發展到五代時期，繪畫內容仍是以佛、道人物題材為多，但另一方面也出現了描寫文人士大夫階層的眞實形象和生活的人物繪畫，這象徵著宗教美術一統天下的終結，也象徵著世俗人物繪畫的發端。而這一重大轉折，是以五代畫家顧閎中為代表的。

顧閎中（907～960），五代南唐時的著名人物畫家。關於他的生平事跡，史籍記載極少，《宣和畫譜》中載：「顧閎中江南人也，事僞主李氏為待詔，善畫，獨見於人物。」後世記評，也多依此為據。但是他所作的《韓熙載夜宴圖》卻在許多典籍中多有提及，可以說是人因畫傳了。

《韓熙載夜宴圖》是以南唐中書侍郎韓熙載生活軼事為題材繪製而成的作品。韓熙載，山東青州北海人，唐末進士，其父韓嗣光為青州軍「留後」，後被軍隊擁戴做了統帥，再後因戰亂被殺。韓熙載扮成商人，逃至江南，因他對儒學「禮法」極為熟悉，且好文章詩詞，因而被南唐朝廷收用。此時，北方宋已建朝，南唐後主極為恐懼，一面把淮北鹽場拱手奉送，一面排斥異

己；尤其對朝中北人，疑忌猜測，甚至於用毒藥將他們害死。韓熙載為避禍，便縱情聲色、疏狂自放，以求「明哲保身」。

但李煜仍不放心於他，乃命人監視，得知韓熙載「多好聲伎，專為夜飲，雖賓客糅雜，歡呼狂逸，不復拘制」，李煜惜其才能，置而不問，但對韓熙載的聲色夜宴生活頗為感興趣，「乃命閎中夜至其第，竊窺之，目識心記，圖繪以上之」。於是，顧閎中繪出《韓熙載夜宴圖》。

《韓熙載夜宴圖》絹本設色，採用分段敘事的長卷形式，分聽樂、觀舞、休息、清吹、送別五段情節。每段以屏風、床榻等物相隔，使每段既相聯繫又相對獨立。這種手法比前人有所進步。

第一段聽樂，描繪韓熙載和諸賓客聽女伎彈奏琵琶。七男五女，有太常博士陳致雍、門生舒雅、教坊副使李家明及其妹等。人物有坐有立，都在凝神聆聽。韓熙載美髯側面注目女伎，若有所思。

第二段觀王屋山舞六么，韓熙載擊鼓助興。面對此景，德明和尚撫掌低首，不敢正視。情態塑造極為成功。

第三段寫休息場景，韓熙載與侍女坐於床上，轉身淨手。

第四段寫韓熙載袒胸坐於椅上，聽五樂伎吹笛和演奏篳篥，描寫得非常精彩。她們坐姿各異，衣紋穿插有致，衣著顏色對比豐富。

第五段眾人相互告別，依依不捨，韓熙載佇立招手，神色悵然。

整個畫面充斥著一種矛盾的對比。有紙醉金迷的及時行樂，也有對生命前途的失望和憂慮；既有熱烈的氣氛，又有清冷的黯然。圖中除了典型概括伎女形象之外，其餘男子都是現實中人物，如此多真實人物集中一幅圖畫之中，可謂是前無古人的創舉。它表明中國人物畫已完全從佛教圖譜中走出，開始表現現實當中有血有肉的人。

此外，圖中交代了人物不同身分、不同年齡、不同性格，以及不同的精神狀態，這也說明了中國繪畫的造型能力是很強、很敏感、很豐富的，是和西方造型藝術相對應

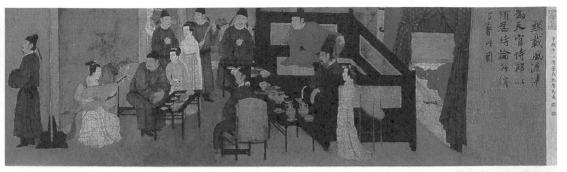

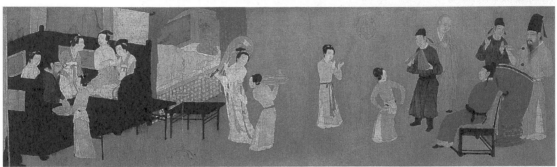

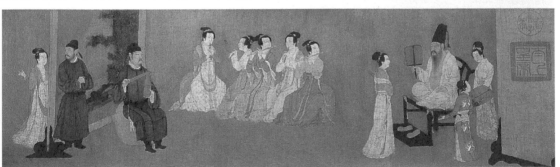

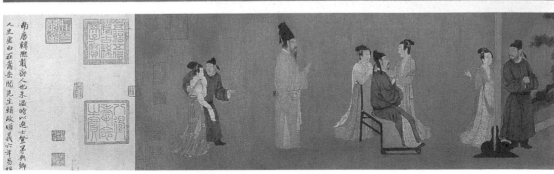

▲ 顧閎中《韓熙載夜宴圖》

的另一大造型藝術體系；它是可以自足的體系，是已從西方藝術走出，完成了中國化進程和典型範式的鑄造。

《韓熙載夜宴圖》在用筆、用色上，有明顯的張萱、周昉遺風，待再細而觀之，便覺已是「舊瓶裝新酒」了。張萱和周昉的畫風，是用線的結構穿插來表現身體形態，再敷以遮線或不遮線的色彩，儘量保持相對平面圓渾的體積感；顧閎中在用線方面，是強化用筆的力度、轉折頓挫，加強用筆在造型中的主幹作用；敷色配合於用筆，並順著衣紋染以深色，突出體積感，臉部也順結構染出明暗。以前人物畫臉部只有大的明暗關係，而顧閎中卻把眼、鼻、嘴、耳的局部結構給以交代。這都是和以前人物畫所不同的，是對工筆人物畫的進展。

透過研究顧閎中的人物畫，我們發現在他的工筆人物畫中，已有了後世小寫意人物畫的端倪。

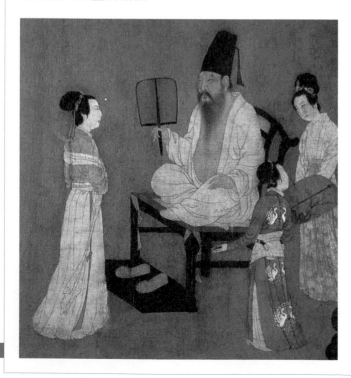

◀ 顧閎中
《韓熙載夜宴圖》（局部）

18. 李成
——惜墨如金寫煙嵐

李成（919〜967），字咸熙，其祖上是唐代的皇族宗室，居長安。祖父名鼎，在唐末為國子祭酒、蘇州刺史。唐末五代之際，李鼎從蘇州避亂遷至北海營丘，後世稱李成為李營丘。李成出生時，唐朝已覆滅十多年，他的家世也已中落。但他出生於這樣一個貴族家庭，自幼博涉經史，愛好賦詩，喜彈琴下棋，尤好飲酒。

他在五代北周時，與樞密使王樸交好。王樸特別愛重他的才能，準備推薦其出仕，但剛到汴京，王樸卻去世了，他因此十分憂鬱不得志；李成晚年好遊歷江湖，宋初司農卿衛融出知陳州，聞其名而專誠聘請。李成因而依附於衛融門下，移家淮陽。在淮陽期間，他依然終日酣飲狂歌，最後竟醉死在客舍裏，年僅四十九歲。

李成的家世和修養，以及顛沛的人生，使他當然地具備了作為一位大山水畫家的先決條件。對他來說，繪畫是一種精神所寄的需要，而不是為了以畫求名。

唐朝王維以詩入畫，創水墨山水後，文人介入繪事日漸增多，而大多是操持山水畫。那時，寫意花鳥還沒有成為主流，人物畫很難寄寓情懷，而且形、色要求較山水謹嚴。操弄山水雖是娛己悅性，但也成為古人人格修養之一。因文入畫日久，山水畫中人文精神逐漸崛起，以致於成為山水畫精神追求的指向。

李成山水畫出自荊浩、關仝一派，在五代就以擅畫名響於世，入宋聲望更重，被稱為「古今第一」。《宣和畫譜》稱他：

所畫山林藪澤，平遠險易，縈帶曲折，飛流、危
棧、斷橋、絕澗、水石──風雨晦明、煙雲雪霧
之狀，一皆吐其胸中，而寫之筆下。

他善於描繪山川地勢和氣候的微妙變化，藉此抒發胸
中情懷。

李成和其他文人畫家不同的是，他並不止於情感的抒
發和自娛自樂，而是十分講求技法功夫的錘煉。他師法荊
浩、關全，在繪畫技法方面已有深厚功底，基於此上，又
師法身邊自然妙理，脫去「荊關」窠臼，自創「李家山
水」，才得以「百代標程」。米芾說：「李成師荊浩，未見
一筆相似；師關全則葉樹相似。」從中我們可以明白，李
成是「師法」而不「師跡」，這也是藝中正道。

李成畫石是用自創的「卷雲皴」法爲之，圓潤深厚，
寫樹用筆勁挺，寫枝如蟹爪一般，世人又稱「蟹爪式」。
李成用筆不輕不重、筆活墨潤，富於微妙變化。正如《圖
畫見聞誌》所言：

氣象蕭疏，煙林清曠，毫鋒穎脫，墨法精微者，
營丘之制也。

故有李成「惜墨如金」【註】之說。關於「惜墨如金」
說，有一種誤會，認爲是指用墨很少的畫法，或者指那種
簡筆水墨畫。但我們所看見的李成作品，大多都是構圖很
滿，用筆、用墨非常複雜的山水畫，和一般「惜墨如金」
概念相矛盾。

▶ 李成
《讀碑窠石圖》

◎惜墨如金

五代李成作畫喜用
淡墨，畫中物象輕
淡幽遠，因有「惜
墨如金」之稱。
就實而言，是注重
用水的表現方式，
這和唐以前用濃墨
畫景物有所不同；
另一種說法是，每
一筆墨都經熟慮後
方可下筆，高度概
括，沒有多餘的墨
跡，以少勝多，注
意留白，追求格調
高雅的境界。

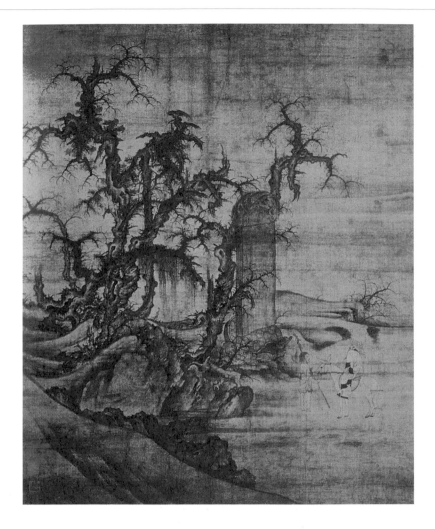

　　我們知道，宋代以前的山水畫，尤其北方山水，大多都以濃重之墨爲
之，不在遠近濃淡上著意，以山石輪廓來定遠近、前後關係分大小，不分濃
淡。這種畫法在稍晚些時候的范寬作品中還能體會到。由於不著意用墨色分
遠近，所以范寬山水遠景往前面跑，有一種山勢逼人的感覺。因此才有「范
寬之筆，遠望不離座外」的評價。

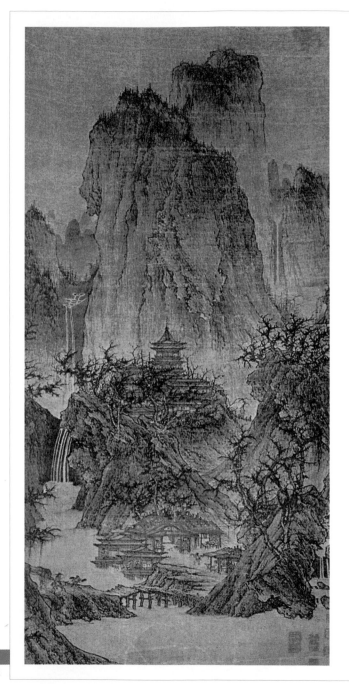

李成由於對自然氣象觀察非常細緻，發現由於空氣、霧氣等原因，使山川樹木有近濃遠淡的感覺，透過體會總結而把原理運用於創作當中。實際上，他把「量感」、「質感」、「空間感」引入畫面，這種方法是符合視覺規律的。按著這種方式畫山水，就要考慮物理的遠近虛實關係，遠景就只能用淡墨，近景受光部也只能用淡墨，這樣，濃墨發揮就受到了限制，濃淡對比混亂，會破壞畫面空間深度。

◀ 李成
《晴巒蕭寺圖》

這是一種素描味道的山水畫，在古代山水畫作品中，素描成分最多的就是李成的山水。這正是李成「惜墨如金」的原因所在，所以也有「李成之筆，近視如千里之遠」的評論。

　　李成作品有《讀碑窠石圖》，現藏日本大阪市立美術館。圖中畫一騎驢的旅行者，仰頭看碑。石碑左右有幾株蒼勁古樹，枯梢老槎、多節盤曲，意境蕭疏清寂，可體會李成畫風意味。

　　李成另一幅作品《晴巒蕭寺圖》，現藏美國納爾遜美術館。畫面上首兩座高峰重疊，左右山峰低小淡遠，當中蕭寺一座，寺下有小山崗三、四座，畫的下首有山中泉水而成的溪流，有木橋橫溪，山腳下有亭館數間，人群往來。《夢溪筆談》云李成「畫山上亭館及樓塔之類，皆仰畫飛簷」，此圖可以佐證之。此圖爲李成所作與否尚無定論，但它最和李家畫風相接近，觀者細加體會便知。

　　李成畫派在當時影響極大，以致有「齊魯之士，惟摹營丘」之說。眾多學者，如翟院深、許道寧、郭熙、王詵都是李派流脈，尤以郭熙、王詵成就最高。

19. 范寬
——得山之骨　與山傳神

范寬，字中立，華原（今陝西耀縣）人。性情溫厚，爲人豁達大度，故稱范「寬」，有容忍寬厚之意。他是一位隱士，儀狀峭古、舉止疏野，嗜酒好道，落魄而不拘世故。「居山林間，常危坐終日，縱目四顧，以求其趣，雖雪月之際，必徘徊凝覽，以發思慮。」（《聖朝名畫評》卷二）

他的山水畫，取法荊浩、李成，而後悟通，乃歎曰：「前人之法，未嘗不近取諸物，吾與其師於人者，未若師諸物也，吾與其師於物者，未若師諸心。」

於是，范寬改變因襲畫跡的舊習，隱居於終南、太華山川林麓之間，凝神觀察大自然的雲煙慘澹、風月陰晴、明晦的微妙，一有所感，便寄於竹筆毫端，楮絹之上即現千岩萬壑、溪水奔流之景。劉道

醇的《聖朝名畫評》以「在古無法，創意在我，功期造化」來評價他的創造精神。

范寬山水畫的突出特點是雄壯渾厚，有威猛之勢。

郭若虛在《圖畫見聞誌》中有這樣一段評述：「峰巒渾厚，勢狀雄強，搶筆俱均，人物皆質者，范氏之作也。」又說：「畫山水惟營丘李成、長安關仝、華原范寬，智妙入神，才高出類，三家鼎峙，百代標程。」

范寬所畫崇山峻嶺，多以頂天立地的章法表現雄偉壯觀的氣勢，又用碎如雨點的堅實皴法皴出富有質感的山岩，山頂畫以叢生的密林，成功地表現出北方山水的特徵，被譽爲「得山之骨，與山傳神」的能手。

《溪山行旅圖》是范寬唯一一張

北宋沈括在《夢溪筆談》中說：「大都山水之法，蓋『以大觀小』，如人觀假山耳。」這是中國山水畫特有的觀物方式，是以散點透視的自由「心眼」，將群山概括為盆景似的小山。這樣，就可以用平遠、高遠、深遠之法，看到山前也可以看到山後，千里江山可盡收畫中。這和西方的焦點透視，只能見一重山，而看不見山後的觀察方法是不同的。

沒有爭議的真跡。圖中繪一座大山聳峙，雄渾蒼莽。山頂層岩密樹，山澗飛瀑一線，山下空濛一片，平崗之上有林中古剎，清溪流出山谷，馱隊從右邊走進，似有蹄聲迴響山中。筆法勁健、渾厚，主峰以「雨點皴」為之，岩石質感極強，彷彿整座大山直奔額前壓下，令人咋舌，難怪明代董其昌把此畫評為「宋畫第一」。【註】

美術教育家徐悲鴻曾說，繪畫國之重寶有二：一是《八十七神仙圖卷》；二是范中立《溪山行旅圖》。可見此圖在美術史上的地位了。該圖現藏臺北故宮博物院。

范寬另一件代表作，是藏於天津市藝術博物館的《雪景寒林圖》。此圖是否真跡還有存疑，但並不影響它的藝術價值和存在價值。圖中群峰嵯峨而立，主峰形如初綻蓮蕾，有怒放之勢，前景作寒林野村，山腰古剎隱現，右下有溪橋連岸。山勢奇突、疏林密布、枝芒森森、寒霧依山，一派北國風光。

綜觀范寬作品，構圖上多以主峰占滿畫面，這種構圖一般不為山水畫家所取，弄不好有壅塞之感，而范寬則能化腐朽為神奇，在主峰邊側用遠山組成能把視線引出畫面的趨勢線，這樣既能使主峰有頂天立地之感，又沒有壅塞感，使人的視線有出路。

他用筆蒼勁，有如南陽石刻漢畫所刻之線，嘎嘎作響。這是因為他著筆持勁，另外是因為畫在粗紋帛絹上，用筆如不提按有力而緩筆慢行，絹就不吃筆墨，而使畫面浮滑輕飄。

他在用墨方面是層層皴擦、反覆渲染，范寬畫面立體厚度不像李成那樣，追求視覺上的遠近、濃淡，而是層層

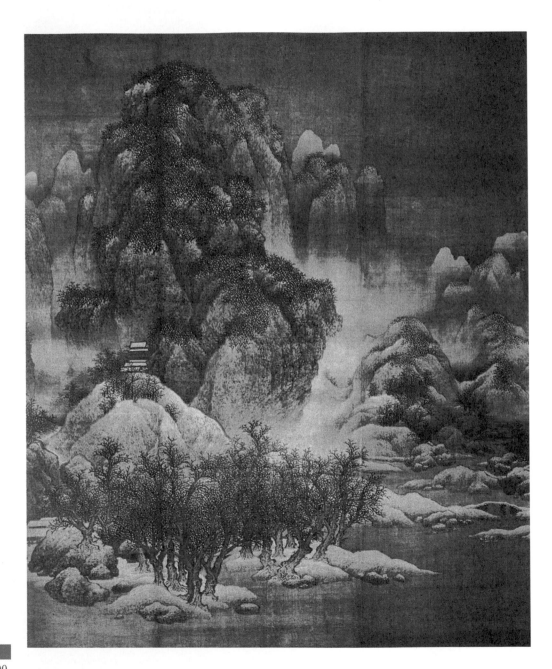

反覆渲染，以求內在的豐富和深厚，這種渲染實際上是一遍遍的積染。

中國畫有一個特點，同樣的墨色深度，一遍給足和一層又一層累積，效果是不一樣的。一遍給足者，畫面黑氣太重；層層積染者，畫面墨韻十足。當代有許多水墨畫，看上去烏煙瘴墨、污濁不堪的重要原因，就是圖省事而一遍染就造成的，他們已沒有了層層點染的耐心。殊不知，中國畫就是在層層點染中，慢慢陶冶畫家的心性；觀者就是在慢慢欣賞中，才增加了修養、提高了品味。所謂「藝可陶人」就是這個道理。

在空間深度處理方面，他不求近濃遠淡，而是用山石結構線穿插和山形輪廓線前後來決定遠近，在山體局部有一些變化豐富的小山巒和樹木，而整個山體大的濃淡是融合的。為了不使小的變化破壞整體效果，他所畫的主峰都是整個山體連在一起，中間從不斷開。如此，可把變化控制在整體內。求小變化，不求大變化，這樣才能使畫面山勢逼人，氣壯山河。

世人所評「李成之筆，近視如千里之遠；范寬之筆，遠望不離座外」之語，真是一語中的。范寬在創作中並不局限於吸收北派畫法，同時也吸收南方山水畫法，他的「雨點皴」，層層點染法，都有五代「董巨」的影子。范寬山水畫，在整體架構上是北方的，而在架構內部填充的卻是南方畫法。

我們試將《溪山行旅圖》放倒橫看，就會發現有許多地方和董源《瀟湘圖》相似。這說明范寬是在總結南北畫風基礎上，才創造了自己的風格。

◀ 范寬
《雪景寒林圖》

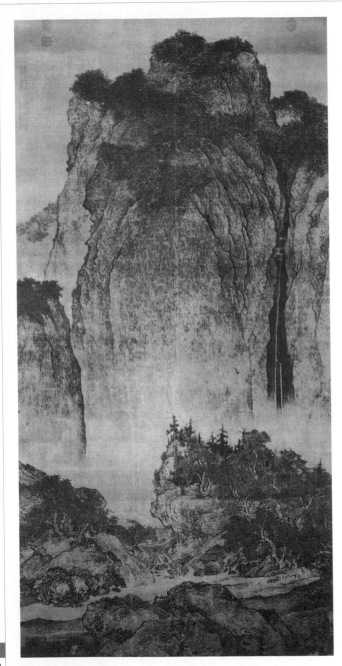

范寬的山水畫，可以代表整個宋代的山水畫水準，是五代以來山水畫進展的結果。他的藝術不僅名盛宋代，而且也深深地影響著當代畫家，國畫大師黃賓虹山水畫中的「層層點染」，就得益於范寬的畫法。

◀ 范寬
《溪山行旅圖》

20. 蘇軾
——樹起文人畫旗幟的詩人

「文人畫」，顧名思義是以文人階層為主要力量所從事的繪畫，但更為重要的是，「文人畫」追求的是一種文化境界和人文品格。

「文人畫」的產生，是中國文化發展過程中的奇特現象，有著深刻的社會、文化背景。它從原來的文人閒暇之餘事，上升為中國畫主流首位，這絕不是靠文人筆下有幾張佳作流傳，也不是靠幾個文人一股腦兒湊趣就能完成的；而是有著廣泛的群眾基礎和文化共識條件，才得以完成了「支流」變「主流」的任務。

「文人畫」在形態上，既和工匠、宮廷畫風判然有別，又和未經繪事磨礪的文人「墨戲」不同。文人畫出的畫不一定是「文人畫」，可畫出「文人畫」的一定是文人，而首先豎起「文人畫」大旗的人就是蘇軾。

蘇軾（1037～1101），字子瞻，號東坡居士，諡文忠，四川眉山人。詩書世家，父蘇洵、弟蘇轍，皆為北宋著名散文家，世稱「三蘇」。蘇軾在宋代文壇是一位傑出人物，論散文，他是「唐宋八大家」之一；論詩，他與黃庭堅並稱「蘇黃」；論詞，他與辛棄疾並稱「蘇辛」；論書，他與黃庭堅、米芾、蔡襄合稱「宋四家」。

若論經歷，蘇軾更是歷盡人生顛沛。因反對王安石變法，他屢遭打擊而被貶，先後到杭州、密州、徐州、湖州等地任官；後因詩歌「犯諱」，被捕下獄，至哲宗復朝，官至翰林學士。新黨上臺，再次被貶至惠州，最後被貶至瓊州；徽宗即位，遇赦北還，死於途中。

蘇軾的文才和人生經歷，造就

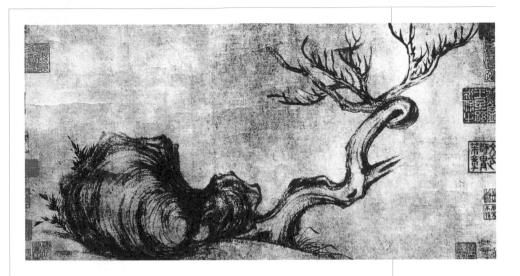

▲ 蘇軾
《古木怪石圖》

了他在文學藝術上的成功；生命的顛沛，更易使他情懷所變，寄託於書畫之中。蘇軾在繪畫上擅長墨竹松石，以表達傲岸清高的品格，宣洩他內心的盤鬱之氣。

　　蘇軾以墨竹稱絕於世，畫竹方法受文同影響。他反對墨守成規，畫竹能放能收，舒展自如。黃庭堅評其畫曰：「石潤竹勁，佳筆也！」求「勁」是蘇軾畫竹所追求的品格，也是他發洩胸中磊塊、不平之氣的途徑。

　　他的代表作品《古木怪石圖》卷，現藏日本永青文庫。圖繪古木怪石，恣意用筆、著墨不多，不求形似，而具超遠的詩意，正如米芾所評：

　　　子瞻作枯木，枝幹虯屈無端，石皴硬，亦怪怪奇
　　　奇，如其胸中盤鬱也。

　　蘇軾在繪畫領域影響最大的，當屬他的繪畫理論，如：「觀士人畫如閱天下馬，取其意氣所到；乃若畫工，

往往只取鞭策皮毛。」用「意氣」兩字，一下就把文人畫（士人畫）和匠作之畫截然區分開來，而抒寫「意氣」正是「文人畫」的內在追求。

他的「論畫以形似，見與兒童鄰。賦詩必此詩，定知非詩人。詩畫本一律，天工與清新」（《書鄢陵王主簿所畫折枝二首》其一）之句，又回答了「文人畫」的兩個問題。不以形似與否論長短，主要著重於物的神氣、人的意氣傳達，以及追求詩情畫意的有機表達和清新的境界。這是繼承唐代王維的思想，把詩中有畫、畫中有詩，融合在一起，並轉入「花木竹石」之中，表達詩的情意。

他在《淨因院畫記》中說：

> 余嘗論畫，以為人禽宮室器用皆有常形，至於山石、竹木、水波、煙雲，雖無常形而有常理。常形之失，人皆知之；常理之不當，雖曉畫者有不知。故凡可以欺世而取名者，必托於無常形者也。雖然，常形之失，止於所失而不能病其全。若常理之不當，則舉廢之矣。以其形之無常，是以其理不可不謹也。世之工人，或能曲盡其形，而至於其理，非高人逸士不能辨。

在這裏，蘇軾以形與理的辯證關係，說明表現物象的精神和氣韻神采的關鍵所在，理順了法與理、神與形的內在關聯；同時，也表明「文人畫」並不是任意塗抹的「墨戲」，而是對物理、物態觀察取捨後的概括，是對生活細緻觀察後的總結。

據記載，李公麟的《賢己圖》，畫中作幾人擲骰子，盆中已有五顆成六點，一顆旋轉未定，有一人正張嘴疾呼「六」。賞此畫者，都讚不絕口，獨蘇軾斜視而言：「李龍眠（李公麟號）天下士，顧乃效閩人語耶？」眾人不解，他於是說：「四海語言，言六皆合口，惟閩音則張口。今盆中皆六，一猶未定，法當

呼六，而疾呼者乃張口何也？」李公麟聽了，「亦笑而服」。這個故事充分說明了蘇軾對生活細節的觀察是何等之細緻入微。

　　蘇軾留給後世的許多的啓示，啓發了畫家的思維方式，指導著人們追求藝術的更高境界。他的出現，結束了以具體畫法標領後世的時代，開闢了從「理」而入的新天地。使「文人畫」從「自發」階段，向「自覺」階段邁出了關鍵的一步，影響之深遠是無庸置疑的。

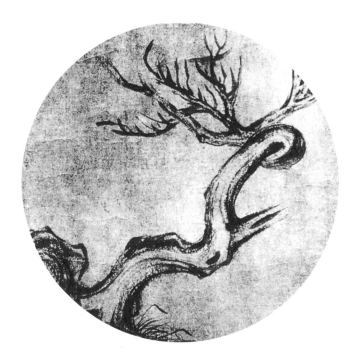

▲ 蘇軾《古木怪石圖》（局部）

21. 文同

——胸有成竹寫君子

　　中國繪畫進展到宋代，已發生了審美追求上的轉換，從五代前追求色彩的富麗轉向對墨韻的崇尚，這時的山水、人物、花鳥，都明顯地加大了墨的運用，即使是色彩明麗的作品，也都以墨線控制著和墨色牢牢壓在色彩上。是以墨顯色，打個平手的也是墨不礙色、色不礙墨，相得益彰。到了宋代，連最講求色彩富麗堂皇的青綠山水，也是以墨打底，求其深厚了。

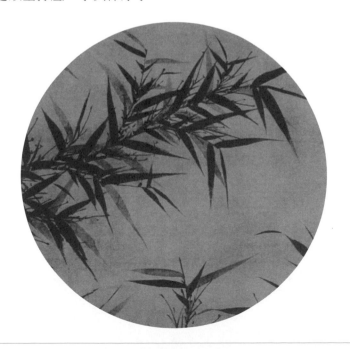

▶ 文同
《墨竹圖》（局部）

由於文人介入繪畫和繪畫自身的成熟，單科畫種紛紛變一為二，走上了「同源不同流」的風格流變。

人物畫最先成熟，也最早出現了以貫休、石恪為代表的水墨寫意畫風；山水畫的水墨寫意，雖然在王維時已創水墨山水，但由於畫跡無存而不可領會。到了「荊（浩）、關（仝）、董（源）、巨（然）」時期，寫意水墨以浩蕩之勢，流布山水畫壇。

花鳥畫成熟最晚，但水墨寫意獨立最快，花鳥畫很快就完成轉變的原因有三：一是在技術上起點高，它是在人物畫、山水畫成熟的基礎上起步，直接借鑑即可；二是在社會層次上起點高，花鳥畫剛發展時，就趕上南唐、西蜀各自建立畫院，花鳥畫直接進入畫院爐火鑄造成型；三是品味層次起點高，花鳥畫發展階段，正是文人紛紛開始進入畫壇的時期，使繪畫擁有了更高的文化內涵。在這方面比較典型的代表人物，就是文同了。

文同（1018～1079），字與可，號石室先生、笑笑先生，又號錦江道人，梓州永泰（今四川鹽亭）人。曾任陵州、洋州太守，1078年，奉調湖州任太守職，但在赴任途中病逝於陳州（今江蘇淮陽），但世人仍以「文湖州」稱之。

水墨寫意花鳥到底始於何人，學界尚在爭論，但在宋初前後的水墨花鳥概念多指勾線染墨一類，和後世水墨花鳥概念有別。史載徐熙子孫徐崇嗣創「沒骨畫」、「落墨花」，似與後世水墨寫意花鳥概念相合，可惜無畫跡存世，無法斷定。

文同擅畫墨竹，他是在前人雙勾染墨畫法基礎上，以水墨直接落筆寫之，自創新格，成就超過前人。他畫竹主要是興趣所致，藉墨娛性。文同出身於三代不做官的士族家庭，自幼好讀經史，文才極高，雖官任太守，心卻流連田園景色。他的《野徑》詩云：

> 山圍饒秋色，林亭近晚清。
> ……
> 排石鋪衣坐，看雲緩帶行。

詩中已流露出逃避厭世的情緒。他逃避現實但又不失君子之德。蘇軾在寫給文同的詩《送文與可出守陵州》中云：

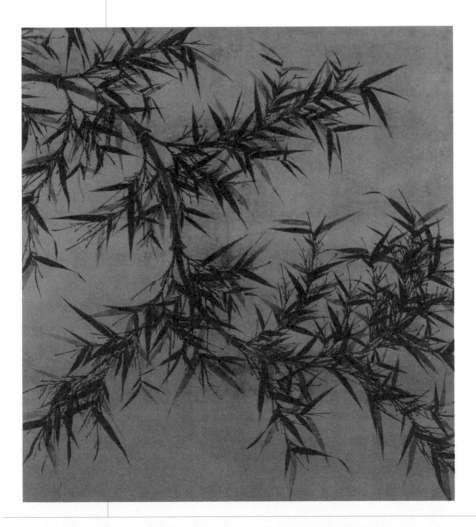

▼ 文同
《墨竹圖》

　　壁上墨君不解語，見之尚可消百憂，
　　而況我友似君者，素節凜凜欺霜秋。

當時文人多以竹子來比喻人品的「孤傲高潔」，這是後來盛行梅、蘭、竹、菊「四君子」畫的一個重要原因。文人士大夫可以透過筆墨宣洩，寄託自己的內心世界和人生感悟。

文同畫竹，興致一來如癡如醉，一見精良楮絹，更是情不自禁捉筆便畫。畫竹起初，文同對所作墨竹不甚珍惜，常被別人隨意拿走。後來求畫竹者越來越多，使他頗為累頓。

有一次，他看到別人乞畫之絹在案頭積堆，很是厭惱，把帛絹擲於地，憤憤道：「我要把這些東西做襪子穿了！」

蘇軾畫竹，取法文同。據說，蘇軾任官彭城（今徐州）時，文同便向求畫者說：「吾墨竹一派，近在彭城，可往求之。」他又給蘇軾寫信道：「對不起，做襪子的材料都要聚到你那兒去了！」一時傳為笑談。

後來，他又對乞畫糾纏者解釋道：「我以前是學道未至，意有所不適，又無法排遣，故而寫墨竹以求發洩，那是我的病之所致。現在我的病已好了，叫我怎麼畫呢？」蘇軾因此風趣地說：「依我看，與可這種病也未必是全好了，難道就再也不發作了嗎？我正伺其病發，可從中取利。他認為是病，我卻希望他生病才好，我這也是一種病呀！」

文同畫竹是法與意、物與情的高度融合，絕不是信手塗抹。正如蘇軾《文與可畫篔簹谷偃竹記》所言：

> 畫竹必先得成竹於胸中，
> 執筆熟視，乃見其所欲畫
> 者，急起從之，振筆直
> 遂，以追其所見，如兔起
> 鶻落，少縱則逝矣。

這是一種身心竹化、物我融合的境界。「胸有成竹」的提出，成為後世寫意畫中的術語，也成為至今仍被廣泛應用的成語典故，其意義是深遠的。

文同的代表作品是《墨竹圖》，現藏於臺北故宮博物院，圖中寫倒

垂竹枝一梢，竹幹用墨筆直抽而成，枝以行書筆意寫出，竹葉順枝向上撇出，濃淡相宜，把竹子所特有的柔勁姿態表現出來，沒畫一點背景，卻有山谷空濛的感覺，堪稱竹中精品。

　　文同雖然僅以畫竹名世，但他的畫法卻開啓了寫意花鳥畫的大門，畫法上也已見書法用筆的先聲，這對書畫結合有著劃時代的意義。他的墨竹中，已明顯地體現出文人畫風格，爲後世文人畫進入畫壇奠定了良好的基礎。他的墨竹爲「梅、蘭、竹、菊」成爲「四君子」的範式起了促進作用，他的理論成爲「文人畫」精神的組成部分，他以他的人文聲望爲文人成爲畫壇主力，起了號召的作用。

22. 郭熙
——雲煙變滅寫山川 《林泉高致》開新篇

郭熙，字淳夫，河陽溫縣（今河南孟縣）人。早年事跡無史可載，只知道他是北宋熙寧（1068～1077）畫院的「藝學」。據《林泉高致·序》云：「少從道家之學，吐故納新，本遊方外。家世無畫學，蓋天性得之。遂遊藝於此以成名。」從中可知，郭熙愛遊歷林木山泉之間，繪畫乃天性使然，但也並非無師自通。

他早年畫法謹細，後來師法於李成，在此基礎上，觀察自然陰、晴、晦、明之變化，自創山水品格。宋神宗趙頊非常欣賞郭熙的山水畫，殿堂之上多裝以郭熙的墨跡。作品以「長松巨木，迴溪斷崖，岩岫巉絕，峰巒秀起，雲煙變滅，晻靄之間，千態萬狀」之意趣，名響於世。

郭熙學李成，在整體經營和體格上相似，但在用筆、用墨上是有所不同的。

他們兩人的相同點是，其觀察自然山川的「眼光」是一樣的，都偏重於視覺上的物理空間和透視效果，著眼於物體的陰陽體量關係和類似於素描手法的過渡；也都著意於畫面的虛實和縱深的空間關係，一眼望不到天際。

郭熙和李成的不同點在於，李成是按著空間虛實，以濃淡相宜的尖利之筆來完成物象，是以點、線構成畫面；郭熙是用濃淡變化的較粗之筆勾勒山石，有時一條線從形轉到體，也就是一段線行走一定距離後轉而成面，這樣更有利於形體的塑造，使物象更立體。郭熙的畫面是點、線、面互用構成畫面，最後再以水墨渲染，染出更加細膩的體面關係。

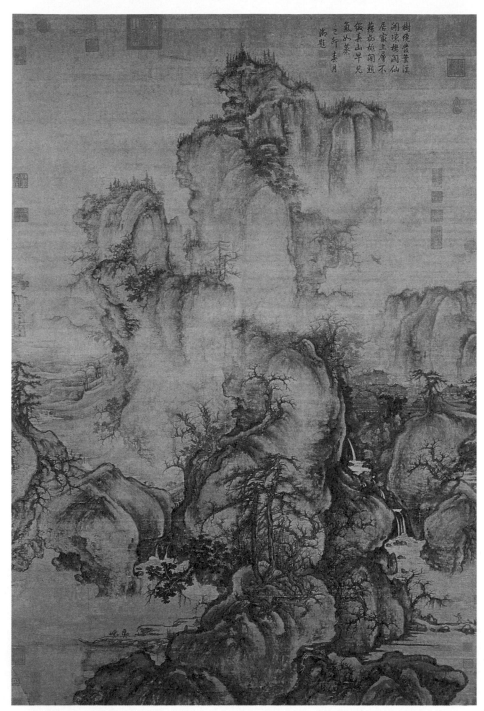

樹纔萌葉溪
開凍楊閒仙
居家上層不
夢拋桃閒酖
徧春山早見
氣如蒸
己卯春月
尚魋

▲ 郭熙《早春圖》

由於這種繪畫方法易使畫面顯得粗糙，郭熙深諳此理，所以在畫樹木時，仍保持李成尖銳細勁的畫風，使畫面保持精緻和豐富。他把李成的畫風強調到了極端、發展到了極致，同時也預示了李成一派的終結——若想發展，需另尋它路了。實際上，南宋畫風就是肇源於李派後學郭熙、王詵、許道寧等，變「染」體面而成「劈」體面。

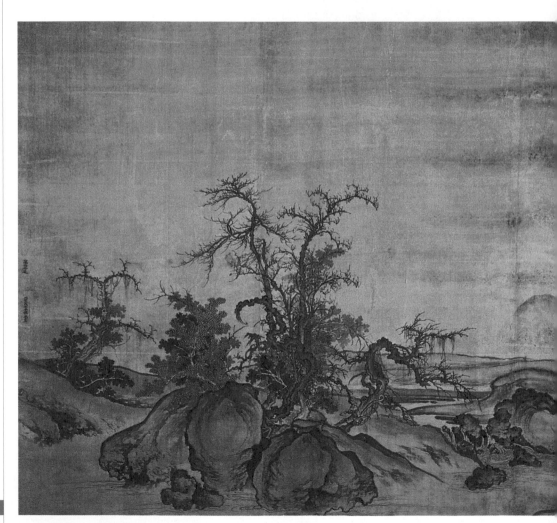

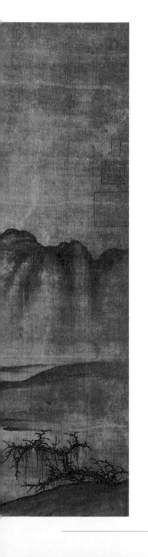

　　藏於臺北故宮博物院的《早春圖》，是郭熙代表作之一。圖中春寒浮騰、薄霧輕籠、山水靈秀，構圖曲折，富於變化。近、中、遠景作奇峰怪石，樹木相雜其間，疏密有致；山右有兩疊山泉，山左有溪水曲繞，山中有亭臺樓閣，山下有平江春水。此圖把早春季節的大氣、陽光和萬木復甦的感覺，描寫得非常成功。

　　藏於北京故宮博物院的《窠石平遠圖》，是現存郭熙最晚的手筆。圖中幾塊巨大的窠石上面，長有幾株姿儀怪異的樹木。右邊有平坡橫陌，溪流歡騰，遠處一堵山巒，平衡了左重右輕的構圖。此圖透過石的面、樹的線，石的整、樹的疏，平坡的靜、溪水的動，畫面下首的實、上首的空，把秋深清曠、天高雲淡的意境完美地表現出來，堪稱郭熙晚年絕唱。

　　郭熙在皴法方面，變李成直筆為曲筆，創「鬼臉石」和「卷雲皴」，這是根據「鬼臉石」的肌理走向而創造的「卷雲皴」。而他的「蟹爪樹」法，也是為和「卷雲皴」相協調而保留的李成畫法。

　　李成流脈到了郭熙那裏，已是「無限風光在險峰」了。他站在了最高處，「一夫當關，萬夫莫開」，別人休想越過，他自己往前再走也很危險，好在他停住了。後世學郭熙繪畫的不是很多，成績卓著者幾乎沒有。他的繪畫對後世的影響，實則沒有他的繪畫理論來得那樣巨大。

　　郭熙的繪畫理論，都集中在其子郭思整理而成的《林泉高致》中，主要記載了郭熙的繪畫創作體會，是繼五代荊浩《筆法記》之後，又一重要的繪畫理論著作。

　　在繪畫目的、價值取向方面，郭熙提出山水畫要有

「可行」、「可望」、「可遊」、「可居」之景，以可居、可遊為上。並說：
「畫凡至此，皆入妙品。」

在繪畫寫生、體會自然方面，提出「飽遊飫看」，要對山形地貌精心觀察。他的「東南之山多奇秀」、「西北之山多渾厚」、「春山淡冶而如笑，夏山蒼翠而如滴，秋山明淨而如妝，冬山慘澹而如睡」三句，就是他在觀察、體會自然所總結概括的。

在山水畫空間透視上，郭熙提出「三遠法」：

自山下而仰山巔，謂之高遠；

自山前而窺山后，謂之深遠；

自近山而望遠山，謂之平遠。

透視「三遠法」的提出，體現出中國繪畫特殊的觀察方法和視角，和西方繪畫中單眼、定點的「焦點透視」有很大的區別。「三遠法」除了透視功用外，還有一個作用是營造意境，隨著三種「眼光」的不同，意境的表達也有差別。

在《林泉高致》中，郭熙對畫家的修養也有所論及，同時也提出了一些具體問題，如繪畫過程中的「四法」——分解法、瀟灑法、體裁法、緊慢法；在用墨方面的焦墨、宿墨、退墨、埃墨等等。

總而言之，《林泉高致》的出現，是中國山水畫成熟後的總結，也表明山水畫理論自身的成熟和進展，對我們當今的山水畫創作，仍有著指導意義。

23. 崔白
——寫生花鳥　山野之氣

◎六要與六長

這是北宋劉道醇在
《宋朝名畫評》中所
提出的繪畫理論。

所謂六要者：氣韻兼
力、格制俱老、變異
合理、彩繪有澤、去
來自然、師學捨短。
所謂六長者：粗鹵求
筆、僻澀求才、細巧
求力、狂怪求理、無
墨求染、平畫求長。
就實而言，這是對
「六法」的變相，不
但適用於欣賞畫，也
適用於學畫。對理法
的著意，也是宋代繪
畫的一個特色。

北宋熙寧、元豐年間，在中國繪畫發展過程中，山水、花鳥都出現了新的氣象和發展進程上的轉折。山水方面以郭熙爲代表，花鳥方面則以崔白爲代表。【註】

崔白（1004～1088），字子西，濠梁（今安徽鳳陽）人，熙寧初年的畫院藝學。崔白擅畫花竹翎毛、道釋鬼神、山林走獸。當時開封許多寺廟，都有崔白所繪道釋人物壁畫。熙寧初年，宋神宗命他與畫院畫家艾宣、丁貺、葛守昌共畫拱殿屏風畫，崔白所作最爲精絕，遂被命爲畫院藝學。但由於崔白性情疏闊放縱，不願受此約束，因而力爭不就。神宗惜其才高，恩准他「非御前有旨，毋與其事」，才勉強應職。

崔白的花鳥畫，以寫生見長，忠實於透過細緻觀察以後所得粉本。

花鳥畫自五代黃筌、徐熙創「富貴」和「野逸」品格以後，一百多年，一直是黃筌「富貴」之風統領宋代畫院內外風格，連徐熙後世徐崇嗣也不得不遷就「黃家」而改「野逸」之風。

因此，黃筌風格在很大程度上也滲入到崔白的繪畫中，這一點在崔白的作品中可以體現出來。但這僅是在具體畫法上的吸收，在繪畫格調上、境界上，還是以繼

承徐熙「野逸」之風爲主。

追求野逸趣味，是比較符合崔白疏闊性格的；再加上他也和徐熙一樣是南地之人，很容易接觸、感染上「野逸」之風；還有一點是，崔白在熙寧初期（1068年）進入畫院，已是六十多歲的老人。繪畫風格「定性」前他一直是民間畫工，在社會漂泊已久，未受宮廷畫院「薰染」、限制，因而在繪畫風格上，有著天然的「野逸」取向。但是，崔白的「野逸」是建立在對物理情態上的細緻觀察和寫生基礎上的，是有的放矢。

在宋代花鳥畫方面，把寫生提到了很重要的位置，出現了一批以刻意寫生、藉物傳神的畫家，如崔白以前的趙昌，善畫花果、折枝，他常在晨露未乾之時，對花竹草木仔細觀察，並當場摹寫，因號「寫生趙昌」。畫猿名手易無吉，爲得猿猴天趣，深入山中，棲於樹上，觀察猿的行蹤。這種風氣也一定對崔白的繪畫創作，起了很大作用。

花鳥畫發展伊始，是直接借鑑人物、山水畫法而成，但只是局限於技法上，對山水畫的境界品格卻沒吸收多少。是崔白將山水畫的大

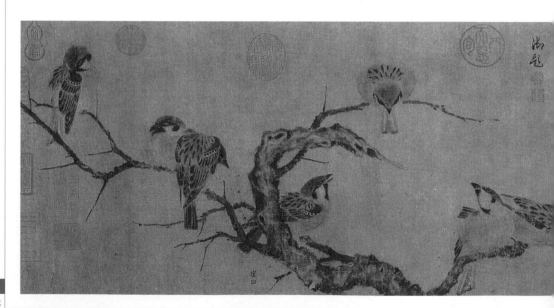

境界引入花鳥畫，使花鳥畫的場面變得宏闊廣博，意味容量更加博大。同時，他還把山水畫的畫法，在他的繪畫中進行強調，爲花鳥畫增加了可看的內容，也使他的花鳥畫更加「大氣」。

現存北京故宮博物院的《寒雀圖》卷，畫一群麻雀飛鳴跳躍於枯樹之間，有的靜觀、有的對語、有的欲飛欲落，還有的「倒掛金鐘」，神態各異，生動活潑。以山水樹木之法畫墨枝老幹，層層積皴，筆勢厚重，以乾畫法爲之；麻雀筆法細緻而又不失筆觸，以濕畫法爲之。整個畫面，乾與濕、軟與硬對比別致。把蕭瑟秋景和生命活力融合在一起，足可以代表崔白畫風。

另一幅代表作品是《雙喜圖》，現藏臺北故宮博物院。圖中畫秋風寒颯，竹樹搖盪，空曠之野兩隻灰喜鵲在疾風中朝地面野兔驚飛鳴叫，使覓食野兔大吃一驚，抬頭

▼ 崔白
《寒雀圖》

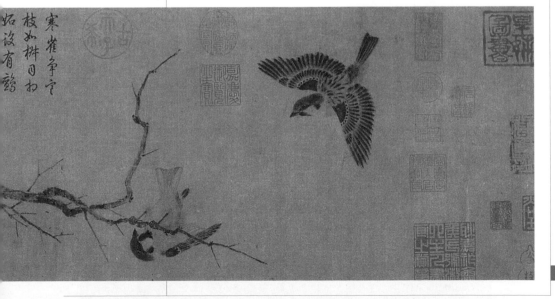

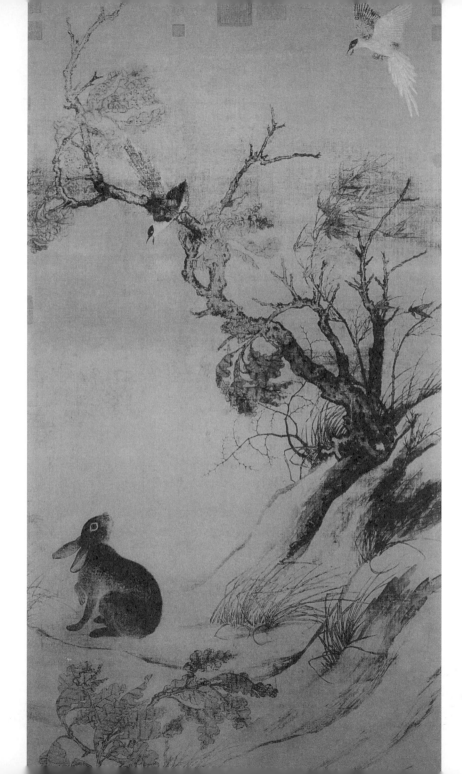

觀望，搞不清是誰打擾了誰。圖中雖然畫的是朔風掃葉、大地凝寒，但著意醒題的，卻是跳躍的生機。該圖比《寒雀圖》卷用筆、用墨更爲灑脫，不凝不滯，水墨韻味非常濃厚，突破了「黃家富貴」，超越了「徐熙野逸」而自成一格。

山水畫追求意境，花鳥畫追求情趣，但在花鳥畫的情趣之中，也有象徵的表現，如鶴表吉祥、桃表祝壽、竹表君子等等不一而足。但若過分運用，會使這種象徵流於俗氣。另外，在花鳥畫的章法安排上，總是把重要之景擺在突出地位，使花鳥姿態擺出最佳狀態，畫面總有一個無形的第三者存在，花鳥動態也有討好觀者之嫌。

而在崔白繪畫中，絕看不見第三者的影子，花鳥動態自自在在，絕沒有外人圍觀的痕跡，是「裁出天然情一段」的「無人之境」、「山野之氣」。

雖然崔白在品格上吸收了「野逸」之風，但實際上，徐熙的「野逸」是針對「富貴」而言，他本身的風格是不會游離整個人文環境的，「野逸」是程度上的而不是質的區別，是包含清雅之氣的「野逸」。眞正的「野逸」是在崔白的繪畫中，他的繪畫才是眞正意義上的「山野之氣」、野逸之風。

24. 李公麟
——淡墨寫出無聲詩

李公麟（1049～1106），字伯時，舒城（今安徽）人，熙寧三年中進士，曾任檢法御史、朝奉郎等職。元符三年因病辭官，隱居故鄉龍眠山莊，因號龍眠居士。

李公麟博學多才，精於鑑別古文字、器物，能文擅書，好結文人雅士。繪畫方面，人物故事、釋道人物、鞍馬走獸、仕女人物、花卉翎毛等，無所不能。李公麟畢生致力於繪畫，由於虔於藝事，疏於人事，在仕途上並不得意。他曾與王安石、蘇軾、黃庭堅、王詵、米芾等名士交往密切，並根據名士相聚，而繪《西園雅集圖》。

李公麟的繪畫是在學習前人的基礎上，又有所發展和創造的，他曾反覆臨摹顧愷之、陸探微、張僧繇、吳道子以及前世名作，但又不「蹈襲前人」，而是「集眾所善，以

為己有」。

同時，他非常注意觀察現實生活中的各色人等，體會頗為深入。為了更切實觀察人物神情，他在出仕的三十年中，每遇佳節好日，必拉二三好友，「訪名園蔭林，坐石臨水，脩然終日。」

他一生作畫成癖，晚年得了風濕症，半身麻痺，行動不便。但他躺在床上還伸手比劃著作畫的動作，家人相勸，他才恍然，笑曰：「余習未除，不覺至此。」一時傳為藝中笑談。

李公麟的人物畫長於形象塑造，能表現出不同地域、民族、階層的特點，又勇於突破陳規，創立新的樣式。據記載，他所畫長帶觀音、石上臥觀音是前所未有的。他在繪畫創作上主張「以立意為先，布置緣飾為次」，自稱「吾為畫，如

◎白描

是單純以墨線來描繪物象的一種表現方式。始於唐吳道子，經宋李公麟等發揚光大而成一科，漸成為中國畫造型訓練的基礎功夫。

騷人賦詩，吟詠性情而已」。這種心境，和那些只長於匠作之人，有著很大的區別。以這種心境用於繪畫，必有不同平凡之作。李公麟所創不重「緣飾」重韻致的白描畫法【註】，和他的胸次高逸有很大的關係。

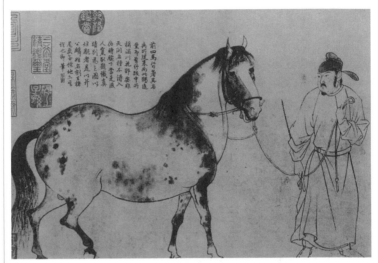

▶ ▼李公麟
《五馬圖》兩幅

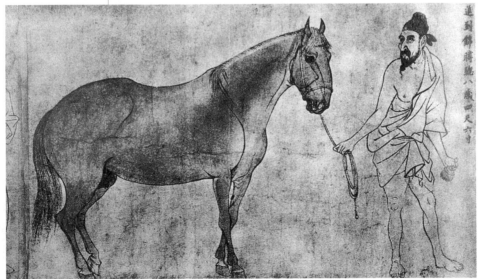

盛唐吳道子已創「白畫」之法，但那時「白畫」多以
道釋壁畫為主，或是壁畫稿本，線條粗簡而形取大勢；更
多的是為「著色」而作，沒有形成可以細加品味的畫科；
而李公麟是在吸收前人的基礎上，將「白畫」發展成了中
國繪畫中的獨立畫科。

李公麟將顧愷之的高古遊絲描、吳道子的蘭葉描糅合
變化，成為瀟灑流麗、秀逸平和的線描。在品格上，他吸
收了以王維為代表的文人水墨畫的精神，以文人的情懷傾
注於繪畫，使簡潔的白描具有了豐富的內涵；以水墨渲淡
法運用於繪畫，使白描的語言更加細緻，在單純中求得變
化。李公麟的白描畫，是在淡墨輕毫之中吟詠性情，使個
體性情透過繪畫而得以表現。

可代表李公麟藝術水準的是《五馬圖》，該圖在二次
大戰中曾見於世，而後即銷聲匿跡，再沒出現過，有可能
毀於戰火之中；幸好有戰前所拍照片和柯羅版複製品存
世，可以作為我們研究的依據。

圖中繪五匹駿馬——鳳頭驄、錦膊驄、好頭赤、照夜
白和滿川花，並各有「奚官」一人牽引。五馬均以墨筆單
線勾勒，惟奚官帽帶及馬的斑紋略施淡彩。所描之馬形象
生動、肥瘦得體，皮毛質感很強。奚官的形象個性鮮明，
衣紋穿插走勢和身體結構非常協調，以最概括的線描，表
現出最單純的素描關係，質感、量感都有所顧及。

《五馬圖》無論在技法和格調上都堪稱傑作，透過
《五馬圖》使我們體會到中國畫白描強勁的表現力，它本
身已說明問題，不需再塗塊面、調子，以最單純的形式表
現出最豐富的內涵，「不施丹青而光彩動人」，這就是白

▼ 李公麟
《臨韋偃牧放圖》
（局部）

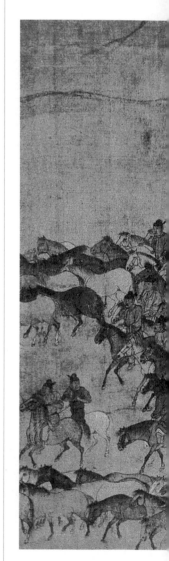

描畫的魅力所在。

　　李公麟畫完「滿川花」不久，那匹馬就死了。黃庭堅曾說：「蓋神駿精魄皆為伯時筆端取之而去。」雖是藉題發揮，也證明時人對李公麟的繪畫才能是很欽佩的。李公麟喜愛畫馬，經常出入馬廄，那些養馬的人看見他畫得如此精妙，恐畫

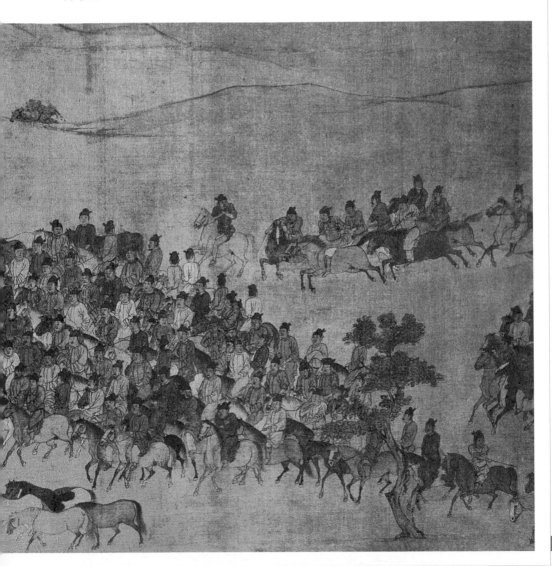

家真把馬的靈魂「畫去」，竟懇求他不要再畫了。可見他畫馬水準非同凡響。

《臨韋偃牧放圖》描繪了牧放崗坡陌間的群馬一千餘匹和一兩百個牧放之人的百態千狀，整個畫面浩浩蕩蕩，熱鬧異常，雖是臨摹唐人的作品，卻也有自己的獨特面目。

自李公麟創白描畫法後，白描成為中國畫獨立的樣式，千百年來，影響不絕。當今美術院校仍把白描定為必修課，認為白描是繪畫能力和修養的體現。

▲ 李公麟《臨韋偃牧放圖》（局部）

25、26. 米芾、米友仁
——煙雲變幻　瀟湘奇觀

　　北宋中後期，文人介入繪畫者越來越多，形成一股潮流。幾位文人中堅熱中於繪事，又爲「文人畫」推波助瀾，形成浩蕩之勢，使中國繪畫發展之河改變了流向。

　　而這幾位文人中堅是以蘇軾、米芾、文同、黃庭堅、歐陽修等爲核心的。黃庭堅、歐陽修是「文人畫」鼓吹者，蘇軾是「文人畫」的旗手，文同是文人花鳥畫領域的身體力行者，而米芾則是文人山水畫的探索家。

　　米芾（1051～1107），初名黻，字元章，號海嶽外史、襄陽漫士等，三十歲後改名芾。米芾自稱楚國芈氏之後，世居太原，後遷往襄陽，曾長期僑居鎮江等地，宋徽宗時招爲書畫博士，後任禮部員外郎，人稱「米南宮」、「米癲」。

　　米芾自幼聰穎，六歲便背誦詩書，七歲開始學習書法，十歲已能書寫碑刻。米芾出身於貴族世家，母親閻氏，曾爲英宗皇后高氏的乳娘。米芾幼年之時，便隨其母生活於皇家邸宅，和皇親國戚常相往還。米芾十八歲時，宋英宗和皇后高氏的兒子趙頊即位，高氏爲皇太后，念及乳褓舊情，「恩蔭」米芾爲秘書省校書郎，開始進入仕途。徽宗大觀元年（1107年），因頭上生瘍，卒於淮陽，時年五十七歲。

　　米芾是一位性情蕭散、放浪不羈的名士。他愛穿唐人服裝，行走翩翩，所到之處，莫不被群聚而觀，儀狀怪奇而成爲眾人茶餘飯後之笑談。

　　他愛奇石成癖，每遇怪石，相呼「石兄」而拜，因而後世常繪《米癲拜石圖》。人稱米芾爲癲，他索性裝瘋賣傻，用以驚俗。他還生

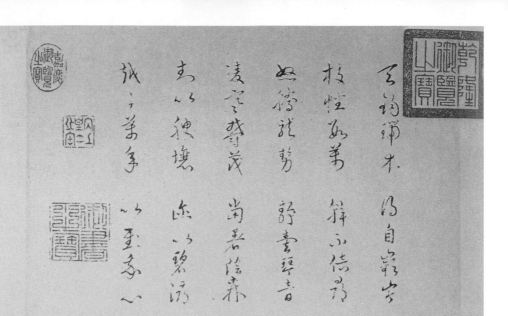

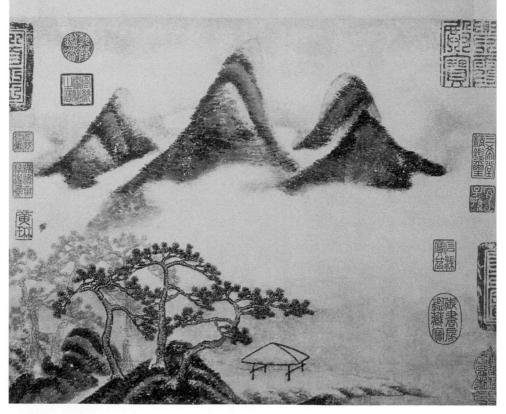

▲ 米芾《山水圖》

性好潔，以示殊眾。他酷嗜古書畫，有不得手者，他便裝癡佯狂奪人所藏。米芾裝瘋，很多人跟著模仿，可見米芾是癡出了名的。

米芾是「宋四大書家」之一，其書學自「二王」（王羲之、王獻之），不專一家，廣收博取，自成新格，用筆在恣肆縱橫之間，已表現出他山水畫中的蕭散意態。

山水畫在五代南唐董源時，已開始以點為主，點染江山了。米芾向來對荊浩、關仝、李成一派頗有微詞，譏其有刻意形跡、匠作之氣，並說自己的畫筆「無一筆李成、關仝俗氣」；可見，他對畫危峰峻嶺的北派山水成見很深。而他對董源卻一再推崇有加，評其畫「天真平淡」、「不裝巧趣」、「真意可愛」、「唐無此品」、「格高無與比也」。他在《畫史》中說：

> 余家董源《霧景》橫披，
> 全幅山骨隱顯，林梢出
> 沒，意趣高古。

從中我們也可以體會出，米芾山水畫是因學董源的。明代董其昌云：「米家父子宗董、巨，刪其繁複，獨畫雲仍用李將軍勾筆。」

米芾所作，大抵是以簡括之筆勾出山的大致形狀，用輕毫淡墨勾出雲霧輪廓，再用大小錯落、濃淡相宜之「混點」點出樹木山巒，稍濃墨筆皴出前後層次，以清水筆潤澤、淡墨漬染，使整個畫面煙雲變滅，鴻濛渾融，其實這是點染為主、勾皴極少的一種畫法，是從董源那裏擷取出「點法」而成。這種「點」在米芾筆下又被賦予新的感受，強調為米氏雲山中的「米點」，或「落茄點」。

而這「米點」最主要還是來源於米芾對自然造化的觀察所得。米芾酷愛自然，據說，「每卜居，必擇山明水秀處。其初本不能作畫，後以目所見，日漸模仿之，遂得天趣」。米芾曾在長沙居住過，煙雲蒼茫的「瀟湘」之景，對米芾山水畫創作有很大的啟發作用。

他創作山水畫的目的，和工匠、畫院畫家有一個最大的區別，就是繪事乃「滑稽詼笑之餘」，戲筆

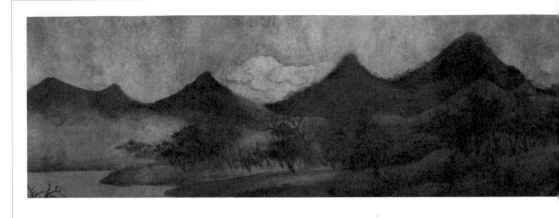

自遣而已，絕不是為了取悅於人，而是抒寫性靈和性情。在此理念之下畫出的畫，自然也就格高意遠，難怪從古至今學米芾者，大多只得皮毛而難攝精髓，主要原因是能摹其跡，不能摹其情懷。

米芾的繪畫真跡已很難找到，一般研究者都以其子米友仁作品相參考，在學界一般稱米芾為「大米」，稱米友仁為「小米」。

米友仁（1072～1151），初名尹仁，後改名友仁，小名虎兒。黃山谷曾贈以「元暉」古印一方，並詩曰：「我有元暉古印章，印刓不忍與諸郎。虎兒筆力能扛鼎，教字元暉繼阿章。」遂字元暉。米友仁是米芾的長子，因擅畫山水，世將「大米」、「小米」並稱「二米」。

米友仁秉承家學，好古善鑑，宋朝南渡後任兵部侍郎、敷文閣直學士等職。米友仁的山水畫，在繼承米芾畫法基礎上，又有所創造，把南方山水那種煙雨空濛、雲霧變幻的意境，表現得淋漓盡致。米氏雲山是在米友仁筆下才發揚光大的。

《瀟湘奇觀圖》是米友仁的代表作，現藏北京故宮博物院。該圖從左而右展開，一緩坡據左下而居，上有煙樹叢中茅舍一間，在坡崗之間水溪如鏡，溪邊有幾重山巒，此處是該畫高峰險地，也是畫的高潮之處；往後出現大片綿羊狀白雲舒卷，白雲掩處，山峰漸遠漸淡，連接天際混茫。

好一幅《瀟湘奇觀圖》，真得雲

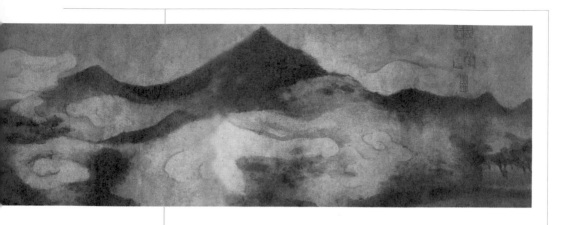

▲ 米友仁
《瀟湘奇觀圖》

山神采。他自題云：「余生平熟悉瀟湘奇觀，每於登臨佳處，輒復寫其眞趣。」這足以表明瀟湘神采出自生活，而藝術來源於生活卻高於生活。

　　「米氏雲山」是在董源的基礎上而進一步有所創新，但我們把米友仁《瀟湘奇觀》和董源《瀟湘圖》相對比

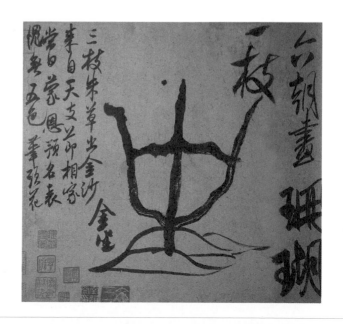

▶ 米芾
《珊瑚筆架圖》

時，發現它們之間有著很大的不同。董源在用筆、用墨方面，雖然和五代北方山水以勾線皴擦為主的畫風有了區別，而以「短披麻皴」和點染畫法為主，但在本質上卻沒有大的區別。

董源的點是線的縮短，「披麻皴」更是線的縮短，在形態上它們是量上的差別。在用筆方法和北方山水也相去不遠，點遠樹是豎著點、拉長即是線，山的立體關係追求整個山巒的層次和明暗，是點和染合在一起，既是點又是染。整體立體關係有些素描關係，雲是染出來的，而不用線勾，山坡和樹木不相混同。

但在米友仁的《瀟湘奇觀圖》中，我們看到，整個畫面以「大混點」為主，而這種「點」是跪鋒或臥鋒用毛筆腹部著紙為之，不是用筆尖中鋒所成。米氏畫法往往是趁濕層層點染，不是筆筆乾積。米氏的雲是淡墨勾出來的，米氏的「染」也從「點」中獨立出來作為一個單獨的程序存在；米氏「點」法更接近於書法，預示著「寫畫」將從「繪畫」中解放出來。

在追求立體方面，如果說董源是抓住了素描明暗的話，那麼，米氏則抓住了素描的本質——黑襯白、白襯黑，他用這種方式自由地表達了立體。

「文人畫」並不是由文人來畫就是「文人畫」，它必須要完成自己和形成自己獨立的語彙，才能形成畫科，才能自我發展。中國繪畫用筆、用墨成熟較早，而用點成熟最晚；「點」的成熟，象徵著「文人畫」整個體系的基本建立。而促使這「點法」最終獨立的，就是米氏父子，在他們以後，「文人畫」成為文人明確追求的方向，以一個獨立的畫種登上了歷史舞臺。

27. 趙佶

——不愛江山愛畫圖

在中國歷史上，能書善畫的皇帝不在少數，但都是國政之餘事，娛情悅性而已。可在宋代，卻出現了一位以一國之君的身分，涉足繪事而有所建樹的皇帝——趙佶。

北宋徽宗趙佶（1082～1135），神宗趙頊第十一子。他是中國歷史上有名昏庸無能的皇帝，也是中國美術史上頗具才華的著名畫家。

但他任用蔡京、童貫等佞臣，親信奸佞，置國政朝事於不顧，溺於聲色、淫逸無度；橫徵暴斂，並設立「花石綱」，掠奪奇花異草、怪石珍禽，使江南百姓傾家蕩產，激發起宋江、方臘領導的農民起義。對金兵侵擾中原，表現異常怯懦無能，只知屈辱求和。1125年，金兵兩路進攻汴京，元帥童貫聞風逃竄。

趙佶只好讓位給他的兒子欽宗趙桓，自稱「太上皇」。第二年，汴京陷落。次年四月，趙佶、趙桓和后妃、宗族親屬等三千餘人，全被金兵擄去。趙佶受盡折磨，最後死於荒寒的北方。

生居皇家的趙佶，從小就受到藝術的薰陶，在趙佶未即位之前，就常和王詵、趙令穰、黃庭堅、吳元瑜等書畫名手相往來；他最擅長的花鳥畫，就師出吳元瑜。即位後，他對繪畫的喜愛，遠遠超過對「江山社稷」的關注，尤其在花鳥畫方面著意頗深，而且成就卓著。

現存於北京故宮博物院的《芙蓉錦雞》圖，可為趙佶之代表作。該圖以精練的筆墨、準確的造型、設色的豔麗，而成為「宣和體」花鳥的典型範式。

圖中繪回首錦雞立於一枝芙蓉

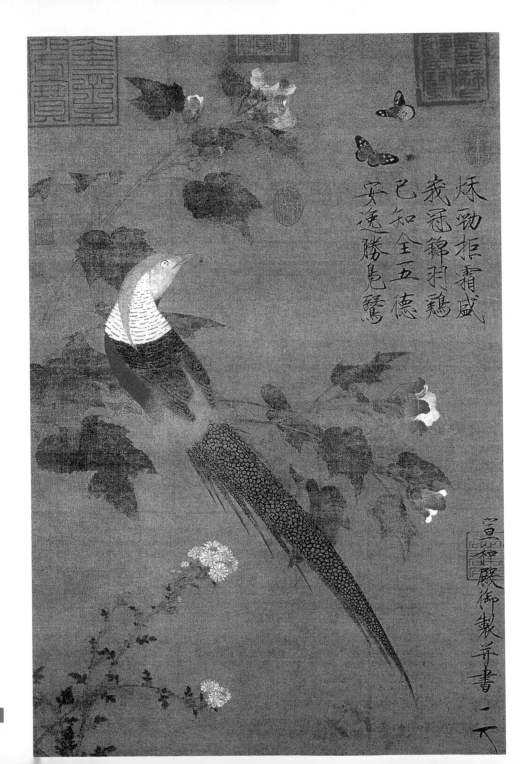

炫耀拒霜盛
義冠錦羽雞
已知全五德
安逸勝鳧鷖

宣和殿御製并書

134

◎花押

在文書或契約上，所簽的名字或記號。或稱為「花書」、「花字」。

◎院體畫

宋朝宮廷設立翰林圖畫院，招收為宮廷作畫的御用畫家，所做作品工整秀麗，追求富貴細膩的效果，甚至發展到媚俗的地步，影響至今不絕。

花上，錦雞凝視著翩飛的雙蝶；左上一枝芙蓉指向雙蝶，下面斜臥的一枝芙蓉，因錦雞的重量而微微下垂；上下兩枝芙蓉把錦雞的視線和雙蝶飛舞的空間留出。

為加強錦雞視線和雙蝶的呼應，在雙蝶下又自題五言絕句一首，形成一個塊面，把雙蝶下面和芙蓉之間的空間「堵住」；為使彎垂芙蓉更具下垂之勢，右下角題有「宣和殿御製并書」及趙佶「天下一人」四字合拼的簽名花押【註】。可以說，此圖的題字，是參與畫面空間布白的開始，它是畫面完整的一個組成部分。畫的左下角，繪婀娜秋菊幾枝，點出芙蓉花開的季節。

趙佶的花鳥畫因學於吳元瑜，吳元瑜的老師是崔白，而崔白的畫風又遙承徐熙「野逸」之風，這一定對趙佶有所影響。趙佶除具工致豔麗的畫風外，還有一種水墨「野逸」風格的花鳥畫。

以《柳鴉圖》卷為代表，該圖卷現藏於上海博物館，原為《柳鴉蘆雁圖卷》的前半幅。柳和鴉採用沒骨畫法，設色淺淡、構圖洗練，粗壯的柳幹、細嫩的枝條，姿儀豐腴的棲鴉墨韻十足，在動與靜的對應中，把鴉的憩息安詳與枝頭嬉鬧，表現得神完氣足。畫面在粗細、墨白、疏密對比上也頗為成功，是趙佶難得的佳作。

趙佶在美術史上的貢獻，除了他本人的繪畫創作外，對於畫學和畫院的建制也是一個重要的方面。他的個人嗜好，導致了宮廷繪畫走向纖巧工致、典雅綺麗的新風貌，寓形象的寫實性、詩意的含蓄性、法度的嚴謹性為一體，而成宋代宮廷畫風之「宣和體」的特徵。【註】

他曾把宮中所集古今名畫，集為一百帙，分列十四

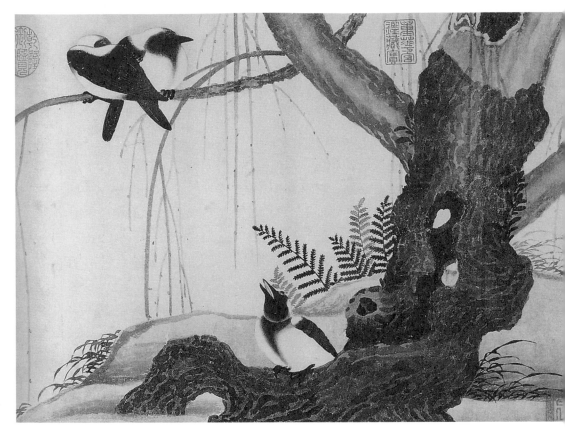

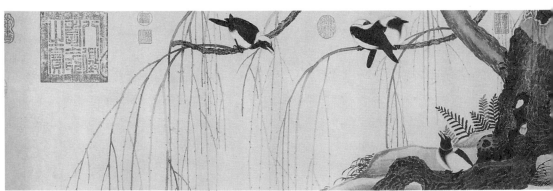

▲ 趙佶《柳鴉蘆雁圖卷》

◎佩魚

魚符長約三寸，魚上刻有姓名和官品，通常是將魚符放在魚袋裏，掛在腰間革帶上。隨身佩魚，主要作用是用以明貴賤，以及臣子面君或進宮時的憑證。

唐代五品以上的官員，按級別分別佩金、銀、銅魚，武則天時改佩魚為龜，中宗後又改為魚；按宋朝官制，五品以上方能佩魚，宋時只有魚袋，沒有魚符。

宋朝沿襲唐代傳統，徵集書寫或圖畫人才在翰林院任職。徽宗當政之後，成立書學、畫學、醫學和算學四學，繪畫地位隨之提昇；畫學後來雖被廢除，歸併國子監之下，但徽宗對這批院畫家仍相當重視，破例讓他們得到佩魚的榮寵即為一例。

門，總數達一千五百件，稱爲《宣和睿覽集》。他還敕令編撰了美術史上著名的《宣和書畫譜》。僅《宣和畫譜》就有二十卷，收集宮內收藏古今名畫，計六千三百九十六件作品，詳分爲十門，並加以品第。這一極有價值的編纂，給後人研究古代繪畫提供了十分寶貴的資料。

趙佶除了花鳥畫外，還擅長人物、山水畫。現存《聽琴圖》、《文會圖》是趙佶的人物畫代表作。趙佶還有兩幅臨摹唐代張萱的作品留存於世，一幅是《搗練圖》，一幅是《虢國夫人遊春圖》，爲我們領略唐人繪畫提供了很好的參考。

趙佶酷嗜書畫，並身體力行，客觀上提高了畫家在社會上的地位和待遇，他取消了舊制所定「凡以藝進者，不得『佩魚』」[註] 的限制，允許畫院畫家和其他文官一樣，佩帶魚袋。列朝之時，書院爲首，畫院次之，琴、棋、玉院皆在畫院之下，並把圖畫院列入科舉制的一部分，叫做「畫學」；又親自命題招考畫師，以注重「工謹」、「法度」、「形似」爲要旨。

據說有一次，趙佶命畫師們寫生孔雀升墩，結果都不滿意，眾人不知究竟。趙佶說，孔雀升墩一定先舉左腳，而畫師們所繪皆抬舉右腳。由此可見，院體繪畫要求之謹嚴了。

總而言之，趙佶在政治上的失敗和荒謬，已被歷史所定論，而在美術史上的傑出貢獻，是值得學界深入研究的。

28. 張擇端
——中國式的現實主義畫風

中國人物畫自身發展，有一個從萌發到成熟的過程，而在這個過程中，題材由表現神仙、道釋而及帝王將相，再及賢人達士，進而開始表現平民百姓的生活。北宋中後期就出現了一大批表現現實生活的人物繪畫，我們通常稱之為現實主義畫風。

中國繪畫中的現實主義出現在西元十二世紀，而西方的現實主義出現在西元十九世紀中葉的法國，比中國晚六、七百年；西方的現實主義多介入社會政治，中國的現實主義多表現社會風俗。

近現代學者為了學術上的方便，將西方各種「主義」和中國藝術相對應，把古典主義、浪漫主義、現實主義等「主義」引入中國。但這些「主義」和中國藝術相對接時，就顯得不合時宜，甚至可笑。筆者認為，西方的各種「主義」，只有在現實主義這個點上和中國可以交叉外，其他都很難和中國文化國情相對應，就像兩條軌道，相交後，又各奔東西了。

在北宋中後期，最能代表現實主義畫風的畫家，就是北宋末年畫家張擇端。

張擇端，字正道，東武（今山東諸城）人，幼好讀書，早年遊學於汴京，後習繪畫，入徽宗朝翰林畫院，工界畫宮室【註】，尤擅繪舟車、市橋，自成一格。

張擇端的代表作品，除了《清明上河圖》外，還有一幅藏於天津藝術博物館的《西湖爭標圖》。但兩幅對照，畫風差異很大，後者很難說是張擇端所繪。

《清明上河圖》自宋代以來，歷經各代，輾轉藏家數人，清嘉慶年

間流入清宮內府；偽滿洲國建立後，被溥儀帶到長春偽皇宮。抗戰結束，溥儀想把它帶走，後被軍隊在東北通化市繳獲，現藏於北京故宮博物院。

關於《清明上河圖》「清明」兩字的涵義，在學術界頗有爭議。

一般認為是指節氣的清明時節；也有人認為畫面描繪的是秋季，而不是初春；還有人認為是指街坊名稱。而除表節氣外，清明還有天下太平清明盛世的含意，認為該圖主表頌揚「大宋盛世」之意，再加張擇端是宮廷畫家，畫為宋朝歌功頌德的作品是和他身分相符合的，所以學界多從此說；但也不能排除既表清明時節，又表太平盛世，所謂一語雙關是也。

《清明上河圖》是一幅縱248公分、橫528公分的絹本水墨淡彩長卷，取材於北宋都城汴梁和汴河兩岸的市井人情。

此圖大致可分為郊野、汴河、街市三大段。以寧靜的郊野為開端，一直畫到汴河的碼頭和沿河的街道，接著又來到橫跨汴河的虹橋，再通過橋頭走向城內，最後結束於繁華的市區。

人物由稀少而密集，景致由郊區到城市，畫面從清靜到熱鬧。圖中繪有酒肆、茶樓、藥舖、當舖，有木匠、鐵匠、僧侶、道士、卜者；官員騎馬前呼後擁，婦女乘轎東張西望，雜店雇員迎接顧客，作坊徒工忙上忙下。

該圖最高潮處是虹橋一段，繪一艘大船正準備穿過橋洞，而桅竿還沒有放下，一時間，船夫們亂了手腳，有的在船舷兩側使勁撐竿，有的用長竿抵住橋洞，鄰船上和虹

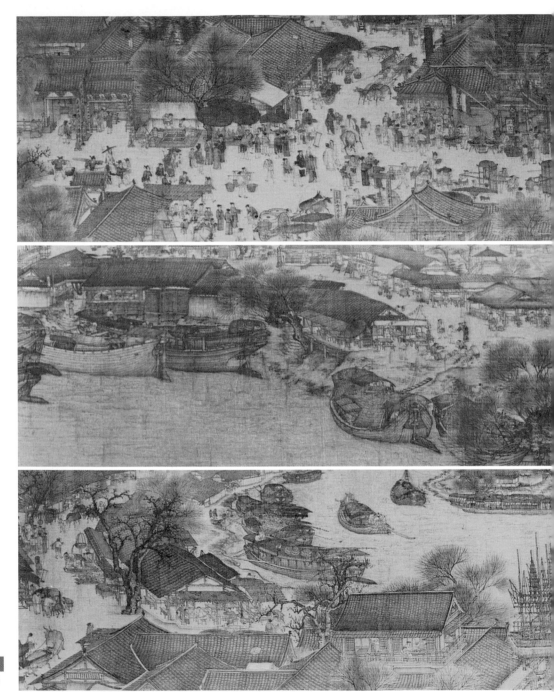

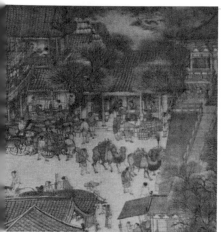

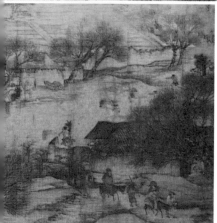

橋上的人們，也在大呼小叫，真可謂橋下緊張，橋上熱鬧。

從表現技法來看，是以傳統界畫之法為之，用筆沉著凝重、一絲不苟，絕無匠氣。而圖中橋樑、舟車、桌椅、房屋結構非常謹嚴，據橋樑專家研究，圖中虹橋構造很合乎力學原理，很可能當時確有其橋。

《清明上河圖》透過市井人情的描寫，從商業、交通、漕運、建築等角度，體現出特定歷史時期的政治、經濟、文化、風俗等，為我們研究宋代社會提供了完善的依據。

一件藝術品如果能代表一個時代、濃縮一個社會、折射各個領域，那這件藝術品除了具有藝術價值外，還具備了社會和歷史價值。張擇端的《清明上河圖》就是這樣一幅傑作。

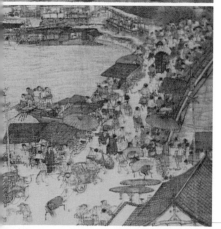

◀ 張擇端《清明上河圖》

29. 楊無咎
——疏影橫斜寫村梅

　　梅花，是中國畫中最受歡迎的題材之一，它傲然霜雪的鐵骨冰心，象徵人的高尚氣節，被畫家推為梅、蘭、竹、菊「四君子」之首和「歲寒三友」之一。

　　兩宋時期，在文同、蘇軾、米

蒂等文人「墨戲」的「文人畫」影響下，以水墨直接抒寫的竹木花卉越來越多，在文同專擅墨竹名盛於世之後，又出現了以墨梅聞名於世的畫家楊無咎。

　　北宋元祐年間，寓居衡州（今

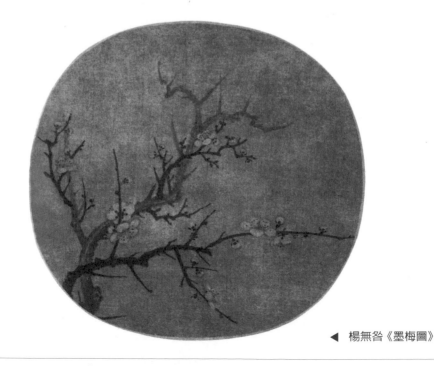

◀ 楊無咎《墨梅圖》

湖南衡陽）華光山的「華光長老」仲仁和尚，開創墨梅畫法，世稱「墨梅鼻祖」。他酷愛梅花，更愛畫梅。他以墨暈染出花瓣，取梅影之姿而不同凡響。仲仁和尚的墨梅作品今已失傳，好在有弟子楊無咎墨梅真跡存世，使我們可以領略最早墨梅的神采。

楊無咎（1097～1169），字補之，號逃禪老人，又號清夷長者，江西清江人，寓居南昌。楊無咎善畫水墨人物，取法李公麟，尤擅墨梅、竹、松「三友」，以畫梅為最。他一生耿介，不慕名利，因恥於與奸相秦檜為伍，朝廷多次委職而不就。

他因詩、書、畫無不精能，被世人譽為「逃禪三絕」。中國繪畫自從大批文人介入繪事以後，審美趣味開始轉變，不以形似、色相為標準，而是超越形、色，走向「以文化物」、「以文統象」的「文人畫」道路。而「文人畫」更注重人的修養，詩、書、畫是當時文人的修養所備，詩與書的精能又是決定繪畫水準的要旨。到了明代文彭時期，詩、書、畫、印已成為「文人畫」四要素，而楊無咎詩、書、畫三絕，已開「四要素」之先聲。

楊無咎墨梅師法仲仁和尚，但更得益於自然。據載，楊無咎所居之地蕭州，「有梅樹大如數間屋，蒼皮蘚斑，繁花如簇，補之日臨畫之，大得其趣」。日久觀察、臨寫，使他能抓住梅花的典型特徵，傳達梅花的傲骨精神。

楊無咎雖師出仲仁和尚，但畫法還是不相同的。

仲仁畫梅花是用墨暈花瓣，也就是以墨染襯，留出梅花花瓣；楊無咎則變墨暈為用筆勾梅，這樣勾出的梅，更具「疏瘦精麗」的神采。

但是，梅花最難不在花而在幹，梅花屬喬木，畫不好就會像其他樹木，因而有「畫樹容易畫梅難」之說，一幅好的梅花作品，應是不著花朵便知是梅。

楊無咎的梅幹畫得就很精彩，他透過仔細觀察，把梅幹、梅枝概括成多種典型姿態，開張、合抱、穿插、疏密、橫斜都很講究，在這

裏，我們已看到了畫梅的「女字穿插法」。這種方法成爲後世畫梅者必須掌握的方法之一。清代畫家吳昌碩畫梅，就把「女字穿插法」發揮到了極致。

　　楊無咎的梅花，是以水墨「寫意」爲之，因而和畫院富麗風格的「宮梅」有所不同，因品高格雅而不被時人欣賞。【註】宋高宗趙構曾諷刺他的墨梅爲「村梅」，他並不以爲然，反而自稱爲「奉敕村梅」。

　　楊無咎的代表作，有收藏於北京故宮博物院的《四梅圖》和天津藝術博物館的《墨梅圖》。

　　《四梅圖》，紙本墨筆，爲作者六十九歲時的作品，寫梅花的含苞、初放、盛開、將殘四種情態；梅花以淡墨勾勒，用筆勁利，襯托花瓣的梅萼用墨筆點就，使梅花頓生活力；最小的梅萼，只用墨作一點；梅花有正、反、側各種造型。爲表現梅幹蒼勁，而用乾筆飛白、頓挫而出，小枝以細勁之筆抽乾而出，毫不遲疑，沉著而痛快。

◎四格
由北宋黃休復在《益州名畫錄》中提出。四格者：逸格、神格、妙格、能格，是中國繪畫的品評標準，以逸格爲最，能格爲後，構成了四個品評等級。

▶ 楊無咎
《墨梅圖》（之二）

▼ 楊無咎
《墨梅圖》（之一）

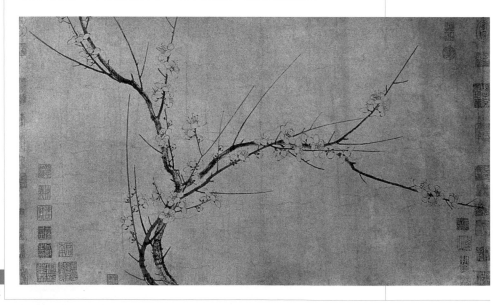

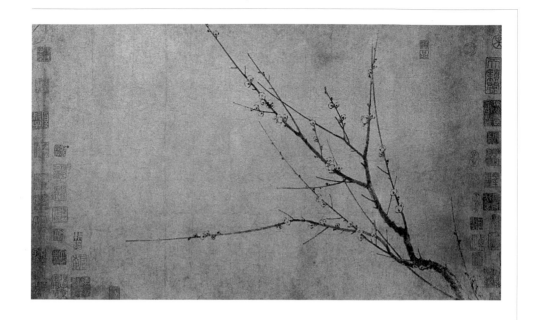

此圖卷後有作者題詞四首，在「將殘」段題詞云：

> 雨浥風欺，雪侵霜妒，卻恨離披。

表達出自己的失意和悲傷，看來他畫梅花是藉物詠懷，感悲人生的途徑而已。

《墨梅圖》係絹本墨筆，畫一濃一淡兩枝梅花，前後層次比《四梅圖》明顯，有寒霧鎖枝的感覺；構圖出枝比《四梅圖》出色，很著意梅枝空間穿插、合抱的呼應；明確地運用「女字穿插法」，使梅枝更具典型化。因爲是在絹帛上揮毫，用筆過快，絹帛不吃墨，會顯得浮華，用筆只能持重行筆，因而梅枝比《四梅圖》凝重。

楊無咎墨梅範式的確立，對後世畫梅影響極大，南宋的趙孟堅及元代以後畫梅能手，莫不以楊無咎爲楷模；而梅枝典型的確立，也成爲後世學習喬木類畫法的基礎，梅花也成爲中國畫表現題材中非常重要的內容之一。

30. 李唐
——水墨蒼勁立新風

山水畫發展到兩宋期間，出現了重要的轉折，而這一轉折是和國運不濟緊密相關的。

1126年11月，在金兵兩路進攻下，汴京陷落。金兵不僅把趙佶、趙桓和后妃等三千餘人及畫院畫家一同擄往北方，還把宮廷內府所藏書畫名跡和民間搶掠的書畫名跡「北運」，使得南宋之初的書畫名跡和畫院畫家蹤影難覓，北宋繪畫傳統幾乎斷了「香火」。

幸好宋人重文不重武，南宋經濟剛好轉，宋高宗就重建畫院，搜尋前代畫跡和前代畫家，企圖恢復北宋畫院繁榮景象。但畢竟南宋畫院和北宋畫院之間中斷了二十餘年，一部分畫家「北上」未歸，一部分畫家相繼去世，好在有一部分畫家在金人押往北方的路上逃跑，而得以返歸南宋，成為南宋畫院的

「主力軍」，李唐就是這其中的一員。

李唐（約1066～1150），字晞古，河陽三城（今河南孟縣）人，宋徽宗時期的畫院待詔。擅畫山水、人物，與劉松年、馬遠、夏圭並稱南宋「四大家」。

宋徽宗政和年間，李唐參加皇家圖畫院考試，因構思奇特而得第一名，被補入畫院。從此，李唐成為專業畫家，1124年創作了《萬壑松風圖》，成為他山水畫成就的里程碑。

然而，正當李唐在繪畫道路上蓬勃發展之時，金人攻入汴京，畫院畫家及各業百工被押往北國，李唐也未能倖免。不久，聞聽趙構南渡，才冒死逃出，南下而歸。剛到臨安，李唐在街頭賣畫為生，但賞識者甚少，生活難以為繼。

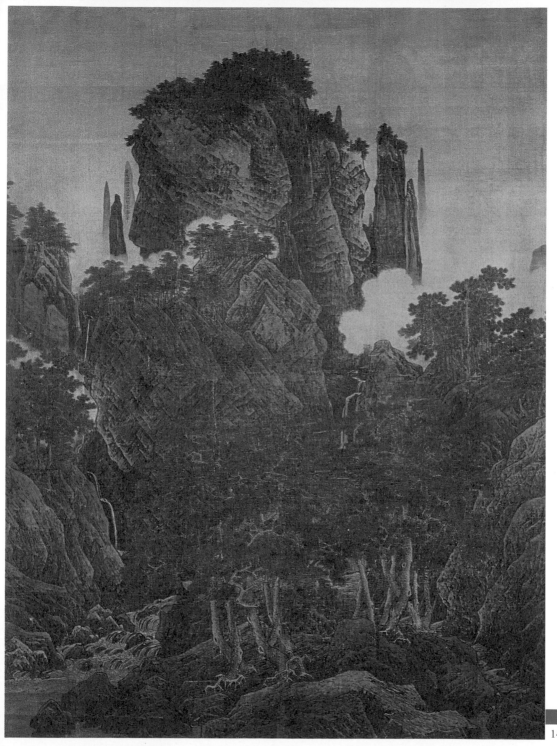

▲ 李唐《萬壑松風圖》

　　紹興十六年後，南宋朝廷恢復了中斷二十餘年的畫院，開始招募畫家。有中使在杭州發現了李唐的畫，聞奏皇帝，於是，李唐以八十歲左右的高齡復入畫院。由於南宋的原北宋畫院畫家和畫跡很少，李唐自然成為年輕畫家的楷模；所以，南宋山水畫大多出於李唐一系，所謂「系無旁出」是有根據的。

　　李唐山水畫早年學李思訓，後多學范寬、郭熙。據明曹昭《格古要論》載：

> 　李唐山水畫，初法李思
> 訓，其後變化，愈覺清
> 新，喜作長圖大幛，其石
> 大斧劈皴。水不用魚鱗
> 紋，有盤渦動盪之勢。

　　但從李唐畫跡來看，更接近范寬、郭熙一派，實際上是以范寬為骨架，變郭熙畫法充而實之。

　　在范寬以前的北派山水，雖然也講明暗深度，但基本上是在渾圓中追求明暗空間，是一種漸變的風格；而到了郭熙時期，把李成一派追求視覺空間的特點給予強調，追求大的明暗空間，使畫面黑白對比愈加強烈，一層層皴出體面，再一層層染出體面，使山石迴環曲折，立體感很強。

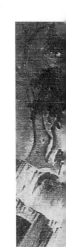

　　李唐學郭熙之法，卻不拘泥於形跡，他變山勢圓渾為方正，變卷雲皴為斧劈皴，即變曲筆為直筆、變整體立體為局部立體、變「染」出體面為「劈」出體面。李唐的斧劈皴，實際上是山水畫作畫程序皴、擦、點、染中，「擦法」的擴大和獨立。斧劈皴正好可校正郭熙畫風的圓渾溫潤，而追求水墨蒼勁。

　　水墨蒼勁並不是到了南宋才追求的，而是在北宋末期已有所萌發。李唐的代表作《萬壑松風圖》就是在北宋末年所作。

　　《萬壑松風圖》現藏於臺北故宮博物院，圖中山勢巉岩、崗巒鬱盤、峭壁如削、浮雲出岫、飛瀑淺溪、松林茂密，整個構圖還存在明顯的北宋遺風，追求雄厚飽滿。山石皴法用小斧劈和馬牙皴為之，使

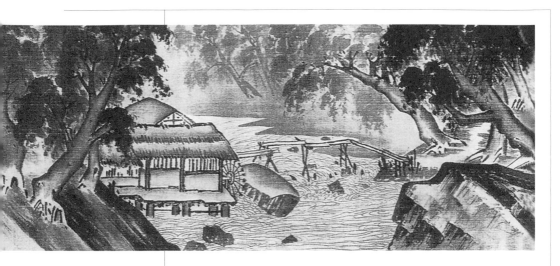

山石無處不立體、無處不變化，質感很強。如果說郭熙的《早春圖》是李成畫風的終結，那麼李唐的《萬壑松風圖》就是整個北宋山水的終結。

而李唐晚年在南宋開宗立派的畫風，是以水墨側鋒的大斧劈皴法。這種追求水墨蒼勁的畫風，是以大斧劈、大塊面、大濃淡、大黑白、大乾濕、大對比、更立體為特徵。

代表作是藏於臺北故宮博物院的《清溪漁隱圖》卷，圖中繪溪水由山間急流而去，雲碓和板橋橫架其上，山坡平緩，河水清幽，一隱者船頭垂釣。山石以大筆側鋒掃出，樹葉用墨點出，整個畫面水墨淋漓，一氣呵成，是李唐晚年典型風格。就是這種風格對南宋山水畫產生了重要影響，形成了南宋山水院體畫派和南宋山水畫風。

李唐的繪畫，上承北宋傳統，下啟南宋畫風，造就了劉松年、馬遠、夏圭三位標領南宋的山水畫大家。可以說，李唐是兩宋間山水畫的橋樑，在畫史上的地位是非常重要的。

31、32. 馬遠、夏圭
——一角半邊寫江山

南宋院體山水李唐是開創者，他把北宋末年已有水墨蒼勁之氣的小斧劈皴，發展成大斧劈皴，影響了南宋四大家中的劉松年、馬遠、夏圭。

其中，劉松年雖然繼承李唐畫風並有所創新，作品謹嚴精細，但這種畫風不足以代表南宋山水畫水墨蒼勁的時代風氣；只有馬遠和夏圭，把李唐的水墨蒼勁發展為水墨剛勁而標領時代。而首先把李唐畫風向前推進一步的是馬遠。

馬遠，字遙父，號欽山，祖籍河中（今山西永濟），生長在錢塘（杭州）。他的生卒和經歷很難考證，大約在南宋光宗、寧宗時期（1190～1224）任畫院待詔。

馬遠出身於繪畫世家，其曾祖馬賁即是「佛像馬家」後人，徽宗時的畫院待詔；祖父馬興祖是南宋紹興年間的畫院待詔；父親馬世榮善花鳥、人物、山水，紹興年間任職待詔，並獲「賜金帶」。馬遠淵源家學，並努力向畫院前輩學習，特別是吸收了李唐豪放蒼勁的畫風，使自己的作品日臻完善。

馬遠師法李唐，也以水墨斧劈皴畫山石。

他的斧劈皴不用李唐寬短斧劈皴，而是採用一劈到底，拉長用筆；要不就是用細短斧劈，縮短用筆。他的皴法有些像寬鉛筆、油畫筆畫出的筆觸，這種筆觸非常適合上明暗調子。而馬遠的皴法功用，也是追求體面關係、塑造立體空間。

他的染法也是順山石皴法方向暈染，也是為配合山石體面；他的作品水墨效果更多的是透過素描調子傳達出來，山石用墨是上濃下淡，用筆是上緊下鬆，把山石三個

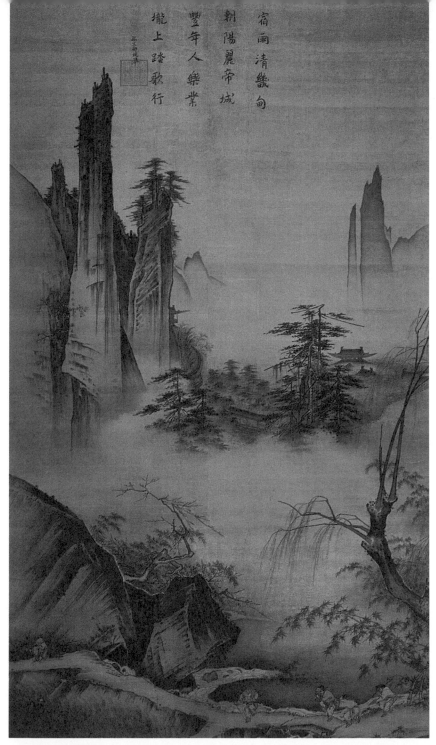

宿雨清畿甸

朝陽麗帝城

豐年人樂業

壠上踏歌行

▲ 馬遠《踏歌圖》

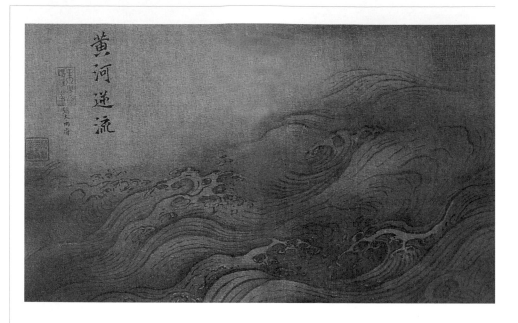

面的立體關係交代清楚。這也是馬遠區別於他人的造型技巧。

現藏於北京故宮博物院的《踏歌圖》，是馬遠山水畫藝術水準的集中體現。

圖中描寫陽春時節，農民在田隴溪橋間的歌舞歡樂，遠處幾座危峰突兀聳立，隱隱松林間有殿閣樓宇；近處岩石崚嶒、高柳當空，一派錦繡山色。

馬遠此畫的畫面構圖，和李唐在畫面中間聳立主峰不同，而是「讓開大路、占領兩廂」，主峰偏側於畫幅兩邊，少了幾分穩重，多了

幾分輕盈，這就是所謂馬遠「門字」構圖法。

兩岩主峰峭然挺拔，如立劍刺天，撐起了一面，右側有三兩遠峰和此呼應，左側直聳的劍峰邊，一弧線山巒引出畫面；劍峰直線、山巒弧線，形成對比；下首巨石以長條斧劈皴，皴出山石體面。用筆大刀闊斧，毫不遲疑，整塊巨石弧線朝下，更加襯托出上面劍峰上升聳峻之勢。山石最下首，畫一橫向走勢的田埂托住整個畫面，上繪一行六人各具姿態，後面四人已醉態十足，中景林木掩映間有廓宇樓閣，

暗示幾人是從城中酣飲而歸。

　　整個畫面呈上下兩部分，似有割裂之感；作者在右側繪出一樹高柳，把畫面巧妙地連接在一起，形成一個融合的整體，爲和山勢方折相協調，樹木也多作直線曲折。可以說，《踏歌圖》是馬遠匠心獨運的佳作。

　　馬遠又工畫水，現存他的《水圖》共十二幅，用各種筆法，勾勒出盤旋、迂迴、洶湧、逆流、激盪等江、河、湖、海的水勢，畫得惟妙惟肖，生動感人。

　　馬遠在花鳥方面也很有創造，他把山水畫法和山水環境引入花鳥畫，使花鳥畫境界擴大。

　　現存北京故宮博物院的《梅石溪鳧圖》可爲代表，圖中繪峭壁岩間，梅花出岩綻放，點醒時令季節；一池溪水中一群野鴨安閒浮泛，有的相互嬉戲，有的沒水覓食，動態各殊、形象生動，使人對自然生命的憐愛油然而生。整

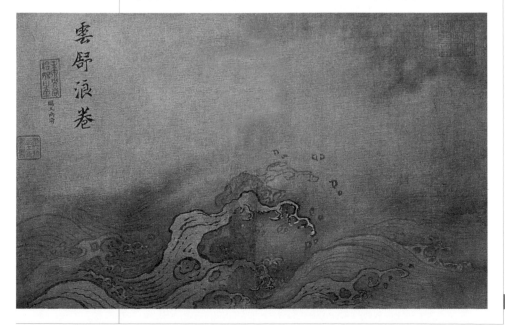

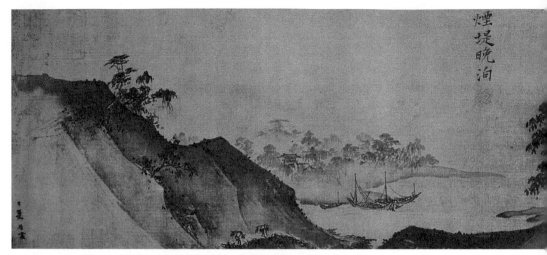

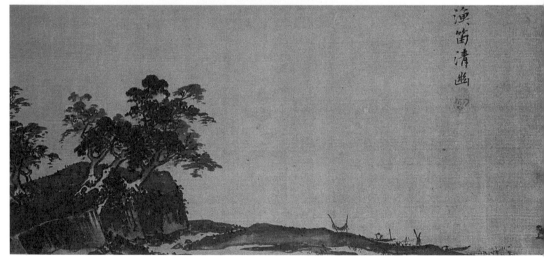

個畫面布局別致,擺脫了院體花鳥畫一味追求象徵、裝飾,而注意營造眞實境界給人的美好感受,把山水畫的無限空間靈活運用於花鳥畫,給人以身臨其境的感覺。

南宋山水自李唐開創以來,水墨蒼勁已成爲南宋畫家的追求,而到馬遠、夏圭,便發展成了水墨剛勁之風。馬遠追求簡約、剛勁、雄健,夏圭追求清剛、透逸和水墨淋

◀ 夏圭
《山水十二景》

◎拖泥帶水皴
中國山水畫成圖
方式，大多是先
勾輪廓，然後再
皴、擦、點、
染，最後完成全
圖，作畫程序井
然。到夏圭時，
打破了「皴、
擦、點、染」的
作畫程序，而在
一塊石頭上，連
勾加澁、連皴帶
點，一氣呵成，
具有很強的視覺
效果和表現力。

漓；這樣，李唐、馬遠、夏圭就構成了「一體兩翼」之勢，完成了代表南宋山水畫風的構建。而在「兩翼」構建中，技法上又有所突破的是夏圭。

與馬遠並稱「馬夏」的夏圭，字禹玉，錢塘人，南宋寧宗年間（1195～1224）的畫院待詔，曾獲「賜金帶」之榮。他任待詔職比馬遠略晚，據周密《武林舊事》記載，御前畫院十人，夏圭即居其一，與馬遠等同受優待。與李唐、劉松年、馬遠合稱「宋四家」。

夏圭的山水畫，在藝術風格和表現技法上，和馬遠有著共同的追求，都是李唐水墨蒼勁一派。只是夏圭喜用長卷橫幅的形式表現江南秀色。

《山水十二景》是夏圭的代表作品，現存美國納爾遜·艾京斯美術館。該長卷描寫自早晨到晚暮的江邊十二種不同景致，單獨成幅，又可連成整幅來觀賞。

現存卷末四段，以高度概括的藝術手法，表現了江南山色空濛的詩情畫意。「煙堤晚泊」一段，近景用簡約之筆勾出山坡輪廓，用濕筆痛快淋漓地掃出明暗層次；江邊棧道之上，有擔夫蹣跚而行；在暮煙籠罩的江村岸邊，幾艘桅船停靠。用如此簡潔的筆墨，表達了如此多的內容，在漁舟唱晚的詩意中，體現出夏圭高超的藝術概括能力。

夏圭除了擅長以用墨為主的畫風外，還擅長一種以用筆為主的畫風。

代表作為臺北故宮博物院所藏之《溪山清遠圖》卷和北京故宮博物院所藏之《雪堂客話圖》。兩圖都是以筆皴為主，潑墨為輔，或者以筆、墨混雜的「拖泥帶水皴」為之[註]。畫面變化複雜，線、面、乾、濕互用，用皴方法也

155

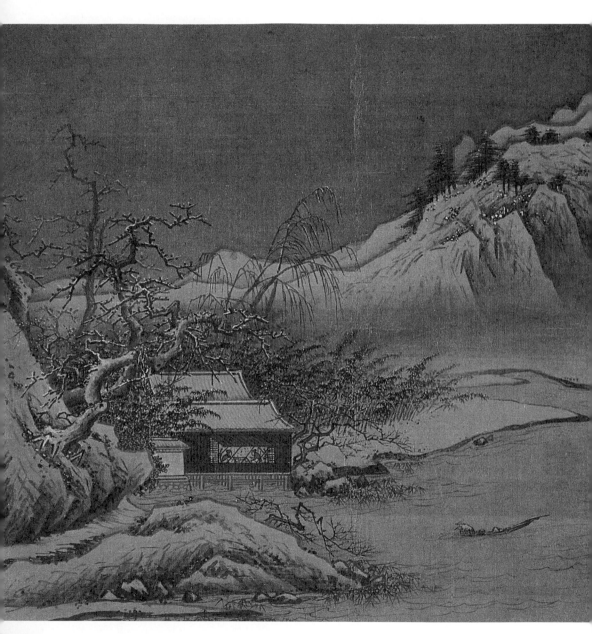

▲ 夏圭《雪堂客畫圖》

很豐富，藝術表現力極強。

尤其「拖泥帶水皴」的創立，使中國山水畫皴法系統更加完善，它不僅對南宋院體有所影響，而且對後世「文人畫」的表現手法影響更大。在以後的「文人畫」裏，不僅山水畫中運用「拖泥帶水皴」，而且在人物畫、花鳥畫中也廣泛採用。

在山水畫構圖方面，夏圭和馬遠有一個共同特點，就是愛用近景占去畫面的一角，畫出近景山石的一半，另一半引出畫面，也把觀者的視線引出畫面，給人以更宏大的想像空間。學界稱這種構圖法為「馬一角、夏半邊」。

有人說這種偏側取勢的構圖方法，反映了南宋偏安的殘山剩水。這種說法是欠缺科學根據的。有時，若過分地從社會政治觀來解讀藝術品，反使本來單純的審美過程變得複雜起來。其實，「一角半邊」是寫取山水近景自然而然出現的，只要以這種方式取景，誰的畫中都有「一角半邊」。

南宋山水畫，由北宋遠取山勢的「可行」、「可望」，發展到近景取勢的「可遊」、「可居」，由遠視到近觀。這種取景方式，最前面的山岩只能畫出局部或者整體的一半。為了近景取勢，馬遠、夏圭經常在畫中採取不畫山頂和山腳的辦法，也就是「去兩頭、取中間」的構圖方式。

雖然馬遠、夏圭在整體上差別不是很大，但畢竟個人的心性不一，畫出的東西也有所差別：馬遠用筆剛勁而偏於外露，夏圭用筆剛勁而趨於含蓄；馬遠注重山石的體面轉折，夏圭注重山石的前後層次；馬遠用筆嚴整以「染」為主，夏圭用筆蒼茫以「潑」為主；馬遠皴法單純，夏圭皴法變化多端；馬遠多恪守李唐晚年畫風，夏圭多著意李唐早期風格。

總而言之，馬遠、夏圭在李唐之「體」上追求相同，但在「兩翼」上是有所差別的；而這「一體兩翼」，正像展翅飛翔的雄鷹，翱翔在藝術的天空上。

33、34. 梁楷、法常
——幾團筆墨　一點禪機

中國人物畫由線到色、由講究「描法」到講究「筆法」，再由「筆法」到「墨法」，最後筆墨結合，是一個連續的發展過程。這個過程也是人物畫發展成熟的過程，更重要的是審美情趣的變化。美學的變化往往是哲學的變化，而繪畫的變化往往是美學上的變化。

中國繪畫由崇尚色彩發展到崇尚水墨，就是一個美學上的趣味轉變。促使這種轉變的產生，主要是由文人熱中繪事，使文人水墨畫開始成熟。「文人畫」的成熟，使中國畫發展方向改變，支流變主流，最後「反客為主」成為中國繪畫的代表。

另一方面，促使文人審美趣味改變的，卻是叢林禪師和所繪的「禪畫」。唐代佛教禪宗開始深入人心，尤其文人受其影響更大，悟對禪機並和禪師相往還已成風氣，文人畫家更易從「禪畫」中獲得玄機，運用於「文人畫」中。

可以說，文人畫家改變了中國畫，禪師改變了文人畫家；最後，「文禪」結合，完成了中國繪畫向水墨寫意的轉變。

以禪機頂相圖為主要題材的禪畫，早在五代時的貫休、石恪已有所創建，構建了禪畫的基本樣式，指明了禪畫的發展方向。雖然有些地方有待後世加以完善，但若沒有他們的啓蒙作用，禪畫不會發展壯大。禪畫的發展和文人畫的發展相伴隨，雖然文人畫已成主流時，禪畫還處於暗流之中綿綿不斷，但到了南宋中後期，情況就開始有了轉變。

南宋中期以後，外族侵擾，國運不祚，人心徊徨，直接影響到南

宋畫壇，尤其是人物畫方面，開始有「式微」傾向。然而，禪宗繪畫這時卻日就月將，更進一步，發展到了極盛階段，出現了許多禪宗畫師。這其中尤以梁楷、法常爲代表。

梁楷，東平（今山東）人。寧宗嘉泰年間（1201～1204）的畫院待詔。他生性狂妄，放浪形骸，常常縱酒度日，世人稱爲「梁瘋子」。往還之人多爲叢林僧眾，妙峰和尚住靈隱時，嘗有四鬼移之而去，梁楷爲畫《四鬼夜移圖》。靈隱寺的高僧居簡也是他的朋友，常爲梁楷題畫，題其《寒山拾得》云：「閭丘別後無蹤跡，又在蘭陵故相家。」後來，寧宗惜其有才，賜予金帶之榮，可他卻受不了皇家差役和拘束，不接受金帶，將其掛於院中，飄然而去，不知所終，可能是遁入禪林避世不出了。

梁楷擅畫道釋人物，山水、花鳥亦能，起初師法賈師古，有「描寫飄逸，青過於藍」之評。而賈師古則是學北宋李公麟的，因此，梁楷早期的畫法，也一定受了李公麟的影響。但他的繪畫成就，主要是繼承和發展了五代貫休、石恪的水墨寫意畫。

五代石恪已開粗筆寫意之風，創立了寫意風範，對後世影響很大。

但他的粗筆寫意只是建立了「寫意體格」，而有待於豐富。石恪的人物畫是以粗筆、粗墨畫就的，衣紋和形體輪廓只寫大意而已，衣紋用筆是「隨意」而行，而不是跟形體走；用墨是大筆平塗，缺少「水墨暈彰」的效果。猛一看，很有衝擊力，細加品味就覺缺少東西而顯得粗糙；往往用筆不說明結構、用墨不說明形體，缺少筆墨難度，但它卻是一種「體格」。以這種「體格」爲中心，既可朝用筆方向走，也可朝用墨方向發展；既可往細處走，也可往粗處走。梁楷就在兩個方面都有所成就。

在用墨上，梁楷發展成潑墨，但他的潑墨不是無的放矢，而是粗中有細、細中有粗，筆墨既說明結構，也說明形體。現藏於臺北故宮博物院的《潑墨仙人圖》可爲代

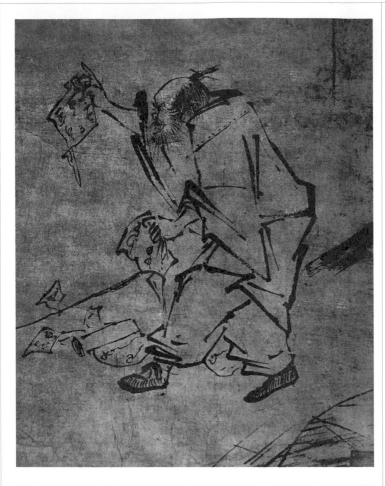

▲ 梁楷
《六祖撕經圖》

表。圖中仙人衣著用大筆沒骨潑墨掃出，用筆依人體結構
而行，墨色順勢從濃變淡、從緊變鬆、從濕變乾；衣袍對
襟以兩三筆寫成，把腹胸留出；頭部以塊面到額頭轉而成
線，形成「面」、「線」對比；面部以濃墨簡約勾出，嘴
周圍以淡乾墨寫出；上衣、褲管至草履，看似一氣呵成，
而有筆勢墨韻的微妙變化，在筆墨酣暢、痛快淋漓中，形
體結構亦交代分明；腰間絲帶以幾撇寫成，捆住腰間，也

▶ 法常
《羅漢圖》

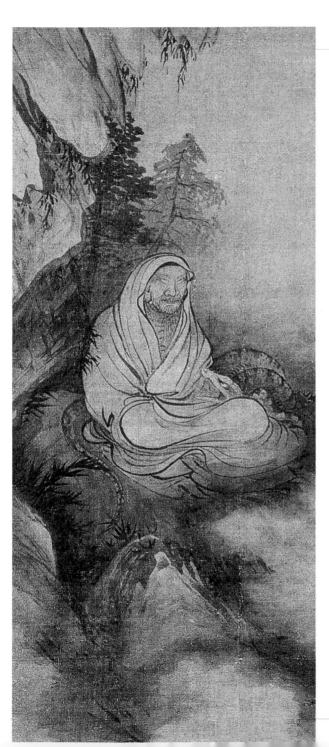

捆住了略有鬆散的筆墨，可謂提神之筆。整個畫面渾然天成，有如神助。

梁楷就是以石恪爲格，朝用墨粗放的方向發展了一步，使筆觸達到了既是筆又是墨、既表形又表體，從石恪那空泛的筆墨中走出，使中國畫筆墨語言更加豐富。後世的花鳥、山水寫意潑墨，無不借鑑於此。

在用筆上，梁楷把石恪畫風發展成用筆蒼勁之格，並創「折蘆描」，成爲人物畫「十八描」的組成部分。藏於日本的《六祖撕經圖》是以用筆爲主的代表作。圖中繪提倡「頓悟」的禪宗「六祖」正奮力撕扯經文。沒畫正面，卻能感覺到「六祖」對經紙的嬉笑嘲弄。整個

身體用轉折頓挫有力的「折蘆描」揮就，用筆起運頓收，直取書意；身體動態結構亦多有留意，衣紋走勢和撕扯動作非常協調。在一揮而就中，卻能同時注意到各方面細節，若沒有「成竹在胸」之氣概，是無論如何也完成不了的。

這是梁楷以石恪爲格，朝用筆細緻的方向前進了一步，使用筆形與質兼顧，從石恪用筆「無的放矢」中走出，使用筆和結構絲絲緊扣。透過梁楷的用筆，使我們體會出中國畫是以氣貫筆、寫意而出。這才是眞正意義上的「寫」。

在南宋末年，把梁楷用墨和用筆兩種畫風集中表現的是禪宗畫師法常。

法常（約1207～1291），號牧溪，俗姓李，蜀（四川）人，年輕時曾中舉人，紹定四年（1231年）外族侵擾，他隨難民至杭州，與世家子馬臻相交遊。因不滿朝政的腐敗出家爲僧，遂受禪林藝風影響而作禪畫。寶祐四年後，住持西湖六通寺，因得罪奸臣賈似道，而遭受追捕，隱姓埋名於「越之丘氏家」，

直到南宋滅亡，才敢露面，是一剛性之僧。

法常的繪畫，繼承了石恪、梁楷的水墨寫意傳統，在注重用筆、用墨的同時，也吸收了院體畫風，變色彩爲水墨，題材也多爲院體內容，但比院體格高意遠。他在人物畫中，把梁楷「折蘆描」之方折變爲圓轉，以用筆勾勒人物，用墨皴染環境背景。

現存於日本的《羅漢圖》可以代表這種風格。圖中繪一位乞丐般的羅漢閉目打坐於石間，面部清苦，身後有一巨蟒纏繞周邊，張口吐鬚，用極險之境襯托羅漢已入禪定的境界。人物以曲筆勾出，按著羅漢坐姿布置衣紋走向，有疏有密，似乎透過衣紋可以感覺到禪定呼吸的節奏；背景用粗筆皴、擦、點、染，畫出山岩、樹木、雲霧，給人以超然絕世的感覺，把禪定氣氛襯托得非常成功。

法常融合梁楷和院體畫風，使自己的繪畫多了幾分含蓄和細潤，而用這種方式是非常適合花鳥畫的。在法常的繪畫中，除人物外，

還有許多花鳥題材，花鳥畫多是以富麗色彩和裝飾性取勝，他卻刪其繁複而以水墨揮灑，在點、線、面中隱藏著禪機，使花鳥畫品格升高、意趣加深。

藏於日本的《松樹八哥》以酣暢的筆墨寫出鳥身，好像略不經意而又極其巧妙地在鳥的頭部留出一點空白，輕筆點出鳥眼，又在背部留出白羽，和眼睛相呼應。鳥立老松之上，古藤繞樹，松針淡墨掃出，

▶ 梁楷《潑墨仙人》

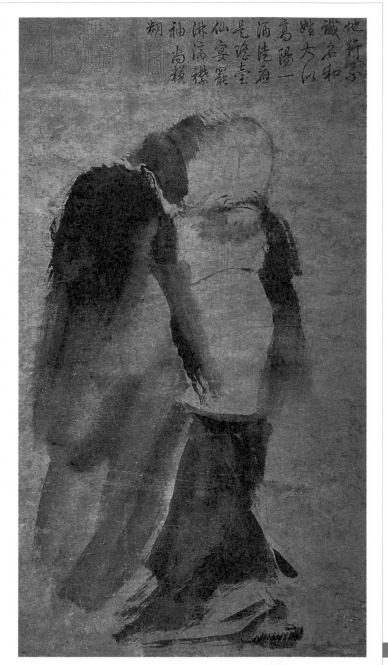

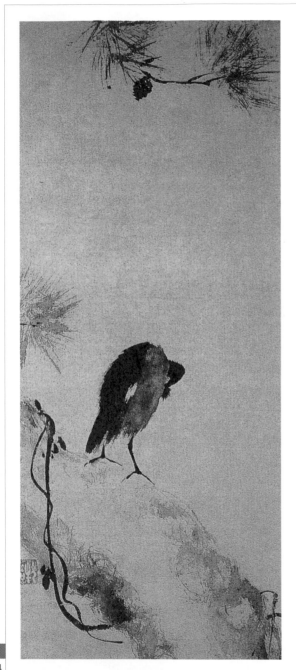

一顆松果掛枝。也許畫的鳥也和羅漢一樣，正在禪定之中；也許是作者透過一果一鳥，表現出對生命萬物的感悟，畫面禪味十足。

法常的作品國內極少，但在日本卻名望極高，被日本稱為「畫道的大恩人」。日本的聖一國師在中國時和法常同門弟兄，回國時，攜去法常作品，現在還保存於日本東京大德寺內。

梁楷、法常的水墨寫意畫，承接石恪衣缽而有所發展，開闢了寫意畫的新境界，把禪宗繪畫發展到了高峰；「文人畫」全面吸收了禪宗寫意畫的精華，使「文人畫」又向前發展了實質性的一步，加快了中國繪畫的發展進程。至此，禪宗寫意畫也完成了自己的使命，匯入到「文人畫」發展的河流中，這也是佛教禪宗完全中國化，而成為中國文化組成部分的必然結果。

◀ 法常《松樹八哥圖》

35. 趙孟堅
——留得清氣在人間

在中國畫中，松、竹、梅是常被表現的題材；而在「文人畫」中，松、竹、梅被稱之為「歲寒三友」，取松、竹、梅都可傲凌風雪，不畏霜寒之特徵，表現人格品質和氣節。

早在唐代吳道子時，松樹就常被畫在壁障之上，後世多在山水畫中運用，也有單獨畫松成幅；竹子寓意堅貞不屈，在北宋文同時已臻成熟，成為文人畫家筆底「常客」；梅花在兩宋時期，楊無咎成就斐然，梅的法式基本完成，後世畫梅能手層出不窮。而把松、竹、梅常畫在一起，創「歲寒三友」之格的是趙孟堅。

趙孟堅（1199～1267年前），字子固，號彝齋居士，宋宗室，嘉興海鹽（今浙江）人。由於他這一支與南宋皇室的關係已很疏遠，所以家境頗為貧寒。理宗寶慶二年（1226年）登進士，後歷任湖州掾、轉運司幕、諸暨知縣。由於他早年孤寒艱辛的生活經歷，在地方官任上，能體恤民情、抑制豪強、為民平冤，替百姓做過一些好事。

趙孟堅學識淵博，能詩文、善書畫。周密《齊東野語》說他：「修雅博識，善筆札，工詩文，酷嗜法書，多藏三代以來金石名跡，遇其會意時，雖傾囊易之不靳也。」他個性疏闊放縱，性喜嗜酒，有六朝人的林下之風。據《圖繪寶鑑》說，趙孟堅常「一舟橫開，僅留一榻偃息地，餘皆所挾雅玩之物，意到左右取之，吟弄忘寢食，過者望而知為趙子固書畫船也」。

趙孟堅善畫水仙，以及松、竹、梅、蘭，早年愛畫蕙蘭，「酒邊花下，率以筆硯自隨」。許多人向

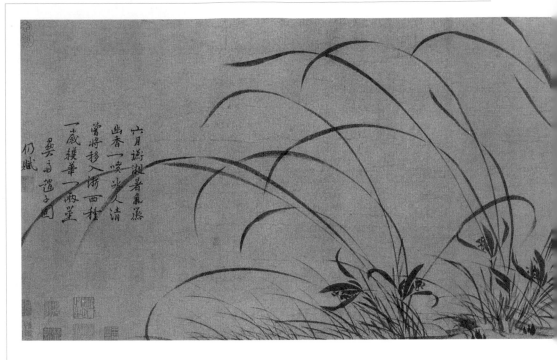

他索畫，他則有求必應，毫不吝惜。湯垕說他「墨蘭最得其妙，其葉如鐵，花莖亦佳」。他的墨蘭是受文同畫竹之法影響，以筆墨直接寫出蘭葉、點出蘭花，把蘭葉的翻捲剛柔和蘭花的婀娜姿態，表現得十分傳神。

現存北京故宮博物院的《墨蘭圖》是他早年所作，圖中繪三、四株墨蘭迎風搖曳；蘭葉用筆透過提按，把蘭葉的正側翻捲和彈性寫出；以稍濃之墨點出蘭花，花瓣姿態各異，有如纖細玉手；在蘭草附近點綴雜草，更顯蘭花「鶴立雞群」。在蘭葉的穿插上，注意了疏密變化，在這裏已看出，一筆長、二筆短、三筆「破鳳眼」的寫蘭規則，概括了草本植物的生長規律，後世畫草本花卉，多借鑑蘭葉的穿插方法。《墨蘭圖》把蘭花的迎風披拂、滿谷幽香的瀟灑姿態，和畫家超逸、孤傲的情懷，絕佳地融合在了一起。

趙孟堅晚年多作梅竹，他墨竹

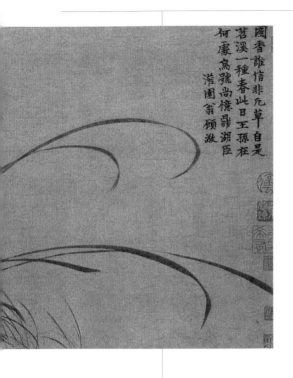

取法文同，而用筆比文同瘦勁，並著意竹葉的大小、長短變化；他墨梅學楊無咎，而比之更雅逸清瘦，用筆非常爽利。從傳世的《歲寒三友圖》中我們可以領會大意。

圖中繪松、竹、梅折枝[註]，以墨竹的黑和松針的灰，襯托出梅花的白。竹葉如刀劍、松葉如鋼針，更表現出梅花的傲骨冰心。整個畫面筆墨秀麗、清絕幽雅，極盡文人雅士之意趣。圖中松、竹、梅的構思，已明確傳達出藉「歲寒三友」表達出的趙孟堅剛正、堅貞的氣節。此後，《歲寒三友圖》成為畫家表達超然高潔之氣概的固定形式。

《歲寒三友圖》至趙孟堅而成定格，梅、蘭、竹、菊「四君子」畫的形式中，墨蘭又是趙孟堅所創。「歲寒三友」、「四君子」都和趙孟堅相關聯，這絕不是偶然的。

南宋末年，金人和蒙人大敵壓境，宋軍抵禦不力，甚至有投降者和依附者。這是一個考驗人格、氣節的關鍵時刻。許多文人士大夫見國勢已去，復國無望，心緒惶然，但他們絕不投降和合作，而是互相鼓勵以為同志。有些畫家藉「歲寒三友」以表情志，抒寫胸懷，「三友圖」在這個背景中出現，是合情合理的。而趙孟堅就是一位有憂國之情和正義之感的人，他在詩中曾寫道：「或分一壘向邊疆，願做長城如李勣。」可以想見他對當時邊防潰敗、無

▲ 趙孟堅
《墨蘭圖》

◎折枝
花鳥畫中的一種重要的表現形式。就是在畫中不畫出花木的全株，只擷取一部分花枝，以少少許、勝多多許，雖然折枝一二，卻情趣無窮。

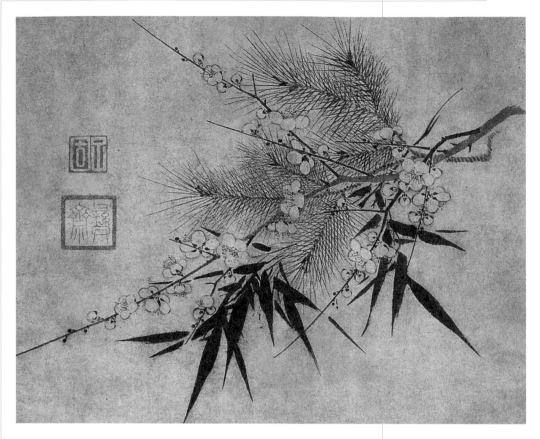

▲ 趙孟堅
《歲寒三友圖》

力抗敵,表現出極大的憤恨。因此,「歲寒三友」、「四君子」出現在他的筆下,也是很自然的現象。

　　趙孟堅除創墨蘭外,還創水墨水仙畫法,是以雙勾渲染法為之,品格不凡,把水仙的凌波絕塵之情態表現得非常傳神。趙孟堅所留給後世的,不僅是畫跡和畫法,更重要的是一種品格——畫家的品格和畫中的品格。他對文人畫家的影響更廣泛一些,人們所追求的是他那「意」和「跡」的高度融合。從他那裏真正體現出畫如其人的奧義,許多地方是值得我們認真思考的。

36. 鄭思肖
——蘭蕙清風萬古香

在中國繪畫發展史上，大多都是繪畫大師和他們的作品在起著重大作用，他們的繪畫理論引導後人去探索和研究，他們的作品讓世人臨摹和學習。當然，還有一些沒留名字的作品，由於可代表時代風貌，這些畫跡也在美術發展史上產生一定的重要作用，如宋代花鳥畫中，有許多扇面、冊頁就是佚名，但它們的作用卻沒因此而減少。

除此以外，還有一些人雖也涉足繪事，但留給後人的主要不是繪畫作品，而是一種思想、一種精神，這些思想和精神一直影響著歷代畫家，引領著他們去為此努力和追求。

在中國繪畫史上，南宋前有兩位這樣的人物，一位是唐代的王維，一位是北宋的蘇軾。王維變「青綠勾斫」之法為「水墨渲淡」之格，並將詩的意境引入繪畫，使其「畫中有詩」，他衝破了色彩的約束，為「文人畫」發展奠定了基礎；蘇軾是「文人畫」的旗手，他的繪畫是寫出胸中逸氣，他「論畫以形似，見與兒童鄰」，以及「胸有成竹」的理論廣為文人畫家所接受。他衝破了形的約束，為「文人畫」的「壯大」起了重要作用。而在蘇軾之後，又出現了一位對「文人畫」有著重要作用的人，他就是南宋詩人、畫家鄭思肖。

南宋末年，外族侵境，打破了南宋偏安局面，國勢將去，已成定局。但在士大夫階層中間卻出現了一大批威武不能屈的愛國文人，鄭思肖即為其中一員。

鄭思肖（1241～1318），字憶翁，號所南，連江（今福建省）人，宋太學士，應博學宏詞科。他

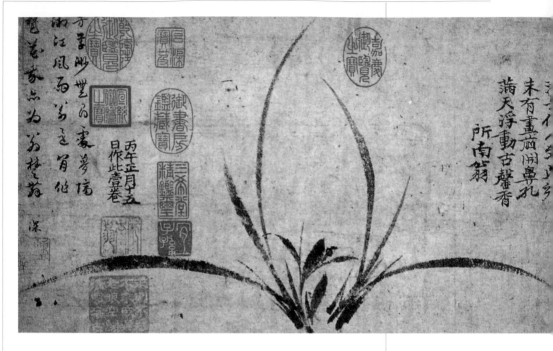

▲ 鄭思肖
《墨蘭圖》

性情剛介，曾向朝廷獻計抵抗蒙軍南侵，未被採納。宋朝
國亡，他躬田畎畝，隱於寺中，過著子身一人、辛酸淒苦
的生活。但他堅決反對元人，終身不仕，坐臥必朝南方，
以示不忘南宋朝，所以自號「所南」，充分表現了他的民
族氣節和對南宋的懷念之情。

　　鄭思肖是文學史上著名的詩人，他的詩，多描寫邊
關、沙場壯烈的勇士，抒發亡國之恨和懷念宋室之情，並
熱切希望光復故土、振興華夏。他在詩中寫道：「縱使聖
明過堯舜，畢竟不是真父母。千語萬語只一語，還我大宋
舊疆土！」可見他的愛國精神是非常強烈和真摯的。

　　在繪畫方面，鄭思肖擅長墨蘭，兼工墨竹。他的墨蘭
高度凝練概括，損之又損揮寫精神，以稍乾之筆，藏鋒起
筆向上行筆，在葉的中部按出「螳螂肚」後，收筆以「鼠

尾」出之，蘭根幾筆攢成「鯽魚頭」形。蘭花輕筆帶出，風情萬種。

我們從藏於日本大阪市立美術館的《墨蘭圖》卷中，就能體會出這些特點。圖中，鄭思肖用筆較爲粗拙、厚重，蘭花有挺拔壯實之感，和趙孟堅爽利秀逸的用筆、蘭葉細長飄飛的形態，是有所區別的。趙孟堅的蘭花有草之嫌，而鄭思肖的蘭，是純粹的蘭，他抓住的是蘭花獨有的特徵，既區別於雜草，又區別於禾苗。至此，趙孟堅墨蘭的「交鳳眼」和鄭思肖墨蘭的「螳螂肚」、「鼠尾」、「鯽魚頭」，成爲後世畫蘭的法式，以致「蘭出鄭趙」之說廣泛流傳於後世。

據說，鄭思肖曾題畫蘭「純是君子，絕無小人；深山之中，以天爲春」，寄託了他的高雅之情，絕塵之懷。他寫蘭花，常不著土，人問其故，答曰：「土爲番人奪，忍著耶？」亡國之痛難以言表，只好透過幾叢不著土的蘭花來排遣了。

藉物緣情，本來就是中國繪畫常用的手法，但在鄭思肖之前，大多都是藉物象徵而已，如桃表壽、鹿表祿、蝙蝠表福等等，都流於表面；而鄭思肖卻把這種手法引向更深刻的層面，將其人格化，並把君子之風、君子之氣貫入繪畫，使中國畫和人及人的品格相聯繫。

從此，「畫如其人，人如其畫」爲許多畫家所認同，也爲中國畫走向追求個人風格開啓了門徑。可以說，鄭思肖在「文人畫」發展中所起的作用，並不是他的墨蘭如何絕妙，而是將一種精神、一種君子氣帶入了「文人畫」，這成爲對一位文人畫家的基本要求，也成爲一種批評標準。

「文人畫」自唐代發軔，到南宋末年爲止，經過了歷代文人和畫家的努力，無論從技法到理論、從內容到形式，都已臻完善；而在整個過程中，王維、蘇軾、鄭思肖起了非常重要的作用。王維的「詩」、蘇軾的「文」、鄭思肖的「人」，構成了「文人畫」內在的靈魂，以及人格、修養的境界，也成爲文人畫家追求的精神。從鄭思肖以後，「文人畫」便開始「入主」畫壇了。

37. 李嵩
——擷取人間一段情

人物畫發展到盛中唐時期,在造型的準確、色彩的豔麗、衣紋的布置上,都達到了空前的高峰,使後人難以逾越;而事情往往是物極必反,到了顧閎中時,在人物畫中已開始著意突出墨線或墨韻;到北宋時期,李公麟把墨線獨立而成「白描」,賦予線描以獨立的審美價值;而到南宋時,人物畫已發展到線條、墨韻並重,色彩退居其次,人物畫在著色前已基本是獨立的線描水墨畫。即使著色,也不把墨線遮住。

在人物畫表現內容上,由神仙、道釋,到帝王將相,再及賢人達士,是一個由上而下的漸變過程,而表現生活在最下層的平民百姓,則是在北宋後期逐漸增加。在市井風俗方面,以張擇端為代表;而人物畫方面,則是以南宋畫家李嵩為代表。

李嵩(十二世紀後期至十三世紀前期),錢塘(今浙江杭州)人,少年時為木工,後為紹興畫院待詔李從訓養子。李從訓擅畫道釋人物、花鳥,敷彩精妙,畫藝不凡,是當時很有名望的畫家。李嵩在這樣的條件下,刻苦努力地研習畫藝,進步很快,終於在南宋畫壇名重一時。

李嵩是位多才多藝的畫家,他在人物、山水、花鳥方面都有建樹,有「能品」之譽。李嵩因少年曾是木工,因而對農村生活頗為熟悉,他的繪畫成就也體現在表現農村生活方面。

農村生活題材,在李嵩之前也有畫家表現,如牧牛、春耕、紡織等生活場景,但大多追求的是文人雅逸之氣、閒逸之懷;而李嵩對農村生活,有著自己的感情和自己的

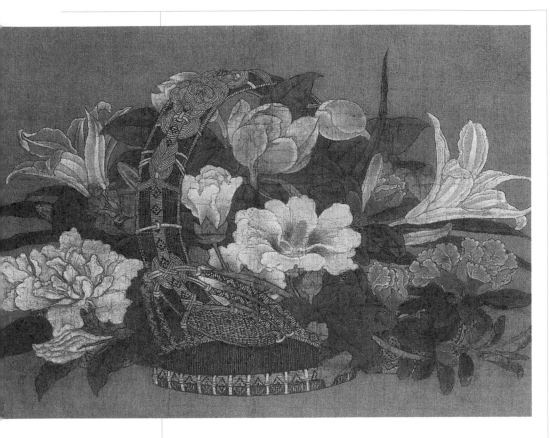

▲ 李嵩
《花籃圖》

看法，是一種與莊稼人同甘共苦，哀其所哀、樂其所樂的深切情感。他筆下的農村生活場景，有著濃厚的鄉土氣息，是洗盡鉛華、脫卻雅逸的本來面目，是一種現實主義的寫實。這種現實主義並不是像西方現實主義那樣，著意於對社會的批判，而是一種積極的參與生活、品味生活的方式，甚至是對鄉野生活的熱情嚮往。這一點在他的代表作品《貨郎圖》中就有所體現。

《貨郎圖》是一幅橫卷絹本淡彩畫，現藏於北京故宮博物院。

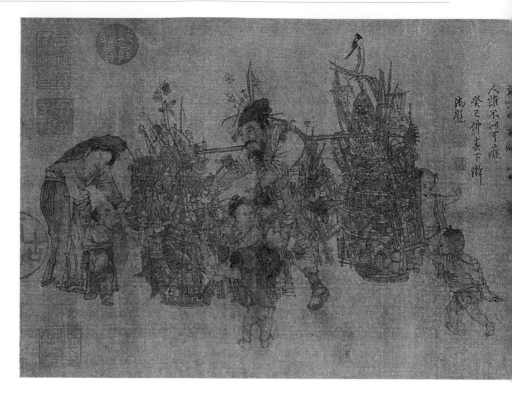

全圖描寫老貨郎肩負貨擔將至村頭，即刻吸引一群婦孺的熱鬧場面。圖中的老貨郎身披肩掛，貨擔上家什齊全、琳瑯滿目，刻畫也很細緻，清晰可辨。有風車、小鼓、葫蘆、鳥籠、花籃等兒童玩具；有木叉、竹耙等農具；有瓶、缸、碗、杯等生活用品；有瓜果、糕點、醋等食品。不少物品還標有「誦仙經」、「三百件」、「明風水」、「雜寫文約」之類的字樣，真像一個流動的「小賣部」。

特別是兒童們，歡呼雀躍著奔向貨擔，有招呼同伴的、有光著屁股跳的、有拉著母親撒嬌的、有哥倆爭鬥的；那位母親雖哄著孩子，自己的眼睛卻盯著貨品，盤算著買點什麼；老貨郎一面招呼著孩子，一面搖著小鼓咚咚作響，以吸引更多的買主。隨著鼓響，一位拖兒帶

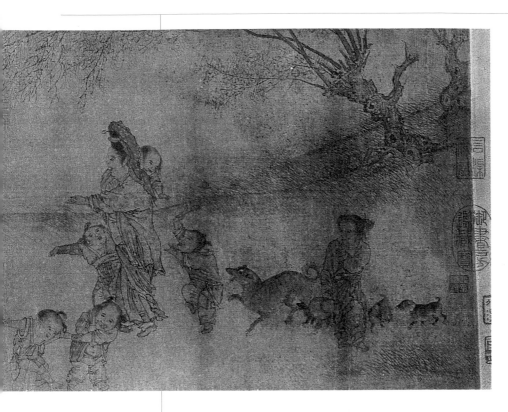

▲ 李嵩
《貨郎圖》

女的母親也急急趕來，惟恐貨品被人搶購一空；一隻母狗也帶著幾隻小狗趕來湊熱鬧，似乎也打算沾點什麼光。《貨郎圖》就是透過渲染氣氛，刻畫人物神情，傳達出活生生的生活氣息。

在藝術構思和處理上，《貨郎圖》也有獨特之處。

兩株柳樹告訴我們，這是在村頭，而不是荒郊野外；從婦女和孩子的穿著和神情中，可知她們的居處是富庶之地；從貨郎風塵僕僕的樣子，推測出他一定走了很遠的路。畫面構圖橫幅一字展開，弄不好會顯得呆板，作者巧妙地在抱孩子婦女腳下，畫兩個爭鬧的孩子，打破了一字

平行線，使畫面有了起伏和節奏，活躍了畫面。

圖中場景如果安排不當，會給人以貨郎舉家逃荒，或婦人率子追「賊」的感覺，所以，作者在畫面的最左側，畫一彎腰朝裏的母子在挑選物品，「堵」住了前行的眾人，也預示了大家最後將停在貨擔周圍。

貨擔上的喜鵲站在了畫的最高處，透過撲向貨擔孩子後背的弧線，通向畫幅最下面的兩個孩子，形成一個無形的大弧線，把畫面引向高潮。可以說，《貨郎圖》是李嵩經過「九朽一罷」【註】才得以完成的傑作。

南宋之前的人物畫，衣紋線條都很勻細，表現貴族綢袍很協調，表現農村衣著就不合時宜了。因而，李唐加強了線的頓挫和衣紋穿插的隨意性，使其適合鄉下的衣著，不失泥土氣息，這是內容決定形式的典範；同時，李嵩也將以前衣紋「用描」轉變成了「用筆」，著色也是水墨淡彩，這都為寫意人物奠定了基礎。

我們現在許多人物畫，大多都在畫中擺弄姿勢，朝觀眾擠眉弄眼，總有別人圍觀的感覺，或者拍照的感覺。而這些毛病在李嵩的畫中是找不到的，他的作品營造的是「無人化境」，是一張真正有意義的作品，而不是做作的作品，這一點是值得人物畫家們三思的，這也是《貨郎圖》存在的真正意義和價值。

◎九朽一罷

古代畫家構圖時先用山炭起稿，而後經反覆修改，稱為「九朽」；待定稿時，則以淡墨描繪，再拭去木炭的痕跡，則稱為「一罷」。（宋·鄭樁《畫繼》卷三巖穴上士）

38、39. 趙伯駒、趙伯驌
——精工而有士氣的青綠山水

青綠山水畫在唐代李思訓、李昭道時已發展到極盛，尤其在色彩上，極盡金碧輝煌、濃重富麗之能事而成經典。但在「二李」之後，擅長青綠山水者不多，以名稱世者幾乎沒有。這也許是他們那富麗堂皇的色彩很難逾越；也許是他們那種海外仙山之類的虛構，不再被人們所喜好，而將興趣轉向畫真山真水的作品；也許是王維「水墨渲淡」畫風的出現，將「二李」畫風擠出了發展軌道。總而言之，承接衣鉢者已經很少了。

其實，「二李」的青綠山水，並沒有發展成熟、完整。除了在色彩上已臻極致外，內部許多環節還有待加以完善和進一步發展。如在技法方面，只有勾斫之法，用筆力度還局限於「描」的程度上；山的輪廓只有一個空架，內部缺少各種

皴法的充實；山體轉折還很幼稚，畫面效果還停留在裝飾上。而到了南宋趙伯駒、趙伯驌兄弟時，才又一次將青綠山水推上一個新臺階、新境界。

趙伯駒（約1120～1170），字千里，宋太祖七世孫，官至浙東路兵馬鈐轄。趙伯驌（1124～1182），字希遠，伯駒弟，歷任浙西安撫司幹官，兵馬鈐轄，乾道六年假泉州觀察使，七年出使全國，九年升提舉宮觀，是一位在政治上很活躍的人。

二趙的繪畫涉獵很廣，人物、花果、翎毛、竹石均能，而尤以青綠山水畫擅長。歷來論青綠山水，總是將二趙與二李相提並論，二李父子是唐朝宗室，二趙則為宋朝皇族，看來青綠山水是在皇家貴族的土壤中才能「茁壯成長」。富麗堂皇的色彩，和皇家宮廷的情調是相協

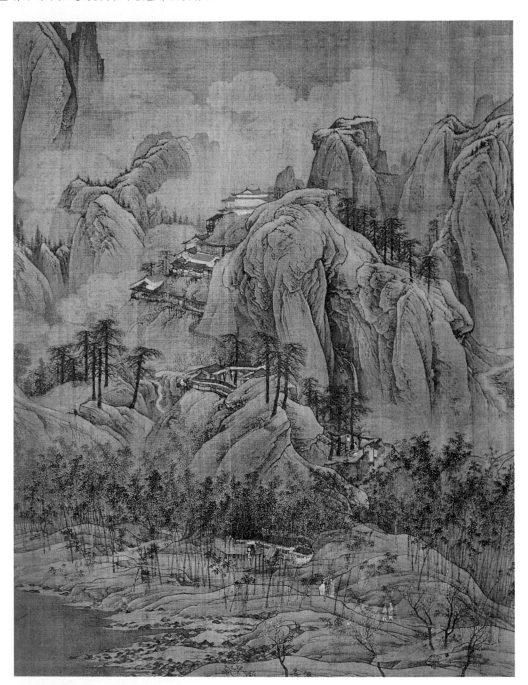

▲ 趙伯駒《江山秋色圖》(局部)

調的。但同為宮廷內的青綠山水，兩個朝代的趣味是有別的。

唐代是繼漢代以後，中國社會發展的又一高峰，一統天下的泱泱大國，各方面充滿著朝氣。佛教美術的傳入，也帶來了西方濃豔的色彩，西北的少數民族對色彩也情有獨鐘，皇族貴冑更是喜愛美麗的顏色，而這種喜好在二李的青綠山水中發揮到了極致，創造了光芒四射的「金碧山水」。這種炫耀色彩的畫風，是和整個文化背景相一致的。

到了宋代，情況就有了轉變，朝綱上下是輕武重文，並對宋以前文化進行了「過濾」和「梳理」，使其更符合文化國情，更加有漢族之國風。在繪畫方面，山水、花鳥全面成熟，尤其山水畫在水墨領域的拓展，改變了人們的審美趣味；「文人畫」也在此時發展壯大，又把水墨延伸至花鳥、人物，在整個繪畫舞臺上，水墨畫開始扮演著主角。所有這些因素，都對宮廷皇室有所影響，也不同程度地薰染了趙伯駒和趙伯驌，他們的青綠山水也就是在這種「語境」中，再次走上一個新階段。

二趙是在繼承二李的基礎上才有所創造的，他們在總體上保持住青綠山水的特點，而將水墨山水畫和「文人畫」的理論引入其中，充而實之。他們在青綠山水中，借鑑了水墨山水畫中的皴、擦、點、染，使塑造方法和畫面更加豐富多變。改變了二李山水中，只有勾、描的單調局面，在他們的畫中已經有了墨韻神采。從二李的色彩控制墨色，發展到以墨色控制色彩；從二李的在色彩中求對比，發展到在墨韻中追求色彩的變化；從二李的以色打底，發展到以墨打底；從二李的北派單一畫法，發展到南、北派二法合一。他們將文人的雅逸之氣，傾注於青綠山水畫中，使青綠山水「舊貌換新顏」。

雖然二趙都是青綠山水的完善者，但兄弟兩人的風格趣味卻是有所不同的，在整體面貌上，趙伯駒偏於李昭道，趙伯驌則偏向南派水墨。

因趙伯駒壽命不永，傳世作品非常少，世上流傳畫跡多為托名而作。傳為趙伯駒的《江山秋色圖》

卷，現藏故宮博物院。圖中繪重巒疊嶂、群峰起伏、煙霧繚繞、溪水盤山，其間掩映山莊院落、亭臺樓閣、車馬舟橋，行人徜徉於其間。山間、水濱桃花綻放、山茶盛開，應是一片江南春色。

　　畫面以略有頓挫之筆勾勒山石，以淡墨皴擦出陰陽向背，用筆和山岩的結構走向緊密結合，山岩的形體轉折比二李的山岩有明顯的進步，筆不妄下；在墨色上又以花青、赭石打底，最後施以石綠、石青，在色彩悅目的同時儘量保留墨韻，以控制住色彩，不使色彩充滿「火氣」，而有溫潤之氣；畫中的樹木、竹林等點景之物，均按「文人畫」情調安排，在崇山峻嶺中多布置一些平溪緩坡，穩住「上竄下跳」的危峰，使整個畫面有世外田園的閒適意境，遠處的平雲和近處的平坡，都是為了平衡畫面。

　　青綠山水畫發展到趙伯駒階段，成為在不著色之前，就是一幅完整的淡墨山水畫，著不著色都可

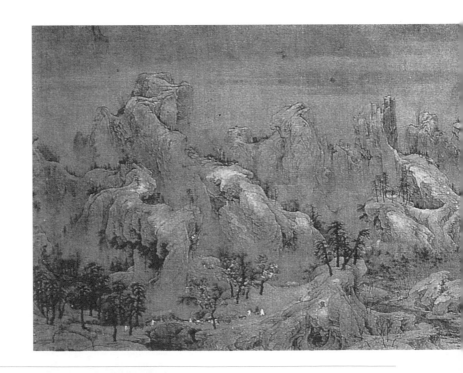

獨立欣賞。這一步的完成是一個非常重要的階段，他爲已發展到極端地步的青綠山水，又重新尋找出一條發展道路，使青綠山水畫「起死回生」，煥發了青春。

趙伯駒的畫風偏向於李昭道的風格，趙伯驌的畫風傾向於南派山水，實際上是代表了青綠山水畫後期發展的兩個階段。趙伯駒階段是爲青綠山水的再發展開拓了前進的道路，以及多種可能的發展方向。而他們這個階段的成就，也和山水之變成於小李的規律一樣，是成於小趙。

趙伯驌是在其兄的基礎上，將「文人畫」的具體畫法和蕭散高邁的文人之氣，直接引入青綠山水畫中，使青綠山水的畫貌完全改變，他是在努力尋找青綠山水和「文人畫」的結合點。

▼ 趙伯駒
《江山秋色圖》
（局部）

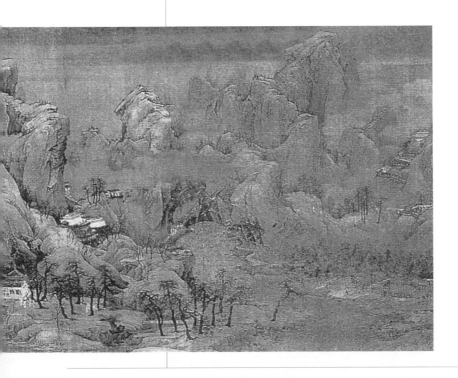

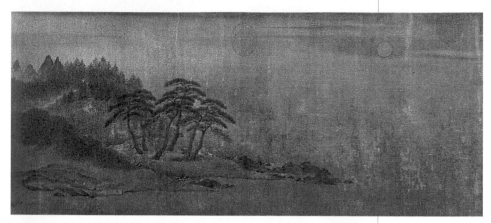

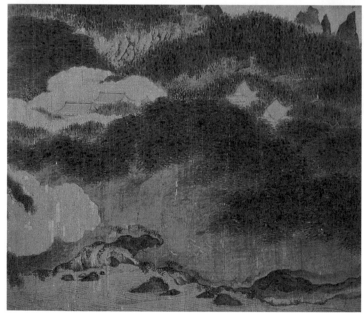

◀▲ 趙伯驌
《萬松金闕圖》
（局部）

現藏於北京故宮博物院的《萬松金闕圖》，足可以代表趙伯驌的藝術成就。

圖中描繪了月夜之中南宋宮闕外的自然景色，一輪明月，海天一色，幾羽翔鶴鳴唳而過，更顯山色幽靜。在白

雲綠翠間，掩以宮闕廊橋，一泓溪水匯入江河，幾株碧桃爛漫山間，好一個「春江花月夜」。圖中的用筆已改變北派勾斫之法，而以富於變化的溫潤之筆勾寫樹石，遠山以董源、米芾之點層層點染，但又不像米芾點山水那樣，全靠「點」成，而在關鍵部位勾皴山岩，以立山骨，撐起畫面。

同時，山岩的線色和宮闕的線色形成呼應關係，成為畫面「亮點」。溪水以線勾出，和山上的點形成了對比。雖然還保留著青綠山水的基本特點，但已是墨氣十足了。整幅畫卷色墨互彰，色不掩墨、墨不礙色，在工致之中有文氣、士氣，奇逸之氣充斥其中。

明代董其昌把青綠山水列為北宗，並對此頗有微詞，但他看了二趙的畫後，也不得不讚歎說：「李昭道一派，為趙伯駒、伯驌，精工之極，又有士氣。」這足以證明二趙的青綠山水，在另一種境界層面上和「文人畫」息息相關。

在趙伯駒、趙伯驌兄弟的努力下，終於完成了青綠山水的「改造」任務，使南北畫派得以匯合。為後世「文人山水畫」借鑑、吸收青綠山水畫法，以及對青綠山水畫的持續發展，產生相當重要的作用。

40. 錢選
——真工實能寫士氣

南宋覆滅後，元朝成爲第一個統治全國的少數民族政權。在中國歷史上，少數民族多次入主中原，但他們最多只能在某一段時期占據一半河山，對國人心理的衝擊大於對文化的衝擊。因爲文化隨著國人南渡，可以保存「文化根苗」，一有機會便可「遍地開花」。

如唐朝時的國人南渡，把本來盛於北方的筆、墨、紙、硯技術，帶到了安徽等南方諸地，在那裏「生根發芽」，廣爲流傳；而元朝的建立，卻在社會政治、經濟、文化、心理等各方面，帶來了「全面衝擊」。這對國人，尤其是知識分子階層來說，無疑是難以承受的。而元朝對漢族，特別是南方漢族的歧視政策，以及把知識分子列爲娼丐之間的地位，更使他們悲憤交加。

人格的「擠壓」，仕途的絕望，使文人們更容易把心中鬱悶之情寄於藝術，在藝術中「證明」自己的存在、張揚自己的個性。元代的錢選，就是這其中的一位。

錢選（約1239～1299後），字舜舉，號玉潭，別號雪溪翁，他原是南宋的鄉貢進士，博學多藝，精音律、善詩書。與趙孟頫等同稱「吳興八俊」。

宋亡後，趙孟頫等人被元朝委以要職，只有他「勵志恥做黃金奴」，不肯出仕元朝。據說，他在入元以後，所題書畫常不著年月，甚至把自己有關經學的一些著述，也付之一炬，表明了自己不與元朝合作的態度。在入元的文人中，錢選與其他人所不同的是，既不合作，也不與當朝正面衝突，就像他在詩中所說：「不管六朝興廢事，一樽且向畫圖開」、「我亦閒中消日月，

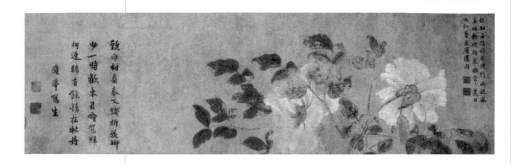

▲ 錢選
《花鳥圖卷》
（之一）

幽林深處聽潺湲」，這一點和鄭思肖的激昂憤世是不同的。

　　錢選在繪畫方面是一位全才，人物、山水、花鳥無所不能，畫風以「精巧工致」的「士氣」著稱。趙孟頫早年曾向他請問畫學，問何為「士氣」？錢選回答說：「隸體耳。」

　　關於「士氣」、「隸體」，有人說就是「文人畫」，或「士夫」畫的畫。這樣回答可說對，也可說不對；因為，會飛的不一定是鳥，會遊的不一定是魚。從表面上看，「文人畫」和「士夫畫」的確很像，但實際上，「士夫畫」和「文人畫」是有很大區別的。

　　能畫「士夫畫」的人，應具備三個條件：首先是文人，無論在人格、氣節、文采上，都有一定的名望；二是有一定的職位，是社會意識形態的影響者和政權的執行者，是所謂「隸」者；三是在繪畫方面要「真工實能」，經過專門訓練、具備專業水準。嚴格來講，是三者缺一不可。而能畫「文人畫」的人，只要他是文人，三者居其一二便可，繪畫專業水準可高可低。

　　能畫「士夫畫」者，便能畫「文人畫」；能畫「文人

畫」者，卻不能畫「士夫畫」。「士夫畫」弄不好會「匠氣」，「文人畫」弄不好會「俗氣」。「匠氣」是水準尚可，但畫不好；「俗氣」是弄雅不成反爲俗。從更深一層內在意蘊來看，是胸次和眼界的不同。「士夫畫」者，是國家機器運轉的一份子，心胸境界非一般文人可比，出手便可不凡。文人畫家都把「士氣」作爲他們追求的理想境界。

在錢選的繪畫中，我們可以看到，他所追求的是內在情感透過技法諸要素，和表現題材的物理情態緊密融合。在收藏於上海博物館的《浮玉山居圖》卷和存於北京故宮博物院的《山居圖》卷中，我們可以看到，兩幅圖均屬於青綠山水系統，然而，卻絲毫沒有青綠山水的富麗色彩，而傳達出幽遠、靜謐、雅致文秀之氣，即「士夫之氣」或「士氣」。山石以勾染爲主，皴擦都順輪廓線走，絕不破壞規整肅雅的氣氛；山體層次朗然，在整體景致中流露出幽深而耐人尋味的意境。

他的山水學趙伯駒、趙令穰，兩人雖屬青綠山水畫家，但經「改

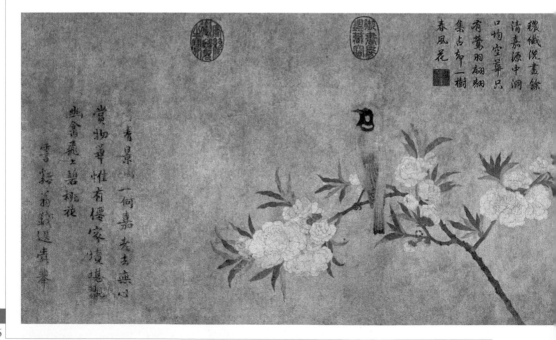

造」，他們筆下的青綠山水，已引進了諸多的「文人畫」因素；而在錢選的畫中，又引進了「士夫畫」的要素，使其面貌完全和傳統的青綠山水拉開了距離。

在花鳥方面，他師學趙昌，功夫頗深。據說，他曾向人借《白鷹圖》，夜間臨摹裝裱完畢，以摹本歸還，主人竟絲毫不覺。藏於天津藝術博物館的那幅《花鳥》圖卷，可說是錢選花鳥畫風格的代表作。圖中繪白牡丹、白碧桃小鳥、白梅花等春天應時花卉，均以淡墨勾勒，極精巧工細，設色也很清麗文雅，物理情態十分傳神，可謂「生意浮動」。

對於錢選的畫，我們很難說他畫的是「寫意畫」，還是「工筆畫」。或者說，他是在用「工筆」畫「寫意」呢，還是用「寫意」畫「工筆」？但是在他的畫中，的確能傳達出迥於「文人畫」的意氣，那就是「士夫畫」中的「士氣」。而這「士氣」對元代大畫家趙孟頫和後世的文人畫家，有著深遠的影響。

▼ 錢選
《花鳥圖卷》
（之一）

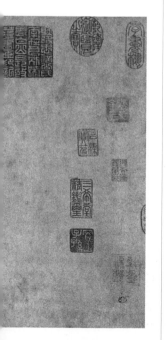

41. 趙孟頫
——托古改制　以退為進

中國畫自唐代王維開始，變勾斫之法為「水墨渲淡」，並將詩意引入畫中，使水墨獨立於色彩，使詩與畫相結合，開「文人畫」之先河；到了宋代的蘇軾，在繪畫中宣導不以形似論高低和「胸有成竹」，使中國畫衝破了形的束縛；米芾、文同、楊無咎、梁楷、法常、趙孟堅、鄭思肖等，在「文人畫」道路上進行了各種探索，努力為「文人

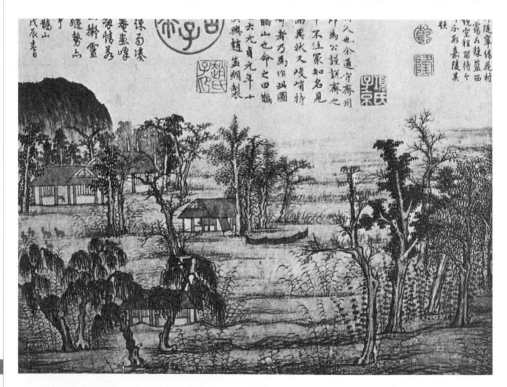

畫」尋找出路，而且成績斐然。儘管如此，「文人畫」卻始終沒有成為畫道主流，被認為是文人之餘事和「墨戲」。

但到了元代，由於國運不祚，畫道轉折，「文人畫」終於以迅猛之勢，成為中國繪畫的主流，登上了歷史的舞臺。而促使「文人畫」邁出這關鍵一步的人，就是元代書畫家趙孟頫。

趙孟頫（1254～1322），字子昂，號松雪道人，諡文敏，與畫家錢選等，並稱「吳興八俊」。他出身趙宋皇族，十一歲時父親去世，趙孟頫由母親丘氏撫養、教育；二十歲時中試國子監，出任真州司戶參軍。南宋滅亡後，

◀▼ 趙孟頫
《鵲華秋色圖》

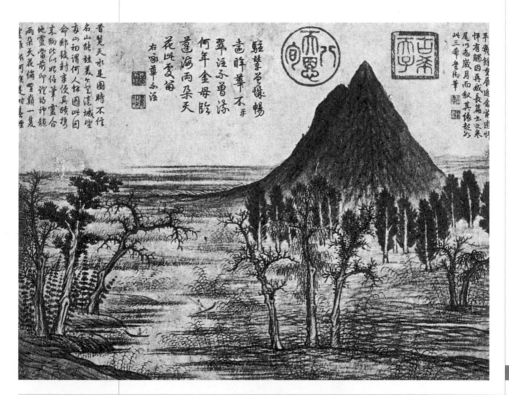

回鄉閒居十年。這期間，苦讀經史、勤習書畫，常與錢選研究書畫之道，得益匪淺。

至元二十三年（1286年），程巨夫奉元世祖之命，在江南搜訪遺逸，趙孟頫應召到了大都，授兵部郎中，後官至翰林學士承旨。在大都期間，曾協助元世祖罷黜權奸桑哥。他關心教育、興辦學校，做了許多好事，被時人所稱頌。

趙孟頫在藝術上可謂全才，他擅詩文，精音律和鑑古，書法、繪畫在元代引領風騷，他是以文人身分涉入繪事，但他和一般文人畫家只擅長單

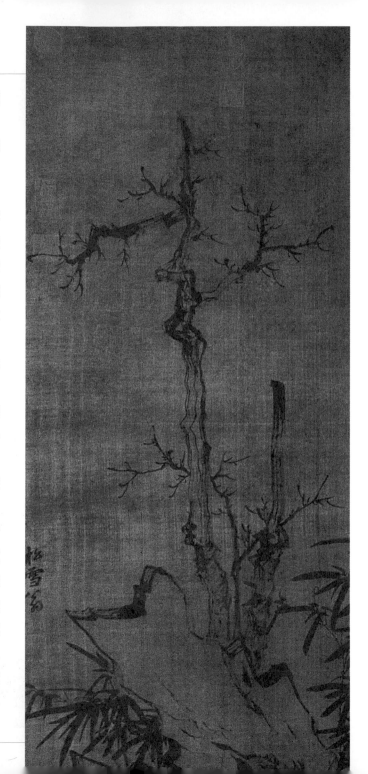

一畫種或只能畫幾種物象有所不同。趙孟頫在繪畫上,不僅山水、花鳥、人物、動物等題材無所不能,在畫法上,則工筆、寫意、設色、水墨無所不精。他和錢選一樣,是位「真工實能」的畫家,這成為他率領文人畫家步入畫道主流的「資本」。

中國繪畫在南宋前,雖然有眾多「文化精英」在鼓吹「文人畫」,但仍沒改變宮廷畫風引導繪畫主流的局面,而這「主流」到了南宋,似乎是跟隨宮廷畫風走到了極端。山水畫是「斧劈皴」越劈越寬,墨越潑越多;用筆勁越來越大,畫面越來越空;表面效果越來越好,筆墨內在的東西越來越少。花鳥畫是線條越來越細,筆力越來越弱;色彩越來越豔,畫面越來越小;情趣越來越少,匠氣越來越多。山水的「粗」,使「用筆」本身涵義被粗筆潑墨所淹沒;花鳥的「細」,使「用筆」本身價值難以體現。

趙孟頫察覺到這些現象,開出了托古改制的藥方,把原來從宮廷情趣出發引導畫風,變為以文人的審美情趣出發,提倡繼承唐與北宋繪畫精華,重視神韻、追求清雅樸素的畫風。

在藝術主張上他曾強調:「作畫貴有古意,若無古意,雖工無益。」他認為,北宋前的繪畫裡,保留著筆墨內在價值和繪畫的本意,繪畫除了欣賞功能之外,還有認識功能;用筆除有輪廓功能外,還有它自身的審美功能。而用筆的內在審美功能,在書法中最能體現,因此,趙孟頫又進一步提出「書畫同法」論。他曾題詩於《秀石疏林圖》道:

◀ 趙孟頫
《古木竹石圖》

　　石如飛白木如籀，寫竹還應八法通。若也有人能會此，須知書畫本來同。

　　書法不僅能幫助畫家注意用筆自身的變化和趣味，而且書法中保留著繪畫的「正法」，從如何起筆、提筆、按筆、頓筆、藏鋒中，無不體現著繪畫方法，每當中國繪畫走入「絕境」，又無不乞靈於書法。我們當代中國畫發展困難，就是在書與畫的環節上出了問題。趙孟頫的「古意」說和「書畫同法」論，所針對的問題是一樣的，都是爲了醫治繪畫發展中出現的「毛病」，而且他的藝術主張是和他的藝術實踐緊密結合的。

　　我們從藏於北京故宮博物院的《古木竹石圖》中，就可以體會到這一點。圖中繪一玲瓏湖石，石後枯木直立，一高一矮，中間穿插一小枝，叢竹幽蘭分布湖石兩旁，相映成趣。枯木與湖石用飛白法，竹葉用古隸體寫出。全圖運筆強調書法用筆，追求筆墨韻味和趣味，有一氣呵成的感覺。

　　收藏於臺北故宮博物院的《鵲華秋色圖》，是趙孟頫的山水畫代表作。圖中描繪濟南郊外的鵲山、華不注山景色。採用董源畫法，以荷葉皴畫華不注山，以披麻皴畫鵲山。一個山勢峭拔，一個山貌渾厚，兩山間竹木林立，沙汀蘆渚、水村茅舍盡收眼底，畫題則用樹枝紅葉點醒；該圖多以乾淡之筆爲之，秀雅古拙，是他「古意」說的絕佳印證。

　　趙孟頫是元代畫壇上最有才華的書畫大家，他爲「文人畫」的發展開啟了新的途徑，他的理論和繪畫一直影響著後世的畫家。

42. 黃公望
——自闢蹊徑寫富春

◎元四家
一說，指黃公
望、王蒙、倪
瓚、吳鎮。但也
有人認為，為趙
孟頫、吳鎮、黃
公望、王蒙（見
明王世貞《藝苑
巵言》），但大多
數是認可第一種
說法的。

山水畫發展到元代，出現了新的變化，但這新的變化卻是在逆向復古中取得的。元初的趙孟頫以卓絕的膽識，對北宋以前的南北各家、各派山水畫進行了「梳理」和統一，完成了中國畫「自發」尋求筆墨本身價值，到「自覺」尋求筆墨本身價值的發展進程，為中國畫向更高階段發展提供了可能條件；也為後世畫家在此條件下，以個人的方式追求自己的筆墨趣味和個人風格開闢了一條道路。而在這方面變法成熟最早的，就是被稱為「元四家」[註]之首的黃公望。

黃公望（1269～1354），字子久，號大癡，又號一峰，常熟人。黃公望本姓陸，名堅，父母早逝，食無所供。常熟城西有一黃姓老人，九十多歲尚無子女，見其聰穎可愛，立為子嗣。黃公晚年得子，興奮怡然地說：「黃公望

▼ 黃公望
《富春山居圖》
（局部）

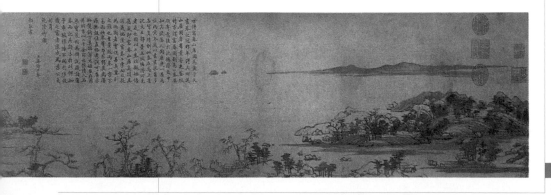

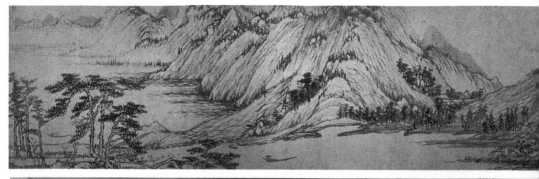

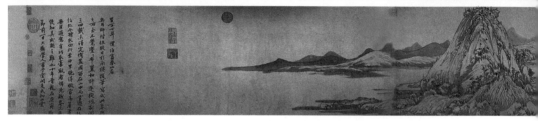

子久矣！天賜佳兒，來亢吾宗。」黃公望因此得名。

　　他少年時即苦讀經史，頗有文才。元鍾嗣成《錄鬼簿》載：「公望之學問，不待文飾，至於天下之事，無所不知，下至薄技小藝，無所不能。長詞短曲，落筆即成。人皆師尊之，尤能作畫。」他在各方面的修養，為他在繪畫上的成功打下了基礎。

　　年輕時，他曾在浙西廉訪司充當書吏，協助張閭辦理錢糧徵收事宜獲罪入獄，精神上受到沉重打擊。出獄後，他加入了全真教，改

號「大癡」，浪跡江湖，卜算賣畫為生。他一度曾在松江賣卜，後遊杭州，因愛其湖光山色，遂隱居南山筲箕泉。晚年的黃公望常扁舟湖上，酣飲終日。據《海虞畫苑略》說，他曾在月夜棹孤舟，出西郭門，循山而行，至湖橋，又以長繩繫酒瓶於船尾，返身過齊女墓下，牽繩取瓶，繩斷，就撫掌大笑，聲震山谷，「人望之以為神仙云」。

　　黃公望的山水畫在趙孟頫復古理論影響下，繼承了董源、巨然、米芾等南派山水畫風，並著意注重筆墨本身語言的錘煉，強調了筆墨

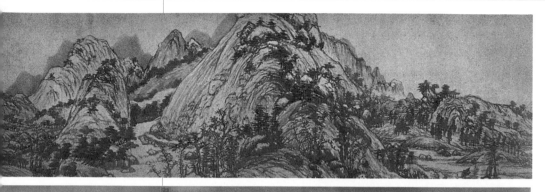

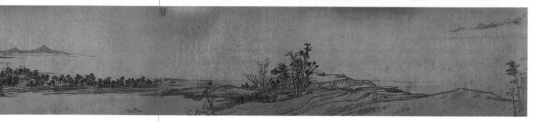

▲ 黃公望
《富春山居圖》
（局部）

自身的獨立價值。

中國繪畫用線方面獨立較早，李公麟的白描已突破輪廓功用，而具有了獨立的審美意義，董源、巨然也賦予皴法用筆以內涵，米芾把點的意義也進行了擴展，但他們對用筆、用墨內在價值的認識還處於「自發」狀態。而到了趙孟頫以後，開始對用筆、用墨的內在價值有了「自覺」認識，但他只是在「文人畫」法式構建上有一個大致框架，提出問題，卻沒有解決問題。

只有到了黃公望的山水畫中，這些問題才得以基本解決。他把山水畫的皴、擦、點、染，概括在用筆、用墨中，並對用筆、用墨在形態上給予獨立和強調，再透過皴、擦、點、染形跡中體現出來。

特別是在用「點」方面，在黃公望的畫中，完成了觀念和形態的深化和獨立。「點」的解放和獨立，使中國繪

畫獲得了空前的自由。一個墨點，可以認為只是一個單純的墨點，可以是樹、是草、是人、是陰影、是石頭，也可以表現濃淡乾濕。總之，這個以不變應萬變的「點」，在元代黃公望以後，便以新的姿態成為中國繪畫主要的語彙組成部分，從而完善了中國繪畫的法式構建，完成了以筆墨【註】表現自然、藉自然表現自己的重大轉變，也使後世畫家在中國畫法式框架中尋找出了一條適合自己的道路，而不必過分依從古人。從此，個人風格和境界的追求，代替了群體流派的完善，這也是黃公望在美術史上的價值所在。

代表黃公望在藝術上最高成就的作品，是《富春山居圖》卷。此卷曾為明代畫家沈周所藏，因丟失後復得，倍加珍愛。後為董其昌所得，最後傳至吳洪裕，因喜愛過甚，即將瞑目之時，命人「焚以為殉」。其侄於火中搶出，惜已燒成兩段，後段於乾隆十一年流入宮中，被誤為贋品，因於前曾有一卷先入清宮，已定為真跡，後得真跡反認真為偽，真是「假做真時真亦假」。之後為故宮博物院所藏，現藏臺灣。前段卷經多人輾轉收藏，最後經畫家吳湖帆轉為浙江省博物館珍藏。

《富春山居圖》係作者於至正七年（1347年）應無用禪師之請而作，歷時數年才告完成。畫面層巒起伏，連綿不斷，坡斜灘淺、江平樹茂，村居隱沒、舟行江上，一派秀美的富春山色。

該圖畫法以長披麻皴為之，比董巨一派用筆更加「松靈」，強調線條自身的趣味變化和疏密穿插，在用筆中已有古篆之法，使皴、擦、染「三位一體」，一切變化和豐

◎筆墨

是中國畫形式構成的主要因素。由於毛筆空間運動的方式和對用筆的形式美追求，使得中國畫非常注重書法構成的引入。因而，用筆成了中國畫功夫與品味的品評參照。但是，過分強調用筆，會使畫面了無墨韻，缺少變化，而濃淡、乾濕的墨色運用是對用筆的有效補充，在這個意義上來說，筆墨是不分的。筆以立其骨、取其氣，墨以輔其肉、取其韻；筆中含墨，墨從筆出，才是筆墨的要義。

富都融合在用筆中，又在墨中體現用筆；樹木以大小濃淡之「米點」、「混點」點就，一片蒼莽秀潤；「點」已從米氏雲山的渾渾然中徹底「解放」和「獨立」，一筆下去，既是「筆」又是「墨」，既是「點」又是「形」，既體現形質，又體現筆墨自身價值。可以說，黃公望的《富春山居圖》卷，是一幅「諸法皆備」的傑作。

明代的王世貞《藝苑卮言》中說：「山水畫至大小李一變也，荊關董巨又一變也，李成、范寬又一變也，劉李馬夏又一變也，大癡、黃鶴又一變也。」而黃公望這最後「一變」，奠定了山水畫的最後法式，完成了「文人畫」入主畫壇的任務，把山水畫的位置排在了中國畫各科之首。黃公望的山水畫影響深遠，在中國美術史上具有劃時代的意義。

43. 吳鎮
──渾厚華滋墨精神

中國繪畫中，人物點景一直在山水畫中占據重要位置，雖然山水畫早期曾是人物畫的背景，但在山水畫獨立以後，卻一直沒有離開人物畫，儘管在畫中所占位置很小，卻起著點醒山水畫主題的重要作用。

出現在山水環境中的人物點景，在漢代，是軍列戰騎充滿活力地四處爭戰，不停地跑呀跑，不知將跑向何方，不知何處是他們的故鄉；在魏晉南北朝時，我們看到人們在四處漁獵弋射、寬襟談玄、吃吃喝喝，真個痛快；在隋唐時，人們泛舟廣闊的江湖之上，迎來送往、吟詩歌唱，享受著美好的湖光山色；在北宋時的山水畫中，多是商旅往來，行色匆匆，但腳步已是放慢了許多；在南宋時的山水畫中，人們還是從家中出來四處走走，多少還帶些東西，但已明顯看出他們不敢走得太遠。

而到了元代，人們乾脆待在屋裏不走了，即使是走動，也選擇隱蔽安全處。山水畫從「可行」、「可遊」、「可望」、「可居」，發展到了「可隱」。在元代山水畫中，隱逸題材占據了重要方面，而專以隱逸題材名響於世的畫家就是吳鎮。

吳鎮（1280～1354），字仲圭，號梅花道人，又號梅花庵主，嘉興魏塘鎮人。他的祖上曾做宋朝官員，居汴梁，後南渡浙江，其父遷居魏塘。吳鎮兒時與其兄吳元璋師事柳天驥，研究「天人性命之學」，一度曾以賣卜為生。他一生都隱居鄉里，所交朋友多為和尚、道士、高逸之士，這也許是他多畫隱逸題材的原因所在。吳鎮喜愛梅花，在自己居所遍植梅樹，以賞梅

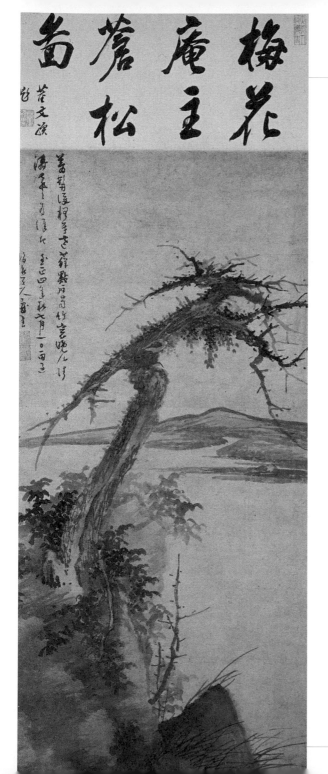

自樂，自己的「號」也和梅字有關，足以表明對梅花的喜好程度。

由於吳鎮人品高潔，作畫寧可不為時人所賞，也絕不隨俗。據說，吳鎮與畫家盛子昭比鄰而居，而盛子昭所畫山水特為眾人所喜，持金求畫者紛至沓來，反觀吳鎮，則門庭冷落。妻子因而取笑於他，吳鎮說，二十年後，我的畫定會名盛於子昭。

吳鎮晚年信佛，給兒子取名也叫「佛奴」。他生前曾為自己準備好了墓穴，並立墓碑，刻自題「梅花和尚之塔」。元末戰亂，元兵所到之處，片瓦不留，見此墓碑，誤為僧塔，得幸無恙。

◀ 吳鎮《松石圖》

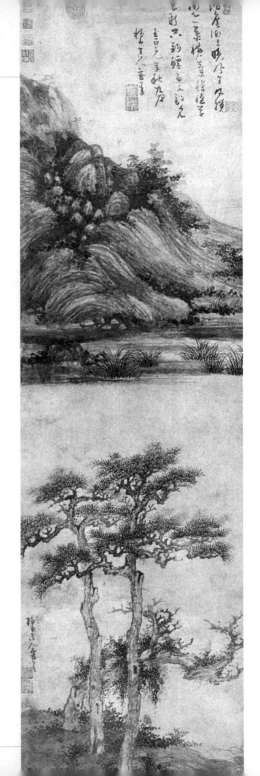

　　吳鎮山水師承董源、巨然，尤其對巨然山水領會頗深，巨然的山水畫以潤取勝，是一種「淡墨煙嵐」的風格。吳鎮將其潤的一面予以提煉純化，進行了極端強調，把巨然幽淡的墨韻變爲幽深的墨韻；並且，秉承趙孟頫、黃公望的藝術理念，把筆墨內在語言條理化、集中化，在他的畫面中，以集中的點、集中的線、集中的樹、集中的草在相互「說話」，對比節奏很強，很響亮；但他的這些「對比關係」，又是在很含蓄的情調中實現的。他在畫中加大墨的渲染成分，把畫中物象都隱於墨中，使畫面增加了渾厚之氣；在吳鎮的畫中，我們還可以看到有馬遠、夏圭的影子。但吳鎮在用筆上是中鋒取側勢，而不是「臥鋒直劈」、鋒芒畢露。他把這些看似側鋒實則中鋒之筆，也都隱於渲染之中，將其弱化。

　　雖然吳鎮是以潤取勝，但他的畫中並不是沒有蒼勁之氣，他是把響亮的對比和蒼勁之筆都隱於濕墨中，再透過濕潤表現蒼勁，是以濕代乾、以濕取蒼、以潤取勁。他所

◀ 吳鎮
《洞庭漁隱圖》

用披麻皴是直筆交搭，在層層的皴筆之中留一些「高光」，遠看類似「飛白」用筆，既能提亮畫面，又能取蒼勁之氣，吳鎮的山水畫難度也就在這裏。後世畫家學吳鎮僅得一「濕」字皮毛，而難取「蒼潤」之精髓，就是因其難也。

現藏臺北故宮博物院的《洞庭漁隱圖》，是吳鎮諸多漁隱題材中的代表作。圖中繪雙松挺秀，古柏槎牙，象徵高潔之氣。對岸山巒，以長披麻皴爲之，巒間礬石泛光，並以圓渾點層層點就，頗有渾厚華滋的意味。湖山間有一葉扁舟，漁夫垂釣其上，在草木蓊鬱、水平湖遠的環境中，突出漁隱之題。我們看吳鎮的畫，有一種濕氣撲面而來的感覺，在時間上是霽雨未起雲頭時，在空間上是冷露尚待生煙地，整個畫面就像用水浸、油炸過一般，濕潤透明，眞是「潤」到了極點；藏於北京故宮博物院的《松石圖》，是以「馬夏」畫風繪成的，在這裏，我們可以體會出蒼與潤的融合，以及以潤求蒼的意味。

吳鎮除山水畫外，梅、竹等雜卉也畫得十分出色，並有《墨竹譜》傳世。

吳鎮的畫風對後世畫家影響很大，從明代的沈周、文徵明，到清代的「四王」，無不推崇備至。

44. 倪瓚
——人中高士　畫中逸品

中國古代對畫家作品，一般都分品論高低。朱景玄《唐朝名畫錄》把作品分爲：神、妙、能、逸四品；到了宋代黃休復的《益州名畫錄》時，把逸品列爲四品之首，他認爲「逸格」最難，被他推崇爲「逸格」的畫家只有孫位一人而已。歷代對被列入「逸格」的畫家也頗有爭議，而在元代，卻出現了一位被後世一致認可的「逸格」畫家倪瓚。

倪瓚（1301～1374），元四家之一，原名珽，字元鎮，號雲林，別號幼霞生，淨名居士、朱陽館主等，常州無錫（今江蘇無錫）人。倪瓚出身江南富豪，雄於資財，祖上都是大地主兼商人，又是道教徒，其兄是受元朝封贈的道教首領。倪瓚早年喪父，由其兄教養成人，也信奉道教，因兄爲道教上層的著名人物而享受很多特權。倪瓚在二十三歲之前過著不憂衣食、不問世事的優裕閒適的生活。

元文宗天曆二年（1329年），其兄去世，倪瓚開始承理家業。元末社會動盪、戰爭連年，他日趨消極，並產生遁世之念；至正十三年（1353年），倪瓚開始疏散家財，攜帶家人棄家隱遁於太湖之中。有時寄寓親友處，有時住僧寺，有時以舟爲家。

倪瓚一生被世人看做「高士」，他對北宋的米芾極爲崇拜，與其性格也有似處，故有「倪迂」【註】之稱。他一生好潔，積以癖病，《雲林遺事》中說，一次他留客住宿，夜裏聽到咳嗽聲，早晨便命人尋找有無痰跡。僕人假說痰吐在梧桐葉上，他就叫人把樹葉剪下，丟在遠處；又據說，倪瓚好潔成性，平時

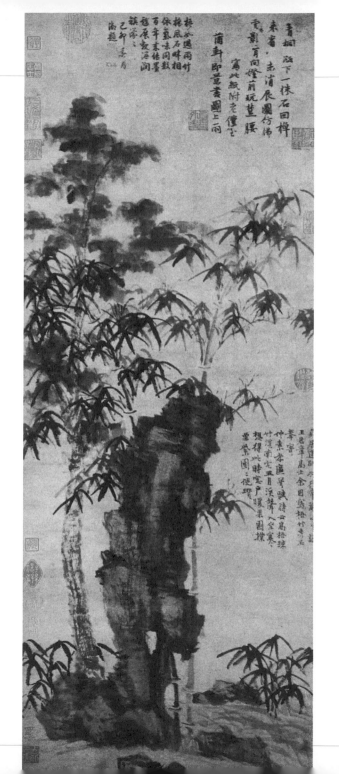

▶ 倪瓚
《梧竹秀石圖》

◎倪迂

倪瓚，因其行為
迂僻，愛潔成
癖，人稱「倪
迂」，似宋代那
位人稱「米顛」
的米芾。倪瓚種
種的迂癖記載，
可參見明代顧元
慶、毛晉搜輯的
《雲林遺事》一
卷。

命僕人四處捕蝶，積攢蝶翅，每上茅廁時，先以蝶翅鋪墊，所屙之物「沖」向蝶翅，頓時彩蝶飛舞，五光十色，待蝶翅落地，所屙之物隱沒不見。於此，其潔癖可見一斑。

倪瓚的水墨山水，主要師法董源、關仝、李成諸家，早期畫風比較工整精緻，並能作「青綠山水」，品格不同一般；晚年風格蒼秀簡逸，自成一格。但如果他僅著意於古人形跡，斤斤於一招一式，那也不會成為標領世人的大師。在繪畫上，形跡、風格的變化，往往是觀念變化的結果；技法的單純變化，不會帶動美術史的發展，也不能造就一代巨匠。

中國山水畫發展至錢選、趙孟頫，已對中國畫筆墨本體有了較高的認識，確立了中國繪畫的法式標準。黃公望、吳鎮是在新的法式中，走出了一條適合「文人畫」發展的道路。倪瓚就是在新的法式框架中，經營著自己的「天地」。而「文人畫」的法式框架，對倪瓚來說，就好像天設地造一般。「文人畫」不僅僅停留在畫面上，而且延伸至人格境界和生活方式中。

「文人畫」自唐代王維始，它就是文人的文采、氣節和超然拔群的生存狀態共同合力的產物，是文人追求的理想境界。而文人追求的理想，在倪瓚那裏，卻是他的生活方式；他的生活方式，就是「文人畫」所追求的境界。這是構成倪瓚藝術成就的要因。

在倪瓚的畫中，所畫物象只是他抒寫逸興和文心的載體而已。正像他所云：「僕之所謂畫者，不過逸筆草草，不求形似，聊以自娛耳，聊以寫胸中逸氣耳。」是一種

▶ 倪瓚
《容膝齋圖》

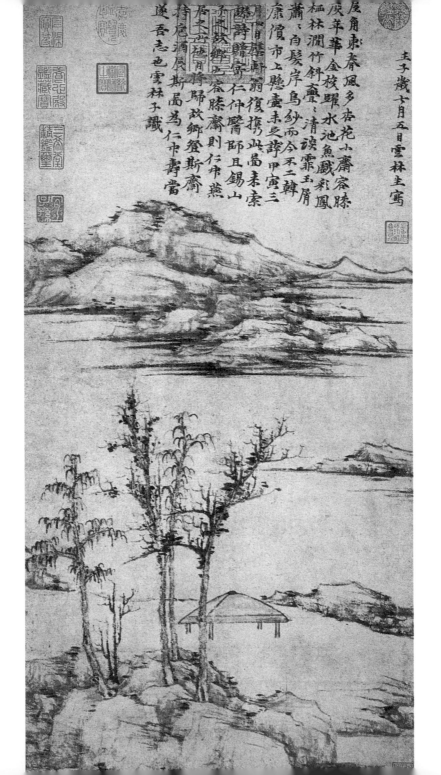

壬子歲七月五日雲林生寫

屋角東春風多杏花小齋容膝
庚年華金梭躍水池魚戲彩鳳
栖林澗竹斜疊清碛霏玉屑
蕭々白髮岸烏紗而今不二韓
康濱市上懸臺未必誇甲寅三
月廿六日携與晶未索
繇詩贈寄仁仲醫師且錫山
在吾故鄉三容膝齋則仁仲燕
居之山也迺月主將歸故鄉登斯齋
持危酒辰斯蜀為仁仲壽當
遂吾志也雲林子識

「得意忘形」之境。

在具體畫法上,他變南派山水的圓轉爲方折、變「披麻皴」爲「折帶皴」、變南派山水繁密相宜爲大疏大密、變南派山水的墨中有筆爲筆中有墨、變「馬夏」斧劈皴法爲斧劈擦法,即變皴爲擦。點的用法比黃公望、吳鎮更加精純,線也從南派重扭轉變爲重提按。

倪瓚在畫面選材上,也高人一籌。他選擇的體格,既不是雜卉,也不是山水,而是介乎於中間體格。你說它是雜卉,它比雜卉境界大;你說它是山水,它比山水境界小:讓人難以界定。這也許就是「逃而爲逸品」的眞諦所在吧?!

藏於臺北故宮博物院的《容膝齋圖》,是倪瓚晚年的代表作品。該圖是「三段式」[註]構圖,筆意蒼茫慘澹,山石結構多爲方折,山石轉折暗部皴擦繁密,亮部幾乎一筆不著。五株雜樹挺立當中,平坡處立一茅亭,遙對平湖連山,意境蕭索。山石的陰處,用「馬夏」筆法皴擦,顯得外柔內蒼。圖中用點非常考究,似如寶石一般,參差錯落於山石樹木之間,有「大珠小珠落玉盤」之趣。

除山水畫外,倪瓚還常畫雜卉題材,藏於北京故宮博物院的《梧竹秀石圖》是這方面的代表作品。全圖以「馬夏」筆法揮就,在大乾、大濕、大潤、大蒼中,以水墨淋漓融合畫面,一派蒼秀氣象。

明清以後,文人畫家對倪瓚推崇備至。作爲淡泊超塵「高士」的典範,他的作品被奉爲逸品之極,以致中國畫論雅俗,皆以倪瓚相參照,可見他對後世影響之大了。

◎三迭、兩段

「三迭」是指山水畫上、中、下的遠、中、近景的構圖方式。「兩段」是指畫面分爲上下兩大部分來完成,前面多以屋宇樹木布景,後面多以山巒奇峰成圖,其間以雲氣、河湖相隔。此種構圖方式,漸趨套路、流於簡單,已不爲識者所取。

45. 王蒙
——筆力能扛鼎

　　中國山水畫自劉宋時期發展以來，經歷代畫家的共同努力，至元代已在繪畫法式上建立了一個自足的王國。在構圖章法、用筆、用墨、外在物象、內在意蘊，以及人格境界方面，都有著成熟的品評標準。這也象徵著山水畫從裏到外完全成熟，而這從裏到外的成熟，也是和山水畫中皴法的演進相表裏的。

　　山水畫從最早的只有輪廓線和塗色，發展至具有豐富多彩的各種皴法。但山水畫皴法的演進，到元以後就停止了，這也許是中國山水畫理與法已趨完備所致。而對山水畫理與法進行整理，並完成山水畫最後一種皴法的人，就是王蒙。

　　王蒙（1308～1385），字叔明，號黃鶴山樵，又號香光居士，吳興（今浙江）人。王蒙是趙孟頫的外孫，工詩文、書法，元代曾做過閒散小官，元末棄官隱居黃鶴山（今杭州東北郊餘杭），因號黃鶴山樵。他經常往來於松江、蘇州、無錫等地，與黃公望、倪瓚、楊維楨等均有交往。元末戰亂，張士誠控制了浙西一帶，王蒙被委以理問、長史等職，但不久又重新隱居青卞山。

　　朱元璋建立明王朝，洪武（1368～1398）初年，王蒙不顧好友相勸，下山出仕明朝，任山東泰安知州。當時任明左丞相的胡惟庸，勾結日本和蒙元的殘餘勢力，企圖「謀反」，被朱元璋殘酷鎮壓下去。除胡惟庸被處死外，被牽連者達三萬餘人。王蒙因曾去胡宅觀賞所藏繪畫，竟被捕入獄，最後冤死於獄中。

　　王蒙畫學最初受外祖父的影

響,得「文人畫」之眞髓;又上溯唐宋諸名家,得其眞法;後以董源、巨然爲本歸,畫出自家體例。

山水畫自趙孟頫變其法式後,黃公望得其墨中有筆,蒼潤兼顧;吳鎮得其密中求疏,以潤求蒼;倪瓚得其筆中有墨,大密大疏,淡中取厚。王蒙融合唐宋南北諸家、元代「三家」爲一體,從趙孟頫得其「文人畫」正法、從黃公望得其筆蒼、從吳鎮得其墨潤、從倪瓚得其淡中取厚。在技法上,變「馬夏」斧劈皴整者爲碎,變披麻皴直筆爲曲筆、精筆爲細筆,變解索皴爲牛毛皴,變渾圓之點爲破筆碎點,變濃淡之點爲焦墨渴點。王蒙的山水畫,因其所載「內容」過大,故而多做繁複之筆、縝密之體,繪畫語言的豐富,造成了畫面的繁密。

現存上海博物館的《青卞隱居圖》,可爲王蒙這種畫風的代表作品。圖爲紙本水墨,作於至正二十六年(1366年)。卞山又名弁山,位於吳興西北,山勢峭拔,林木豐茂,曾是王蒙隱居之地。

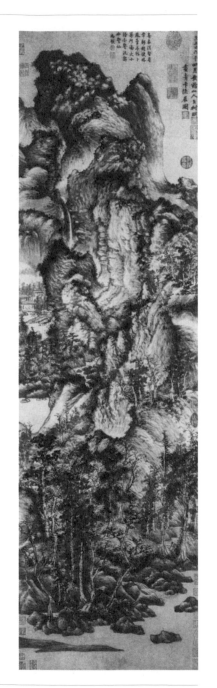

▶ 王蒙《青卞隱居圖》

畫中卞山高聳、群巒環抱、瀑布一線、溪水湍急，更使山色幽深；山中雜樹叢生、野草茂密。林木青翠間，一隱居山中的高逸之士策杖而行，應是畫家本人內心的自我寫照。肉身雖隱，可心卻飛上了天。透視以空中俯視為之，山前山後，一覽無遺。這種視角元人常用，可使平坡矮嶺構成豎軸巨幛。其實，元人所畫山巒不是很高，但就是這種視角的作用，使山勢顯得高峻雄偉。

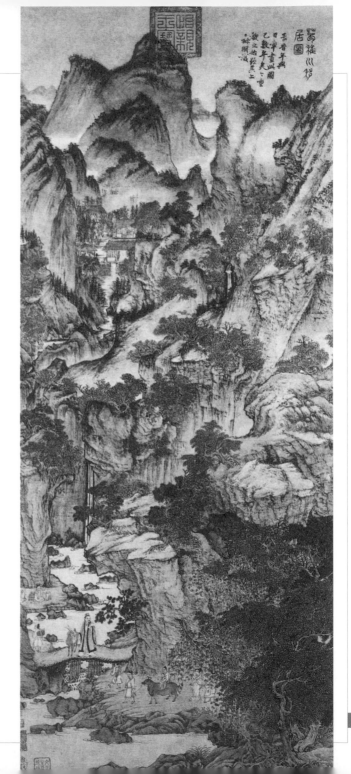

▶ 王蒙《葛稚川移居圖》

　　筆法上，以披麻皴、卷雲皴、解索皴、牛毛皴相參合用，表現出了物象不同的質感。由於用皴繁密細碎，為使畫面融合，王蒙採用破筆碎點、渴筆濃點，用力「打」在樹叢山間，和皴法協調一致，這是他的意匠之處，為「積墨」法開啟了新的途徑。為使畫面渾厚，王蒙採取層層皴染法，有的地方不惜染「死」，有些地方一帶而過；抓緊一塊、放開一片：抓緊是為取「厚」，放開是為取「鬆」。在皴染中著意留白，避免畫面灰暗，也使山巒節節有呼吸。

　　《青卞隱居圖》可以說是對有元一代各家諸法的總結，是集元代山水畫之大成的傑作。明代董其昌也評此畫為「天下第一」。

　　藏於北京故宮博物院的《葛稚川移居圖》，是代表王蒙另一種風格的作品。圖中繪晉代高士葛洪搬家入山修道的故事。這是一幅具有「馬夏」畫風的山水畫。但他變斧劈皴的整筆為碎筆、變蒼勁為柔和，整體畫面仍然文采郁郁。

　　元代山水畫從王蒙外祖父趙孟頫復古尋法，經黃公望、吳鎮、倪瓚，最後至王蒙，已基本完成了從「尋法」到「成法」的歷程。王蒙集諸法為一身，並在用筆上進一步強調力度。倪瓚也曾以「王侯筆力能扛鼎，五百年來無此君」來稱讚他的用筆。王蒙自己也曾說：「老來漸覺筆頭迂，寫畫如同寫篆書。」可見他對用筆的重視。王蒙所創的牛毛皴成為山水畫中最後一「皴」。王蒙的山水畫也成為山水畫史上「五變」中的最後一變，他在中國畫發展史上可說是一位非常重要的人物。

46. 高克恭
——元氣淋漓　渾厚高古

　　水墨山水發展至宋代米芾時，已開始對「點」本身的語言進行提煉，米氏父子純用「米點」點染瀟湘煙雲，開用點獨立之先河，創「米氏雲山」一派。但「米氏雲山」中的點，都隱沒在煙雲淒迷之中，不能獨立說明問題；「米氏雲山」本意不在點上，是用墨點表現自然，而不是藉自然體現用墨語言。由於全用墨點畫山，不用勾勒皴擦，使山巒缺少骨架而立不起來，以致單純用點畫山的「米氏雲山」發展受到一定的侷限，只能畫一些小幅面或停留在「墨戲」階段。

　　到了元代，山水畫成為繪畫主流，各派山水得到長足發展，特別是「董巨」一派和「米氏雲山」發展更加迅速，山水畫中每個元素都得以「獨立」。而把「米氏雲山」向前推進一步的，就是元代畫家高克恭。

　　高克恭（1248～1310），字彥敬，號房山。他的祖先原是「西域人」，在元代屬色目人，但在高克恭的祖父時，已與漢族通婚，落籍大同。其父高嘉甫對經學頗有研究，曾受到元世祖忽必烈召見，後因娶京官之女為妻，遂定居燕京。

　　高克恭從小就發憤讀書，潛心研習漢族文化，心得頗深；二十七歲時步入仕途，官至刑部尚書和大名路總管；他在從政期間勤於政務，秉公辦事，對漢族知識分子優禮有加；高克恭在江浙任職期間，廣交江南天下名士、畫家，這對他從事藝術創作有很大影響。

　　高克恭與趙孟頫曾同朝為官，關係密切，兩人被公認為元初畫壇領袖人物。張羽《臨房山小幅感而作》中有：「近代丹青誰最豪，南有趙魏北有高」之句。

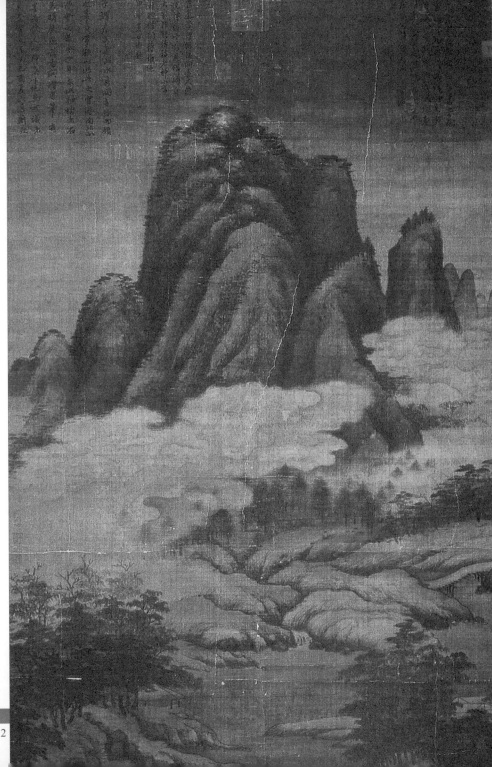

高克恭的山水畫，初學「二米」畫風，又取董源、巨然之法，用李成山水之骨架，引「線」入「點」，這樣既能表現江南雲山煙樹，又不失其山骨挺峻，使點線對比更加豐富。

現藏於臺北故宮博物院的《雲橫秀嶺圖》，是高克恭的代表作品。圖中雲山煙樹，上部峰巒突起雲際，一溪曲繞流出畫面，兩岸樹木蓊鬱蔥蘢，中間雲氣以線勾出，如白龍盤山。近景叢樹，以「二米」法濃墨點出，點子形態比「米點」明確，是對「米點」的強調。遠樹用淡筆「米點」和「介點」點出，輕鬆靈活；近處山坡以「董巨」筆法皴出，暗處用點積成。主峰以解索皴加「米點」層層積染，在清晰中求渾化；尤其在山峰的陰暗處，以「米點」層層點就，使山峰頓增渾厚深邃之感。

高克恭筆下的山水，也是從真山真水中得來。他晚年閒居杭州，經常進入山中，觀察山林樹木的雲煙變幻，他的山水畫頗得山林的渾厚之氣。中國山水畫的雄渾、厚重，不像西方風景畫那樣，是靠光影明暗取得，而是靠筆墨的層次變化來獲得；每一層筆墨都有每一層的作用，既要墨重又要有層次。如果「塗平」、「塗死」的話，無論你用墨多麼濃厚，都會有平薄之感。在用墨渾厚方面，高克恭是首屈一指的，他的「積點法」對後世影響很大，近代畫家黃賓虹的積墨山[註]水就是對高克恭「積點法」的發展和延伸。

高克恭除畫山水以外，寫竹在元代也享有盛譽。善住《谷響集》說：

◎積墨
西方傳統繪畫多以明暗光影來表現物象厚度，中國傳統繪畫多以積墨來表現物象厚度。特別是傳統山水畫，常以多次積墨的豐富層次，來表現山川草木渾厚華滋的意境。

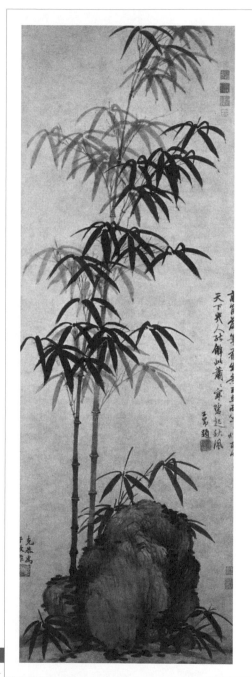

前朝畫竹誰第一？尚書高公妙無敵。

高克恭與擅長墨竹的趙孟頫、李衎都有交往，想來彼此也常切磋畫竹之法。高克恭對自己的墨竹也頗為得意，曾自題云：

> 子昂（趙孟頫）寫竹，神而不似；仲賓（李衎）寫竹，似而不神。其神而似者，吾之兩此君也。

收藏於北京故宮博物院的《墨竹坡石圖》，是高克恭傳世的唯一墨竹作品。此圖畫竹兩竿挺立在湖石旁，兩側補以小竹。墨竹用筆勁健有力，濃淡相間、錯落有致。畫石以董源法為之，筆墨渾厚。石上墨點用筆非常圓厚，點點如寶珠散落。畫右側有趙孟頫詩題：「高侯落筆有生意，玉立兩竿煙雨中。天下幾人能解此，蕭蕭寒碧起秋風。」看來，高克恭的墨竹和他的山水畫一樣，都可代表元代繪畫的藝術水準。

◀ 高克恭《墨竹坡石圖》

47. 王冕
——只留清氣在人間

水墨梅花從宋代楊無咎開始，成爲中國畫表現的重要題材，歷代綿延不絕。元代由於文人畫家更追求「高格逸品」，崇尚水墨寫意，也由於「文人畫」用筆、用墨日漸精純，以墨禽、墨花爲之的水墨畫開始流行於元代，水墨梅花更成爲人們欣賞的首選。人們對水墨梅花的喜愛，客觀上也促進了畫梅水準的提高。元朝出現了許多畫梅能手，而王冕的水墨梅花可以代表元代的畫梅水準。

王冕（1287～1359），字元章，號煮石山農、飯牛翁、梅花屋主、會稽外史，浙江諸暨人。出身於貧苦農家，小時候曾放過牛，好學不倦。七、八歲時，父親命其野地牧牛，王冕便溜到私塾邊，聽學生誦詩背書，把聽到的都默記在心；晚上回家竟把牧牛忘記，父親大怒而揍打王冕，可他還是依然如故。母親見狀說：「兒癡如此，曷不聽其所爲。」最後把王冕送於寺廟。但他晚上從僧房悄悄溜出，坐在佛膝之上，就佛前長明燈苦讀達旦。

後來，被元末浙東理學大家韓性收爲弟子，深受程朱理學的薰陶，從小就有經世濟時的思想，但屢次應舉不中，便絕意仕途，浪跡江湖。曾買舟下東吳，渡長江，入淮楚，還北上大都，達居庸關。這次遠遊，使他見多識廣，開闊了胸襟。

在京期間，秘書卿泰不華曾薦官職，他因不滿元朝腐敗統治，便辭謝南歸，隱居會稽九里山，買地一頃許，築室三間，題居名爲「梅花屋」。著古服衣冠，讀書其間，躬田畎畝以自給，因號「煮石山農」。

王冕工詩善畫，尤以墨梅爲最。畫梅繼承宋代仲仁和尚和楊無

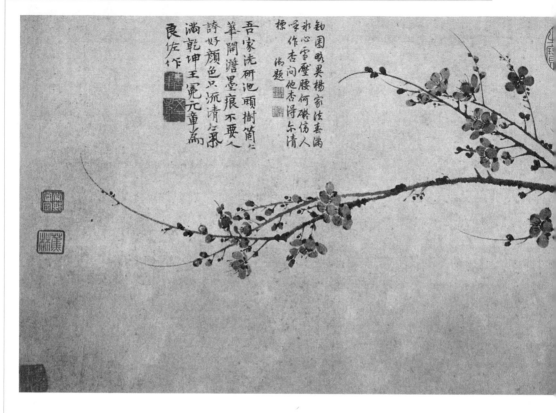

咎的傳統，並有新的創造。所作梅花，有疏、有密，或疏密得當，尤以繁密見長。

　　楊無咎的梅花，多幹細枝疏，略有宋人「刻畫」習氣。王冕的梅幹以水墨韻味見勝，多作長幹大枝；講求書法用筆，粗幹頓挫有力，求其蒼勁；細枝用筆輕快，富有嫩枝的彈性。梅枝穿插多順梅幹而出，梅幹上所點苔點，已完全是

「文人畫」典型用筆，渾厚有力。王冕以鐵線描勾花，既有用筆的勁健，又能傳達出梅花含笑盈枝的意氣。難怪有詩讚曰：

　　　　山農作畫如作書，
　　　　花瓣圈來鐵線如。
　　　　真個匆匆不潦草，
　　　　墨痕濃淡點椒除。

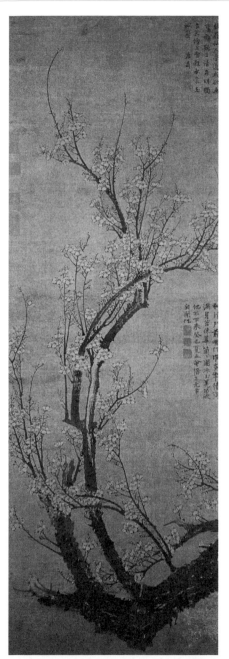

◀ 王冕
《墨梅圖卷》

▶ 王冕
《南枝春早》

梅花作繁花密枝，難度極大，弄不好就像杏李桃梨，而沒有梅花特有的清雅之氣。王冕卻完善地解決了這個問題，他非常著意於在繁密中留出疏空處，使梅花有「密不透風、疏可走馬」的空間布白，控制住梅花的總體大勢，不讓畫面散漫一片，有桃李芬芳，而無清冷之氣。

為襯托梅花的綽約風姿，他用粗筆焦墨把梅幹頓挫而出，並留許多飛白，使梅幹有屈鐵蒼勁之骨，形成花與幹的微妙對比；為使梅花有春枝早發的生命活力，他用細勁之筆從老幹中抽出嫩枝，富有柔剛之彈性，在老幹嫩枝的對比中，顯出畫面

生機一片。

　　王冕畫梅，也像其他文人畫家一樣，是藉物詠懷，抒發胸中逸氣。他有題梅詩曰：

　　　吾家洗硯池頭樹，個個花開淡墨痕。
　　　不要人誇好顏色，只流清氣滿乾坤。

　　表現出他內心的高雅情懷和高尚孤潔的情操。王冕的「沒骨」墨梅很有特色，以墨點直接寫梅，趁濕在花瓣尖處點少許濃墨，頓增梅花姿色，是對五代徐熙「落墨花」的發展。

　　藏於北京故宮博物院的《墨梅圖圈》，是王冕「沒骨」【註】梅花的代表作品。此圖寫梅枝橫斜，勁健挺秀。淡墨點花瓣，重墨畫蕊，或盛開、或含苞，疏密有致，清新悅目、生氣盎然，深得梅花之真趣。

　　藏於臺北故宮博物院的《南枝春早》則為繁梅典型，在倒垂的老幹上，繁枝參差，密蕊交疊；以筆勾出花瓣，淡墨烘染絹地，生動表現出寒梅綻放、鐵骨冰心的神韻。

　　王冕的梅花以獨特的風格，為後世所重，明代畫梅高手無不受其影響，如明代畫梅能手陳憲章、陳錄、王謙等。王冕的梅花對我們當代也仍然有著重要的參考價值。

◎沒骨畫

不以墨線勾勒物象輪廓，直接用墨和色點染，被稱為「沒骨畫」。南朝梁張僧畫山水，直接以礦物質顏料作畫，開創了沒骨畫法。北宋時，徐崇嗣常用墨和色直接落墨、落色作花卉，被稱為「沒骨花卉」，對後來寫意畫有一定影響。

48、49. 王淵、張中
——鉛華洗盡露墨華

　　花鳥畫的發展，是以山水、人物畫技法爲基礎迅速發展起來的，從萌發到成熟，所用時間很短。但奇怪的是，花鳥畫在元代卻沒有因山水畫文人法式的建立和迅猛發展，而跟上時代步伐，還是恪守著宋代院體風格，仍以工筆設色爲主。

　　雖然錢選、趙孟頫已爲花鳥畫注入了新的意蘊，但在畫格上仍屬工筆設色。早在宋代，蘇軾、文同、楊無咎、趙孟頫就以墨筆揮寫枯木、竹石、梅蘭等，但嚴格界定起來，它屬單獨一格，是從山水畫科中延伸出來的枯木竹石科，爲文人抒寫逸興所用。一般意義上的花鳥畫，還是沿用院體寫實畫風，地位也不能與山水畫「同日而語」。

　　儘管如此，在元代「文人畫」法式建立、水墨山水蓬勃發展，以及文人水墨梅蘭、竹石科繼續發展的大「氣候」下，不可能不影響到花鳥畫的發展。花鳥畫也開始向文人寫意方向演進，能代表這一轉變的畫家，就是元代花鳥畫家王淵。

　　王淵，字若水，號澹軒，又號虎林逸士，錢塘（杭州）人，是元代以花鳥名世的職業畫家。王淵的生平事跡記載十分簡略，夏文彥《圖繪寶鑑》說他：「幼習丹青，趙文敏（孟頫）公多指教之，故所畫皆師古人，無一筆院體。山水師郭熙、花鳥師黃筌、人物師唐人，一一精妙。尤精水墨花鳥竹石，當代絕藝也。」王淵的藝術創作活動，大約在大德到至正年間（1299～1366），幾乎歷經整個元代。

　　王淵並不是士大夫文人，由於早年受趙孟頫的指點，接受了趙孟頫的繪畫思想，對「文人畫」趣味

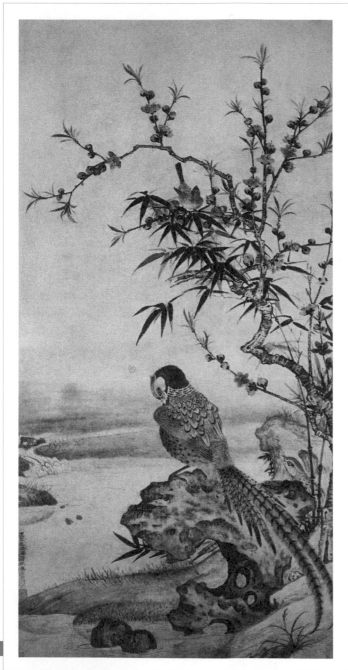

有所體會。「院體」花鳥發展到南宋後期，已開始走下坡，只重形、色，而法度全失。趙孟頫提倡「古意」，在北宋以前的繪畫傳統中尋找「正法」，改變了花鳥畫發展的方向。具體方法是引書法入畫，去「院體」之纖細；引水墨入畫，去「院體」之俗豔。但這充其量只是在形跡上的變化，最重要的是把宮廷審美趣味，變成文人雅士的審美趣味，這是一種內在精神的轉變。王淵所畫花鳥，均師法北宋、唐人，「無一筆院體」，正是與趙孟頫

◀ 王淵
《桃竹錦雞圖》

所提倡的「作畫貴有古意」、「殆欲盡去（南）宋人筆墨」相一致。

王淵的花鳥，以水墨雙勾和「沒骨」畫為主，多描寫有環境背景的四季花卉、山禽水鳥等，與「院體」題材無太大的區別，但在具體畫法上和「院體」有明顯不同。

他將水墨「沒骨」畫法用於自己的作品中，在法度上仍保持北宋花鳥造型的謹嚴。他將山水畫的皴、擦、點、染用於作為背景環境的溪渚坡石中，使花鳥畫的表現境界擴大。在禽鳥的表現技法中，王淵突破「院體」的「描」和「繪」，而多以文人畫的「點」和「寫」為之。「點、寫」的運用使花鳥畫從「描繪」向寫意過渡成為可能。同時，他還把白描雙勾用於花鳥畫中，雖然在局部也著以淡墨，但在總體上還是白描體格，使線從僅有輪廓功用中解放出來，成為獨立的審美對象，因而在客觀上也增加了花鳥畫的難度。

王淵除了水墨花鳥外，還畫色彩一格，但目前存世的著色花鳥畫，同王淵水墨一格相對照，無論從畫法上和整體「氣象」上，都和王淵水墨花鳥相去甚遠。如傳世著色作品《桃竹錦雞圖》，就沒有元人氣韻，卻更像明代以後的花鳥畫。

可代表王淵風格的作品，為北京故宮博物院所藏《桃竹錦雞圖》和《牡丹圖卷》。《桃竹錦雞圖》中繪梳羽錦雞立臨溪湖石之上，雌錦雞藏於石間，石邊桃花盛開，碧竹相映其間，一山雀翹首枝頭，呈現春意盎然之景色。整幅畫面全以水墨點寫，氣韻生動、格調清雅。

《牡丹圖卷》寫折枝牡丹，一朵盛開，一朵含苞待放，枝葉相抱。細筆淡墨勾出花瓣；以沒骨法畫葉，深為面，淡為背；濃墨勾葉筋。此圖以兼工帶寫畫風，把牡丹的風姿、葉子的向背、花柄的穿插都刻畫得很細緻，藝術水準比《桃竹錦雞圖》高出一籌。

王淵的水墨花鳥畫，開創了花鳥畫的新境界，為花鳥畫家開闢了新視野。工筆花鳥向文人畫靠近，說明文人畫發展領域在擴大，文人畫理論在深入人心。以王淵為代表的職業畫家開始涉足文人畫，說明

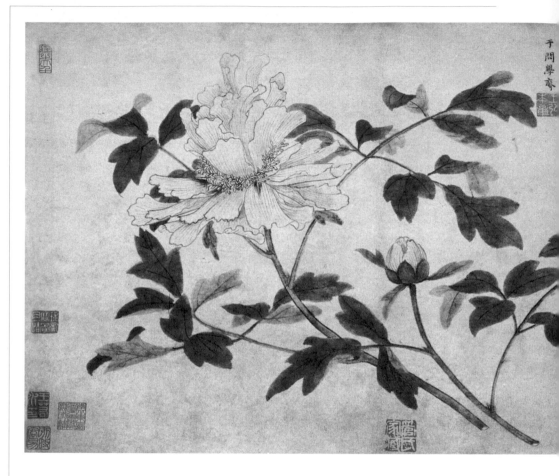

文人畫已成為中國繪畫主流，也說明文人水墨花鳥畫和工筆花鳥畫尋找到了結合點。

但是，我們還應看到，王淵在水墨寫意花鳥方面的侷限。他引水墨入畫，只是在色彩上有所突破，可真正意義上的寫意畫，是色彩完成後，仍然是寫意畫。他的造型語言還是停留在工筆花鳥上，雖然他已在畫中運用了沒骨畫法，但他是按工筆花鳥的輪廓線點寫物象。王淵的水墨花鳥畫只要著上色，就是一張工筆花鳥畫。如果水墨寫意花鳥畫還能還原回工筆花鳥畫，那它

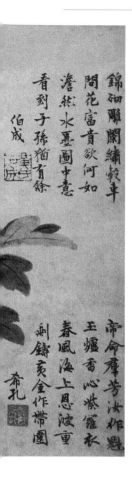

錦細雕闌繡轂車
問花富貴欲何如
澹然水墨圖中意
看到子孫猶有餘
伯成

帝命庫芳汝作戲
玉爐香心紫羅衣
春風海上恩波重
剩鑄黃金作帶圍
希孔

▲ 王淵
《牡丹圖卷》

▶ 張中
《芙蓉鴛鴦圖》

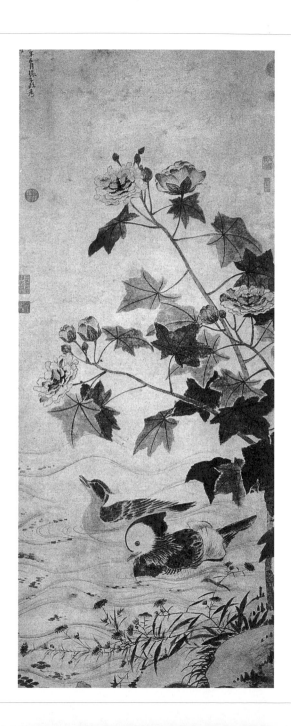

就不是眞正意義的寫意花鳥。

王淵的花鳥畫，是向寫意花鳥畫邁出的第一步，而眞正完成向寫意花鳥畫轉折的，是以張中爲代表的畫家們。

張中，又名守中，字子政，松江人，約活動於元朝至元、至正年間（1335～1368）。據許恕《北郭集》記載，他是宋末、元初以海盜起家的張瑄的曾孫，家豪富，性狂嗜古，與楊維楨等多有友誼。擅畫山水，師黃公望，尤精墨花、墨禽，論者認爲：

> 子政花鳥神品，一洗宋人勾勒之痕，為元世寫生第一，似無藉山水以成名。

張中的水墨畫和王淵的花鳥畫之間，已經有了很大的不同。

在構圖經營上，王淵的花鳥畫，仍然有工筆花鳥畫的傳統定式，鳥所占位置都很突出，整體看去有「擺造型」的匠作痕跡，還是在營造祥瑞氣氛。雖然王淵把山水畫法引入畫中，可這些山水畫都是「馬夏」一路北派山水的東西。張中在構圖經營上，是按著文人雅士的審美情趣布置局面，隨意擷取自然場景的一部分，輕鬆自然，做作氣了無痕跡，若入「無人之境」。

張中也把山水畫法引入畫中，但他採用的是黃公望文人山水畫的技法，追求水墨趣味和文人法度。張中把「沒骨法」和直接點寫法，運用到花鳥畫更深、更廣的層面，無論從鳥和石、花和葉、草叢和花梗，都是「如法炮製」，而王淵只是把點寫方法運用到一些局部地方。張中

▶ 張中
《枯荷鴛鴦圖》

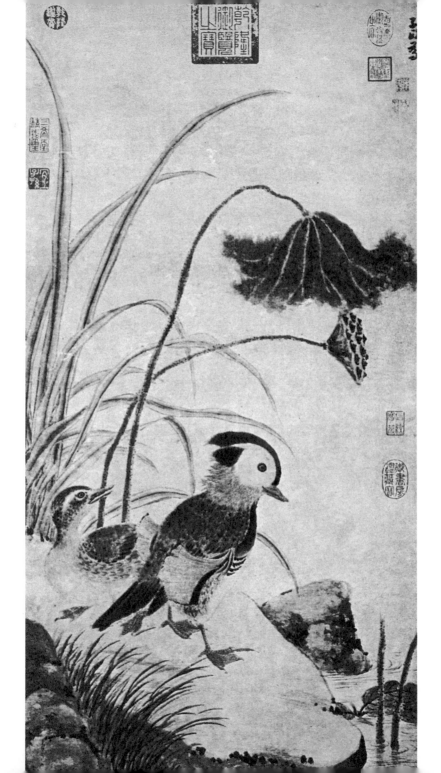

在「沒骨」點寫的基礎上，對用筆力度和物象質感都有所注意，很巧妙地把它們融合在一起，完成了中國繪畫由「畫」到「寫」的轉變。

收藏於上海博物館的《芙蓉鴛鴦圖》，是代表張中藝術成就的作品。圖中繪秋水泱泱之中，一對鴛鴦划波而行，數枝芙蓉搖曳溪邊，雖然畫的是秋景，卻有勝似春光的爛漫。鴛鴦以渴筆點寫，略染淡墨；芙蓉花朵用淡墨雙勾，並著意於線的起伏轉折；葉子以點垛法出之，用濃墨勾寫葉筋，花枝用中鋒直接寫出，磊磊落落；坡石、苔草用筆簡樸而厚重。

張中另一幅《枯荷鴛鴦圖》，同樣描寫秋天場景，但意趣上有秋色長天的蕭索之感。該圖在畫面經營、用筆、用墨、用色上，更接近明代以後的寫意花鳥畫。

我們透過比較王淵、張中的花鳥畫，可以看出王淵的畫還恪守工筆花鳥畫的傳統體格，他主要是完成院體花鳥向水墨花鳥的轉變，而張中完成了水墨花鳥向寫意花鳥的轉變。王淵是在趣味上有所變化，張中在趣味和技法上都有變化；王淵是「從外往裏走」，張中是「從裏往外走」。「從外往裏走」是表面上看似寫意，但在實質上卻不是；「從裏往外走」是表面上看似工筆，但實質上卻是寫意，是在花鳥畫的內部轉換「機制」。

元代的花鳥畫，經王淵、張中等的共同努力，終於完成了從繪畫到寫意的轉折，為明清花鳥畫的繁榮打下了基礎。至此，元代的山水畫和花鳥畫都完成了由繪畫到寫意的演進歷程，也促進了個人風格在繪畫藝術上的發展。

第三部分
書卷氣的形成

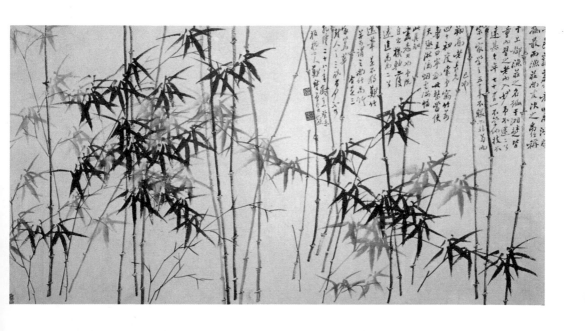

50. 王履
——外師華山　中得心源

中國繪畫的發展過程，往往也是畫家如何對待和觀察客體物象的過程，觀念的不同會導致繪畫風格追求的迥異。這在山水畫中，體現得更明顯一些。山水畫自萌發到成熟，也是畫家深入大自然，切身體會和觀察的結果。「外師造化，中得心源」成為山水畫家的理念。就是在這種理念引導下，山水畫家們不斷地豐富了山水畫的藝術語言。

但是，山水畫發展至南宋，隨著馬遠、夏圭一派的崛起，也有了追求感官效果的傾向。為了畫中的感官效果，畫家們對大自然也就少了幾分「熱心」，多了幾分主觀臆造，而在紙絹上「搬假山」。

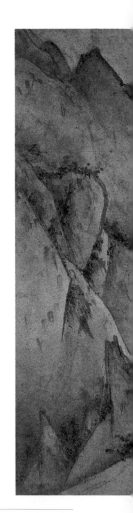

趙孟頫「托古改制」，提倡「畫貴有古意」，摒棄南宋習氣，重新建立了「文人畫」新法式。並注重「外師造化，中得心源」，使山水畫發展為又一高峰。由於「文人畫」在描寫自然的同時，還強調筆墨自身的審美價值，這樣就有可能使筆墨趣味和描寫物象相背離。有些畫家為了追求筆墨趣味，也在紙絹上「搬假山」。就在這種風氣中，明代初期的畫家王履卻以自己的創作實踐和理論，重新肯定了「外師造化，中得心源」這一傳統山水畫創作原則。

王履，字安道，號畸叟，又號抱獨老人，江蘇昆山人，生於元至順三年（1332年），明洪武十八年（1385年）尚在。他早

年學醫，並以醫爲生，洪武初做過秦王府良醫正，著有《醫經溯洄集》、《百病鉤玄》、《醫韻統》等醫書。擅畫山水，法取南宋馬遠、夏圭一體。

明洪武十六年（1383年）秋天，王履採藥來到關陝一帶，得暇遊歷華山，登上西嶽三峰絕頂，面對大自然雄奇壯偉之景，王履非常激動，並且「時以紙墨相隨，遇勝則貌」，積累了豐富的寫生素材和對華山的切身感受。

▼ 王履
《華山圖冊》
（之一）

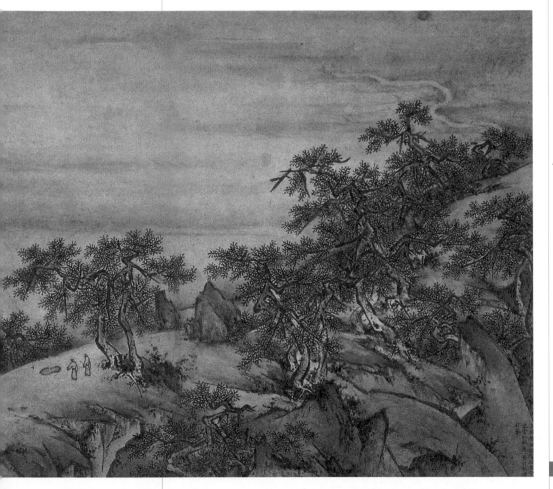

　　從華山歸來後，悉心構思、再三易稿，前後用半年左右時間完成了《華山圖冊》的創作。其繪圖四十幅，又自書記四篇、詩一百五十二首及《畫楷敘》、《遊華山圖記詩敘》、《重為華山圖序》、《跋》等文，集成合冊。這是王履存世唯一畫跡，北京故宮博物院藏圖二十九幅、詩文序跋七張，其餘藏於上海博物館。難能可貴的是，王履在畫冊的詩文序跋中，闡發了許多繪畫理論見解，具有很高的藝術價值和理論價值。

　　王履的《華山圖冊》表現了華山各處的名勝景觀。如：玉泉院、瀑布、鏡泉、日月岩、百尺幢、千尺幢等，連綴起來就成為華山勝境長卷。該圖的技法以水墨為主，略施青綠，以勁利的小斧皴寫山岩，筆勢峭拔剛健，樹木有「馬夏」遺風，方折瘦硬，遠山簡淡，雲煙以淡墨烘染。

　　王履的山水畫比「馬夏」的山水渾厚，這也是他的意匠之處。

　　我們知道，中國畫是以線造型，線比面更有說服力，但如果把輪廓線勾得太緊、太長、太死，那麼想讓物象有立體感、渾厚感是很難的，線越長物象就越薄。畫素描也一樣，如果輪廓線勾得太死，怎麼加調子也很難立體。

　　「馬夏」一派山水，為了追求「蒼勁」，而多採用大筆長線，看起來很痛快，但仔細看就顯得單薄，許多「馬夏」派山水，就是用一塊塊的「薄片」堆砌起來的。

　　王履是在「馬夏」基礎上有所變化，他用有粗細變化的細勁之筆勾勒山石，起筆粗、收筆細，著意於石體結構穿插，線條搭配得很鬆靈，有時還使線斷開，這樣就有一種空氣感和光感。他用皴法除關鍵結構處密實一些外，其他地方都很鬆淡，皴完山體後又用淡墨分出陰陽向背，鬆散的皴筆又觸入墨中。最後，著色統一畫面，使墨與色又合為一體。這樣一層「咬」一層，層層扣緊，構成了一個結實的整體。在王履的畫中能完善地體現出質感、量感、空間感，既有水墨的蒼勁，又有色彩的明麗和整體的文雅之氣。這是王履「外師華山，中

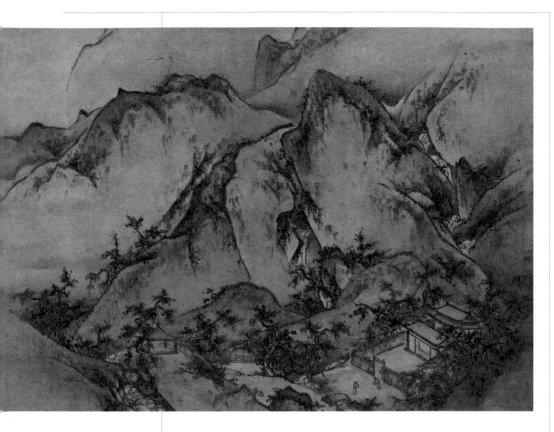

▲ 王履
《華山圖冊》
（之二）

得心源」的結果。

　　他在《重爲華山圖序》中，總結自己的創作原則爲「吾師心、心師目、目師華山」，重新認識到「外師造化，中得心源」的現實意義，使這一傳統的繪畫創作原則更加具體化。這不僅對當時的畫壇現狀有積極意義，就是對我們當代的畫壇也具有現實的積極意義。

　　王履以師法自然的理念，指導自己進行繪畫創作，又以自己的作品驗證了他的理論，不愧爲明初畫壇的一顆明星。

51. 沈周
——光復元人意氣的倡導者

　　自明代中葉以後，以江南蘇州爲中心，經濟出現空前繁榮，並促進了文化繁榮，市民文化與市民審美意識日益提高，以李夢陽、何景明、王世貞爲代表的「前後七子」發起了一場聲勢浩大的「復古運動」。他們提出「文必秦漢，詩必盛唐」的口號，對傳統文化進行了一次梳理，衝擊了當時文壇的矯飾之風。此「復古運動」不僅影響到文學領域，對畫家的影響也很大，開拓了他們的藝術思路。

　　進入明朝以來，由於統治者的宣導和扶持，院體與浙派畫風大行其道，以致後期出現狂野、枯硬的「江湖氣」。但在文人士大夫之中，尤其是江南地區的文人，崇尚元人文人畫、輕視院體與浙派的風氣相當濃厚。就在明代中葉經濟繁榮、文化復興的大背景下，繪畫領域也掀起了光復元人文人畫的運動，以元人繪畫中的文人意氣、書卷氣，來矯正院體和浙派繪畫中粗野的「江湖氣」，而這場運動的宣導者，就是「吳派」的創始人沈周。

　　沈周（1427～1509），字啓南，號石田，晚號白石翁。祖上原爲長洲望族，元末因戰亂中衰，到他曾祖父時又開始定居相城，置買田產。沈周祖父沈澄於永樂初年以人才被徵，後引疾而歸，築室「西莊」隱居，以高節自持，並立終身不入仕途爲家規。其伯父沈貞、父親沈恒都

▶ 沈周
《廬山高圖》

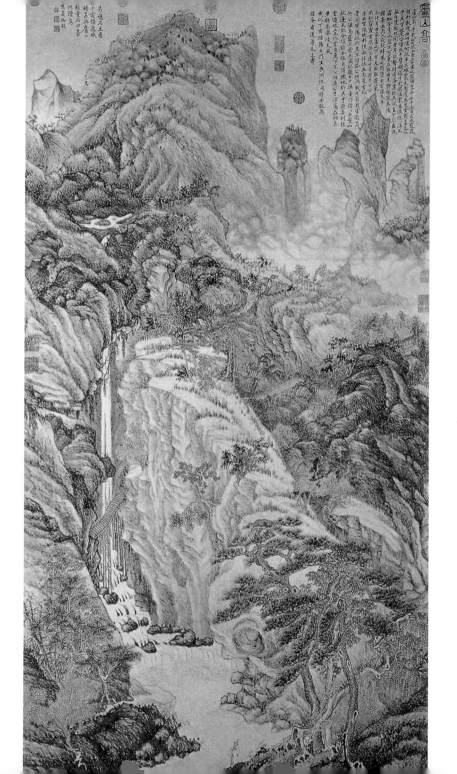

一生沒有仕進，以讀書、吟詩、作畫終其一生。

沈周受父輩影響，從小跟從陳寬、杜瓊、趙同魯等名家學習詩文書畫。十五歲那年，沈周代父為「賦長」往南京，以百韻詩與即興吟《鳳凰臺歌》免除勞役。以後，他更加刻苦研習學問，終致博學多能。書法師法黃庭堅，詩文師法杜甫、白居易、蘇東坡，曾名重當時。

沈周主要成就是在繪畫方面。學畫初期得法於家學和杜瓊、趙同魯，後參法於董源、巨然，中年以黃公望為宗，晚年又醉心於吳鎮畫法，而王蒙的筆墨韻致、倪瓚的超然雅逸是其一生所追求的。

沈周四十歲以前所繪山水多盈尺小景，至四十歲後始為大幅，氣象不凡。現藏於臺北故宮博物院的《廬山高圖》是這一時期的代表作品。

此畫是沈周四十歲時為祝賀老師陳寬七十大壽所作，畫廬山峰巒重疊、樹木蔥鬱、飛瀑高懸、斜橋貫溪之景。高松之下，陳寬正漫步溪邊，挺立的松樹、高聳的山峰，象徵陳寬的高風亮節，也表達了沈周師恩如山的感激之情。在整體濃郁的墨色中，突出一塊白色巨岩，並在岩下繪一適合高士修煉的空岫，這也許是沈周給恩師修身打坐的處所吧。

整圖筆墨頗得王蒙精髓，構圖深厚繁複，皴法縝密而鬆靈，尤其以中鋒出之的牛毛皴和焦墨點，以及積墨點，更得王蒙真法。而在蒼渾的用筆、雄闊的章法氣勢、巧妙的黑白對比上已具自家法度，是沈周「細沈」階段的典型特徵。

沈周在五十歲時逐漸形成了代表自己特色的「粗沈」畫風，這是他廣冶唐宋諸家，依托「元四家」的結果。這一時期的用筆粗健、凝重、蒼勁、生辣，墨色清淡華潤，《虎丘別巒圖》和《雨意圖》可為這一風格的代表。

在沈周所學山水諸家中，一般都能深悟其理，得其精華，惟獨學倪雲林不得其法，用筆枯硬、墨色浮淺，看來倪雲林的境界是可意求而不可跡求的。

沈周對美術的貢獻，除提倡元

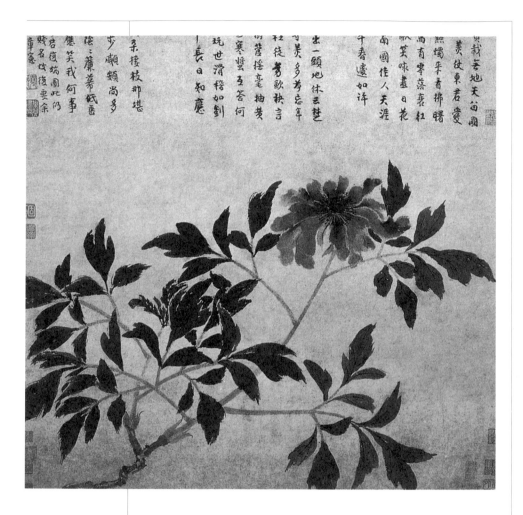

▲ 沈周
《牡丹圖》

人畫風，使文人畫再次成爲中國繪畫的主流外，就是他的寫意花鳥對後世的影響了。

　　他的山水畫爲復興元人法度起了號召作用，但他的山水畫成就卻沒有突破元人繪畫水準。後世的文人畫家，對他的藝術觀點都有共識，可在畫法上，一般都直接師法於元四家和董源、巨然；然而，他的花鳥畫卻被繼承下來，

文徵明就是師法沈周花鳥畫，又透過陳道復直接開啓了徐渭的大寫意畫風。從某種意義說，這才是沈周的最大貢獻。

沈周的花鳥畫和山水畫一樣，避開了當時大行其道的浙派花鳥代表林良、呂紀的畫風，而是取法南宋法常水墨寫意，融合元代王淵、張中的沒骨寫意花卉而成自家風貌。在他的畫中，已具備了可直接揮寫的筆墨因素，和沒骨寫意拉開了距離，這一點我們在他的《牡丹圖》中可以體會。

圖中繪一枝盛開牡丹，花朵以淡筆直接寫出後，又以淡胭脂罩染，使墨中有色、色中有墨，渾化無跡。葉也用中鋒點出，並有乾濕、老嫩對比，葉筋用筆細勁蕭散，花梗用筆磊落，穿插別致，在整體筆墨趣味上和元人相合，而同林良、呂紀畫風相左。

沈周是開明代畫風的一代宗師，當時藝壇名流唐寅、文徵明都出於其門下。因他們大都居住在蘇州，而蘇州是古時吳地，所以世人稱其爲「吳門畫派」。他與文徵明、唐寅、仇英又合稱「吳門四家」或「明代四家」，對明清繪畫影響深遠。

52. 文徵明
——以文化成書卷氣

中國繪畫發展至南宋時期，受宮廷趣味所左右，山水畫以「馬夏」畫風盛行於世，追求「水墨蒼勁」的感觀效果，筆墨內在語言被減少到了最低程度。花鳥畫則追求形、色上的富麗堂皇，筆墨很難施展其中，中國繪畫的筆

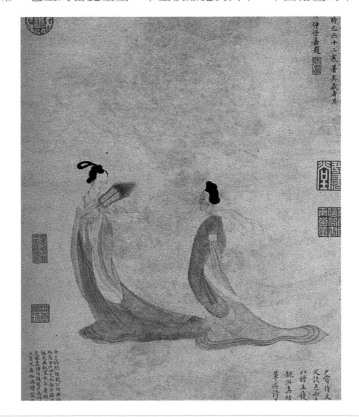

▶ 文徵明
《湘君湘夫人圖》
（局部）

墨主旨偏離軌道。元代的趙孟頫以曠世奇才，掀起「畫貴有古意」的託古改制運動，重新尋找畫中「真法」，建立了文人畫法式框架，開啓了元代繪畫新風尙。

明朝時，在宮廷提倡和扶持下，南宋院體畫風再次興盛，形成宮廷院體畫風和民間浙派畫風牆裏牆外遍地開花的局面。但是，浙派畫風發展到後期吳偉的「江夏派」時，偏重於形式上的追求模仿，流於狂怪的境地。

本來浙派筆墨是圍繞「水墨蒼勁」的效果做文章，但要把該派筆墨單獨發揮強調就走向了「邪道」，因爲浙派一些畫家用筆、用墨缺少內在審美價值，一揮筆即有荒蕪枯硬之病，一用墨即有狂塗亂抹之態，畫中雅逸之氣喪失殆盡，中國繪畫又面臨一次發展道路的選擇。而此時，在元人繪畫故地蘇州，沈周吹響了光復元人意氣的號角，文徵明則是率眾衝鋒的旗手。

文徵明（1470～1559），原名璧，字徵明，後以字行，改字徵仲，長洲（今江蘇吳縣）人，因先祖從蜀地遷楚，故又號衡山。文徵明是蘇州書壇畫界繼沈周之後又一重要人物，繪畫方面爲「吳門四家」之一，文學界與祝允明、唐寅、徐禎卿並稱「吳中四傑」，書法藝壇又是明代大家。由於文徵明年高壽長，作爲吳派的「掌旗人」達五十年之久，真正形成吳門畫派就是在這一時期。

文徵明出身於官宦世家，父親文林曾任溫州永嘉知縣，三歲就隨家去了溫州。他書法師從李應禎、文學師從吳寬、繪畫師從沈周，所師之人皆是一代名流。

文徵明早年也曾多次參加科舉考試，但均以失敗告

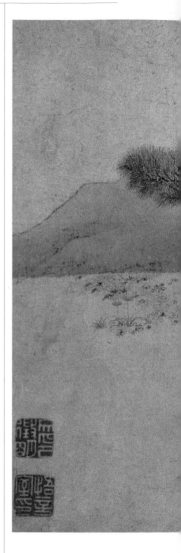

▲ 文徵明
《惠山茶會圖》
（局部）

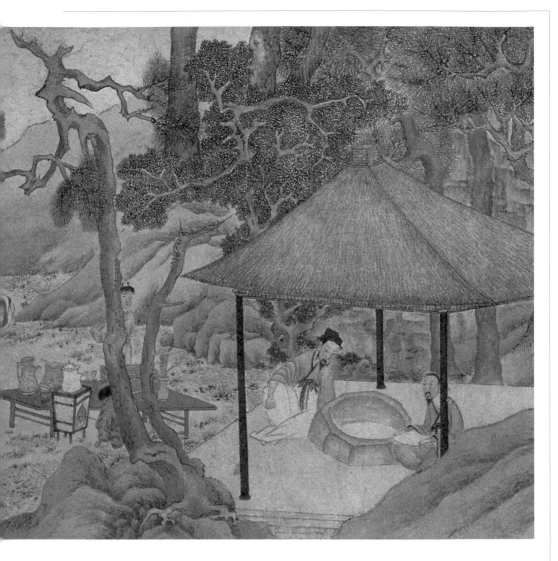

終，於是潛心詩文書畫，不再出入仕途。五十四歲時，被人推薦到了北京吏
部，授職翰林院待詔，因不滿於朝廷上下的明爭暗鬥，於五十七歲時去職南
歸。

　　文徵明回到蘇州後，便專心於書畫藝術。當時四方持金索畫者接踵而

至，文徵明立有「三不肯」，即不肯爲藩王貴族、宦官和外國使節作畫。

文徵明擅長山水、人物和花卉，而以山水名重於世。

他在直接承續老師沈周簡樸渾厚的畫風基礎上，廣泛學習吸引宋元諸家，而且對南宋畫風也相容並收。在諸家中，趙孟頫和「元四家」對文徵明影響最大，趙孟頫是他一生都著力效仿的大師之一，兩人在理想追求、生活情趣、書法、繪畫成就等方面，有許多相似之處。

他除著意研習趙孟頫書畫名跡外，對趙孟頫「畫貴有古意」的思想領

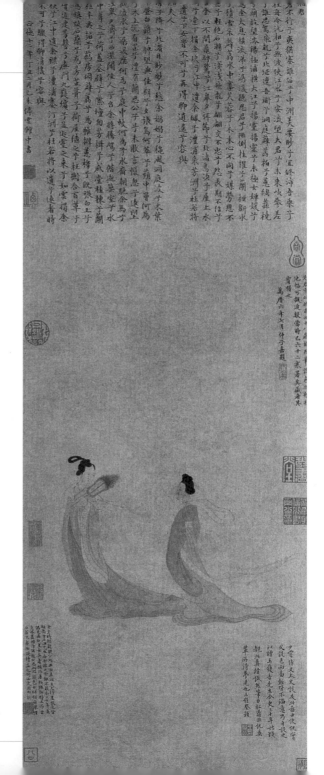

▶ 文徵明《湘君湘夫人圖》

會也頗深，在他的繪畫中到處充溢著古樸文雅之氣。藏於北京故宮博物院的《湘君湘夫人圖》，即是這方面的代表作品。

此圖根據屈原《楚辭·九歌》中的《湘君》、《湘夫人》篇內容所作。人物著唐妝，高髻長裙，帔帛飄舉、衣裙舞動，形象纖秀，設色以極其淡雅的朱砂爲主調，用筆依筆勢而行，強調線條的流暢和自身的特點，格調清古雅致。作者自稱此圖仿趙孟頫和錢選，其實他並不是在形跡上臨摹，而是精神上的追尋。

文徵明早年所作山水多謹細，中年較粗放，晚年粗細兼具。

早年的「細文」時期，他吸收了大量的青綠畫法，由於他強調古雅的書卷氣，青綠山水在他筆下不僅沒有匠作之氣，反而更顯古樸雅秀。遼寧省博物館所藏的《滸溪草堂圖》卷和北京故宮博物院所藏《惠山茶會圖》卷，可以表現出文徵明細緻一面的藝術特色。

在文徵明的畫中，也吸收了「水墨蒼勁」的南宋畫風，但他把南宋畫風的外在效果經營轉化成了筆墨內在的追求。藏於臺北故宮博物院的《古木寒泉圖》是他「粗文」風格的代表，該圖在窄長的畫幅中，前景布滿蒼松翠柏，樹幹虯曲、枝繁葉茂。遠景繪寒泉垂下，與上揚樹木構成對比，意境不凡。圖中筆墨狂放，極有力度，但又無荒蕪枯硬之感，極盡用筆之致。

文徵明和沈周一樣，都在花鳥畫方面有傑出貢獻，在文徵明的門下，曾造就出明代寫意花卉的代表人物陳道復，將寫意花鳥畫推上了畫壇首位。文徵明常作寫意蘭竹和意筆花卉，筆墨清潤雅麗、瀟灑可人，書卷氣息濃厚，爲當時寫意花卉畫家爭相效仿。

吳門畫派至文徵明時，成爲明代影響最大的畫派，他把詩、書、畫、印發展到完美極致，使中國繪畫的書卷氣息更加濃厚，甚而成爲中國繪畫元素表徵。文徵明實不愧爲明代傑出藝術家的代表人物。

53. 唐寅
——江南第一風流才子

宋代文人畫草創時期，參與文人畫創作的大多是士大夫階層，他們在詩書之餘、閒暇之時，揮毫潑墨，抒寫胸中情懷，多為聊以自娛而已。這個時期的文人畫，還沒進入畫壇主流。

但是，元代文人畫經趙孟頫提倡，迅速占領繪畫主流地位。參與文人畫創作的主要是超世絕塵的隱逸高士，他們將人生境界體現在繪畫境界和筆墨品味之中。在元代以前，文人畫作者層次和欣賞者的層次是「居高不下」，可以說是自己畫給自己的畫。

明代中葉，江南吳中蘇州手工業、商業非常繁榮，市民階層文化亦逐漸發展，此時，繪畫的欣賞者由貴族擴大到商人和市民，他們的審美趣味或多或少地影響了繪畫的發展取向。

明代的文人畫，就是在這迥異於前世的背景中，再次興盛起來，並且出現了文人畫通俗化傾向。文人畫通俗化，是隨著繪畫的商品化、趣味的市民化、文人畫家的職業化而形成的。

另外，明代文人畫家和元代文人畫家的生存方式有所不同。元代文人畫家多是避世絕塵、隱逸山林的高士；而明代文人畫家，則多是落拓於民間的文人，是生活於鬧市的「城中隱士」。他們在繪畫中追求最多的是書卷氣，而不是元人繪畫的高古意氣。元人繪畫重視人的「骨氣」，明代繪畫更看重人的「才氣」，此一特點充分體現在「吳門四家」之一唐寅的身上。

唐寅（1470～1523），字伯虎，一字子畏，號六如居士、桃花庵主、南京解元、江南第一風流才

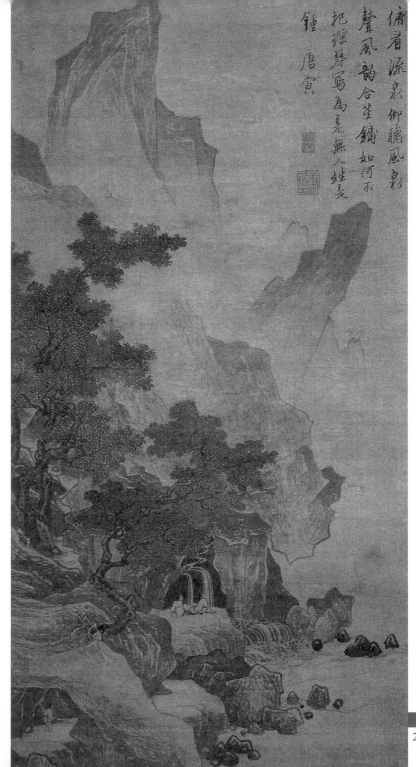

俯看流泉仰聽風聲
聲風韻合笙鏞如訶不
把瑤琴寫為是無人雙是
鍾 唐寅

▶ 唐寅
《看泉聽風圖》

子等別號，出身於吳縣（今江蘇）皋橋吳趨裏一個商人家庭。

少年時代的唐寅，就富有才華，二十九歲時參加南京應天鄉試，獲中第一名「解元」。由於少年及第，唐寅聲名大噪，他自己也沾沾自喜。不料在三十歲時，隨同江陰徐經同上北京會試，因徐經行賄主考官程敏政的家僮，取得考題所引起的科場案而牽連入獄，結果被發往浙江爲吏。

唐寅返回蘇州後，家中又發生了兄弟變故。於是離家遠遊，走遍了江南名山大川，擴大了眼界，豐富了胸襟。歸家後，在蘇州城內桃花塢起造「桃花庵」，作歌云：

> 桃花塢裏桃花庵，
> 桃花庵裏桃花仙。……
> 半醒半醉日復日，
> 花落花開年復年。
> 但願老死花酒間，
> 不願鞠躬車馬前。

文徵明在寫唐寅的詩中云：

> 落魄迁疏不事家，
> 郎君性氣屬豪華。
> 高樓大叫秋觴月，
> 深幃微酣夜擁花。

反映出唐寅失意苦悶和放浪的生活狀態。

唐寅四十五歲那年，被江西南昌的寧王朱宸濠聘往南昌，沒有多久，唐寅察覺朱宸濠有反叛的企圖，因此佯狂而歸。過了五年，朱宸濠起兵反叛，不久就被平定。因唐寅事先察覺，沒有捲入漩渦，躲過了殺身之禍。又過了四年，他就因病去世了，年僅五十四歲。

唐寅的繪畫主要師從周臣。周臣是當時蘇州有名的浙派職業畫家，師從者眾多。唐寅在學習周臣的基礎上，廣泛研習宋人傳統，對「南宋四家」的李唐早期作品和劉松年的作品著意頗多。

除此之外，他還吸收沈周的元人畫風，尤其在意境營造上更是努力追求元人意氣。浙派畫風有狂野枯硬之病，學不好會流於荒率，唐寅發現了這一點，他沒有學「馬夏」

的粗筆潑墨，而是學李唐早期畫風細勁一格，並汲取劉松年造型的嚴謹和用筆的工整，最後將其統一在沈周所提倡的元人意氣之中。

由於唐寅詩、書、文才氣過人，因而能完善地把書卷氣引入畫中，以文統畫，使浙派畫風有了清雅瀟灑之氣。現藏於南京博物院的《看泉聽風圖》可代表唐寅的藝術風格。

圖中繪崇山峻嶺、峭壁陡險，山崖間老樹虯曲、枝葉蔥蘢，岩隙清泉垂練。兩高士對坐石上，看泉聽風，悠然自得。岩石以小斧劈皴出之，山體轉折有致，形與形有呼應連動關係，節奏感很強。整幅畫面除樹著淡彩外，通體以墨色為主，顯得清秀明麗。在唐寅的畫

▶ 唐寅《東方朔像》

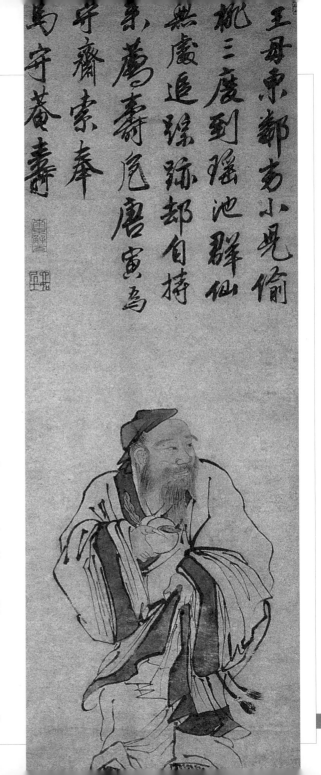

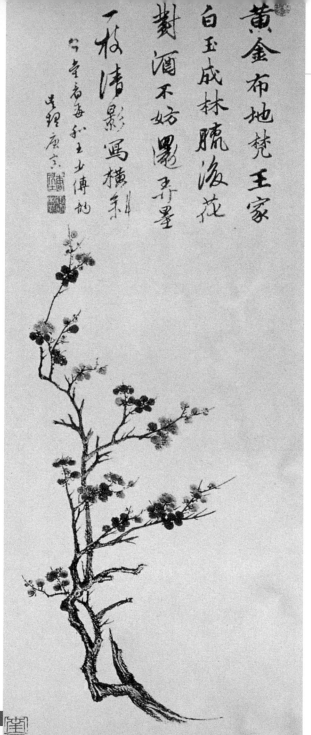

黃金布地梵王家
白玉成林朧淺花
對酒不妨墨君墨
一枝清影寫橫斜

中，總有一些精彩處攪動人的心靈。

　　唐寅的人物畫藝術水準極高，藏於上海博物館的《東方朔像》是一幅筆墨韻味別致的佳作。他將山水畫法引入人物畫中，衣褶作抑揚頓挫的筆勢，揮寫自如。用筆方中有圓，剛柔、粗細、濃淡變化微妙；設色也很淡雅，臉部表情刻畫得十分生動。

　　除寫意風格外，唐寅也擅長工細妍麗一體的人物畫，現存的《孟蜀宮妓圖》可為代表。他繼承唐張萱、周昉的畫風，又有其時代特點，刻意描繪弱不禁風的嬌憐之態。

　　雖然唐寅以山水畫名揚天下，但後世學他山水者並不多，倒是他的人物

◀ 唐寅《墨梅圖》

畫對後世畫家影響很大。人物畫自元以後發展緩慢，唐寅將浙派用筆用於人物畫，使人物畫有所新意，對後世寫意人物發展有促進作用。

平心而論，「吳門畫派」對美術史的最大貢獻不在山水，而是在寫意花鳥方面。沈周、文徵明的花鳥畫拉開了明、清寫意花鳥的序幕，並將陳道復、徐渭推上了歷史舞臺；而唐寅的水墨小寫意花鳥，是繼承元代王淵、張中畫風，並吸收林良的一些筆意而形成活潑灑脫的個人風貌。唐寅的花鳥畫風對清代畫家惲壽平影響頗深，他變墨爲色，開創了獨具特色的小寫意花鳥畫。

現藏於北京故宮博物院的《墨梅圖》，是唐寅水墨寫意花卉的代表作，此畫梅幹以筆勾皴，梅花以沒骨法點出，形成線面對比和乾濕對比。花朵有濃有淡、有陰有陽，雖全以水墨點寫，卻有紅梅綻放的眞實感。

從「吳門畫派」對後世的眞正影響來看，名盛當時和實際作用，有時是不一致的。唐寅的水墨寫意花鳥被山水、人物所掩，就說明了這一點。

54. 王紱

——繁中置简　静裡生奇

　　明代初期，宋、元的文人畫傳統雖未在畫壇占據主導地位，但在江南地區，一大批在野文人和追求隱逸生活的文官，承接元人筆情墨趣，抒發胸中逸氣，使「元四家」傳統得以綿延不絕，為「吳門畫派」的形成起了基礎作用。王紱就是明代早期「承元人、開明風」的先導。

　　王紱（1362～1416），字孟端，號友石、九龍山人，江蘇無錫人，大約在十五歲時，補博士弟子員，後因事株累，被謫往大同，充當了二十餘年的戍卒。

　　建文元年（1399年），王紱得返江南，遂隱居無錫九龍山中，因號九龍山人。這段期間，他潛心繪事，畫藝日增；永樂初年，王紱以善書被薦舉入文淵閣供職，後官至中書舍人，曾兩次隨從明成祖朱棣巡狩北京，風光一時。但不久竟抱病而終，年僅五十四歲。

　　王紱自少志氣高逸，青年時代即遭厄運，空有雄心壯志，無法施展。中年後，遊歷大江南北，遍覽群勝，心胸高曠。青年時的挫折，中年的遠行，養成了他孤傲耿介、放浪形骸的性格。他不事權貴、不慕名利，雖身在顯宦，卻有高士之志。

　　據傳，在某一個月夜，他聞鄰人吹簫，被其簫聲所動，便乘興畫了一幅竹子。次日早晨，他持畫送與吹簫之

▶ 王紱
《隱居圖》

念人感友寇時流筆底江山不
為求逭五歸來思思披隱滿懷清
典付沼洲

中秀玉君玉瑞善竹樹山水人
有求者率寫一樹一竹以塞其請
一日其與僧枝山乃寫隱居圖
遺其及胡沙路後二年決莅持
脈于囚題此見玉瑞山水不易
得而欣以此見童于玉瑞古葦冲也

吳訥敬德識

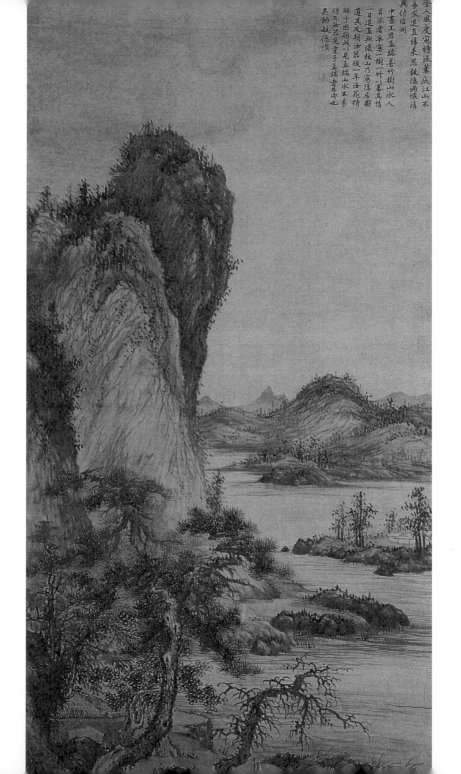

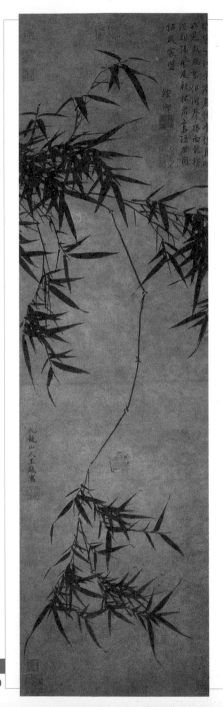

人。其人乃一富賈，得此畫後以重禮相贈，並請王紱再畫一幅。王紱笑言：「我爲簫聲訪汝報以簫才，汝俗子也。」隨即索回其畫，撕爲碎片。

王紱的山水畫深受元末畫家的薰染，尤其崇尚「元四家」的王蒙和倪瓚。

在他畫的《隱居圖》中，我們可以看到他對王蒙的畫風領會頗深。圖中繪山林層疊、平江如鏡，一高士攜一童子閒步江岸，在蒼松林木間有一隱居之所，畫面清幽閒和。山石皴法點苔，出於王蒙法度，然用筆繁中有簡，較王蒙粗獷有餘。意境雖然還是追求元人隱逸之境界，但在寧靜中已有幾分活潑，已蘊藉著明代畫風的變革因素。

◀ 王紱
《偃竹圖》

王紱的墨竹，較之山水畫影響更大。他在繼承宋元墨竹諸家的基礎上，無論是構圖章法，還是用筆用墨，都頗得竹的仰偃濃淡、疏密掩映、枝葉秀勁之態。

王紱的墨竹以吳鎮竹法為入手，並上溯宋代文同墨竹畫法。變文同工謹為奔放，變吳鎮緊勁為灑脫；變文同之繁為簡，變吳鎮之疏為密，並強調寫意畫運筆的連貫性，追求一氣呵成的意匠過程。

王紱之前的畫竹諸家，運筆較緩，竹枝、竹葉的筆勢連續性較弱，「畫」的筆意多於「寫」的筆意；王紱則著意於枝葉用筆之間的呼應關係，和書法運筆的書寫意態，強調一個「寫」字。

宋、元諸家畫竹，多拘於所謂「濃葉為正、淡葉為背」的成法，因而，很難使行筆連續不斷，放筆直追。王紱打破陳規，不過分留意小的濃淡關係，而將著眼點放在大的氣勢和大的對比上，更強調枝葉的疏密變化，「密不透風，疏可走馬」，增加了畫面的節奏感，開有明一代畫竹新風。

上海博物館所藏之《偃竹圖》，可以代表王紱畫竹特徵。圖中繪偃竹一枝，姿態俊逸，用筆鋒正勢圓，竹梢和竹葉運筆勁利，鋒勢修長，整幅畫面縱橫灑脫，自在而不失法度，堪稱墨竹精品。

難怪董其昌評他為國朝畫竹「開山手」，確實是當之無愧。明代詩人王世貞則稱：「孟端竹為國朝第一手」，可見王紱畫竹成就之高了。

由於王紱畫竹格高意遠，故師從者甚多。明初畫竹另一名手夏昺，就是王紱的高足。夏昺畫竹法度嚴謹，有「超然之韻」，故當地有「夏卿一枝竹，西涼十錠金」的民謠。當時師學夏昺者眾多，他們直承夏昺、王紱筆墨，形成了王紱一派畫竹流風。清代石濤畫竹也深受夏昺影響，鄭板橋畫竹又有石濤筆意，從中我們可以看到，王紱墨竹藝術對後世影響是何等深遠。

55. 仇英
——不是文人是畫工

文人畫發展至明代，已走入市民階層，形成通俗化的文人畫。而從事文人畫的畫家也來自社會各階層，身分十分複雜。「吳門畫派」的沈周，是一位終身不入仕途的文人，以吟詩作畫、優遊林下終其一生；文徵明出身官宦世家，是欲入仕途而未果的失意文人；唐寅出身商人家庭，是因仕途困頓而落拓人間的風流才子。而「吳門四家」的末位人物仇英，則來自社會工匠階層，是一位不是文人卻躋身於文人畫行列的畫家。

仇英（？～1552前），字實父，號十洲，原籍太倉（今江蘇），長期居住在蘇州。仇英出身寒微，少年時曾是漆工，後改習繪畫，師從於周臣。他到蘇州後結識了許多當代名家，受到文徵明的賞識，與唐寅有同學之誼，和祝允明亦交誼

篤厚。這對出身工匠的仇英在藝術上的成長，起了十分重要的作用。

嘉靖二十六年，仇英在著名收藏鑑賞家項元汴家臨摹古畫，得以目睹項氏家藏宋元名家畫跡千餘幅，經潛心研究和刻苦臨摹，眼界大開、畫藝大進，在士大夫階層獲得了普遍聲譽。

仇英在師承周臣的「院體」畫風基礎上，精研「六法」，山水、人物、花卉俱能。他臨古功夫深厚，在借鑑唐宋繪畫傳統的同時，吸收民間藝術和文人畫之長，形成了自己的繪畫風格，並在青綠山水方面尤有建樹。

青綠山水成熟於唐代李思訓、李昭道父子，後經王希孟、趙伯駒、趙伯驌有所發展。由於文人畫在元代成為畫壇主流，青綠山水有些精華被文人畫吸收後，青綠山水

開始式微，再沒出現青綠山水大家。

仇英是明代青綠山水的復興者，雖然文徵明也對青綠山水情有獨鍾，但他是藉青綠山水追求古雅的境界，是用文人畫去改造青綠山水，是以文人畫為體，青綠山水為用，因而在畫理、畫法上，不如仇英精純。

仇英的青綠山水，是以「院體」筆法取「氣」、以文人畫墨法取「韻」、以青綠著色取「麗」。在他的畫中，多以細勁的「院體」筆法勾皴，強調用筆的骨力，並以文人畫追求

▶ 仇英《玉洞仙源圖》

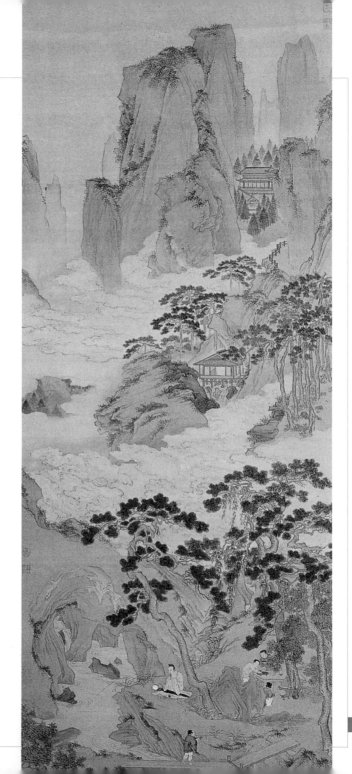

墨韻的擦染方法，把山的陰陽
向背交代清楚。著青綠色時，
以不傷墨色為主旨，儘量保留
水墨氣韻，這是仇英山水畫的
獨到之處。

　　在他的青綠山水中，有一
種清雅之氣撲面而來，可以說
仇英的青綠山水畫，是在畫法
純正的基礎上文人化了的青綠
山水。

　　在青綠山水的意境經營方
面，唐代李氏父子著意描繪海
外仙山的金碧輝煌，宋代趙氏
兄弟用意刻畫的是大好河山的
壯麗，而仇英追求的是文人雅
士理想中的世外桃源。在他的
畫中，大多都有隱於山林的逸
士蕭散其間，整個山水都圍繞
著人物來營造意境；人物在他
的畫中不是點景部分，而是整
體畫面的中心，一切文章都圍
繞這個中心來做。

　　收藏於天津藝術博物館的
《桃源仙境圖》，以及藏於北京
故宮博物院的《玉洞仙源圖》
和《桃村草堂圖》，是代表仇英

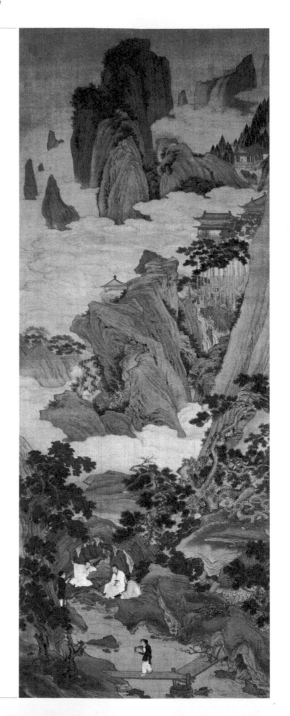

◀ 仇英
《桃源仙境圖》

青綠山水畫的佳作,描寫的都是文人雅士的幽居生活。畫幅中山巒流泉、林木草堂、桃園春色,一派人間仙境,筆法也工致而優雅。

正如董其昌所評:「李昭道一派,爲趙伯駒、伯驌,精工之極,又有士氣。後人仿之者,得其工不能得其雅,……蓋五百年而有仇實父。」又云:「仇實父是趙伯駒後身,即文、沈亦未盡其法。」

仇英的人物畫、花鳥畫功力也很深厚,影響很大。在當時人物畫衰落不振的情況下,仇英的人物畫爲畫壇帶來了幾分活力。他的花卉畫深得宋、元法度,工謹雅致,不落俗套。

「吳門四家」的複雜身分,基本可代表明代文人畫普及的狀況。在以工匠身分學習文人畫的仇英身上,我們可以體會出文人畫已深入市民階層,已被更廣泛的人群所接受,表明文人畫在成熟之後,又完成了自上而下的傳播任務。

另外,我們從仇英努力向士大夫文人畫方向提高,和士大夫文人畫家努力讓作品接近市民階層的現象中,可以確證文人畫已完成了通俗化的進程,成爲具有廣泛基礎的主流藝術。

56、57. 林良、呂紀
——筆不工意工的院體花鳥畫

　　院體繪畫是圍繞宮廷審美趣味進行藝術創作，是隨著宮廷設立畫院而迅速發展起來的。北宋的院體人物、山水、花鳥在藝術風格上，基本是統一的，而在南宋時期，院體山水和院體花鳥在藝術風格上，卻呈現出不同的面貌。山水走向以「水墨蒼勁」、「大刀闊斧」為指向的道路；花鳥卻走向工致謹細、色彩富麗一格，雖然都是追求感官效果，但呈現的風貌是不同的。

　　而在明代，院體花鳥和院體山水在風格上又走向了統一。院體花鳥大量地採用「浙派」山水的畫法和構圖，衝破了南宋院體花鳥的謹細豔麗，以寫意的筆法畫著工筆花鳥，形成了獨特的明代院體花鳥風格。此後名手輩出，至林良、呂紀，可以說達到了明代院體花鳥畫的最高水準。

　　林良，字以善，南海（今廣東）人，生卒年不詳，約活動於正統至弘治年間（1436～1505），年輕時曾在布政使司供職，後以擅長繪事名揚鄉里。約在景泰至成化年間（1450～1487），林良被薦舉內廷供奉，後官至錦衣衛指揮、鎮撫、值仁智殿。

　　在布政使司供職時，有一次布政使借來一幅名畫與客欣賞，林良卻膽敢在旁訾議，說這畫得也不好，不盡如意，令上司很是惱火。林良只好承認自己是能畫畫的，上

▶ 林良
《山茶白羽圖》

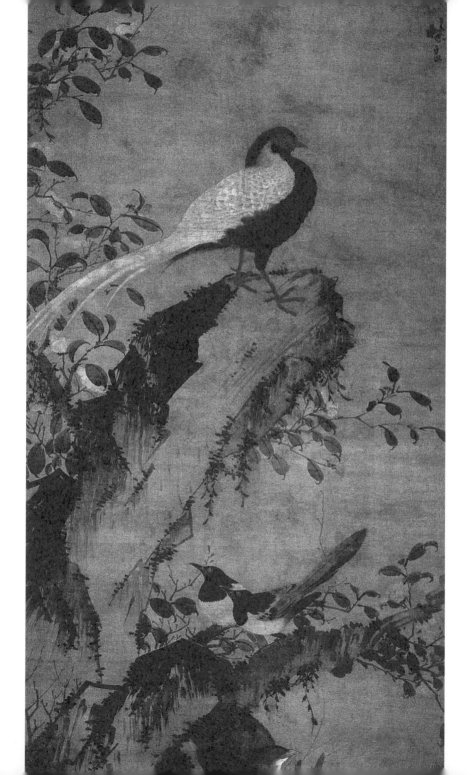

司命取紙筆，一畫果然出手不凡，以後便在官紳間出了畫名。

林良在花鳥畫史中的可貴之處，是尋找出一條工筆寫意的新路子，打破了南宋院體花鳥的拘謹和細筆描繪的柔弱風格。以熱情奔放、恣意縱橫的筆墨揮寫物象，放棄富麗濃豔的色彩，不以細緻富麗為能事，而以「水墨蒼勁」為追求，別有一番雄健之風。

林良寫生造型能力絕佳，對物象觀察細緻入微，下筆雖然粗放，但概括性很強，每筆都能說明問題、是有的放矢，體現出「盡精微、致廣大」的藝術精神。

在林良的畫中，往往傳達出一種野逸之氣，他的這種野逸和文人雅士的野逸有很大的不同，文人雅士的野逸超拔塵世，而林良畫中的野逸帶有更多的人間味。

林良所處的明代初期，畫壇上以戴進、吳偉為代表的浙派山水正大行其道，這一點對林良影響很大。在他的花鳥畫中，山水畫的成分非常多，有些岩石、樹木的畫法就是山水畫法，他是以山水畫法統合花鳥畫法。在布景構圖上還把大山大水搬入畫中，有些畫再往前走一步就是準山水畫了。

在林良之前，往花鳥中參以山水畫法，早在北宋時已經出現，但那時所用山水畫法，只是一般概念上的山水畫法，在畫中傳達出的效果也僅是一般概念的山水效果。

然而，林良在畫中卻單純以「浙派」山水畫法揮寫花鳥，所採用的畫風很具體，因而在他的畫中有強烈的「浙派」味道，這不僅僅是「浙派」在花鳥畫中的反映，還可以說是「浙派」山水向花鳥畫的延伸，或者說林良的花鳥畫就是花鳥畫中的「浙派」。

他不僅在畫法上採取山水畫法，在趣味追求上也把山水畫的意境引入畫中。在構圖安排上，他一般採取「一角半邊」的岩石坡渚、樹木葦竹來經營畫面，使花鳥畫的表現空間擴展至最大限度。為配合畫中的大場景，林良多選擇一些大環境中生活的禽類為題材，如雄鷹、蘆雁、孔雀、仙鶴等較大體格的禽鳥，這種選擇是和他的花鳥畫意境追求相協調的。

林良的花鳥畫境界龐大，筆墨個性豪放，善於在大畫面、大場景中經營布局，調動畫中所有構成因素，使淋漓盡致的筆墨施展其中，盡可能顯出更多的變化，避免畫面空泛乏味。在林良的畫中，既有素樸剛健的氣勢，又有生機的躍動，使人感受到了旺盛的生命力所具有的昂揚意志。

館藏於上海博物館的《山茶白羽圖》，可代表林良的藝術成就。圖中繪山野一隅，岩石上佇立著一隻神態俊逸的雄雞，雌雞在岩下閒步。一對羽光閃爍的喜鵲在

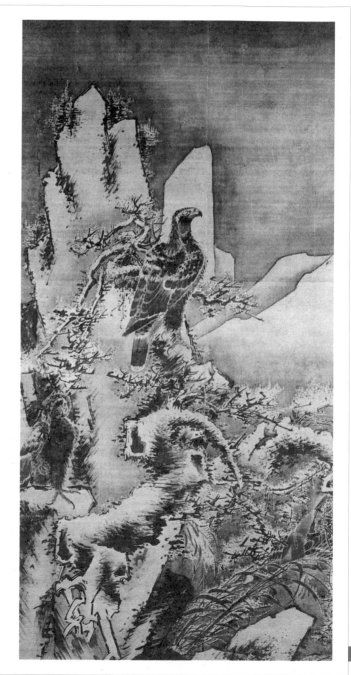

▶ 林良《雪景雙鷹圖》

259

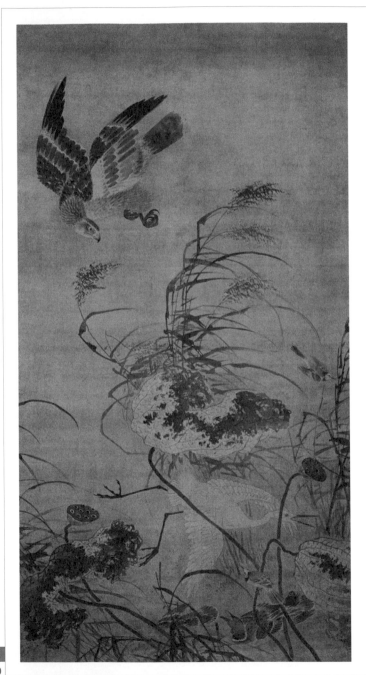

樹幹上跳躍鳴叫。石後山茶樹枝搖曳，綻開朵朵粉色茶花，一片春機無限。

圖中岩石樹木以「浙派」勁健豪放的筆墨皴擦而出，有蒼勁淋漓的韻致。鳥以精細的工筆勾寫，著色淡雅明麗，形成了工寫、收放、剛柔相濟的藝術對比，是林良較工整一類花鳥的代表作品。

至於典藏於北京故宮博物院的《雪景雙鷹圖》，則是林良放縱一格的代表。圖中荒雪枯木之上，立一有王者之風的黑鷹在雄

◀ 呂紀《殘荷鷹鷺圖》

視蒼天，另一隻鷹在蜷足梳羽，樹下有燕雀在望風而逃，和鷹形成強烈的情緒對比，更加突出了雄鷹的風姿。遠處有寒嶺雪峰聳立蒼穹，暗示出鷹的傲視蒼穹之態，整個畫面展現出鷹擊長空、威猛莊嚴的氣概。

圖中岩石、樹木均以「浙派」筆法揮就，但比「浙派」更放縱剛健一些，甚至有悲愴之感。整體經營是以山水畫為基調，整體意境也是追求山水畫的大境界，而不是一般的花鳥趣味，畫面「張力」很大，用筆變化也很多，強調筆勢多於強調墨韻。整體筆墨傳達的是痛快淋漓和恣意酣暢，使觀者不由得心胸豁然。

在明代的院體花鳥中，林良畫風的「收處」和另一位花鳥畫家呂紀的「放處」，正好構成了一個結合點，使明代院體花鳥的林良和大寫意相連，而呂紀又和工筆花鳥相連，中間的結合點，就是他們畫風的重合處。可以說，只有林良和呂紀畫風的有機組合，才能代表明代院體花鳥的全貌。

呂紀（1477～？），字廷振，號樂愚，浙江鄞縣人，弘治（1488～1505）年間被徵入宮，值仁智殿，授錦衣指揮使，以花鳥畫著稱於世。

《明畫錄》說他「畫花鳥初學邊景昭，後模仿唐宋諸家，始臻其妙」，但在他的畫中可以看出，受「浙派」山水和林良水墨寫意花鳥畫的影響更大。工謹富麗與水墨寫意俱能，並把林良的水墨蒼勁融入自己敷色豔麗一格之中，風格獨具特色。世人有「林良、呂紀，天下無比」之讚譽。

呂紀花鳥畫取材和傳統院體花鳥差別不大，多是傳統中的祥禽瑞鳥，但在意境的營造上，都別開生面。他把所畫物象置於特定環境之中，抓住花木禽鳥的最佳姿態，在真實場景的自然狀態中表現主題。

藏於浙江省博物館的《梅茶雉雀圖》，是代表呂紀工致一格的作品。圖中寫料峭春寒的山溪邊，白梅、山茶盛開，老幹虯曲，雙雉棲息其上，一反一正，形態生動，數隻禽雀聚棲梅枝，生機盎然，一派早春景象。

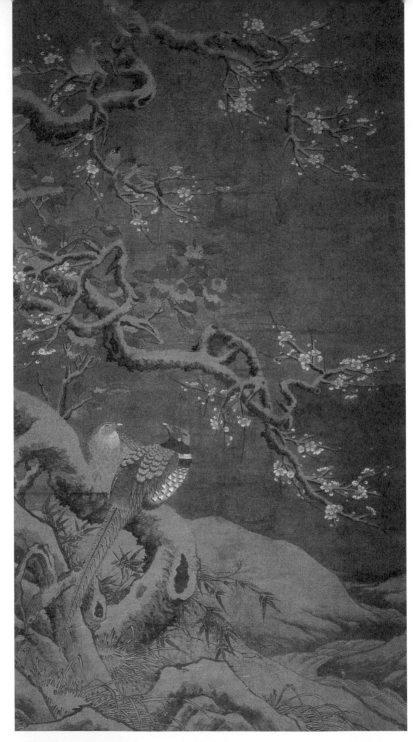

▲ 呂紀《梅茶雉雀圖》

藏於北京故宮博物院的《殘荷鷹鷺圖》，是代表呂紀寫意一格的作品。圖繪肅殺秋風之中，雄鷹在空中翻身追逐一隻倉皇而逃的白鷺，正在遊食的野鴨緊縮頭顱，望著這突如其來的災難，另一隻嚇得把頭一下栽入水中。圖中用鷹的眼神和荷葉、荷桿，巧妙地突出了即將臨遭悲慘命運的白鷺，具有矛盾衝突的戲劇效果，意境遠遠超出畫面本身。

該圖在技法和構思上，和林良小寫意畫風相重合。林良的「小寫意」很像呂紀的「大寫意」，呂紀的「大寫意」更像林良的「小寫意」，看來林良和呂紀在藝術風格上的追求是相同的。

關於林良和呂紀在美術史上的貢獻，一般認為是開啓了後世大寫意之風。但真正判斷林良、呂紀的價值是很困難的，他們的畫在表面上很像文人寫意花鳥，但是「像」並不等於「是」，如「遒勁如草書」，並不等於引草書入畫，這一點我們不可不明。

林、呂兩人的花鳥畫，是在工筆院體花鳥框架內的延伸和擴展，畫法上的粗與細是程度和量上的；也就是說，可以還原成工筆畫，是筆不工而意工的院體花鳥畫，它很難轉換成後世的文人寫意花鳥畫。

判斷林、呂畫風的種屬的確困難，它有很大的隱蔽性。他們在畫中採用「浙派」的山石樹木畫法，一般還能判斷出來，但折枝、禽鳥類就很難鑑別。因線細、面小，林良、呂紀用筆又都很勁利，在筆墨形態上更近似文人寫意。

但林良、呂紀的畫仍然是「浙派」院體花鳥畫，他們的貢獻是在工筆花鳥框架內創立了新風，對後世寫意花鳥的影響，主要是「水墨蒼勁」的精神。他們走的道路，不同於在王淵、張中、沈周、文徵明影響下陳道復、徐渭所走的「寫意」道路。

對林良、呂紀的研究，可以尋找出他們在美術史上的真正作用和價值，對當下的工筆花鳥魚創新也是有所裨益的。

58、59. 戴進、吳偉
——夕陽無限好 只是近黃昏

山水畫發展至南宋，出現了風格和趣味的轉折，以李唐爲首的「南宋四家」，開創了以追求「水墨蒼勁」和「水墨淋漓」爲宗旨的南宋山水畫風，並很快發展成以馬遠、夏圭爲代表的高峰階段；到了元代，由於「文人畫」成爲畫壇主流，南宋畫風受到冷落，從宮廷流入了民間；而到了明代，由於宮廷的提倡，使南宋畫風再次「死灰復燃」，並產生了新的流派——「浙派」，而明代「浙派」山水畫的開創者就是戴進。

戴進生於明洪武二十一年（1388年），字文進，號靜庵，又號玉泉山人，浙江錢塘（今杭州）人。

據說，戴進父親是位畫工，他少時秉承家學，長於繪畫；還有一說，戴進早年爲製作金銀首飾的工匠，一次因偶然看到自己精心製作的首飾被熔爲金銀，一氣之下，立志改學繪畫。經過努力，戴進三十六、七歲時，已名重海內。

宣德年間（1426～1435），戴進以善畫被徵入宮廷，在共事的謝環、李在、倪端、石銳等宮廷畫家中，首屈一指。有一次，戴進向明宣宗呈進所繪《秋江獨釣圖》，畫一人著紅袍，垂釣江邊。紅色在繪畫中很難運用，弄不好便生「火氣」，戴進獨得其法，韻味十足。

但也因此遭同行所妒，待詔謝環向宣宗讒言道：此畫雖好，但紅袍乃朝廷品服，怎能將其穿在漁人身上呢！戴進於是被排擠出畫院，並險遭殺身之禍。此後，他埋名隱姓，四處流離，曾到過雲南，後又回北方，晚年主要活動於江浙一帶，最後在輾轉奔波中死去。

戴進是位有才能的畫家，山水、花鳥、人物、走獸無所不能，而尤以山水獨步畫壇。他的繪畫以繼承李唐、馬遠、夏圭畫風為主，並吸收北宋、元代諸家畫法，形成了雄健蒼潤的個人風格。

在戴進的山水畫中，大致有兩種風貌：一種是墨色蒼潤、奔放豪邁的畫風；一種是含蓄圓潤、細秀清雅的畫風。

藏於遼寧省博物館的《溪堂詩思圖》，是戴進奔放豪邁、雄闊淋漓一格的代表作。圖中繪峻嶺虯松、茅堂臨溪、飛瀑懸山，整幅畫面峰巒重疊，布置精密，頗見生機。

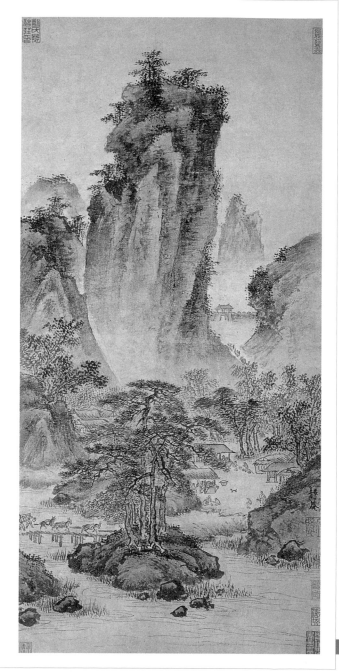

▶ 戴進《關山行旅圖》

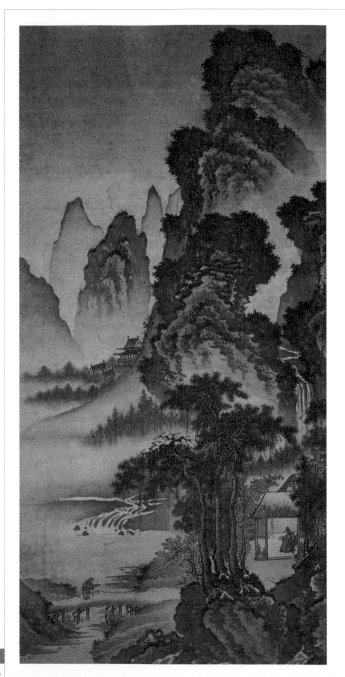

戴進用筆頓挫有力，用墨痛快淋漓，線面互用、黑白互襯，在雄健豪放、遒勁蒼潤的筆墨韻致中，追求山勢的層次和渾厚。這種層次追求和「文人畫」近濃遠淡的空間處理不同，而是在以黑襯白、白襯黑的素描關係中，追求空間的深度和厚度。這是戴進晚年山水畫常用的手法。

典藏於北京故宮博物院的《關山行旅圖》，是戴進秀雅細潤一格的典型。圖中繪關山聳峙、群峰環擁，有「一夫當關，萬夫莫開」之勢。關口外有一茅村野店，

◀ 戴進《溪堂詩思圖》

行人歇息其間，一旅行人正渡橋過溪，點出關山行旅的主題。該圖在布局造境、山川體貌、筆墨運用上，融合了宋、元諸家之長，有別於他單純以「馬夏」筆法爲之的山水畫。

他將斧劈皴「砸碎」，以細碎之筆層層橫皴，弱化了斧劈皴的「劍拔弩張」之氣，在層次渲染上，他採用了北宋、元代的染法，追求渾厚莊重，在畫面中已流露出文人畫情調，在水紋的畫法中，文人畫的成分更多。

戴進的繪畫，在明代中期被世人稱爲「絕藝」，從學者甚多，並影響了明代山水「院體」畫風的走向，在很大程度上，戴進的畫風就是明代「院體」。可以說，「浙派」畫風是明代宮廷「院體」的民間化，明代「院體」是「浙派」畫風的宮廷化。在戴進之後，又把「浙派」畫風極端發展的是吳偉。

吳偉（1459～1508），字士英，一字次翁，號魯夫、小仙，江夏（今湖北武昌）人，年幼孤貧，流落常熟（今江蘇），爲布政使錢昕收養。吳偉從小就顯示出不凡的繪畫才能，常「持筆圖形，莫不生動」。錢昕見狀，資以筆墨，讓他學習繪畫。

吳偉十七歲時來到南京，被成國公朱儀召至幕下。據說，朱儀見吳偉年少才奇，如若神仙，即以「小仙」稱之，吳偉因號「小仙」。十年後，吳偉被明憲宗召入宮廷，授職錦衣鎮撫，待詔仁智殿。

吳偉性格疏狂，常縱酒終日，一次酒後大醉，被憲宗召入宮廷作畫，竟在皇帝面前將墨汁打翻，即順勢信手塗寫成《松風圖》，憲宗嗟歎曰：「眞仙人筆也。」

由於吳偉爲人耿介，疏於人事，又不願與權貴相往還，在京城難於久立，終於憤然回到南京。後來孝宗即位，召見他於偏殿，授錦衣衛百戶職，賜「畫狀元印」。吳偉在京住了兩年後，又佯病南歸；武宗時，又欲召他入京，使者剛到南京，他卻因飲酒過度而亡，時年五十歲。

吳偉擅長人物、山水，畫風從馬遠、夏圭以及戴進水墨蒼勁一體

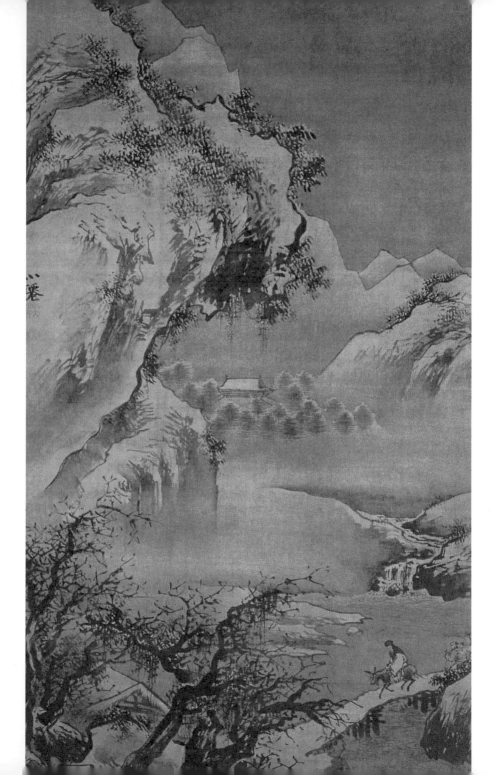

變化而成，格調更恣意揮灑、豪放勁健。藏於北京故宮博物院的《灞橋風雪圖》，是吳偉山水畫風的代表作品。

灞橋，在陝西長安縣，唐人送別者多於此處折柳相贈，有「灞橋折柳」典故。又有「詩思在灞橋風雪中驢子上」之說，故畫家常以「灞橋風雪」爲題材。

《灞橋風雪圖》繪一老者騎驢在風雪中過橋，景作危壁懸崖、古道盤山、枯樹茅屋、溪水湍流，一片荒寒之象。畫法以側鋒臥筆，皴法粗簡、墨韻酣暢，皴中有染、染中有皴，有一氣呵成之感。只是放縱有餘、精到不足，是吳偉典型風格。

平心而論，吳偉人物畫要比山水畫藝術水準高，他把山水畫中的雄健豪放引入人物畫中，給一直「萎靡不振」的人物畫壇，吹進了一縷清風。他的人物畫正像王世貞所言：

> 畫人物出自吳道子，縱筆不甚經意，而奇逸瀟灑動人。

◀ 吳偉
《灞橋風雪圖》

▼ 吳偉《人物》

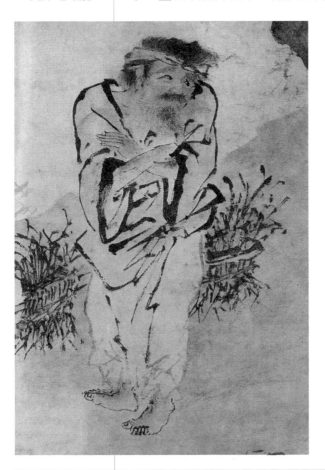

　　吳偉畫人物衣紋勁健流暢，行筆多頓挫方折，變化豐富。除粗放風格外，吳偉也有雅致工謹之作。吳偉在明中葉畫名極高，弟子眾多，成為一時風尚。因他是江夏人，所以被世人稱為「江夏派」的創始人。

　　對於戴進、吳偉一派繪畫，明、清文人著述中各有褒貶。如孫承澤《庚子銷夏記》說：

> 文進畫在明初名甚噪，然其風格不高，馬遠、夏圭之流派也……文進畫有絕劣者，遂開周臣、謝時臣等之俗，至張平山、蔣三松惡極矣，皆其流派也。

　　更有論者說他「非山水中正派」，「日就狐禪，衣鉢塵土」。而李開先卻為「浙派」一流張目，他在《中麓畫品》中認為，戴進、吳偉一派山水兼有「神、清、老、勁、活、潤」的特點。

　　其實，對南宋山水畫風和戴進、吳偉畫風評價不高，是在文人畫成為畫壇主流、文人畫理論廣為流行的基礎上產生的。如果說南宋山水畫風是繪畫「自律」發展的結果，那麼，戴進、吳偉畫風就是宮廷提倡而再度興盛，是繪畫「他律」發展的結果。

　　戴進、吳偉一派「畫法」因素多於書法因素，在山石中所用斧劈皴和行筆輕快，都是書法中所忌諱的。特別是斧劈皴，用筆需側臥掃出，起筆緊、收筆鬆，沒有書法中的藏鋒、迴鋒、中鋒行筆，以及提、按、頓、挫等方法要求，並且一味追求感官效果，這些都是和文人畫趣味相悖的。因此，文人畫越繁榮，戴進、吳偉一派越沒地位。

　　戴進、吳偉一派在文人畫系「吳派」崛起後，日漸式微，一直到當代也沒興盛過。如果把「南宋畫風」比做朝陽的話，戴進、吳偉畫風就是最後一抹殘陽了，從此，這一流派的天幕黯然了許多。這也許是美術史「自律」發展的結果，但戴進、吳偉一派，畢竟在美術史上產生過不容否認的重要作用。

60. 陳淳
——濃妝淡抹總相宜

寫意花鳥畫發展到明代，出現了重大轉折。「吳門畫派」之首的沈周，繼承了元代王淵、張中的「沒骨」寫意花卉傳統，又吸收南宋法常的水墨寫意畫法，形成了獨具特色的小寫意花鳥畫。

元代以前，雖然也有了「沒骨」水墨花鳥，但那時的「沒骨」是針對輪廓線而言，水墨是針對色彩而言，和文人畫筆墨自身語言關係不大。如果順著「沒骨」勾出輪廓線，去掉水墨著上色的話，便可以再還原回標準的工筆花鳥畫。

沈周筆下的文人寫意花鳥畫，無論在趣味上和筆墨要求上，都和以前的花鳥畫有所不同。在他的畫中，已具備了直接以筆揮寫的筆墨元素。而在沈周的學生文徵明筆下，又將其筆墨元素給以主動的發揮，使寫意花鳥的筆墨語言具有了

獨立性。在沈周、文徵明的共同努力下，豐富了小寫意花鳥畫的筆墨語言，尋找到以花鳥來承載文人畫筆墨法式的新道路。

「吳門四家」雖然山水畫名重當時，但卻沒有像小寫意花鳥那樣，完成以畫傳人的任務。而直接繼承沈周、文徵明衣缽而又有所創新者，就是明代寫意花鳥畫家陳淳。

陳淳（1482～1544），字道復，號白陽山人，約五十歲前後，以字行，蘇州府長洲（今江蘇吳縣）人。陳淳出生於一個文人士大夫家庭，他的祖父陳璚，工古文辭和詩，官至南京左副都御史，家中書畫收藏豐富。他的父親陳鑰，一生未曾仕進，精研陰陽方術。

陳鑰與文徵明為通家之好，相交二十餘年，情誼深厚。陳淳師從文徵明學習詩文、書法、繪畫，青

年時便嶄露頭角。他在三十歲以前，與其師文徵明相處篤厚，經常一起宴飲唱和，並與文氏門生好友交往密切。他的書法和繪畫明顯受到文徵明的影響。

正德十一年（1516年），陳鑰去世。父親的去世對陳淳打擊很大，他從此情緒消沉低落，沉溺於詩酒文會；三十六歲時，北上京城，入國子監修業，四年後離京返鄉。正在這時，他和業師文徵明在人生觀和藝術觀上產生了分歧，使兩人感情上開始疏遠。藝術觀的分歧，導致陳淳在繪畫上努力擺脫文徵明的束縛，尋找自己的風格面貌；嘉靖二十三年（1544年）十月二十一日，陳淳因患疾病去世，亨年六十一歲。

陳淳在從師文徵明時，就對沈周的小寫意花卉，心摹手追。因陳淳祖父和沈周是朋友關係，所以，陳淳從沈周畫中學到不少寫意真法。本來他就非常喜愛沈周花鳥畫寫意畫風，又因他和文徵明相交已疏，使陳淳更易轉向沈周。

沈周花鳥題材比文徵明廣泛些，筆墨也樸厚一些，這都對陳淳的寫意畫風有所影響。他在四十至五十歲時，更用心於沈周畫風，以期衝破文徵明的束縛。在他晚年的畫中，沈周的成分更多一些。

陳淳在學習沈周、文徵明的基礎上，對元代沒骨水墨花卉也領悟很深，特別在元人的意氣和情志方面，體會深刻，往往在畫中流露出元人的蕭散逸氣。

陳淳筆下的花卉題材非常廣泛。他衝破了傳統文人畫熱中表現的梅蘭竹菊，和適合筆墨表現的幾種花卉的限制，以精純的筆墨語言，詮釋著百花的風情萬種。在表現花卉物理情態的同時，陳淳儘量使花卉去適合筆墨，而不是筆墨適應花卉；這樣，他才能運用相對獨立而自由的筆墨去為百花傳神。

陳淳寫意花卉的表現方式也很豐富。既有單純的水墨，也以色點寫；既有粗放一格，也有工謹畫風；既有勾花點葉，又有點花點葉；既有彩花彩葉，又有彩花墨葉，形式語言非常複雜。

收藏於廣州美術館的《荔枝賦

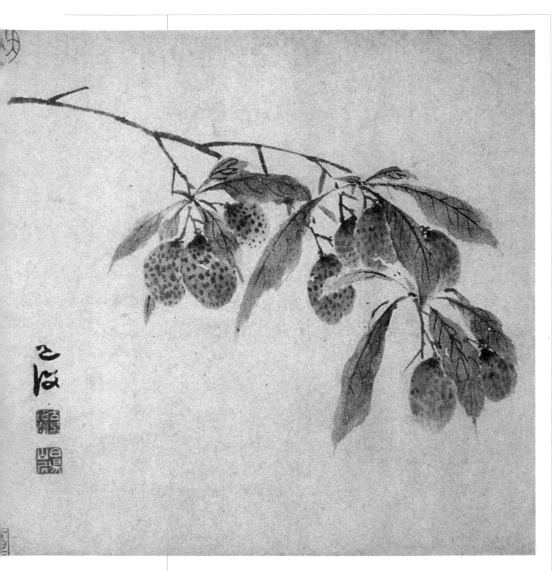

▲ 陳淳
《荔枝賦書畫卷》
（局部）

書畫卷》，是陳淳工致一格的畫風。圖中繪折枝荔枝斜垂而下，荔枝的重量和色澤表現得非常微妙。在此圖中，我們還可以看出沈周畫風的影子。

　　典藏於北京故宮博物院的《葵石圖》，是陳淳獨具個

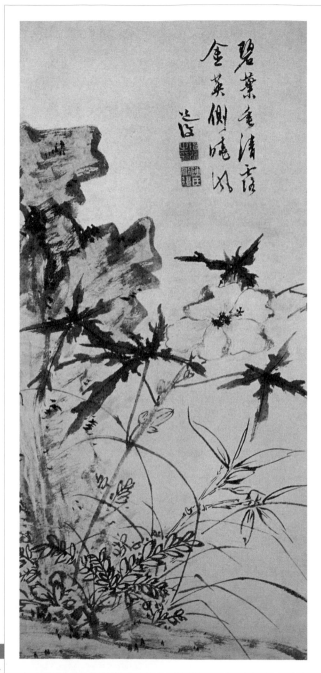

人風貌的佳作。葵花以淡墨渴筆頓挫寫出，用筆變化豐富而微妙，寥寥幾筆就表現出花的厚度和質感。枝葉以磊落的用筆直接揮寫，充分發揮筆墨語言的自身特色。

後面湖石用筆更是鬆靈活脫，在乾濕、虛實對比中，注意留出用筆飛白，更顯石蒼花柔；地面上的雜草竹枝，均以線勾出，用筆勁利而隨意，和上面的墨色形成線面呼應。整個畫面「意匠」過程非常成功。

陳淳的寫意花卉，開拓了表現領域，完善了筆墨語言，開啓了後世大寫意畫風的門徑。他是小寫意和大寫意之間的分水嶺，對後世徐渭的大寫意花卉影響極大，並合稱「青藤白陽」，在美術史上是一位重要人物。

◀ 陳淳《葵石圖》

61. 徐渭

——筆底明珠無處賣　閒拋閒擲野藤中

寫意花鳥由「吳門畫派」的沈周、文徵明、唐寅、陳淳繼承元代沒骨寫意畫法，用文人畫筆墨法式重新梳理寫意花鳥畫，將具有獨立語言和自足發展的用筆、用墨引入自然界的花花草草之中，使文人畫家不再依靠描寫梅蘭竹菊來抒發內心的情志逸趣。

梅蘭竹菊，實際上是由山水畫中的枯木竹石向前的延伸，它的繪畫技法更多的是依託山水畫。它的審美趣味是停留在物象的象徵意義上，因淡雅的墨色可超越形色之上，和文人士大夫內心的雅逸心境相協調，是更深層意義上的象徵。

士大夫們的心境是文心萬象，花鳥畫表現題材的侷限，束縛了他們抒發感情的雙手。僅靠幾種單調的物象和單純的墨色，已滿足不了士大夫文人豐富的情懷。

寫意花鳥畫筆墨語言的相對獨立，使文人畫家既可以在筆墨天地中陶冶自我，又能將心靈寄託於所畫物象。筆墨和物象透過畫家達到高度的和諧統一，便可產生完美的繪畫作品。

由於筆墨語言的獨立，只要你掌握了它，就能將其運用在更廣闊的領域；由於筆墨語言的獨立，用墨、用色都能完成感情的抒發，而不再侷限於文人畫家只能用水墨才可表達內心世界。

寫意花鳥筆墨的獨立，使筆墨表現形式空前自由，不久便出現了大寫意的藝術高峰，而站在這「高峰」之上的人就是徐渭。

徐渭（1521～1593），字文長，號天池山人、田水月等，晚號青藤道士，浙江山陰（今紹興）人。

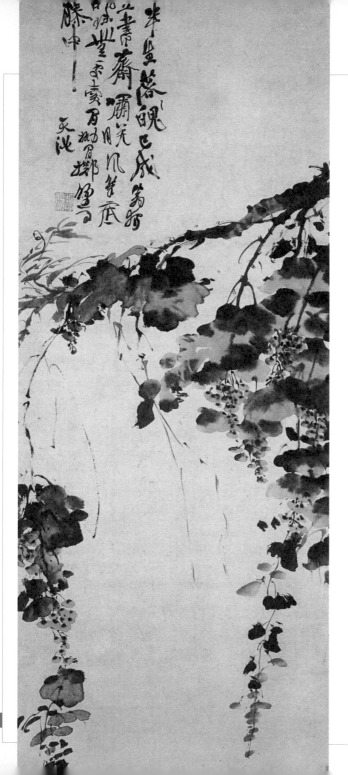

他出身於一個衰落的小官僚家庭，其父曾任雲南等地知州，晚年還鄉納妾，徐渭即為「庶出」。在他出世百日時，父親去世，幼年的徐渭由嫡母苗氏撫養；十四歲時，苗氏去世，徐渭又轉棲於異母長兄徐淮處。

徐渭二十歲考中秀才，而後娶潘似為妻。不久，長兄徐淮服丹藥以致中毒身亡，妻子患疾不治而死，家運迅速敗落；三十七歲時，徐渭被浙閩總督胡宗憲聘為幕僚，頗得其器重。在此期間，他參加鄉試八考八落，仕進無望。

◀ 徐渭《墨葡萄》

徐渭四十五歲時，明朝奸相嚴嵩之子因通倭罪被殺，胡宗憲也被捕，後自殺於獄中。徐渭聽到胡宗憲的死訊，以為自己也不能倖免其禍，便自撰墓誌銘，做好棺木備用。他以利斧擊頭、柱釘刺耳、鐵錘擊腎，九次自殺未遂，但精神已處於癲狂的病態中，後因誤殺妻子，而下獄監禁六、七年。

徐渭出獄時已五十三歲，由於飽嘗世間風雨，對世事已心灰意冷，開始寄情於詩文書畫的創作中；到晚年，賣書畫已不能度日，因此將所藏數千卷書變賣一空；最後，因疾病侵體，腹不能果，七十二歲的徐渭在困頓中死去。

徐渭具有多方面的藝術才能，他曾寫過劇本《四聲猿》，可代表明代戲劇的藝術成就；他的書法學蘇軾、米芾，字體奔放，自成面貌；徐渭中年才開始學畫，至晚年趨於成熟，許多不朽名作都創作於他最後的二十年裏。徐渭對山水花卉、人物都很擅長，尤以水墨大寫意為最。

由於吳門後生陳淳在寫意花卉領域的探索，使表現題材擴大，表現形式多種多樣，開拓了筆墨語言的新境界，使筆墨直接揮寫成為可能。徐渭就是在陳淳的基礎上，將小寫意發展為筆墨恣肆的大寫意。

陳淳有兩種風格：一種是工謹一格，和沈周、文徵明畫風相接；一種是放縱一格，可和徐渭小寫意類相通。實際上，徐渭是接續陳淳放縱一格向前發展的，是從陳淳文秀有餘、豪放不足的畫風中蛻化的龍蛇、羽化的蝴蝶。

徐渭的寫意花卉，「走筆如飛，潑墨淋漓」。在用筆上，他強調一個「氣」字，他的用筆看似草草、若斷若連，實際筆與筆之間有「筆斷意不斷」的氣勢在貫通著，有所謂「筆所未到氣已吞」。

在用墨上，他強調一個「韻」字，他的用墨看似狂塗亂抹、滿紙淋漓，實際是墨團之中有墨韻，墨法之中顯精神，是所謂「不求形狀求生韻」、「信手拈來自有神」。

比筆墨更為重要的是，徐渭將自己的人生和情感全部傾洩在他的畫中，在這裏，可以看到他的痛苦、激憤、渴望、抗爭、熱情、無

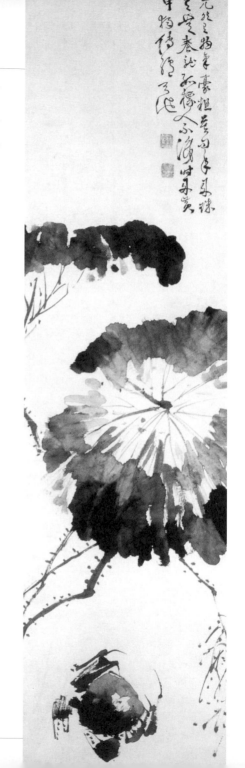

奈;他畫中的豪放,是身心受到煎熬和
壓抑後的張揚與抗爭。徐渭作畫,往往
以膠調墨,有浸漬淋漓的效果,這和他
血淚交織的人生是相融合的。

　　徐渭的畫,是在用情感來調動筆
墨,在他的畫中,筆墨和物象都退居第
二位。筆墨在他筆下已不是問題,物象
只不過是個載體,他將自己的人生升騰
於筆墨和物象之上。

　　他在《墨葡萄》圖上題詩曰:

　　　半生落魄已成翁,
　　　獨立書齋嘯晚風。
　　　筆底明珠無處賣,
　　　閒拋閒擲野藤中。

　　透過這首詩,我們可體會出他是在
藉物吟詠人生情懷。

　　藏於北京故宮博物院的《墨葡萄》
圖和《荷蟹圖》,是代表徐渭藝術水準
的傑作。《墨葡萄》在構圖上較為奇
特,一枝葡萄藤由右至左垂下,沒有曲
折變化卻有違一般章法;但徐渭在左上
角題詩一首,猶如四條繩索將葡萄藤拉
起,補救了構圖上的不足。

　　《荷蟹圖》用筆縱橫馳騁,用墨浸

◀ 徐渭《荷蟹圖》

◎寫意畫

基本上是指用筆方式和精神取向兩個方面。用筆方式是與「工筆」相對而言，行筆簡練概括，不拘形似；精神取向注重神韻、意象，不追求物象的表面相似，這是中國繪畫的一個重要特點。

潤淋漓，在濃淡交錯中顯出墨彩華光，可謂水墨「絕唱」。

中國繪畫史上，有兩位不能以形跡相論的畫家，一位是元代畫家倪雲林，另一位就是徐渭。觀倪雲林的畫，使人拂去煩躁，得一「靜」字；觀徐渭的畫，使人體會出生命的律動和激情，得一「動」字。這一靜一動，占據了生命的兩極。他們兩人畫作的內在意蘊，若只靠單純的臨摹，是永遠學不來的，尤其是缺乏人生歷練的凡夫俗子。

徐渭以他的才情，將大寫意花卉推上了藝術最高峰，成為大寫意畫的里程碑。但在外國人眼裏，這種「潦草」的畫能成為藝術傑作，簡直是不可思議；實際上，這是不瞭解中國繪畫筆墨自身語彙所致【註】。如果筆墨自身沒有審美價值，或者沒有建立相對獨立的法式語彙，那麼，徐渭的大寫意無異於西方繪畫中的草圖，或者油畫「打底」階段，而不具獨立形態。

徐渭就是選擇了這最直接、最適合抒發情感的筆墨語彙，創造了藝術奇蹟。徐渭不愧為影響深遠的大寫意藝術巨匠。

62. 藍瑛
——浙派殿軍

明代初期，在宮廷的提倡和扶持下，學南宋畫風的浙派一流繁榮於宮廷內外，成為明初繪畫主流。由於浙派影響極大，從學者甚多，在明中期，被稱為「浙派亞軍」的吳偉又創立了「江夏派」。

「江夏派」眾生將浙派畫風給以極端發展，以致後期出現荒率枯硬的筆墨習性，使浙派一流盛極而衰；另一個原因是，以追求元人意氣的「吳門畫派」崛起後，將浙派畫風「擠」出了繪畫主流並取而代之。

可是，浙派畫風並沒有斷絕，就在明末清初時期，浙派畫風又以新的形態再次復興，而這次復興的宣導者，就是被世稱「浙派殿軍」的藍瑛。

藍瑛（1585～1666尚在），字田叔，號蝶叟，晚號石頭陀，又號西湖外史、西湖外民、東郭老農，浙江錢塘（今杭州）人。藍瑛性耽山水，常漫遊名山大川，心胸開闊、眼界非凡，是一位終身虔於繪事的職業畫家，是山水、人物、花鳥俱能的全才。曾在揚州居住，到過嘉興、紹興、寧波等地，晚年居於山莊，壽八十有餘。

藍瑛學畫以臨古入手，早年曾學元人諸家，多著意黃公望畫法，但用筆有些鬆軟；明人學畫多受時風左右，藍瑛居處乃浙派畫風故地，難免不受影響。

他對浙派領悟頗深，但並沒有拘於形跡，而是將浙派所追求的「水墨蒼勁」變成「用筆蒼勁」，以矯文人畫用筆鬆軟之病。他將浙派水墨淋漓的筆墨效果變成「無墨求染」，以染墨、染色的溫潤，矯正「狂塗亂抹」的粗野之病；他取法於浙派山水的小斧劈，並將其用筆拉

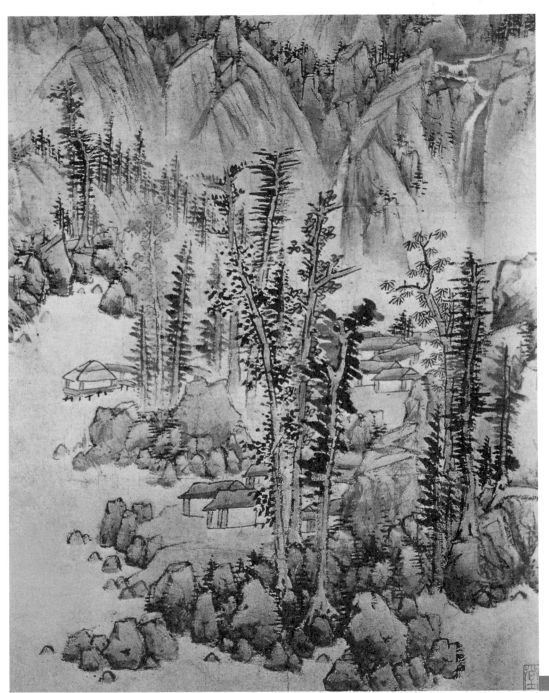

▲ 藍瑛《山水圖》（局部）

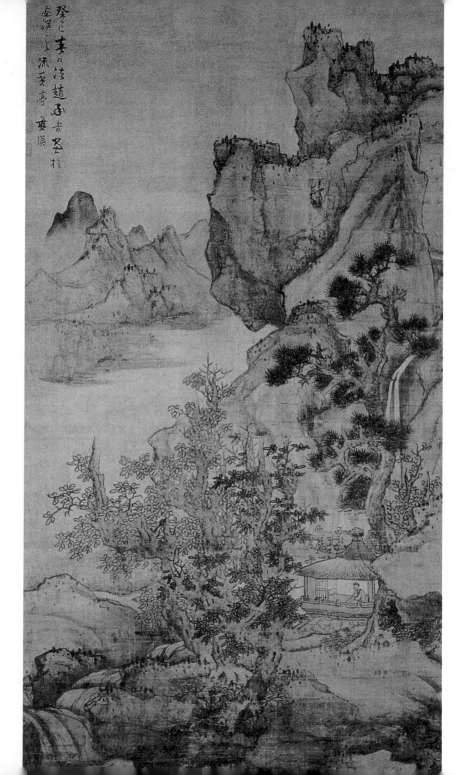

長或方折，變側鋒用筆爲中鋒用筆。

在山勢構圖經營上，他多採取「一邊、半形」的起式，他以浙派精神爲基礎，廣泛臨摹唐宋名家，又遠取「吳門畫派」，近學「松江」畫風，把文人畫精髓吸收到他的畫中。

他的山水畫，非常強調用筆的蒼勁和山勢岩石的骨力剛硬，因此，他對北宋前的荊浩、關仝、李成、范寬用意極深，將他們石體堅凝、猶如鐵鑄的剛硬之骨，「搬」到了自己的山水中。藍瑛的山水畫，無論是「沒骨青綠」，還是淺絳山水，都能給人以堅硬頑強的感覺。

藍瑛畫樹最有特色，他畫樹主要師法關仝、李成、范寬，強調深紮入土的樹根和茁壯粗大的樹幹，非常合乎樹木的生長規律。他用筆勁利，略皴樹皮以分陰陽，像「鐵樹」一般堅硬。這種畫法，對後世的陳洪綬影響很大，在陳洪綬的畫中可見許多藍瑛樹法的影子。

藍瑛的畫風，是以浙派蒼勁的用筆爲根本，對歷代各家都有所取，他是有明一代研習歷代名家最廣泛的一位畫家。但他不論學習哪一家、哪一派，都保持著用筆蒼勁，和荊浩、關仝、李成、范寬山水中的博大氣度。這種氣度是文人畫家所鍾情的董源、巨然、「元四家」所沒有的。

藍瑛用筆快而狠，既勁利又能壓得住紙，尤其在紙本上作畫，由於用筆快而狠，筆筆都有「飛白」，顯出毛毛蒼蒼的筆致；再加上他用溫潤的墨色渲染山體，使「筆蒼墨潤」得到了高度融合。

藍瑛除畫水墨淺絳一格外，還畫自稱仿張僧繇「沒骨青綠」山水【註】。雖然有依從古人之嫌，但也不無道

理。我們在敦煌壁畫中就能找到這種畫法，只不過藍瑛將其變為時代特色，雖言「沒骨」，實則骨在其內。這也許是藍瑛在渲染明暗的「染法」中生發出來的技法，使青綠山水又多了一種畫法。

把藍瑛歸為浙派一脈，或稱其「浙派殿軍」，有些學者頗有議論，認為戴進和藍瑛在畫法和畫風上面貌迥異，把藍瑛歸為浙派是因同鄉之故。其實，我們判斷一個繪畫流派，有時是不應以形跡來論的。

藍瑛把浙派的形跡「熔化」，提取最本質的東西，把浙派狂塗亂抹的荒率之病去掉，引進了文人畫的成分，使浙派變俗為雅、變粗野為細謹。他把浙派裏裏外外都進行了「改造」，讓浙派以新的形態呈現於世人面前，雖然表面上和浙派風格相左，但骨子裏卻是浙派風範。

張庚評藍瑛云：「至明季方有浙派之目，是派也，始於戴進，成於藍瑛。」又說：「畫之有浙派，始自戴進，至藍為極。」可謂一語中的。

明、清之際，學藍瑛者眾多，因藍瑛居於錢塘武林地區，世人又稱其為「武林派」，這一流派對後世的陳洪綬以及金陵八家產生一定的影響。

63. 董其昌
——中國繪畫南北宗的確立者

中國繪畫發展到明末清初，不僅各種風格和流派日臻成熟，而各種繪畫理論也日趨完善。這表明成熟的繪畫亦需完善的理論來指導，理論的構建會促進繪畫自身的發展。在明末、清初的繪畫理論中，影響最大的，莫過於董其昌提出的「畫分南北宗」說。

董其昌（1555～1636），字玄宰，又字思白，號香光居士，華亭（今上海松江）人。出身於清貧之家，當時董家只有田地二十畝，他十七歲學書、二十三歲學畫，與畫家顧正誼、莫是龍、陳繼儒，收藏家項元汴，官宦陸樹聲，名士王世貞等人相往還，共同切磋藝道。還先後與禪宗大師達觀、憨山相交往，學習禪機妙理，這對他日後的繪畫和理論建樹有很大的作用。

萬曆十七年，董其昌入京會試中二甲第一名進士，授翰林院庶吉士，後官至南京禮部尚書。其間也曾多次告退，是一位忽仕忽隱之士。隨著董其昌官職的升高，家計日富，因為有錢有勢，董家橫霸華亭一帶，為非作歹，民怨極重。

董其昌六十一歲時，看中一位陸家使女綠英，就縱兩百多人到陸家把綠英搶來做妾。此事使董其昌名聲掃地，他為平息影響而捉捕了許多人，並致死人命。當地鄉眾異常憤怒，婦孺皆傳：「若要柴米強，先殺董其昌。」

不久，成千上萬憤怒的鄉眾包圍了董宅，鄉眾們打散家丁湧到宅前，拔旗竿、砸門道，正欲放火焚宅，因突下大雨而止。不幾日，上海、青浦、金山等地百姓也來支援，把董家大宅和白龍潭董家的抱珠閣焚燒殆盡。各地凡有董書區額皆被毀

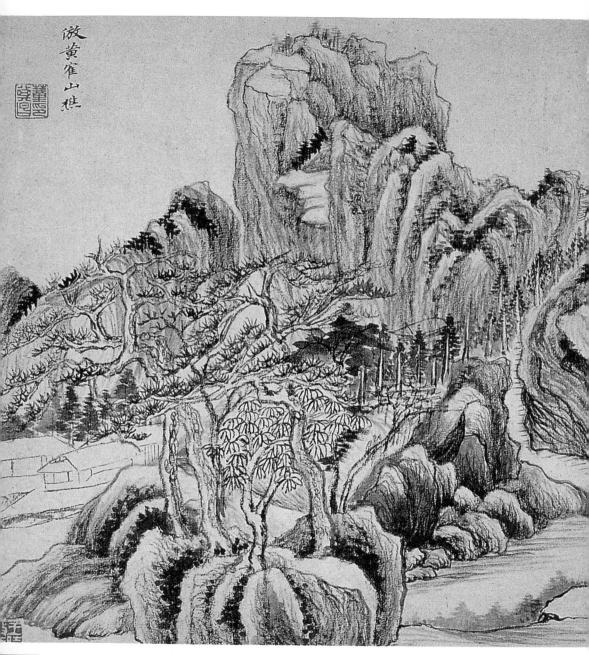

▲ 董其昌《仿古山水冊》

壞。董其昌先帶家人逃至附近泖莊，後又逃到歸安沈家才保一命。

此事後來被編入一本演唱彈詞《民抄董宦事實》中，傳播於後世。令人不可思議的是，這樣的一位人物，卻對中國繪畫和理論有著不小的貢獻。

董其昌的繪畫，受華亭一派畫家顧正誼影響很大。顧正誼畫學黃公望，並對董源、巨然、倪雲林領悟頗深。董其昌後來也直取諸家正法，晚年亦有取法李唐之作。他就是在師法古人的過程中，步入文人畫堂奧，發現了筆墨深層內涵，並開始梳理和構建文人畫理論。

講求筆墨，是文人畫的內在要求，文人畫家的筆墨不僅注重造型方法，而且注重筆墨內在的審美價值。書法用筆已被文人畫廣為借鑑，從書法中吸取精華也已是文人畫家的共識。但若把書法用筆不經變通而直接用於繪畫，也易流於浮華。因此，董其昌提出：

> 士人作畫當以草隸奇字之法為之，樹如屈鐵，山如畫沙，絕去甜俗蹊徑，乃為士氣。

關於援書入畫，元代趙孟頫也曾提出：

> 石如飛白木如籀，寫竹還應八法通。

但這僅是文人畫的一般要求，「吳門畫派」也提倡這種一般意義上的引書入畫，但到後期卻出現了矯揉造作之弊。董其昌不僅提出以書入畫，更重要的是他對用於畫中的書法之筆，提出了更內在的要求，以保證繪畫中的筆墨更加精純，不流於浮泛表面，這比趙孟頫的以書入畫深刻了許多。

董其昌的繪畫，大致可分三類：其一以表現筆法為主，大多師法黃公望、倪瓚；其二以表現墨法為主，主要師法董源、巨然、二米、吳鎮；其三是設色山水，在色彩中追求古雅。

董其昌的繪畫特點是筆法分明，皴法次序井然、層次清晰，在

渴淡的明晰中求渾厚、求變化。樹幹多以蒼而毛的渴筆勾皴，然後以各種「混點」點寫，強調每一筆的獨立性，秩序感很強，並著意於墨色由濃及淡的漸變，顯得「幽深淡遠」；在用筆上，他特別注意提、按、頓、挫的行筆變化，在他的筆墨中體現出了「平淡天真」的禪學意味。

藏於北京故宮博物院的《仿古山水冊》和藏於上海博物館的《秋興八景》可為董其昌的代表作品。

董其昌「畫分南北宗」說，一直是學界爭論的焦點【註】。他在《畫旨》中說：

> 禪家有南北二宗，唐時始分；畫之有南北宗，亦唐時分也。但其人非南北耳，北宗則李思訓父子著色山水，流傳而為宋之趙幹、趙伯駒、伯驌，以至馬、夏輩。南宗則王摩詰始用渲淡，一變勾研之法，其傳為張璪、荊、關、郭忠恕，董、巨、米家父子，以至元之四大家，亦如六祖之後有馬駒；雲門、臨濟兒孫之盛，而北宗微矣！

董其昌的這一段話，明確提出了唐宋山水畫的兩大派系。如果我們不對僅僅是借用比喻的「禪宗」窮追不捨，而更關注一下繪畫本體問題的話，就會明白他是在提倡「文人畫」和梳理出中國繪畫的兩大風格。

實際上，他是在文人畫內部重新調整文人畫的法式，使文人畫向更高階段發展。想完成這個任務，就必

▶ 董其昌
《秋興八景》

◎南北宗
明代畫家董其昌為了推崇南宗水墨畫，而將山水畫劃分為南北兩個派系。他認為：禪宗南北之分始於唐，山水畫南北之分也從唐始。將運用鉤斫技法為主的畫家視為北宗，以唐代李思訓父子為開宗鼻祖；將運用水墨渲淡技法為主的畫家視為南宗，以唐代王維為立派之人。其主要目的是「崇南貶北」。

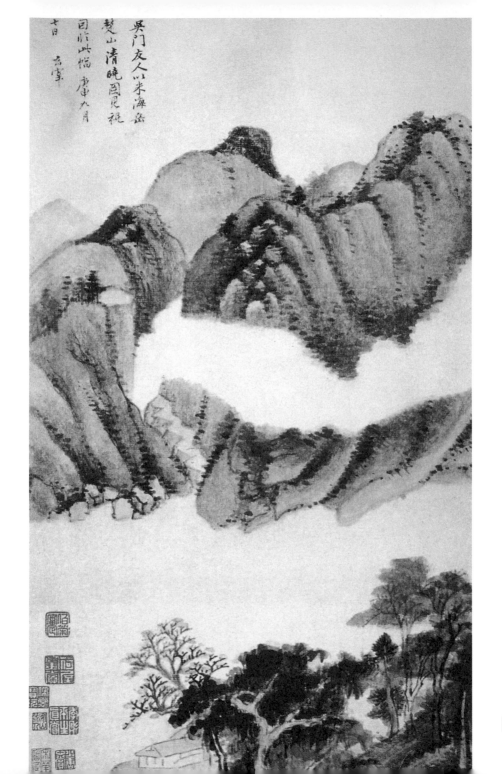

吳門友人以米海岳
楚山清曉圖見視
因作此幅 庚申九月
七日 石寧

須先將繪畫源流劃清，然後才能把握文人畫內在流變，才能進一步研究筆墨內在涵義。

關於他的「崇南貶北」之說，可能有失偏頗。但我們也應看到「北宗」山水在元代、明中期以後再也沒復興過的事實，也應看到「南宗」山水筆墨自身審美價值的存在。

我們對一種繪畫流派的選擇，實際上可體現出我們對文化的選擇，文化的發展必將優先選擇適應該文化發展方向的繪畫流派。這是歷史的必然，我們應學會告別一些不適應社會發展的東西，去創造和迎接更新、更好的事物。

董其昌以他的繪畫和理論，影響了後世的畫家們，清代的「四王」就是董其昌繪畫理論的身體力行者，他們的畫風甚至影響了清代宮廷藝術風格的走向，使文人畫走入了宮廷。而董其昌的繪畫和理論，到今天仍然是值得我們研究的課題。

64. 陳洪綬
——古拙派人物畫的復興

在人物畫的風格方面，唐宋以後的寫意人物大致可分三大流派。

一種是傳統的線描派，以唐吳道子，宋李公麟、武宗元爲代表。以吳道子爲首的線描派，是出現最早、對後世影響最大的一派，後經李公麟總結古法，將吳道子「白畫」轉化爲自成一科的「白描畫」，特別講究用筆的變化和素雅的韻致。

第二種是粗筆寫意派，以五代石恪、南宋梁楷爲代表。用筆較粗放，打破了純用線的侷限，以水墨直接揮寫，有水墨淋漓的效果，但不被當時文人所欣賞；後世畫家多採其精神，轉化成小寫意，或兼工帶寫，而盛行於人物畫中。

另一種就是古拙派，爲五代貫休始創，所畫人物奇形怪狀，獨具古拙之風；但此派因不合時尚，而沒流衍成風。

明清之際的人物畫，一直是萎靡不振。浙派人物畫到後期已多荒率枯硬，吳門畫派人物已是柔媚不堪。這時，以陳洪綬爲代表的古拙派人物畫再次崛起，給人物畫壇帶來了新的生機和活力。

陳洪綬（1598～1652），字章侯，號老蓮，別號老遲，浙江諸暨人，出生於書香門第，父親不幸早逝，靠母親撫養成人。陳洪綬青年時代師事於劉宗周、黃道周，四十五歲入京爲國子監生，授舍人，後又被命爲內廷供奉；他當時的志向，並不想在畫史上留名，因而沒有接受此職，不久便南歸回鄉。

明亡時，清兵南下浙東，曾抓到陳洪綬，並以屠刀脅迫他作畫，陳洪綬大義凜然，拒不依從，險遭殺害，後避難雲門寺，剃髮爲僧。在這次動亂中，陳洪綬許多師友以

身殉國，他內心充滿強烈的悔恨和
內疚，認為自己是「不忠不孝」之
人，因此改號為「悔僧」、「悔
遲」、「遲和尚」。陳洪綬晚年在紹
興、杭州等地賣畫為生，清順治九
年，就在這種悔恨與悲憤的精神折
磨中死去。

　　陳洪綬繪畫以臨古入手。少年
時，曾反覆臨摹過李公麟所畫的七
十二賢石刻拓片，還臨過唐代周昉

的作品，打下了深厚的傳統基礎。
陳洪綬山水師學藍瑛，尤其學藍瑛
樹木深得真法，在他人物畫中常畫
雜樹作為背景，觀者一眼便能看出
法出藍瑛。

　　陳洪綬在人物造型上，吸收五
代貫休人物畫造型語言，將其「胡
相」特徵轉化為「漢相」；將其醜
怪突兀的形象弱化，去其醜而取其
奇；將其「宗教梵境」轉化為「人

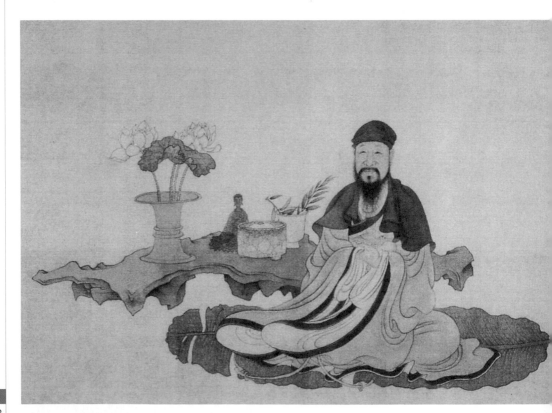

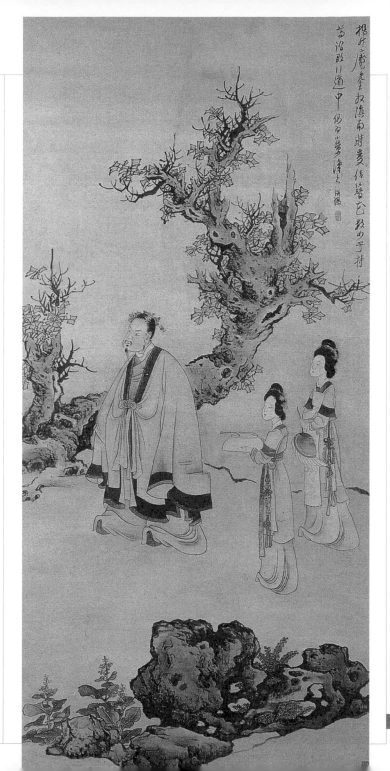

▶ 陳洪綬
《升庵簪花圖》

◀ 陳洪綬
《南魯生四樂圖》
（之一）

間仙境」。

　　至於在衣紋用筆上，又吸收東晉顧愷之的畫法，追求衣紋的連貫和強調用筆的舒展，不過分考慮人物內在結構，而是著意於一種人物動勢和衣紋筆勢，用「動勢」和「筆勢」營造超然的境界。

　　陳洪綬在顧愷之衣紋筆勢的基礎上，更強調衣紋的重複性，他的衣紋往往是在前一筆衣紋近處，再追加一筆或幾筆，在強調了衣紋筆勢的同時，又增加了一些裝飾效

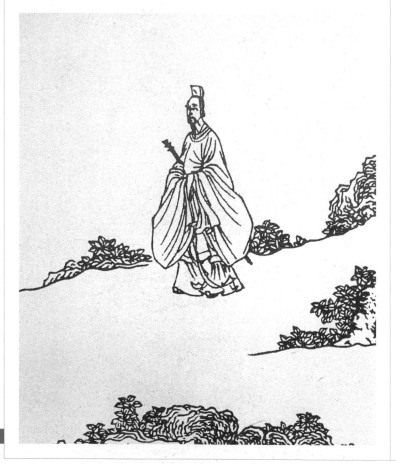

◀ 陳洪綬
《屈子行吟圖》

果。我們在陳洪綬人物畫中，會感覺出在古拙裏隱現著優雅的裝飾意味。

在著色上，他以不損傷墨韻和用筆為準則，並在色彩對比上頗為考究，色彩在他的畫中顯得古雅別致、非同凡格。《升庵簪花圖》（北京故宮博物院藏）、《品茶圖》（朵雲軒藏）等可為上述特點的代表作。

陳洪綬除擅長以線為主的人物畫外，還常作「波臣派」一格。他與「波臣派」創立者曾鯨是好友，在繪畫上難免受其影響。陳洪綬所作《南魯生四樂圖》（私人藏）就是以「墨骨」法為之。

該畫人物表情生動自然，面部全以明暗法積染而成，富有彈性；衣紋走向仍是自家筆勢，襯托出人物飄逸瀟灑的內心世界。

陳洪綬在山水、花鳥方面，亦獨具風貌。山水畫樹石得益於藍瑛，但中年以後，化身立法，自立門庭；山石皴法波幻雲詭，筆墨高雅樸厚；花鳥畫吸收宋元畫法，生機勃發，皆極精妙入微。

陳洪綬的版畫作品對後世影響很廣，精心所作《屈子行吟圖》尤為成功。圖中以簡潔的構圖、勁挺的線條，誇張地表現了屈子莊重而傲岸的神情。陳洪綬的版畫對日本「浮世繪」也有影響。日本德川時代「浮世繪」代表畫家葛飾北齋所作《水滸卷》中，就吸收了不少陳洪綬的畫風。

陳洪綬的繪畫，已體現出他對古代繪畫形式和風格的追求，但這種追求又不侷限在形跡上，在藝術精神上也用意頗深。他將晉人的瀟灑、唐人的豪邁、宋人的靜穆、元人的逸氣、明人的活潑，都納入他古拙一格的整體框架內，使古拙派人物煥發了新的生命，也使自己名重海內外。他和北方的另一位畫家崔子忠合稱「南陳北崔」。他對晚清畫家任熊、任薰、任伯年的繪畫，也有著深遠的影響。

陳洪綬是一位在美術史上非常重要的人物，有許多地方是值得我們做進一步研究和學習的。

65. 曾鯨
——為真人傳神寫照的肖像畫

肖像畫到了明代，雖然不像在唐宋時那樣得到充分發展，但是由於社會實際生活的需要，無論在宮廷或民間，始終都有從事肖像畫的一群畫家。這些畫家的創作方式，如同工匠一般，經常被雇主請入家中，面對真人傳神寫照，然後獲取一定報酬，但地位比一般體力工匠高一些。他們的創作活動，還沒進入到士大夫文化層次，所以，許多民間肖像畫家在畫史上無聲無名。

明代肖像畫描寫的對象，多是家族中年長者，是為死後供後人紀念和祭祀所用，所以，民間稱這類肖像畫為「祖宗像」。因是祭祀所用，畫上從不留下作者的姓名。我們看到許多明代優秀的肖像畫，都沒有作者的名款，也許就是這個原因。然而，肖像畫發展至明末，因出現了一代名手曾鯨，才改變了此一局面。

曾鯨（1568～1650），字波臣，原籍福建莆田，明末著名肖像畫家，主要活動於浙江杭州、湖州、寧波、餘姚一帶，也曾寓居江蘇金陵（南京）。由於他的肖像畫技藝高超、風格獨具，引起了文人階層的注意，並把他請到家中畫像。他曾為當時文壇傑出人物董其昌、陳繼儒、王時敏、黃道周等畫過肖像。因此名氣日重，並有機會與許多文人、名流相往還。

他和陳洪綬是朋友，在繪畫方面相互影響，和浙東著名學者黃宗羲交往密切，在他後來寓居南京時，與黃宗羲居所相近，經常往來。黃宗羲還曾觀賞曾鯨的書畫和古物收藏。由於在與文人學者的交往中，使曾鯨眼界大開、修養提高，因此，曾鯨在藝術境界上和普

通畫工有所不同。

　　傳統的肖像畫，一般先用筆勾出輪廓，然後著色暈染，有所變化也只在用筆濃淡深淺上。曾鯨在肖像畫方面的貢獻，更在於他突破傳統成法，以獨特的「墨骨」畫法，開創了人物畫新風貌。《國朝畫徵錄》說：

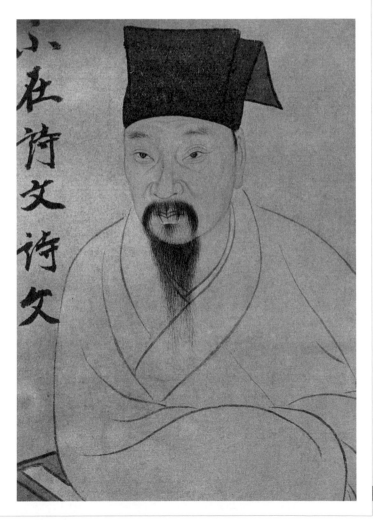

▶ 曾鯨
《葛一龍像》

> 寫真有兩派：一重墨骨，墨骨既成，然後敷彩，
> 以取氣色之老少，其精神早傳墨骨中矣，此閩中
> 曾波臣（曾鯨）之學也；一略用淡墨勾出五官部
> 位之大意，全用粉彩渲染，此江南畫家之傳法，
> 而曾氏善矣。

這裏提到的「墨骨」法，就是由曾鯨所創。具體畫法是：人物臉部結構起伏，不用墨線勾畫，而以淡墨皴擦渲染達數十層，卻能渾融一體，沒有絲毫筆鋒痕跡。

這同時也說明了曾鯨深悟傳統墨法。傳統水墨渲染，往往是多遍積染，這樣既透明也有厚度。如果一次就給夠水墨，則顯得薄而濁、黑而平，這是不懂墨法之故。【註】

曾鯨在烘染數十層的「墨骨」上，再施以淡彩，以表現男女老少的氣血膚色。這種畫法立體感很強，後學者眾多，又因始創者為曾鯨，故稱「波臣派」。

繪畫中的明暗凹凸法，早在六朝、隋唐時，就隨佛教藝術傳入中原。但那時的凹凸法是有線的，是先用筆勾出物象，再依黑線染出立體，最後把墨線隱進墨色中，是一種隱跡顯形的畫法。這是歐洲繪畫傳到古印度，又經印度本土民族化後，再傳入中國的；而曾鯨的畫法，更接近歐洲「文藝復興」前期的繪畫風格。

明代萬曆九年（1581年），義大利傳教士利瑪竇來中國傳教，一同還帶來了傳教所用的聖母子像、耶穌像；他先後三次來到南京，並與文人名流有所交往。曾鯨曾在南京寓居，一定見過歐洲繪畫，並深受啟發。運用傳統墨法，吸收歐洲繪畫明暗因素，創造了風格別致的面貌，這

◎三礬九染

畫工筆時，一般需要反覆上色以求厚重之氣，如果直接在前面一層顏色上再著色，會將底色攪渾，畫面易髒。因而，需在著完色之後，再罩一層膠礬水，乾後就在底色上形成一層透明的保護膜。這樣，就可以反覆上礬著色，而不會將底色攪起，在達到厚重效果的同時，又保持了顏色的純淨，這是畫工筆畫常用的染色技法。

▶ 曾鯨
《王時敏小像》

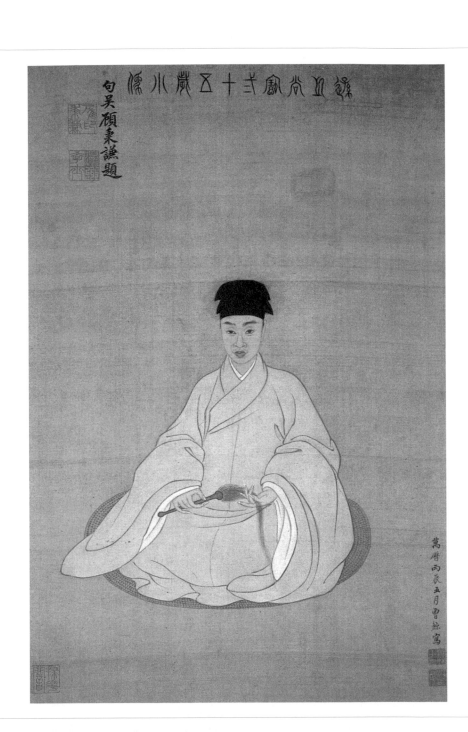

也是中西藝術直接碰撞的結果。

藏於天津藝術博物館的《王時敏小像》，是曾鯨的代表作品。畫中，王時敏身著淺色衣袍、頭戴綸巾、手持拂塵，雙腿盤曲坐於蒲團之上。

王時敏當時二十五歲，面目清秀文靜，顯出學識不凡的士大夫風度。面部以「墨骨」法染出，在關鍵部位用線強調，如上眼皮、鼻頭、嘴線等。衣袍雖然用線勾出，但和傳統衣紋已有所不同，非常注意刻畫結構和外觀，衣紋是爲配合外觀，我們透過這些衣紋可以看到素描線條的穿插關係。

另一幅藏於北京故宮博物院的《葛一龍像》卷，面部刻畫有血有肉，富有彈性，表情也很有特點，是曾鯨又一力作。

明代中後期的人物畫，效法吳門唐寅、仇英一格的人物，到末流是柔靡矯飾，生氣漸失。學浙派者又流於粗簡枯硬。在時病日深的情勢下，曾鯨以傳統藝術和民間藝術爲基礎，吸收西方繪畫特點，自創門派，爲明末人物畫壇帶來了活力，也深深地影響著後世的人物畫家，他的人物畫也是中國繪畫傳統的組成部分。

66. 弘仁
——壯闊雄奇 筆中逸氣

明代中葉，自蘇州「吳門畫派」崛起後，明末清初在江南各地出現了各種以地名號稱的繪畫流派。明中期以後，隨著經濟的發展，市民審美需要的增長，書畫作品開始成爲商品，而這些畫派多在經濟發達地區和城市中產生。究其原因，固然是由於經濟繁榮地區其文化也相對繁榮之因素，但更重要的是爲了賣畫的方便。門戶相爭，往往是經濟利益使然。

明末清初，安徽的商人成爲十分重要的經濟力量。這些徽商們非常重視教育和支持文化事業。因此在客觀上，經濟發展帶動了文化的發展，文化的發展又會促進繪畫的發展。

當時僅安徽一省，就有許多名家和畫派，如以蕭雲從爲代表的姑熟派、以弘仁爲代表的新安派、以梅青爲代表的宣城派等等，其中以弘仁爲代表的新安派影響最大。

弘仁（1610～1664），本姓江，名韜，字六奇，明亡爲僧，法名弘仁，號漸江學人、漸江僧，又號無智。安徽歙縣人，祖上原爲歙縣的大家族，但因父親早死，家道中落。後來求師於汪無涯，勤讀詩文，習舉子業，終成明末秀才。

清兵入關，南京失陷，旋即進逼徽州。漸江同鄉金聲、江天一等民族英雄奮力抵抗，終因寡不敵眾而敗。弘仁與友人程守哭別於相公潭上，然後抱著一線希望，偕其師入閩，投奔當時稱帝於福建的唐王朱聿政權，繼續抗清復明的奮鬥。可是唐王政權很快崩潰，復明希望徹底破滅。

弘仁懷著亡國之恨到了武夷山，落髮爲僧。數年後，他返回故

鄉新安歙縣，居歙縣西郊披雲峰下的寺廟中。在這期間，弘仁多次遊覽黃山，飽遊飫看，陶醉於黃山雄奇的美景之中，並對景吟詩作畫，體會黃山內在韻致。

康熙二年，弘仁欲再遊黃山，不料行前染疾，病入膏肓，一日忽擲帽大呼：「我佛如來觀世音。」於是，圓寂於五明禪院，年壽五十四歲。友人根據他生前喜愛梅花的習性，便在他墓前種梅數十株，以爲紀念。

弘仁以工畫山水而名重於時。他最初師法宋人，爲僧後開始師法元人筆墨，於倪雲林、黃公望兩家尤爲擅長。他以倪雲林筆墨爲「骨」，以黃公望筆墨爲「肉」；從倪雲林的畫中取其「筆力」，從黃公望的畫中取其「墨韻」。

在歷代山水畫家中，倪雲林的畫是最難把握的，在他淡而厚的筆墨中，隱含著超塵拔俗的逸氣，光有其功夫而無其胸次，只能得其皮毛。由於元、明戰亂，許多江浙一帶的大家族，避禍入皖，同時也帶去了很多宋元名畫眞跡，使弘仁有

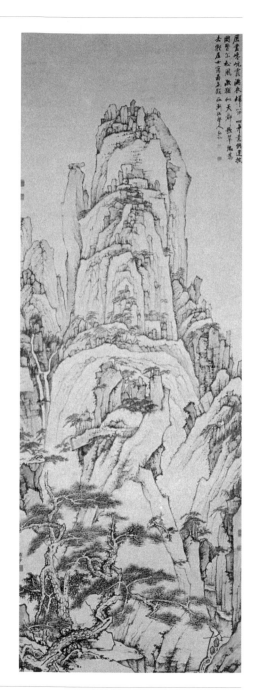

◀ 弘仁
《天都峰》

▶ 弘仁
《黃海松石》

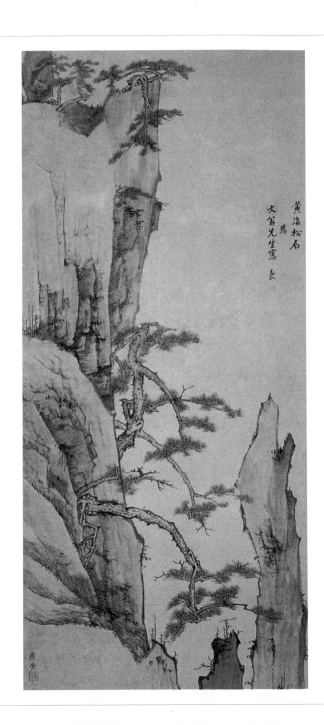

機會見到宋元名跡，並完善地領會畫中神韻。再加他學養極高，多次遊歷黃山，又有爲僧的經歷，心胸同倪雲林相近。因而，弘仁學倪雲林自然比常人高出一籌。

弘仁山水畫筆墨精謹、取象簡約，山石峻峭方硬、林木虯曲遒勁，雖師法倪雲林，但又能在峭拔處見溫潤，在細弱處見筆力。

倪雲林畫中多橫行「折帶皴」，用筆多方折，一筆之內濃淡變化不是很大，是在很多用筆中才顯墨氣。弘仁將「折帶皴」變橫爲縱，爲去掉「折帶皴」變縱向後有軟弱之病，他便寫取山勢方硬的骨架；爲使過長的用筆富於變化，他每行一段，筆就頓挫一下，使線條有或出或進的節奏變化。

「折帶皴」，顧名思義是像摺疊的帶子一樣，畫平坡沙渚因取橫勢，不用力學上的支撐也可，如果將其縱勢運用，很難撐住大面積的山石。爲了克服弱點，弘仁變橫向走筆爲縱向走筆；變側行筆爲中鋒行筆，變扁折爲圓厚，加強了用筆的力度和用筆的濃淡變化。

弘仁畫山多方折之形，容易有堆砌扁薄之感，爲了使山體有厚度，他在關鍵的形體轉折處和遠山處，以適當的皴、擦、點、染來增加山體的圓厚，同時也增加了墨韻，可謂一舉兩得。

倪雲林多畫太湖的水天一色、一坡半嶺、三五樹木，而弘仁則多畫雄偉峭拔的黃山，以及虯曲彎折的松樹。由於他多次遊歷黃山，對黃山的內在之美體會頗深，所以有人稱：「石濤得黃山之靈，梅清得黃山之影，漸江得黃山之質。」得黃山之質，也就是得黃山之骨，而得黃山之骨，便是抓住了黃山內在之美。

藏於南京博物院的《天都峰》圖和上海博物館收藏的《黃海松石》，是弘仁畫黃山題材的代表作品。

弘仁是明末清初「黃山派」的著名畫家之一，同時又是「新安畫派」的先驅，他與查士標、孫逸、汪之瑞合稱「海陽四家」。弘仁對後世的美術發展影響很大，尤其他繪畫的品格，一直爲後人所仰慕。

67. 石谿
——一片蒼莽　風光無限

◎ 四王

指王時敏、王鑒、王翬、王原祁四人，加上吳曆、惲壽平在清初並稱為畫壇「六大家」。

◎ 四僧

指的是八大山人、石濤、漸江、石谿，未出家前早有畫名。其中，石濤和八大山人是明朝宗室的後裔；石谿和漸江兩人是明代的遺民。他們藉畫作來抒發心中對改朝換代的抑鬱，主張標新立異的畫風。

　　文人畫的發展是由士大夫階層開始，逐漸在一般文人中間流行，然後又走向市民階層，在更廣泛的人群中傳播著的。但是，文人畫從宋代到明末，就一直沒有走入宮廷，一直沒有左右過宮廷繪畫的走向。在明代，甚至出現了宮廷內外皆「院體」、皆「浙派」的局面；而在清朝初期，文人畫空前繁榮，出現了宮廷內外皆是文人畫的局面。文人畫終於「占領」了自上而下的所有領域。

　　但也就在這一時期，文人畫內部出現了趣味追求相異的兩種畫風：一種是在宮廷的提倡下，成為清代畫壇「正宗」的「四王」畫風【註】；一種是隱逸民間的「四僧」畫風【註】。

　　有人說，「四僧」畫風是對「四王」畫風的反動，是對朝廷持不合作態度的反映。但若按繪畫本體發展演變來看，兩種畫風的出現是符合文人畫發展規律的。

　　「四王」畫風是文人畫筆墨法式向更深層的探索，絕不是為了討好朝廷而事先「預謀」的畫風。朝廷選擇他們的畫風是另外一回事，和「四王」的筆墨追求，關係不是很大。這種畫法在明末董其昌、王時敏、王鑑就開始了，那時他們還不知道滿人要入主中原。

　　「四僧」畫風實際上是承接明代「吳門畫派」向前發

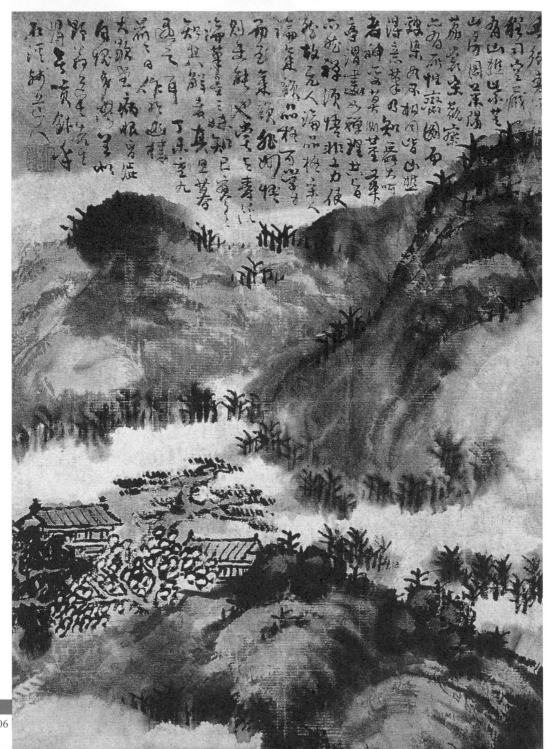

展的繼續，他們有的也吸收了董其昌的畫風，只不過他們沒有停留，而是繼續邁步向前。「四僧」也不是爲了和「四王」以及朝廷作對，才「制定」了他們的繪畫風格走向。

「四僧」畫風實際上是歷代文人畫發展的繼續，他們對筆墨法度和法式也非常重視，對傳統都有著深刻的理解。在「四僧」中，對古代文人畫傳統探索最深、筆墨法度最謹嚴的，就要屬石谿了。

石谿（1612～1692後），俗姓劉，出家後名髡殘，字介丘，號石谿，又號白禿、石

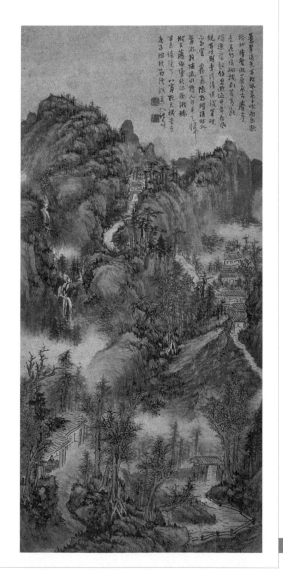

道人、電住道人、殘道者，武陵
（今湖南常德）人。

石谿生於明萬曆四十年。少年
讀經，喜好書畫和佛學，從小便有
出家為僧之念，「一日，其弟為置
氈巾禦寒，公取戴於首，覽鏡數
三，忽舉剪碎之，並剪其髮，出門
逕去，投龍山三家庵中。」（周亮工
《讀畫錄》）石谿二十歲時，正式削
髮為僧，開始了他遊歷參訪諸方叢
林的僧侶生活。

他到過南京、杭州、黃山、雁
蕩山等地，返鄉後，隱居桃源餘仙
溪。當時，清兵南侵，為避兵禍而
入深山三月有餘。艱險的山中生活
使他歷經各種苦難，也讓他對大自
然有了深切的體會，為他日後在畫
幅中營造丘壑積累了豐富的素材。

在石谿的內心中，亡國之恨、
復明之念始終縈結不散。他曾拖著
病弱的身體，先後十三次赴南北二
京拜謁明皇陵。他的一位僧友遊鍾
山，見明皇陵而沒行禮，石谿聽後
勃然大怒，叱罵不已，直逼得對方
認錯方止。從中我們可以體會出，
他的民族氣節和愛國熱忱是何等強

烈。

石谿的繪畫自臨仿古人起步，
早期藝術深受元人特別是王蒙的影
響；在他的山水畫中，王蒙的筆法
處處可見。稍後，他又以元人的筆
墨為基礎，對宋代巨然也用意頗
深。石谿與當時另一山水名家程正
揆相友善，程正揆的山水師董其
昌，精研畫理，對石谿的繪畫有所
影響。石谿從程正揆處得觀不少宋
元名跡，這對他的藝術成長幫助不
小。

石谿性格直率、感情熱誠，又
有認真的治學態度，從而形成了渾
厚華滋、筆墨蒼茫的藝術風貌。他
作畫下筆沉著痛快，以法度嚴謹勝
出時人一籌。石谿多用中鋒禿筆勾
山勒樹，行筆不是很快，但卻筆筆
紮實，和石濤奔放恣肆的筆墨風格
形成了對比。

石谿的畫在格制上多保持在元
人左右，但在山石的體積厚度上，
多採取宋人著意塑造山體結構厚度
的方法，他的畫體積感很強。在勾
勒山體時，他先用細勁之筆勾出輪
廓和大致的皴法，然後以粗筆濕墨

直接分陰陽向背，線面、乾濕互用，既有毛蒼的筆致，又有痛快淋漓的墨韻。

現存於南京博物館的《蒼翠凌天圖》，可爲石谿的代表作品。畫面崇山峻嶺、萬木叢生，茅屋數間、半掩柴扉，幾疊垂泉、樓閣巍峨。山石樹木乾筆寫出、粗筆皴擦，以淡赭染就，色墨互襯，韻味雋永。整幅景物意境深幽、蒼茫蓊鬱。

藏於南京博物院的《松岩樓閣》圖是石谿粗筆寫意一格的代表作。山巒以濕筆揮寫，在水墨幻化中，不失用筆法度，放而不縱，是一幅筆墨氣韻俱佳的作品。

石谿的山水畫以其茂密蒼莽、明潤郁秀的藝術風格，給清初文人畫壇注入了一股勃勃的生氣和活力。

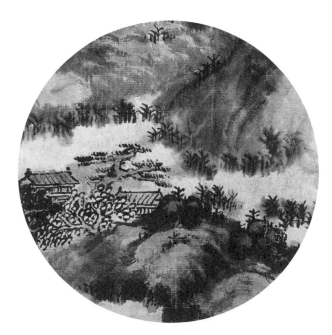

▲ 石谿《松岩樓閣》（局部）

68. 八大山人
——於無聲處聽驚雷

　　在四僧中，八大山人的性格是最怪僻的一位，是對亡國之恨、喪家之悲感受最痛切的一位，也是在藝術中流露出對朝廷不滿情緒最多的一位。

　　朱耷（1626～1705），號八大山人、雪個、個山、人屋、良月、朱道朗、刃庵、破雲樵者等，江西南昌人，明朝宗室，明太祖朱元璋第十六子寧獻王朱權的後裔。朱耷的父親擅長書法，他自幼得到父親的指教，對書畫頗有天分。少年應科舉，薦為「諸生」。

　　八大山人十九歲那年，明朝滅亡。1645年，清軍血洗江南，旋即占領南昌。這期間，八大山人一家，退避到新建縣西山洪崖一帶。當時，各地都有反清義軍，八大山人也曾與抗清義士商議起事抗清，但事未成。

　　於是，八大山人便遁入空門，在奉新縣耕香庵削髮為僧。八大山人三十六歲時，改佛入道，在南昌市郊建造青雲譜道院，過著習靜修真、參研書畫的閒雲野鶴般的生活。

　　康熙十七年，他五十三歲時，臨川縣令胡亦堂為修《臨川縣誌》，把八大山人召入府中，誘他為清廷效力。他在胡府住了一段時間後，深感寄人籬下之苦，於是佯裝瘋癲，忽而大笑、忽而大哭。一天傍晚，突然撕裂自己的僧袍，投入火中燒毀後，獨自回到南昌。

　　此後，常混舞於市，癲態百出。後被侄子收留家中，一年後癲病方癒。後來，他又回到青雲譜，在這裏度過了「花甲華誕」。六十二歲那年，他把青雲譜交給他的道徒主持後，開始了還俗生活。為了生

計，他不得不靠賣畫度日，晚年寓居北蘭寺，並在此結束了他淒涼悲慘的一生。

八大山人的花鳥畫，在陳淳、徐渭、周之冕的基礎上又有所創新。早年，他的花卉一般多勾花點葉，又有介於陳淳、徐渭之間畫風的花鳥畫，此時用筆多方折，用墨清雅有餘、放逸不足，花卉枝幹多取方勢，構圖多幾何方形。但這期間的畫已具筆墨清剛氣象。

促使八大山人在藝術上突飛猛進的人是董其昌。「四僧」中，在繪畫上和董其昌關係密切的就是八大山人。董其昌以曠世奇才，重新「整頓」了文人畫，他的繪畫和理論直接影響了「四王」畫風，王時敏、王鑑還是董其昌的弟子。

但是，「四王」在畫中更多的是運用董其昌的理論，而沒有在畫跡上進行傳承。他們順著董其昌所走的路，又重新走了一遍。董其昌師仿的畫家，「四王」也在努力研習，從客觀上來講，「四王」和董其昌是「同學」關係。董其昌畫跡的傳人只有八大山人，八大山人的畫風則直接從董其昌畫風中羽化而出，就像徐渭的畫風出自陳淳一樣。

八大山人一生都很欽佩董其昌的繪畫和理論，他的書法就是從董氏起家的。八大山人曾自題詩云：「南北宗開無法說，畫圖一向撥雲煙。」可見他對「南北宗」說是贊成的。

八大山人臨習董其昌的字畫一生都沒停止過，他在臨習董其昌的山水畫中，領悟了筆墨根本，將山水畫中的筆墨運用於寫意花鳥，使自己的繪畫最終成熟。

在用筆上，董其昌除強調書法入畫外，更強調用筆使轉、提按的變化。八大山人就是將董其昌勾山勒樹的用筆放大後，用在花鳥畫之中，進而改變自己的畫風。

在山水畫方面，八大山人用花鳥畫的直接落筆，然後「破墨」的畫法，改變了董其昌原來的畫風，又形成了具有自己風貌的山水畫，可以說八大山人是破得「筆墨禪」，一通了百通。

學界對董其昌的繪畫和理論頗

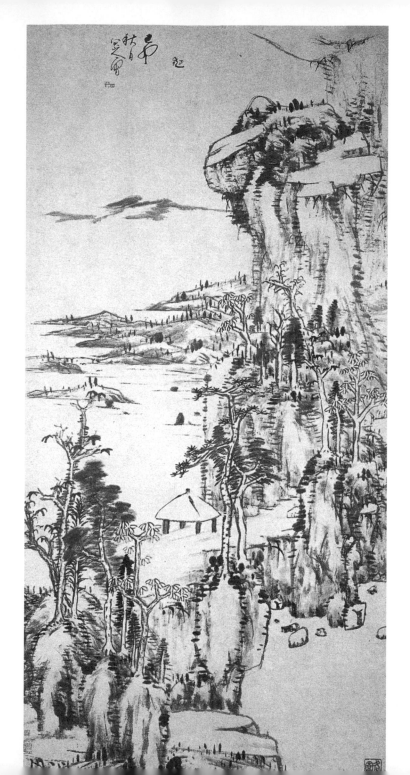

◎ 中鋒運筆

是指行筆時儘量
保持筆鋒在點畫
中央，這樣可使
筆觸圓渾厚重、
不輕浮。有人認
為執筆端正的正
鋒就是中鋒，其
實不然。因為在
具體運筆中，不
可能時時保持正
鋒，筆管時有旋
轉、斜側，但只
要保持筆鋒在筆
觸中央，就可側
不忘中、轉不忘
鋒，持重而行
了。八大山人在
作畫時就非常著
意於中鋒運筆。

有爭議，但是我們應看到這樣一個事實：除了「四王」和董氏一脈相承外，在「四僧」中還有八大山人和石谿是承接董其昌繪畫和理論的。看來，某些繪畫史觀點有必要重新釐清和認識。

八大山人的花鳥畫，以水墨大寫意震驚四方。他的用墨淋漓酣暢、奔放恣縱，尤其用筆難度最大；在急速的運筆中，既要考慮行筆的「使轉」，又要「下駐」其筆，一般來說，很難達到協調統一的程度【註】。八大山人筆下的線

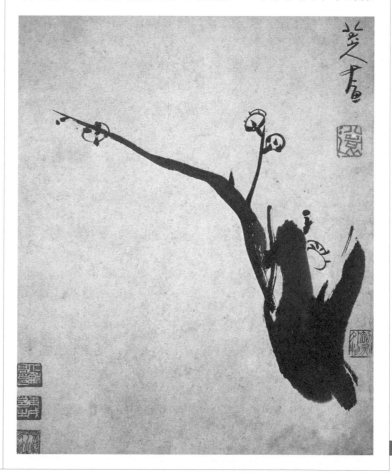

條，如枯藤搖振、剛柔相濟。他的後期花鳥畫，從用筆到造型，都開始變方為圓，在圓渾中寓以清剛。

藏於南京博物院的《梅花圖》，雖然畫幅不大，但一筆梅枝就出現了好幾次的頓挫轉折、正側粗細變化，不能不令行家驚歎不已。

八大山人的章法也非常奇特。他善於運用大疏、大密和線條的穿插，往往在畫中留有大片空白，供觀者想像其間；他還善於將畫中物象引向畫外，將畫外物象引入畫中，使構圖表現境界擴大，也充滿了張力。

八大山人的繪畫，有著深刻的思想寓意。他曾畫兩隻孔雀站一危石之上，孔雀畫三根尾翎，象徵清廷官吏頭上戴的雉翎，寓意清王朝如立危石，終將滅亡。他畫的鳥，也都像他自己一樣，具有「白眼向人」的冷漠神情，他是藉花竹魚鳥象徵人生，或比喻自己。他還把「八大山人」連綴成像哭之或笑之的字形，來表示他哭笑不得的內心世界。

八大山人的山水畫，筆勢奔放、筆墨秀潤，不拘成法。因用花鳥畫方法為之，所以顯得墨韻鮮活、筆蒼墨潤，令人神往。他的渴筆山水更具毛澀蒼莽之氣。存於上海博物館的《水墨山水》圖，是他山水畫中的佳作，可資欣賞印證。

八大山人的繪畫，不僅給清代畫壇以極大的震盪，而且對後世的「揚州八怪」、吳昌碩、齊白石都有著深遠的影響，就是對當前中國畫的發展也有著現實意義。

69、70. 王時敏、王原祁
——清代文人畫的中堅

元代趙孟頫提倡「畫貴有古意」，強調書法與繪畫的關係，繼承了自蘇軾以來的文人畫實踐和理論成就，建立了文人畫法式框架。「元四家」在這個法式框架內，以各自的風格豐富了文人畫的圖式，將文人畫藝術推上了畫壇主位。

「吳門畫派」復興了元人意氣，提倡以書入畫和追求繪畫中的書卷氣，文人畫再度崛起。但吳派山水發展到明末，已在貌似繁榮中產生了不少流弊。不少畫家僅僅著眼於臨摹形貌，偏重於筆墨形式的仿效，出現了板結荒率之病。

為了扭轉這種現象，董其昌開始著手從文人畫法式內部進行調整，重視筆墨自身語言與畫家的文化修養，從注重藉物抒情的山水意境的營造，轉向藉筆墨表現文人畫家個人的人格境界、文化修養、筆墨修養。把文人畫以物象承載筆墨，轉化成以筆墨承載自我；將文人畫對外的筆墨拓展，變成對內的筆墨「鍛造」，強調「以畫為樂」的繪畫功能。

但「以畫為樂」僅靠建立文人畫一般法式框架是很難達到的，它只能完成「以畫為寄」，就像「元四家」那樣，把繪畫作為感情寄託的手段。雖然倪雲林曾強調他作畫是「聊以自娛耳」，但他也是將筆墨承載在太湖的水天一色中。

董其昌「以畫為樂」的前提是：

第一，筆墨的真正作用，不是營造真山真水的意境，而是體現畫家自我品格境界。只有完成了從「意境」到「境界」的換置，文人畫才可能從狀物中徹底解放，從追摹古人的筆墨中完成筆墨語言的表達。

第二，建立起筆墨圖式的標準

和層次、樹立筆墨品格的典型和最高水準，以衡量畫家的
筆墨層次。筆墨的高低，往往是畫家學識修養的流露，一
位畫家在筆墨上接近古人，同時也可表明他在學識修養上
與古人相近，這時筆墨所表達的目的也基本完成。

第三，建立起筆墨自身的審美規範。不僅把書法用筆
引入畫中，而且對書法用筆本身也制定一些審美標準，避
免將書法機械地運用畫中，使文人畫流於浮華。讓畫家在
每一筆的濃、淡、乾、濕、焦、提、按、頓、挫中，體會
每一筆的韻味，而隨著每一筆的生發而成塊面時，又能獲
得筆墨整體的「乾裂秋風」或「潤含春雨」之趣；使用筆
的過程成為用筆的目的，每一筆都有其樂處，唯有如此，
才能達到真正意義上的「以畫為樂」。

董其昌的「南北宗」論，是在劃清繪畫發展源流的同
時，在文人畫法式框架內部又建立了文人畫筆墨法式，使
文人畫筆墨的目的更加純粹和明確。董其昌的理論，對清
初山水畫壇產生了重要影響，他開創了有清一代的繪畫新
風尚。清初山水畫直接繼承了董其昌的理論，而成為清初
「畫苑」領袖的，就是他的學生王時敏。

王時敏（1592～1680），字遜之，號煙客，晚號西廬
老人，江蘇太倉人。他的祖父王錫爵為明代萬曆年間內閣
首輔相國，父親王衡為萬曆二十九年（1601年）進士，曾
任翰林院編修。

王時敏生在這樣一個學習條件十分優越的家庭，從小
就受到了良好的教育。由於王時敏從少年時就喜愛繪畫，
於是祖父王錫爵囑託董其昌指教其孫，董其昌常作各家繪
畫粉本供王時敏臨摹學習。祖父還不惜重金購得古代名

▶ 王時敏
《山水圖軸》

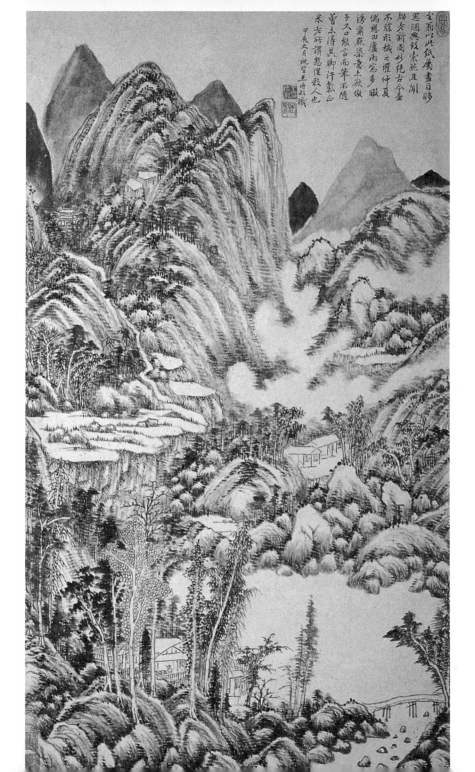

全用此紙戲畫目眺
思潤與彼素然且開
紹大新圖妙抄絲古令臺
不愧飛城之懼仲夏
偶題田盧雨窓多暇
浮甬照梁意太徹做
子久口散言而筆不隨
曾未得謂慈懂殺人也
甲戌五月晚望王備敬識

317

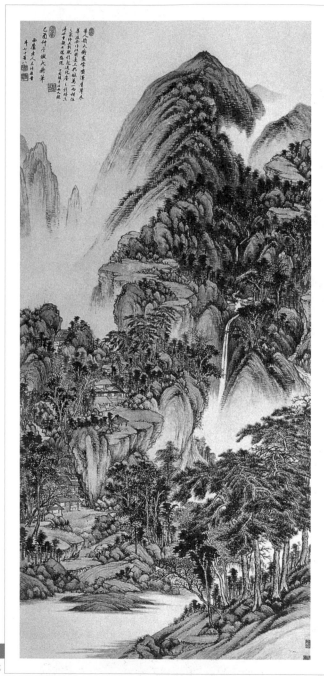

跡，使王時敏從小就有機會從古人眞跡中學習「眞法」。

王時敏二十四歲時，出任掌管皇家印信的尚寶丞。不久，他又奉命巡視湖南、江西、福建、河南、山東一帶封藩地區。天啓四年（1624年），升爲尚寶卿，後又升爲太常寺少卿；崇禎五年（1632年）因病辭官，南歸回鄉。

1644年，清軍南下太倉，王時敏率城中父老迎降。降清後，他沒有再去做官，一直隱居在西田別墅，從事繪畫創作和研究。他有九個兒子，大多都在清朝爲官，第八子王掞還曾任清朝的宰相。

◀ 王時敏
《夏山飛瀑圖》

王時敏在董其昌的指導下，自幼便從臨摹古人名跡入手，深得古人精髓；對黃公望的筆意最為熟悉，其次對倪雲林也情有獨鍾。他在師仿其他名家時，皆以兩人為筆墨根本。

但是，王時敏的臨古，並不是一味模擬形跡，他是通過這些古人筆墨達到古人的人生境界、人生品格。他的所謂「與古人同鼻孔出氣」、「與諸古人血脈貫通」，主要指的是在人格境界、心胸眼界上和古人相通。胸臆高，筆墨不得不高是其故也。

如果他僅是為了臨摹古人形跡，那就按原形原貌臨像也就可以了，沒必要重新去經營章法。雖然他在畫中常寫臨某家筆意、摹某家筆法，可找不出一張是原封不動通篇臨下的。他在追求筆墨內在意義的同時，更注重古人畫中的精神和氣韻。當這個目的達到後，他也就「得魚忘筌」了。

王時敏用筆圓熟，也很蕭散鬆動，幾乎沒有「死筆」、敗筆。在每一筆中，不是以濃淡相濟使線條活絡，就是以渴淡之筆出之，筆筆透氣。所畫樹幹的用筆蒼潤互用、變化多端。樹木墨點用筆秩序井然，用墨濃淡層次分明，儘量讓每一筆都顯而易見。

收藏於南京博物院的《夏山飛瀑圖》，是王時敏晚年的代表作。此圖山水氣勢雄偉，主峰高居畫面正中，群峰環抱、密樹濃蔭、瀑布垂練、雲起山中；構圖複雜、行筆縝密、墨韻十足，山間林野一派清新自然之氣，深得黃公望山水真經。上海博物館所藏《山水圖軸》，是他水墨一格的代表作品。

王時敏的弟子眾多，「四王」中，王鑑是他的族侄，王翬是他的學生，王原祁是他的孫子。他是董其昌的衣缽繼承者，被稱為「國朝畫苑領袖」，是開啟「四王」畫風的第一人；而王時敏的孫子王原祁，則是「四王」中最後一人，也是「四王」畫風集大成者和集古人成法於一身者。

王原祁（1642～1715），字茂京，號麓臺，太倉（今江蘇）人，是清初「正統」畫風的代表畫家之

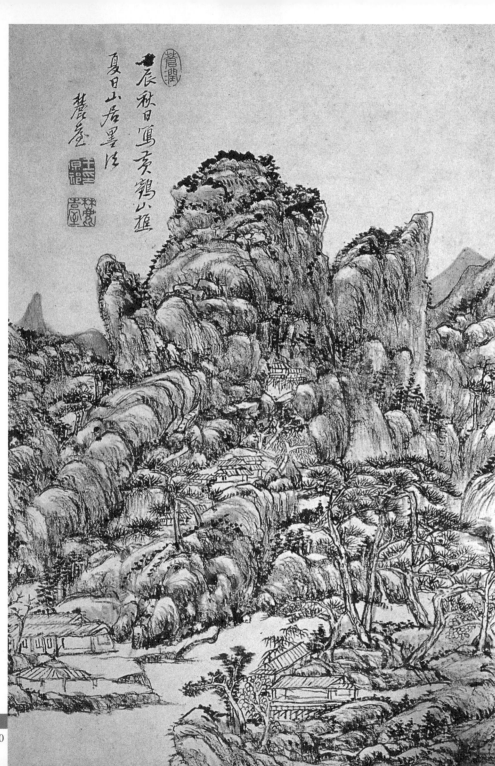

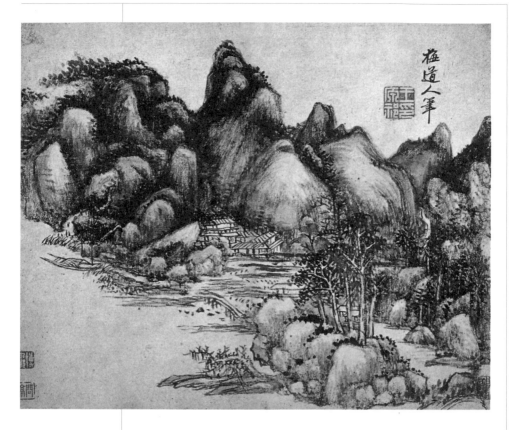

▲ 王原祁
《山水圖》

◀ 王原祁
《山水圖》

一，與王時敏、王鑑、王翬合稱「四王」。

　　王原祁出身於紳宦名家，由於家庭環境的薰陶，幼年時的王原祁就喜愛繪畫。曾作山水小幅，貼在書齋壁上，祖父王時敏見後，十分驚訝，以為是自己所繪，便問：「吾何時為此耶？」知是其孫所繪，欣喜不已，以後便教其臨習古畫。

　　王原祁勤於詩文，十五歲中秀才、二十八歲中舉人，第二年又中進士。歷任順天鄉試同考官、任縣知縣、刑部給事中等職；後召入宮廷南書房，最後任戶部左侍郎。

他在南書房為供奉時，康熙帝常來看他作畫，並為他親筆題寫了「畫圖留與後人看」的詩句；1705年，康熙命他與孫岳頒、宋駿業等編纂《佩文齋書畫譜》，王原祁任「總裁」。經三年而成，為研究歷代書畫藝術，提供了十分重要的史料；1711年，王原祁奉命主持繪製《萬壽盛典圖》。四年後，病故於北京。

王原祁得益於祖父的親授，並對董其昌的繪畫理論領會頗深，在吸收黃公望、王蒙的長處上更見功力，尤其在用筆上卓絕超群。他用筆骨力雄健，如綿裏藏針。董其昌曾提出：

> 士人作畫當以草隸奇字之法為之，樹如屈鐵，山如畫沙，絕去甜俗蹊徑，乃為士氣。

這是王原祁用筆的根本大法。世人皆知文人畫是引書入畫，但不知如不將書法用筆曲變其態，而直接搬入畫中，會使文人畫流於浮華甜俗，「吳門」末流和文人畫末流就是犯了這個毛病；王原祁在引書法入畫的同時，更著意於「樹如屈鐵，山如畫沙」，這樣便保證了用筆不入邪道。這和近代畫家黃賓虹總結的平、留、圓、重、變用筆方法是相通的。【註】

王原祁對元人筆墨境界頗有心得，但他非常注意繪畫承前啟後的繼承性。他說：「要仿元筆，須透宋法，宋人之法一分不透，則元筆之趣一分不出。」可謂一語中的。

在用墨上，王原祁發展了乾筆渴墨層層積染的傳統技法。

◎ 六氣

清代畫家鄒一桂在《小山畫譜》中指出的畫家所忌：俗氣、匠氣、火氣、草氣、閨閣氣、蹴黑氣，這是畫家筆墨修養欠佳最易犯的毛病。王原祁畫中所體現出的雅逸之氣、書卷氣，正是對「六氣」的矯正。

在淡墨一格中，他多以淡墨作山石，乾筆皴擦，層層見筆，在「毛」與「澀」中求渾厚；他的渴淡積染，看上去有「草泥牆皮」的精礪感覺，完善地表現了山石的質感。在濃墨一格中，他以深墨皴擦為主，焦墨加點而成陰陽，看上去猶如「鐵打」的江山，在焦黑中放出墨的華光。

王原祁的畫，很難說哪一幅是他的代表作，只能在他的作品中找出淡墨一格的《山水圖》和濃墨一格的《梅道人筆意》來做參考。

對「四王」的評價，學界一直頗有爭議。如果從狀形擬物方面看，「四王」是在模仿古人，脫離現實、缺乏生氣，就是被他們追仿的「元四家」在當時也是藉真山真水抒發感情的。如果從筆墨法式自身語言來看，「四王」是有道理的。文人畫講究筆墨，按著藝術發展規律，它肯定要經歷一個把筆墨極端發展的階段，這也是對文人畫發展的總結。

在「四王」中，王時敏、王鑑、王原祁都是太倉人，因婁江東流經過太倉，故世稱「婁東派」；而王翬是常熟人，當地有虞山，故有「虞山派」之稱。「婁東」、「虞山」成為清初畫壇「正宗」，對後世有著深遠的影響。

71. 王翬
——山水清暉耀古人

在「四王」中，王翬也是從臨古入手，探求古代諸家筆墨精髓的。但他兼容並蓄古來各家各派傳統，並不限於董其昌劃定的南宗諸家。在「四王」中，王翬是涉獵最廣泛的畫家。

王翬（1632～1717），字石谷，號耕煙散人、烏目山人、劍門樵客，晚號清暉主人，江蘇常熟人。他出生於一個繪畫世家，曾祖父王伯臣，是明代中葉的花鳥畫家；祖父王載仕，也擅長山水、花鳥；父親王雲客，專工山水。王翬在家庭的影響下，自幼酷嗜繪畫，後拜山水畫家張珂為師，學習古代繪畫，並顯露出在繪畫方面的才華。

一次，王鑑住遊虞山，王翬以所畫扇面透過友人轉呈王鑑。王鑑一見其畫即驚歎不已，當即約見王翬，在交談中，尤覺年方二十的王翬年輕有為，當即收為弟子，並攜其同回太倉，指點繪事。先讓王翬臨習古代書法數月，然後親自授他臨寫古代諸家畫跡，不久便畫藝大進。

後來王鑑因公務之需離家遠行，便把王翬引薦給王時敏。王時敏一看王翬的作品，嗟歎道：「你簡直可以當我的老師了，怎能還做我的弟子呢？」於是，取自家所藏古代名跡供其臨習，並帶王翬遊歷大江南北，開闊了眼界。在畫苑領袖王時敏、王鑑的鼓勵和揄揚下，王翬畫名聲震畫壇，被當時學界先輩吳梅村等人稱為「畫聖」。

王翬六十歲時，透過王原祁的舉薦，奉康熙之旨繪《南巡圖》。這件由若干畫面組成的連環式長卷，描寫康熙帝從北京到江南各地巡視的場景，由王翬和其他畫家共同完成。其中山水樓閣均由王翬主繪，

頗得康熙的賞識，並賜其題有「山水清暉」四字的扇面，還欲委以官職。王翬卻推辭不就，離京南返。離京那天，好友以題爲「清暉閣」的匾額相贈，這也是他晚號「清暉」主人的緣由。他回虞山後，自吟詩云：「丹青不知老將至，富貴於我如浮雲。」表達了他對權貴的不屑，和在藝術上只爭朝夕的心情。

王翬的畫以臨古爲始、以臨古爲終。早年曾臨黃公望，師從王鑑、王時敏，後廣泛臨摹唐、五代、宋元各家。三十至六十歲是王翬藝術成熟期，臨古水準有些已可達亂眞地步。最能代表王翬成就的作品是藏於臺北故宮博物院的《溪山紅樹圖》。此圖是王翬三十九歲所作。圖中繪山麓曲抱、秋風揚波、兩岸秋林、紅雨落木；溪岸之上，山路盤曲，山下村落掩映，山上古刹雄峙，在山崖林木之間，一線瀑布飛瀉而下。圖中山石主

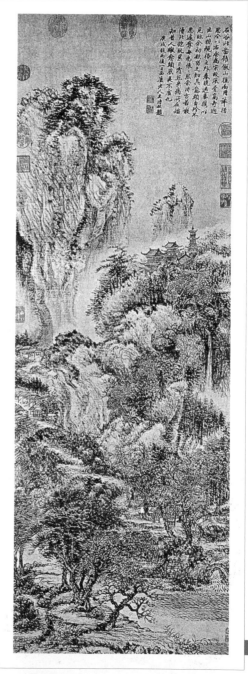

▶ 王翬《溪山紅樹圖》

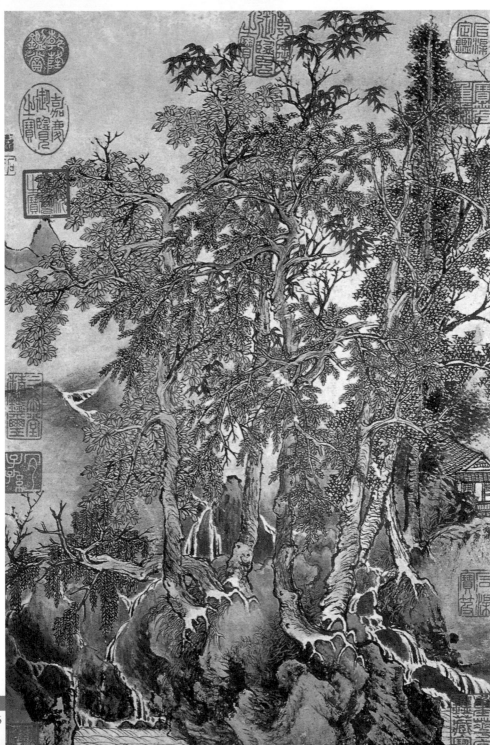

要以渴筆畫成，皴法以牛毛皴兼解索皴爲主。渴筆淡墨而成的用筆，顯得鬆秀溫潤；而以乾焦濃墨點苔，使畫面蒼潤互濟，潤以蒼顯、蒼從潤出。在整幅筆墨中得一「毛」字，這是王蒙筆墨的主要特點。在著色上，以朱砂和赭石點染紅葉，以花青、石綠相襯，在色墨的對比中，使溪山紅樹有秋陽輝耀的感覺，明麗動人。用筆如此輕靈、氣韻如此生動，在王翬的作品也屬罕見。除水墨山水外，王翬還畫了許多青綠山水，而這些畫，他多用唐宋筆墨爲之，著色古雅明快，色墨相映，不同凡格。《秋林圖》可爲參證。

王翬的畫風顯然和王時敏、王原祁有所不同，他不侷限於董其昌限定的「南宗」路數，而把筆墨延伸至更博大的區域。正像他所言：「以元人筆墨，運宋人丘壑，而澤以唐人氣韻，乃爲大成。」他貫通「三代」才獲取傳統眞諦。

王原祁在「四王」中也屬晚輩，而他在文人畫法式框架中，更注重筆墨自身語言的錘煉，他的筆墨功夫超過了「四王」中其他人。由於過分鍾情於筆墨，而忽視了章法的經營，我們看到王原祁在構圖上都大同小異，缺少變化。而王翬在文人畫法式框架中，更注意文人畫圖式的探索，努力尋找各種圖式，在廣泛臨古的同時，儘量將多種多樣的圖式給予總結。因而，他臨古也多，圖式樣式也比「四王」中其他的人都多。

董其昌以禪宗喻畫的對錯可不必細究，但將筆墨領域比成「禪境」的話，那麼「四王」是眞正進入「筆墨禪境」了。眞正的禪是「入禪」還要「出禪」，方爲大成，但他

◀ 王翬《秋林圖》

們已得禪境愉悅而不願「出禪」了。這在學界也是一樣，許多學者曾立志研
究佛家禪學，可他們一旦進入或弄懂禪學後，也就鑽入禪中不出，早就把研
究的志向忘於腦後。我們可以對「四王」入禪而不出表示遺憾，但不能否認
他們是真正弄懂了「筆墨」。能入得「筆墨禪」中實屬不易，古今之人屈指
可數，而在「四王」之後，畫界能入禪而又出禪者，也僅黃賓虹一人而已。

「四王」以後「正宗」畫風開始衰微的原因，就是「小四王」、「後四王」
沒有入得「筆墨禪境」。入不了禪者只能裝模作樣，或者只能因襲模仿。
「四王」的臨古和「小四王」的臨古是不相同的，知道了不說，和不知道而
說不出是有區別的。

王翬的「虞山派」，在當時從學者甚多，至於陳陳相因的「虞山」末流
給後世繪畫發展造成的不良影響，不能加在王翬個人的頭上。我們相信，隨
著歷史的發展，總有一天，「四王」的藝術真諦會被世人所領悟。

72. 石濤

——搜盡奇峰打草稿

在四僧中，山水、花鳥、人物全能者就屬石濤了，他不僅在繪畫上才能過人，而且在理論上也有著自己的真知灼見，並著有《苦瓜和尚畫語錄》留存於世。

石濤（1642～約1718），原姓朱，名若極，明皇室後裔朱亨嘉之子。後出家為僧，法名原濟，號石濤，別號清湘老人、苦瓜和尚、大滌子、瞎尊者等。

石濤在四僧中年齡最小，出家時年齡也最小，出家原因也和其他三人不同。弘仁、石谿、八大山人都是遭到清政府搜捕鎮壓而又反抗無望的情況下出家的，而石濤是因他父親自稱「監國」而遭到唐王的逮捕處死，為避滅族之禍，年幼的石濤被內官攜帶逃出，旋即落髮為僧。

這一經歷給年幼的石濤留下了心靈上的創傷，但這屬於家族內部的紛爭，與清廷並無多大利害衝突。出家後，他專心研習書畫，對國事漠不關心。

但隨著年齡的增長和繪畫上的進步，他心靈深處的名利之心開始膨脹。康熙帝兩次南巡時，石濤曾去南京、揚州「接駕」，並獻詩、獻畫，刻「臣僧元濟印」，並常引以為榮。此後，他又到了北京，廣交達官顯貴，為他們繪製了不少精心之作。以期取得清廷的信任，做出一番事業，只是最終也沒有達到目的。這對他精神打擊很大，他既羞又愧，最後決心放棄仕進之路，回到南京寺廟中潛心繪事了。

石濤的山水畫多師元人，以元人筆墨為根基，意境營造也未脫元人多遠。石濤對北宋巨然和元代倪雲林用心頗多，他把巨然畫風的筆

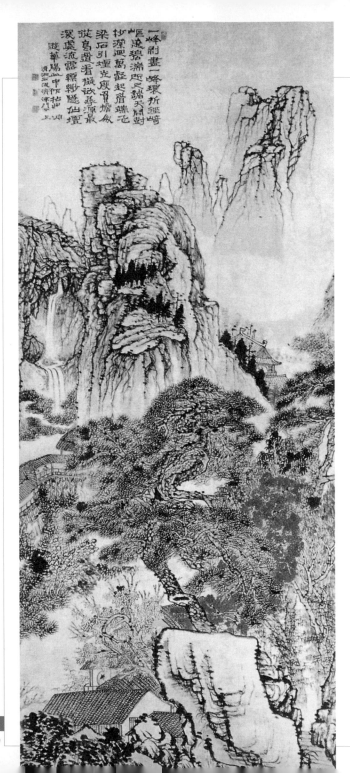

墨華滋，轉化成水墨
淋漓；把倪雲林的元
人逸氣，轉化成瀟灑
的縱逸，化靜為動。
【註】

　　石濤畫中，沈
周、藍瑛的成分也很
多，藍瑛的畫特別注
意山石樹木的結構穿
插，石濤取藍瑛這個
特點為自己畫中骨
架，更加著意觀察山
石樹木的真實結構，
石濤畫中的山石結構
和山川的折落都非常
生動真實，這是其他
畫家所不具備的。石
濤不僅對古代傳統用
心研習，對同時期畫
家也相容並包。他早
年在安徽宣城時，曾
與梅清相往還。梅清
是一位具有創造精神
的畫家，多畫黃山景
色，筆墨清脫，石濤
早期受其影響，畫風

◎淺絳山水

是在水墨皴擦渲染
基本完成後，施以
淡赭石，並著淡花
青以求對比，以色
顯墨、色不礙墨、
墨色相彰的一種手
法，五代後成為傳
統山水畫最主要的
表現形式。石濤除
水墨山水外，也常
畫淺絳山水。本文
所選兩幅作品，均
可代表石濤淺絳山
水畫的典型。

◀ 石濤
《遊華陽山》

有所改變。

　　石濤學畫不是「死學」、「硬學」，而是以「自己」為
主，透過自己的胸臆和觀察自然，將所學的東西變而化之
而了無痕跡。我們看石濤的畫，很難判斷出他究竟學的是
哪一家，這也是石濤高人一籌的地方。

　　清初的山水畫壇，師從「四王」者甚多，但因天資所
限、功力所欠，不能得其正法。因襲模仿、陳陳相因的風
氣籠罩著整個畫壇，石濤對此極為不滿，以提倡師法自然
來糾因襲之偏，他在一方常用印上刻「搜盡奇峰打草稿」
七字，表明了他對真山真水的重視。石濤以強調「我之為
我自有我在」的個性，來糾正相因雷同之病。他還提出
「藉古以開今」、「筆墨當隨時代」、「無法而法，乃為至
法」等許多具有創新精神的藝術見解。

　　石濤山水畫風格樣式較多，但總體是水墨變幻、清剛
縱放、情調新奇。正如鄭板橋所言：

　　　石濤畫法，千變萬化，離奇蒼古而又能細秀妥
　　帖，比之八大山人殆有過之無不及。

　　石濤用筆可謂變化多端，粗筆、細筆、蒼毛之筆、跳
躍之筆、破筆、率筆、潑辣之筆、扭絞之筆，無不各顯神
采。在他的筆墨之中，處處閃耀著生機和靈動的光芒。

　　總體而言，他最具特色的是奔放一格，筆墨飛動靈
活、水墨滲化淋漓，氣勢不凡；他最耐人品味的是工致一
格，筆墨勁利繁複、皴法多變，結構謹嚴，設色明麗可
人，法度絕不乖張，在繁複蓊鬱中透露出石濤的才華和智

慧。藏於南京博物院的《淮陽潔秋》圖，是石濤奔放一格的佳作，藏於上海博物館的《遊華陽山》圖，是工致一格的代表作品。

中國美術史上有兩個熱點，一個是董其昌的「南北

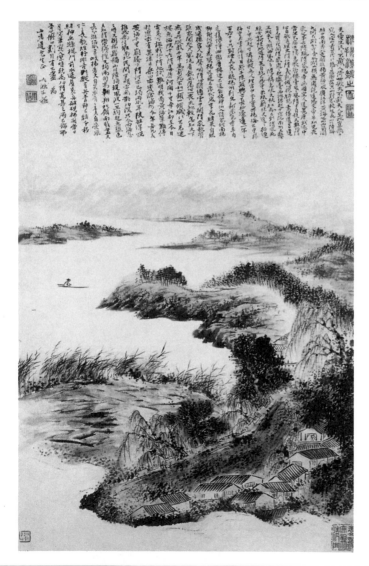

◀ 石濤
《淮陽潔秋》

宗」，一個是石濤的「一畫論」，到現在還爭論不休。人們在爭論的同時，往往對藉題而發的「禪」和「道」窮追不捨，愈爭愈和所爭論的本意脫節。實際上，「一畫論」是一個問題的兩個方面，是用畫家經過長期的詩文、書法、繪畫的研習，找出代表自己的用筆風範，也就是找到自己的「一畫」。然後透過自己對大自然的觀察，從大自然的山川草木中找出能概括自然特徵的「一畫」，把大自然的「一畫」再裝入自己的「一畫」，就產生了既生動又有自己風格的山水畫。

元以前山水畫中的各種皴法，就是畫家們在眞山眞水中總結的「一畫」，說白了，就是將山川草木的皺紋總結爲皴法。山川岩石特徵不一樣，皴法也就不一樣，而山川中的「一畫」也就不相同。中國畫中多種多樣的皴法，實際上是山川體貌多種多樣的結果。當然，屬於自己個性的「一畫」，還有品味高低的問題，這就需要畫家多讀書、多練字，增加修養，提高自己那「一畫」的品格。

其實，董其昌和石濤的思想並不矛盾，核心都是強調那「一畫」。董其昌是偏於「一畫」的自覺而重境界，石濤是偏於「一畫」的自覺而重意境。境界和人關係大一些，也就是「讀萬卷書，行萬里路」；意境和物關係大一些，也就是「搜盡奇峰打草稿」。

石濤對後世的影響，更主要是他的獨創精神，他對清代中期的創新畫派「揚州八怪」產生了直接的影響。他的「藉古開今」也是我們當代中國畫創作中值得借鑑的。

73. 吳曆
——中西繪畫整合的探索

　　西方繪畫早在六朝、隋唐時，就隨著佛教藝術傳入中原地區。但隨著佛教美術的民族化，西方那種強調體面的畫法，逐漸融入到中國以線造型的傳統繪畫中，成為中國繪畫傳統的組成部分。從當時傳入中原的佛教美術作品來看，這些所謂西方繪畫，是經過中亞國家周遊列國後，又傳到中國的，不是正宗的西方繪畫。再說，當時的西方繪畫也是用線造型，只是立體感強些而已。

　　西方繪畫直接傳入中國，據文獻記載，是明萬曆九年（1581年），義大利傳教士利瑪竇來中國傳教，帶來了用於傳教的聖母子像、耶穌像。當時正值義大利「文藝復興」後期，西方繪畫標準樣式已經確立，利瑪竇帶來的聖像類繪畫，就屬於「文藝復興」風格的繪畫。

　　萬曆二十三年（1595年）刊成的《程氏墨苑》中，就把由利瑪竇帶來的基督教銅版畫聖母像等四幅作品刻於畫譜中。明代人物畫家曾鯨就是看到這些西方繪畫後，創立了融合中西畫法的「波臣派」畫風，成為人物畫中西結合的探索者。而清朝初期，又出現了一位中西結合的山水畫家，他就是被稱為清初「六大家」之一的吳曆。

　　吳曆（1632～1718），本名啓曆，號漁山，又號墨井道人，江蘇常熟人。他是明朝都察御史吳訥的十一世孫，

▶ 吳曆
《湖天春色》

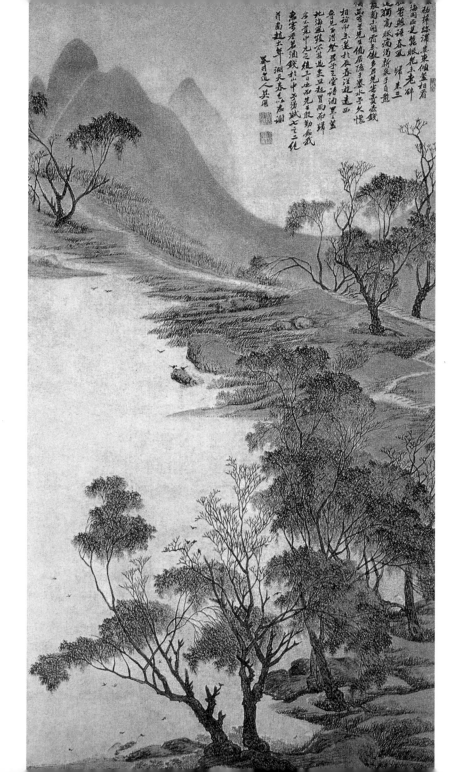

到了他父親一代，家道中落。後來，父親不幸客死於河北，他不得不靠賣畫謀生。

吳曆家居常熟城北，據傳這裡原是孔子弟子言子游的故宅，院內有一口井，人稱「言公井」；因井水黑如墨汁，故又稱「墨井」，吳曆自號「墨井道人」的緣故就來於此。

吳曆自小喜讀詩文，愛好書法、音樂。青少年時的吳曆就開始學畫，但不得要領。後跟隨王鑑學畫，又轉師王時敏，有機會遍觀宋元真跡，心摹手追，獲益匪淺。

康熙元年（1662年），吳曆的母親和妻子相繼去世，這對他是個極其沉重的打擊，他從此心灰意冷、情緒消極，遂有「出世」之念。由於吳曆居所的一部分當時曾為天主教堂，因此他對天主教很熟悉，並與比利時籍傳教士魯日滿交往密切。康熙二十一年（1682年），五十歲的吳曆隨傳教士柏應理來到澳門，在那裡正式加入了天主教會，成為一名修士。在澳門居住五、六年後又來到上海，成為天主

教的「司鐸」，前後在嘉定、南京、上海傳教三十年。康熙五十七年（1718年），八十七歲的吳曆病故於上海。

吳曆繪畫師從王鑑、王時敏，又上溯宋元諸名家，對古人技法涉獵較深，對唐寅畫風有所偏好，筆墨修養深厚。

吳曆的山水畫，早年與「四王」筆致一脈相承，追求筆蒼墨潤的效果。後又結合唐寅皴染工謹、清雅嚴整一格，形成了細謹嚴整而又秀潤有餘的風貌。

上海博物館所藏《湖天春色》圖，是這一時期的佳作。圖中寫湖岸柳色新綠，堤坡斜徑，遠山一抹，鵝雀嬉鬧湖邊，水平如鏡。畫面以青綠色為主調，一派春色宜人的景色。該圖整體觀之，基本上還是古法寫就，但已略有西方的透視技法隱於其中，圖中的小路和遠坡、遠山已有西畫中的虛實關係。由於有了透視技法，我們的視覺毫無阻礙，順著小路的消失處，我們的想像也伸向遠方。該圖是吳曆四十五歲時所作，此時他已與教士魯

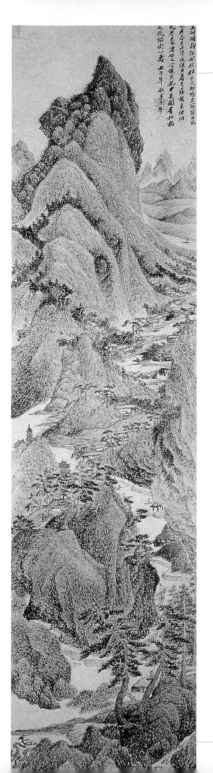

日滿往來，還陪魯日滿出遊過。想必吳曆一定看過不少西洋聖像、插圖之類的畫片，並已受其影響。

吳曆晚年，隨著他入教和接觸西方藝術的機會增多，他的畫風也有所變化，多畫高山遠水，層巒疊嶂，以王蒙蒼渾繁密的筆法，乾筆焦墨層層皴染。為了畫面渾厚深重，他變傳統陰陽向背法為西畫的明暗法，甚至強調了受光面，使他的畫一下子厚重了許多。在景物的安排上，他加大了西方透視的運用。所畫河流、房屋、橋樑，莫不按透視原理安排，畫面在厚重的基礎上，又增強了深遠的意味。

藏於南京博物院的《靜深秋曉圖》和北京故宮博物院藏的《橫山煙靄圖》，是可以代表他藝術成就的作品。我們在圖中可以看到，他學西方的東西不是生搬硬套，而是有機地融合、整合西方繪畫技法，為我所用。是在不損傷傳統繪畫整體氣韻的前提下，吸收外來藝術，真是難能可貴。這一點對我們當今學習西方藝術仍有借鑑之處。

◀ 吳曆《靜深秋曉圖》

74. 高其佩
——胸中萬象指中出

指頭畫的歷史,可以上溯到唐代,相傳唐代畫家張璪作松石,「惟用禿筆,或以手摸絹素」。(《歷代名畫記》)這是關於指頭畫最早的記載,可惜這一畫法沒被傳承下來,之後畫史再無關於指頭畫的記載。

明代初期,指頭畫開始重新萌發。據畫史資料載,清初畫家吳文煒,有指畫作品《花卉圖》留存於世。又有清初畫家李山以指代筆作《蘆雁圖》,盡得天趣。看來清初畫壇,指頭畫已不是個別現象,而最能代表清代指頭畫藝術成就者,就數高其佩了。

高其佩(1660~1734),字韋之,號且園,又號南村,遼寧鐵嶺人。父親高天爵,曾為山東高苑知縣,河南信陽、湖南長沙知府,後改任江西建昌知府,高其佩就出生於建昌。

高其佩成年後,便走上仕進之路,曾先後任宿州知州、工部員外郎,後官至刑部侍郎。其兄高其位,當時為文淵閣大學士兼禮部尚書。

高其佩自幼喜畫,經常臨習古人畫跡,打下了深厚的傳統繪畫基礎,只可惜沒能找到自己的風格面貌,而未流傳於世。後來高其佩因鹽務之事受累丟官,他在這段時間裡,專心研習畫藝,嘗試以指作畫,沒想到畫名日重,聲播畫界。挾縑持金索畫者紛至沓來,由於作畫數量太多,加上高其佩善水墨而不善著色,因而常求助好友袁江、陸昞、沈鰲等代為著色。

高其佩為何棄筆以指作畫,高秉《指頭畫說》有載,大意是:高其佩自小習畫,臨古不下十餘年,卻不能自成一家,對此他一直耿耿於懷。一日忽夢一老人帶他進入一

間土屋，四壁掛滿繪畫佳作，高其佩欲要臨繪，可室中沒有任何繪畫工具，只有清水半盂，他便以指蘸水臨寫，甚得佳趣，醒後遂以指蘸墨試之，果然境界不凡，從此他就以指代筆了。雖然假託於夢不足為信，但起碼也是夢寐以求、靈機一動所至。

指頭畫，顧名思義是以指代筆作畫，運用指甲、指頭蘸墨色作畫，大塊墨色多以手掌塗寫。所用紙張多半生半熟的宣紙，或將生紙噴刷豆漿、膠礬之類，以求運指順暢。因以指代筆，畫面效果常有筆所達不到的蒼辣意味。

高其佩的指頭畫，具有高超的表現能力，大到山水、人物，小到花鳥、蟲草，他都能得心應手地一揮而就，所畫物象神完氣足。他指下的螳螂，連觸鬚、細腳都以指挑出；觸鬚的挺勁、細腳的骨力，非常生動。指畫最難的是畫細線，而他以指畫出的細線，較之筆畫，有過之而無不及。藏於上海博物館的《人物冊頁》，畫一老者讀經，取像不拘一格，造型誇張、生動，情態質樸。

▶ 高其佩《梧桐喜鵲》

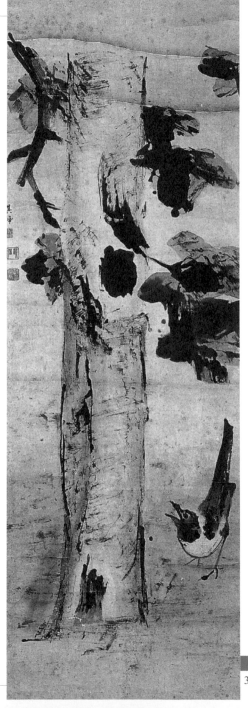

衣袍以粗指潑墨急掃而出，乾濕、粗細有致，蒼勁老辣。臉部、拂塵、經書、手指，以細勁線條勾出，運指流暢、一氣呵成。整幅畫面猶如以筆畫成，但又有筆所達不到的生拙蒼渾之趣，充分發揮了指畫的特殊語言。

存於遼寧省博物館的《梧桐喜鵲》圖，運指更加縱橫恣肆，寫梧桐葉以手掌、指節並用，如潑墨一般痛快淋漓，樹幹運指如乾裂秋風，線條毛澀遒勁，和葉子構成線面對比。喜鵲畫得形神兼備、天姿超邁，整幅作品渾厚而又不失豪放。

指頭畫是中國畫中的特殊品種，它必須以毛筆畫傳統做根基，在某種程度上講，有什麼水準的毛筆畫，就有什麼水準的指頭畫，而不是相反。沒有深切體會毛筆畫的筆墨趣味，而去塗抹指頭畫就會無的放矢，弄不好會比畫不好的毛筆畫還要庸俗百倍。當代畫家潘天壽是擅畫指頭畫的，但他從不鼓勵自己的學生去畫指頭畫，他非常明白弄不好會到什麼地步。

自高其佩專畫指頭畫以來，後學者不乏其人，但有成就者後繼無人，究其原因，可能是毛筆畫傳統功力不夠所致。高其佩除指頭畫以外，毛筆畫成就也很高，他有許多毛筆畫留存於世。從中我們可以知道，沒有毛筆畫做基礎，便無從談起指頭畫。

▼ 高其佩《人物冊頁》

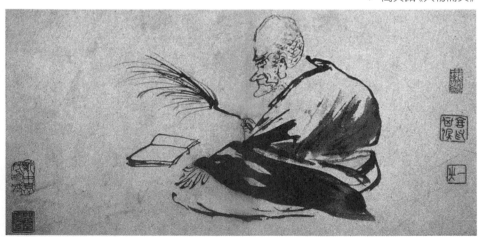

75. 惲壽平
——一洗時習　別開生面

中國花鳥畫，至五代已經成熟，並出現了兩種不同的風格：以西蜀黃筌爲代表的工謹富麗一格的工筆，和以南唐徐熙爲代表的落墨一格的寫意。落墨一格經徐氏之孫徐崇嗣的改制，而成「沒骨畫法」，但因無人傳習，湮沒既久。

元代錢選、趙孟頫復興水墨「沒骨花鳥」，經陳琳、王淵、張中的繼承和發展，元末已成規模。明代「吳門畫派」的沈周、文徵明，將元代水墨「沒骨花鳥」轉化成「寫意花鳥」，「沒骨花鳥」融入「寫意花鳥」後，再次失傳。清代初期，在惲壽平極力恢復、提倡下，「沒骨花鳥」再次復興，並成爲清代花鳥畫的主流正宗。

惲壽平（1633～1690），又名格，字正叔，號南田，又號雲溪外史、白雲外史、東園客等，江蘇武進人。父親惲日初，曾參加明末政治組織「復社」活動，是一位很有抱負的文人。1645年，清兵南侵，他攜兩子避亂於浙東天臺山，後又輾轉於廣州、福建等地。

後來，金壇人王祁在閩起義反清，惲日初與兩子加入王祁軍中，參與謀劃。1648年，起義失敗，惲壽平與兄皆被俘。當時惲日初正外出求援，倖免於難，逃匿山中。

惲壽平被俘下獄後不久，浙閩總督之妻欲尋善畫之人，爲自己描畫首飾圖樣，以便按圖打製首飾。惲壽平受人舉薦，因而獲釋。陳妻愛其才華，收爲養子。一次跟從陳妻閒遊杭州靈隱寺，路上恰巧遇到四處尋找自己的父親。惲日初與靈隱寺方丈相識，因而設計營救。待陳妻入殿拜佛時，方丈對她說：「此子宜出家，不然且死！」陳妻無

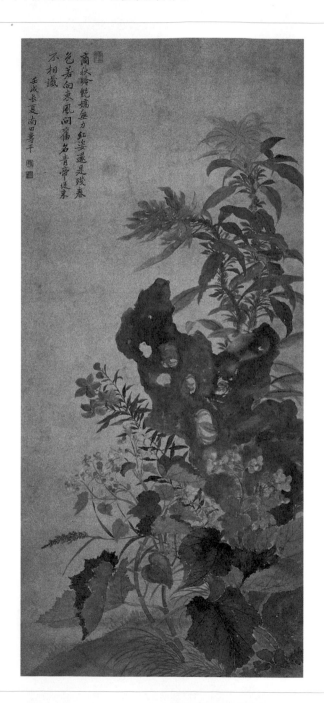

◀ 惲壽平
《錦石秋花》

▶ 惲壽平
《花卉冊頁》

奈，將惲壽平留與寺中，父子又得以重新團圓。

惲壽平回家後，誓不再應科舉，發憤讀書習畫。他的堂伯父惲本初，擅畫山水，畫風在倪雲林、黃公望之間，筆沉墨厚，氣象不凡。壽平自小秉承家傳，山水畫早

於他的花鳥畫而遠名畫壇，他列入清初「六大家」是以山水畫「入選」的。

惲壽平與王翬感情篤厚，兩人常在一起切磋畫藝。兩人畫風皆出「元四家」，筆路相去不遠，他們合作的山水畫如同一人所為。後王翬

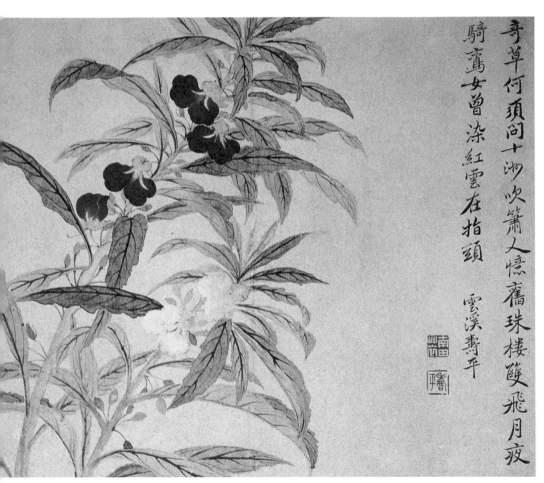

奇草何須問十洲 吹簫人憶舊珠樓 雙飛月夜 騎鸞女曾染紅雲在指頭 雲溪壽平

畫名日高，壽平遂感難勝，又念朋友之誼，決意改畫花鳥。當時，「畫苑領袖」王時敏對惲壽平的畫藝十分欣賞，多次相邀而未能謀面。1680年，王翬和惲壽平至太倉，王時敏當時已病入膏肓，見到惲壽平，非常高興，請至床頭握手而瞑。十年後，惲壽平也病卒故鄉，因家境困頓，無力治喪，好友王翬出面為他料理了後事。

惲壽平的花鳥畫，往往自題師仿北宋徐崇嗣，或師其他諸家，這是當時崇尚臨古時風所致，也有依從古人之嫌。實際上，他的畫法多從「吳門畫派」而來，尤其是從唐寅得法最多。「吳門畫派」的沈周、文徵明開啟了陳淳、徐渭的大寫意花鳥畫風，將大寫意畫推上了新境界。惲壽平變唐寅水墨寫意花鳥為著色沒骨，在格制上也多著意唐寅風範。這也證明了「吳門畫派」對畫史的貢獻，不在山水而在花鳥。明清的花鳥畫「工寫」皆出吳門。

惲壽平將唐寅水墨一格轉化為著色一格後，廣涉宋元諸家，汲取古人意氣，並注意對花寫生，攝取花鳥真態，復興了湮沒已久的「沒骨花鳥」，「一洗時習，別開生面」。

沈周、文徵明、唐寅將元代水墨沒骨花鳥轉化成水墨寫意花鳥，而惲壽平將寫意花鳥畫法又引回沒骨花鳥中，使傳統的沒骨畫有了新形態。惲壽平把文人畫寫意花鳥中的用筆、用墨，和文人畫完美的點、線、面，以及文人畫寫意花鳥的構圖方式，融入到他的畫中。有文人畫的韻致來支撐，惲壽平的花鳥畫自然清雅別致。

存於南京博物院的《錦石秋花》圖和北京故宮博物院藏的《花卉冊頁》，大致可代表惲壽平的藝術成就。圖中花卉色調清新、雅秀超逸、生動自然，傳統與寫生在他的畫中得到了完美的融合。

惲壽平的沒骨花鳥，在當時聲名極高，時人競相仿效，被奉為清初花鳥畫的正宗，並形成了「惲派」，開創了花鳥畫發展的新風尚，影響了清代以後花鳥畫發展的風格走向。

76. 龔賢
——水墨渾淪　氣象萬千

一位未介入美術史的畫家，肯定不是一位好畫家；但已被載入美術史冊的畫家，對後世的作用也不盡相同。有的是以畫傳人，有的是以理論影響後人，有的是對當時的畫家影響大，有的是對後世的畫家有所影響。在山水畫方面，近年來影響較大的古代畫家就數清初畫家龔賢了。

龔賢（1618～1689），又名豈賢，字半千，一字野遺，號柴丈人，江蘇昆山人。原出身於官宦之家，但至龔賢時，家境已十分清貧。

龔賢二十二歲時來到南京，參與明末「復社」與宦官魏忠賢的乾兒子阮大鋮的鬥爭，和「東林黨」人、「復社」成員相交往。1645年，清兵攻入南京，「復社」成員都離開南京，投入抗清活動。龔賢

也四處漂泊多年，一度曾到過北方，幾經多處棲身，最後在年近五十歲時，才又回到南京，定居南京清涼山。因所居處有半畝田地可耕，故稱之為「半畝園」。

隱居避世於「半畝園」的龔賢，仍常與復社遺老、愛國志士往來。龔賢晚年時，結識了清代大戲劇家孔尚任，還與石濤、查士標等人一同出席孔尚任主持的雅集活動。孔尚任也多次拜訪龔賢，並向他詢問一些前朝舊事，為自己創作《桃花扇》搜集素材。1689年，在「豪橫索畫者」的欺凌下，龔賢在悲憤中死去，孔尚任聞訊趕來，為他料理後事。

龔賢的山水畫雖然在當時已名揚江南，並被列為「金陵八家」之首，但他對後世的影響並不大，就連他的學生王概在《芥子園畫傳》

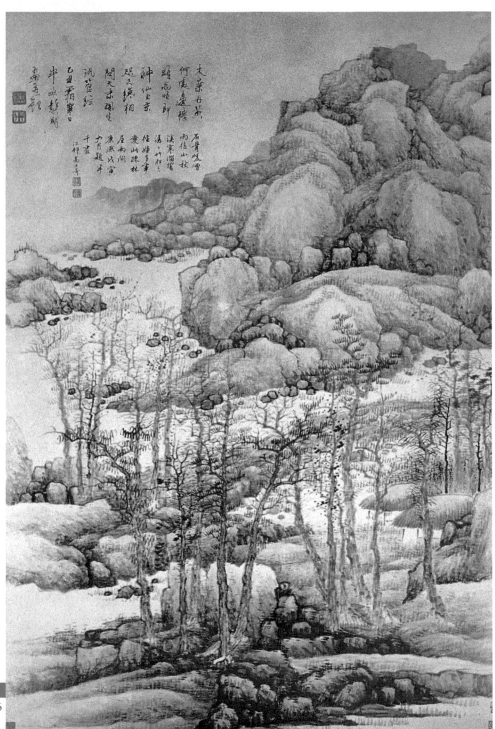

346

山水集中，也沒把龔賢的山水畫編印進去。可見當時人們對他的認識是有偏差的。

　　真正對龔賢山水畫藝術價值有所重視，是近幾十年來的事。由於黃賓虹、李可染吸取龔賢的積墨法，在山水畫藝術上獲得了成功，人們才注意到龔賢的藝術價值。

　　龔賢學畫較早，他十四歲前後就跟董其昌學過畫，受董其昌的繪畫理論影響很大，「筆墨高逸」是龔賢一生都著意的。除了得到董其昌的親授外，他廣泛地師仿古代名跡，所師仿者大多也不出董其昌「南宗」範圍，這對他加深筆墨內涵的認識有所裨益。

　　在董其昌的學生中，基本上都圍著「元四家」轉，無論在繪畫方法和意境上都努力接近「元四家」。而龔賢卻在宋人筆墨中取法甚多，尤其在范寬、李成畫風中得益不小。他對元人的筆墨境界也非常推崇，但他不是從形跡上去追求，而是提取元人的筆墨精神。他將黃公望的沉雄蒼厚、吳鎮的水墨華滋、倪雲林的古淡超逸、王蒙的毛澀雋永，轉化為自己的筆墨品格。也就是說，他用宋人法度取元人意氣，因而畫風就和「四王」拉開了明顯的距離，從「南宋」的框架中突破出來。

　　龔賢的繪畫面貌大致有兩種，一種是早期的「白龔」，一種是晚期的「黑龔」。四十五歲前是「白龔」階段，所畫高山流水與古木叢林都呈現在灰白色調中，突出線條，皴染不是很多，有脫胎於董其昌、惲向的痕跡，這個階段是「尚簡」不「尚繁」。

　　稍後一個時期，龔賢開始探索「積墨法」的運用，呈現出由「白龔」向「黑龔」過渡的「灰龔」畫風，在畫中

◀ 龔賢
《木葉丹黃圖》

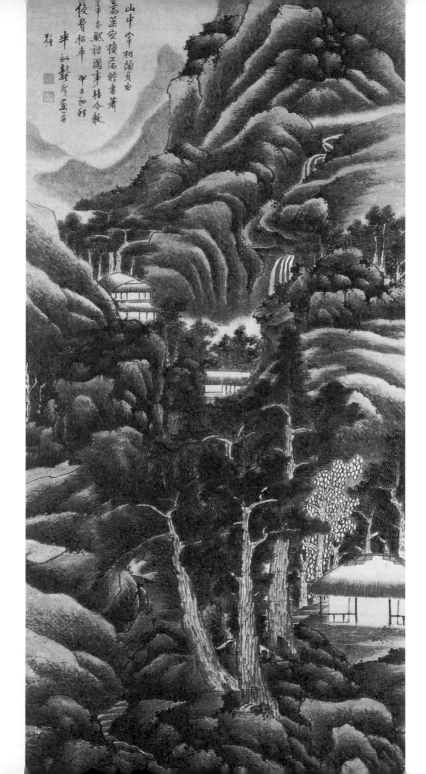

已出現了天光變幻的陽光感。在龔賢的「黑龔」時期,他的「積墨法」越來越純熟,越積越厚、越積畫面越亮,在渾淪中透出用筆的明晰。存於旅順博物館的《松林書屋圖》是龔賢晚年的作品,圖中丘壑縱橫、樹木蔥蘢,氣象雄偉壯麗;筆墨蒼厚溫潤,以「積墨法」層層皴染,在山間樹叢中透出墨彩華光。

雖然龔賢晚年繪畫已呈「黑龔」畫風,但也不乏「白龔」之作,現藏上海博物館的《木葉丹黃圖》就屬於這一畫風。畫中山石錯落有致、林木蕭疏、茅屋掩映、秋水四溢,畫面用墨幽淡清逸,韻味十足。雖然用墨簡淡,可層次變化絲毫未減,墨色對比十分微妙,在淺淡中寓渾厚,是一幅難得的佳作。

龔賢生活的年代,正值「四王」畫風籠罩畫壇,以尚簡、尚淡、尚線、尚古為時尚;而龔賢卻以繁複、濃重、積點、時代感為追求,不被時風所驅,超然獨立,實在是難能可貴。

在龔賢的畫中,我們能體會出一種現代感、陽光感、素描感、塑造感、直線的構成感,這也許是現代畫家喜歡龔賢繪畫的原因吧!

龔賢對現代畫家有著重要影響,尤其他的「積墨法」,對黃賓虹、李可染的畫風形成有所促進,黃賓虹用「積墨法」發掘出山水的「內在美」,李可染用「積墨法」表現出山水的「外在美」。那麼,是黃賓虹、李可染發現了龔賢呢,還是時代選擇了龔賢?這是一個值得思考的問題。但不管怎樣,龔賢的山水畫藝術對後世的影響仍在繼續著。

77. 華嵒

——筆意遒勁　機趣橫生

　　寫意花鳥畫自「吳門畫派」的沈周、文徵明、唐寅之後，發展為兩種風格。一種是以陳淳、徐渭、朱耷、石濤為代表的大寫意花鳥，一種就是以惲壽平為代表的清代沒骨小寫意畫風。這兩種畫風雖同出「吳門」，但風格卻一粗一細，迥然不同。而在清代中期又出現了介於粗細之間的小寫意畫風，華嵒就是這一畫風的代表者。

　　華嵒（1682～1756），字德高，又字秋嶽，號布衣生、白沙山人，福建上杭縣白沙里人；因上杭縣屬汀洲，而汀洲古名為新羅，故又號新羅山人。

　　華嵒出身貧寒，幼年時曾就讀於私塾，後因交不起學費而失學。他曾經在造紙坊當過學徒，閒暇之時常習書畫，並名揚鄉里。華嵒二十歲時，鄉里重修華氏宗祠，眾人皆舉華嵒來畫祠堂壁畫。可是，宗族頭人卻堅決反對，華嵒對此甚為不平，於是在一天夜晚，華嵒翻牆進入祠堂。他左手舉燈，右手揮毫，一夜畫完四幅壁畫。天亮後，華嵒背起行囊，毅然地離開了家鄉，開始了他的藝術征程。

　　華嵒離家後，僑居杭州數十年，這期間，他刻苦研習詩文、書畫，廣交同道，切磋畫藝，繪畫水準提高很快。約三十五歲時，華嵒曾北上京師，以期尋求仕進機會。在

▶ 華嵒
《山雀愛梅圖》

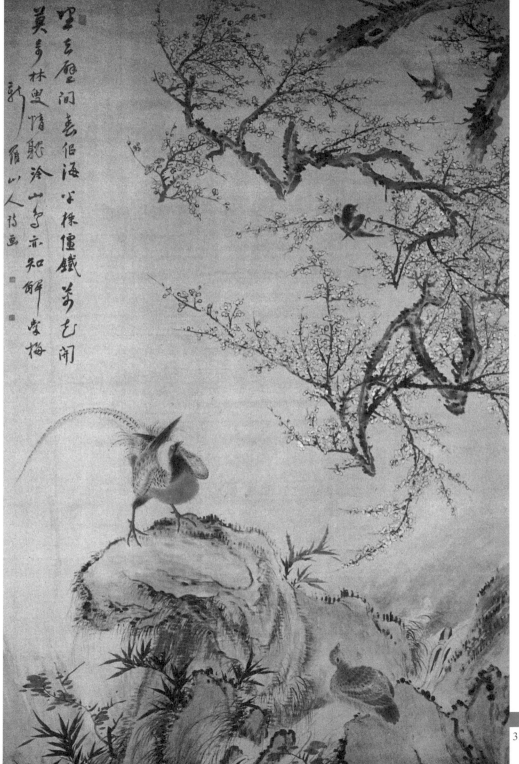

望去歷間春色偏海 幾株僵鐵尚枝開
莫言林叟情疏冷 山寺亦知解愛梅

新羅山人詩畫

351

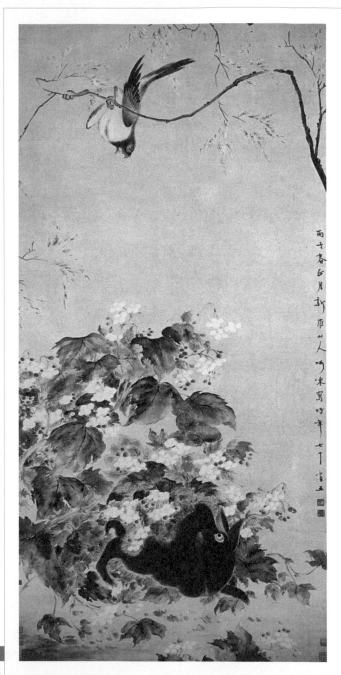

京期間，他還遊覽了承德等地，眼界大開。因求仕未果，不到兩年他便離京南歸。回到杭州後，仍致力於詩畫。四十二歲左右，華嵒開始了他客居揚州的賣畫生活。因此，學界也把華嵒列入「揚州八怪」之內。

華嵒是一個花鳥、人物、山水皆能的畫家，人物在清代也占有一席之地。從師從上看，他是用南宋馬和之畫法，再參以明代陳洪綬，而成自己面貌。他的山水畫，有「四王」、石濤遺風，可惜沒能充分施展，終究未成山水大家。

◀ 華嵒《海棠禽兔圖》

華嵒在繪畫方面卓有成就的是寫意花鳥畫。他的花鳥畫從惲壽平入手，熟練地掌握了沒骨寫意畫法。又吸收陳淳、周之冕、唐寅、石濤等人的筆法，將工、寫兩家合流為具有他自己風格的小寫意花鳥畫。

　　他對於明清畫家，大多致力於法度的鑽研，而在筆墨品格和趣味上，力追宋元諸家，尤其鍾情於南宋畫家馬和之的繪畫。

　　馬和之是南宋紹興年間的著名畫家，擅長人物、山水、花鳥。畫風與南宋畫院諸家不同，以「馬蝗描」筆法直接揮寫，毫無刻畫習氣，用筆飄舉生動、頓挫有致，和文人畫有相似之處，華嵒人物、山水、花鳥皆本於他。在花鳥畫中的花卉出枝，配景山石，都保留著馬和之的用筆。華嵒行筆飄逸，提按抖動，有明顯的馬和之用筆特徵。

　　華嵒的小寫意花鳥，和惲壽平的沒骨寫意是有所區別的。惲壽平是從元人和「吳門畫派」中羽化而成，但對「吳門畫派」所繁衍出的大寫意畫風著意不多，而華嵒卻極力吸收大寫意畫風的精華，為己所用。惲壽平的沒骨寫意，往往是針對工筆畫而言；華嵒的小寫意花鳥，一般是針對大寫意而言。華嵒的花鳥畫是標準的小寫意花鳥畫，他左面可和沒骨寫意相連，右邊可和大寫意花鳥相通，成為寫意花鳥鏈條中的一環。

　　華嵒以前的寫意花鳥，實際上應該叫寫意花卉，因為在這些畫中多描寫花木竹石，而絕少畫鳥，也許是因為畫鳥不適合筆墨的發揮吧！但在華嵒的畫中，不僅有名目繁多的鳥類，還有不少兔子、松鼠之類，這無疑擴大了文人畫的表現題材。他筆下的鳥，和工筆畫中的鳥在畫法上已有所不同，他不追求形色上的工謹，而是追求文人畫的筆致，在細細的羽毛中，講究筆墨的趣味變化。在他畫的鳥身上，我們可以體會出王蒙畫山所用的「牛毛皴」的韻致。

　　藏於天津藝術博物館的《山雀愛梅圖》可為華嵒花鳥畫典型風格。圖中繪梅花盛開，雙雉與雙雀跳躍在疏枝密蕊中，一片早春景

色。整幅畫面設色清麗、筆致秀逸，是華喦晚年佳作。藏於北京故宮博物院的《海棠禽兔圖》是他去世那一年所作，該圖以惲壽平的沒骨法畫一叢海棠，海棠花以粉點寫，如紗似霧。海棠葉雖以花青揮寫，卻有水墨暈彰的效果，痛快淋漓。鳥和兔相呼應的神態也情意生動。

　　華喦的繪畫爲中國美術史增添了新的一頁，對後世的海派畫家任伯年、虛谷產生了很大影響。他作爲「揚州八怪」之一的歷史地位，沒有任何人可以替代。

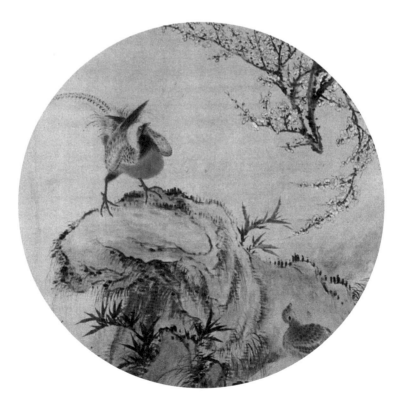

▲ 華喦《山雀愛梅圖》（局部）

78. 李鱓
——揚州八怪的主將

文人畫自「吳門畫派」深入市民階層、走入市場以後，哪個地區經濟繁榮，哪個地區就會聚集許多靠賣畫爲生的畫家，那裡自然也就會有畫派產生。明清各種畫派都莫不和經濟興衰有著直接的關係。

清代的揚州，市場繁榮，聚集了眾多的鹽商富賈，他們爲了附庸風雅，不惜重金大肆收羅書畫。揚州在歷史上就有著深厚的文化傳統，當地有「家中無字畫，不是舊人家」的文化風俗。再加上經濟又很發達，因而寓居揚州的畫家非常多，並產生了以「揚州八怪」爲代表的「揚州畫派」。

當時，在揚州的知名畫家有一百數十人之多。實際上「八怪」並不是指八個畫家，而是另表離奇醜怪之意，也就是我們常說的「醜八怪」的意思。「揚州八怪」橫數豎

數都多於八位，但怎麼數都數不掉的畫家中就有李鱓。

李鱓（1686～1762），字宗揚，號復堂，又號懊道人、墨磨人等，江蘇興化人。

少年時代的李鱓，天資聰慧，喜讀詩文，愛好書畫。康熙五十年（1711年）中舉人，被康熙帝召入內廷，爲南書房行走，供奉內廷書畫，是一位頗受宮廷器重的畫家。這段期間，他奉旨隨做官翰林院編修的畫家蔣廷錫學習正統派花鳥畫，他的畫名也開始日益擴大。但是，因被同行所妒，不久便被排擠出宮廷。

後來，李鱓以檢選出任山東滕縣知縣，因爲政清廉、體察民情，頗受民眾擁戴。後因疏於人事，觸惱權貴，再次去職。罷官以後，「士民懷之」，他在山東又居留了三

年，方得南歸。

兩次打擊，使李鱓情緒極消沉，因此他常恣意聲色，放縱自己，並以書畫發洩鬱悶之情。這時他還沒完全斷念仕宦，他曾寫信給姪子云：「近復作出山之想，來郡城（揚州）托鉢，爲入都之計。」然而，這一願望終未實現，李鱓晚年在揚州仍然以「窮途賣畫」了卻了一生。

山水畫中，青綠山水和水墨山水合流於元代錢選、趙孟頫；南宋馬遠、夏圭畫風同文人畫山水合流於明末董其昌；花鳥畫工筆、沒骨、大寫意合流於清中期

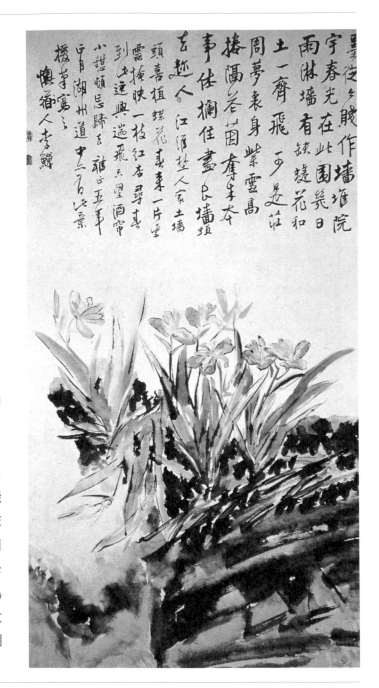

◀ 李鱓
《土牆蝶花圖》

▼ 李鱓
《玉蘭海棠圖》

華喦的小寫意花鳥。繪畫中畫風合流，說明了繪畫的成熟。在畫風合流以前，只要能創立一種畫法、一個畫種，便可開宗立派。而在這之後，便只有靠自己的個人風格和特徵來確立自己在畫壇上的位置。各種畫風合流後，雖然爲借鑑各家提供了方便，但卻爲形成自己的風格增加了麻

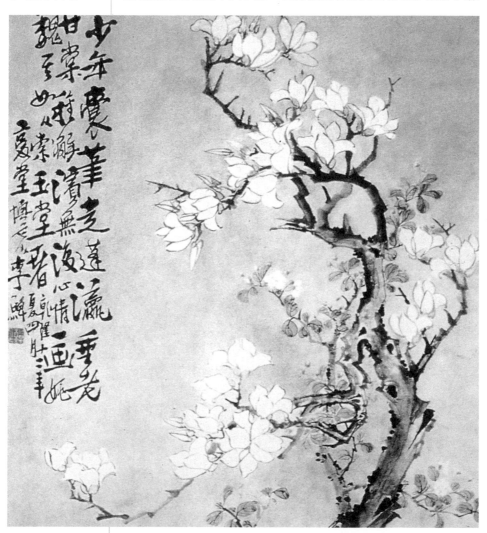

煩，因為在所有的領域，都已有成功者站在那裡。要想成功就必須學各派、諸家，李鱓就是廣泛研習各家才有所成就的人。

李鱓早年曾學元人山水，入宮後改學花鳥。先拜「正統」畫家蔣廷錫，後又拜指畫名手高其佩為師。這個學畫過程，似乎已預示了李鱓的畫風將由工謹變放縱。李鱓除得到高手親授外，還廣泛師學諸家，這其中有沈周、林良、陳淳、徐渭、周之冕、石濤、惲壽平、華喦等。可以說，李鱓是融合諸家而成個人風貌的，因而他的繪畫樣式也很多，既有小寫意，也有大寫意；既有以色點寫，也有以墨揮灑；既有兼工帶寫，又有色墨相襯，變化十分豐富。

其中，最能代表李鱓特點的還是他的大寫意。他的大寫意，用筆縱橫馳騁，用墨揮灑淋漓，所畫物象生動活潑。他行筆以中鋒為主，用筆壓紙頓挫而出，從粗幹到細枝始終保持中鋒起中鋒收。畫面全用中鋒容易流於呆板，他便使用有節奏的頓挫和留出飛白來活躍畫面。

李鱓畫風受揚州畫壇時風影響不小，他與華喦、鄭板橋經常切磋畫藝，自然會互有吸收。但對李鱓畫風影響最大的還是高其佩，高其佩的指畫，用墨生拙蒼勁，氣勢不凡，非常適合李鱓的「口味」。實際上李鱓是用毛筆畫指畫，我們可以看到他的中鋒頓挫行筆，是和指畫用指相一致的，也就是這種指畫風格的大寫意，最能代表李鱓的筆墨風格。

藏於南京博物院的《玉蘭海棠圖》和《土牆蝶花圖》，分別代表李鱓明秀雅麗一格和筆酣墨飽一格。《玉蘭海棠圖》畫風接近蔣廷錫，《土牆蝶花圖》畫風更像高其佩。李鱓作畫，經常在畫上長題詩詞，甚至將題詞寫在所畫物象的空隙中，成為畫中的一部分，使畫面頓增書卷之氣。

李鱓的寫意畫，在廣泛研習傳統技法的基礎上，創立了獨特的個人畫風，代表了「揚州八怪」的創新作風，開闢了文人畫表現的新境界，對我們當代中國畫的創新也有著深遠影響。

79. 金農
──筆底幻化出清新

中國繪畫是按人物、山水、花鳥順序發展的，但論成就卻是按花鳥、山水、人物來排次第；特別是文人畫畫家，更易選擇寫意花鳥作爲抒發胸臆的方法。

寫意花鳥用筆比山水畫的點、線、面更大一些，也更直接一些，而且寫意花鳥的用筆和書法用筆的粗細更接近一些，也更適合文人畫家的筆墨揮灑，這也是寫意花鳥成熟迅速的原因之一。

寫意花鳥在「揚州八怪」之前，已取得了藝術上的輝煌，畫派之多、門戶之繁、畫風之奇，已不能給後世畫家留下多少發揮的餘地。要想獨闢蹊徑，不僅要廣學眾家，還要有深厚的學識修養和超群的眼界。在「揚州八怪」中，學畫最晚，而成就卓然的金農就屬於這樣的人。

金農（1687～1764），字壽門，號冬心，別號曲江外史、稽留山民、昔耶居士、壽道士、百二硯田富翁等，原籍浙江仁和（今杭州）。

金農雖出身「望族」，但到他出生時已家道中落。金農自幼聰慧，喜獨居靜思、研讀詩文，師從何焯學習經史。他也非常喜愛金石之學，精於鑑古，又因性格耿介，被稱爲「浙西三高士」之一。金農又好遊歷，足跡遍布大江南北、名山大川，因而心胸高曠、眼界不凡。

五十一歲時，金農被舉爲博學鴻詞，但科考落第、仕進無望，一生以「布衣」終身。此後，金農常僑居揚州，以賣書畫爲生。曾一度生活貧困，不得不靠販古董、抄佛經維持生計。

金農五十歲左右才學畫，這之

前他在書法、詩文、鑑古方面成績斐然，具有高度的文學修養和金石功力。傳說，有一次金農參加一個文人雅集活動，幾個文人在聯句，為了湊韻腳，有人居然冒出一句「飛來柳絮片片紅」的句子。大家一時啞言，柳絮理當白色才是，紅色已有悖常理，但說「白」又不押韻，眾人均不知如何應對。這時，金農為那人在前面湊加了一句：「夕陽返照桃花渡」，一下子為大家解了圍，也使不合理的句子變成了合理。金農深厚的學識修養，也許就是他學畫

▶ 金農《墨竹圖》

▼ 金農《採菱圖》

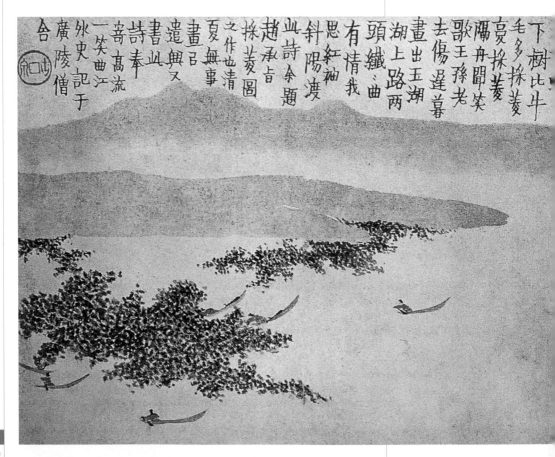

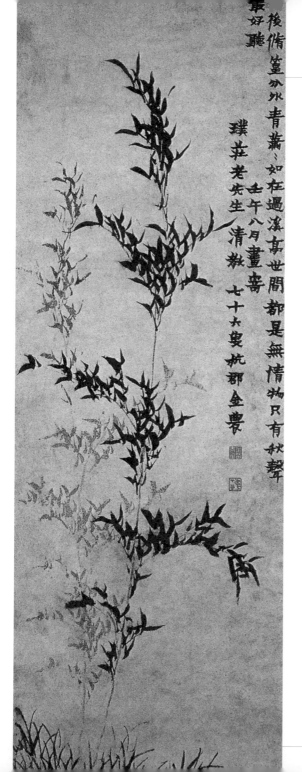

晚，卻有所成的根本原因吧。

「揚州八怪」不僅畫「怪」，書法也「怪」；不僅他們的書法影響了畫風，他們的畫風也影響了書風。在他們的書法裡已有許多畫法的成分，書與畫的關係由原來書法影響畫法，發展到書與畫互相影響。

鄭板橋的「六分半書」、黃慎的草書、李鱓的行書，均能自出機杼，而金農的「隸體漆書」更具特色；方扁橫斜、參差錯落，富有金石趣味，這也許就是他畫風超逸奇古的內核。金農的繪畫，無論山水、人物、花卉，用筆都有「古隸」的生拙之氣，行筆也不飛揚，凝重遒勁。

金農的繪畫題材，比其他的揚州畫家要廣泛得多，幾乎所有的題材他都有所涉獵，甚至還畫鬼、畫月亮。金農學畫很晚，卻能畫各種

題材，不能不令人稱奇。平心而論，金農在「八怪」中，繪畫功力和法度是最差的一個，無論在構圖、造型上都遜一籌。但是，他的繪畫品味和筆墨格調又是最高的一個，那簡樸古拙的畫風，令眾多觀者心癡如醉。究其緣何如此，就不得不談到文人畫畫外之功對繪畫的作用了。

金農不僅精通詩文、經史，還喜愛金石、鑑古、書法；他不僅擅長隸書，而且正楷、行書絕佳，這都是最終制約畫家成功與否的重要條件。金農就是利用了他先天具備的條件，彌補了他繪畫法度上的不足。他把書法的功力和隸體的特點，變為繪畫所用的筆墨方法，「以不變應萬變」地運用到各種繪畫題材中去，尋找到了代表個人筆致的「一畫」。他不論畫什麼，都以這種樸厚的「一畫」來「一以貫之」。這樣，他不必再鑽入一招一式的技法中，而能取得繪畫上的不凡成就。

金農的畫，有更大的部分是「借題發揮」，他把古今名作用自己的筆致稍加變換，就成了自己的「創作」。如果沒有超凡的學識，無論如何是達不到的。

金農的畫，大多是詩、書、畫合一，存於上海博物館的《採菱圖》，畫六位仕女駕扁舟採菱，沙渚用赭墨幾筆，遠山含黛、湖水如鏡，襯出菱葉濃淡相間，一片詩情畫意。金農常畫梅竹，畫梅強調「宜瘦不在肥」，取其一個「清」字。他畫竹，一般不作竹葉朝下的「分字」、「个字」，而是多畫枝葉朝上的竹子，格調不凡。

透過金農的繪畫，我們體會出「畫外功夫」的重要性，也似乎體會出文人畫的本意。這對我們當代畫家，光畫畫不讀書、不練字的現象，有著很好的「警醒」作用。

80. 黃慎
——畫到精神飄沒處　更無真相有真魂

文人畫自元代步入畫壇首位以後，人物畫便開始步向式微，其間再也沒出現標領時代的人物。至明代中後期，雖說「浙派」和「吳門畫派」的人物畫，給人物畫帶來了一些生機，可不久就出現了「枯硬」和「柔弱」的習氣。曾鯨和陳洪綬的人物畫雖為人物畫領域吹進了幾縷清風，但也沒有取得山水畫、花鳥畫那樣的成就。當然，這種局面的形成，和我們的欣賞習慣不無關係，可仔細想來，這和人物畫自身發展關係更大。

文人畫筆墨法式建立後，便將筆墨向所有畫科拓展，很快完成了山水、花鳥的

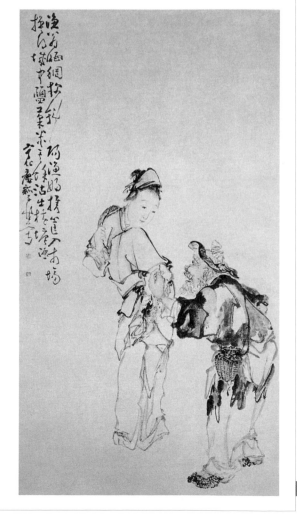

▶ 黃慎《漁翁漁婦圖》

寫意化，這是文人畫完善的象徵。只有完成了這一演化進程，文人畫筆墨才能有所施展。因文人畫筆墨具有抽象性和獨立性，它最易在造型要求相對不高，而適合承載筆墨的山水、花卉中，完成文人畫寫意化。

人物畫因受較嚴格的造型限制和輪廓線限制，很難將文人畫筆墨引入其中，充其量只能將文人畫「用筆」引入人物輪廓線中，但怎麼引都有輪廓線的功用。而文人畫「用墨」就很難用於人物畫，這就使得人物畫發展落後於文人畫山水、花鳥。我們看到大多人物畫都是勾完輪廓後再塗色、塗墨，筆墨始終被輪廓制約著。而到了「揚州八怪」之一的黃慎時期，寫意人物終於完成了筆墨的寫意化，可以直接「用筆」、「用墨」來揮寫人物了。【註】

黃慎（1687～1768），字恭壽，一字恭懋，號癭瓢子，又號東海布衣，福建寧化人。

黃慎出身平民，自幼喪父，爲維持家計，放棄了科舉仕進的願望，開始學畫謀生。他學畫從人物入手，其畫初法上官周，後又兼學山水、花鳥，筆意縱橫、氣勢不凡。爲不使畫藝被上官周格制所限，於是苦思冥想，欲創新格。

一次，他正行於街市，偶見唐代書法家懷素的草書眞跡，其筆法圓轉靈動、變化莫測，頓時大悟，急向市坊借紙筆，以懷素草書筆法作畫，氣象果然超群。他突然拍案大叫：「吾得之矣！」自此悟通畫理。不久，他又覺悟到畫乃文之極也，於是苦讀經史、詩文，學識、修養日增，終於成爲「詩畫名大江南北」的大家。

黃慎來揚州是在雍正初年，後長期居住達十二年之久，與鄭板橋、高翔、汪士愼、李鱓等人常相往來，畫風也互有

◎墨分五彩

「五彩」是由中國傳統文化中「五行」引申出來的「五色」觀念。「墨分五彩」是指運用單一的墨色明度變化和乾、濕、重、焦黑，表現出物象豐富變化的「五色」。「墨分五彩」的關鍵是用水，筆中含水的多少，直接影響到墨色的變化和畫面的效果。黃慎在這方面可說是一個筆中盡「五彩」的能手。

▶ 黃慎
《鐵拐李圖》

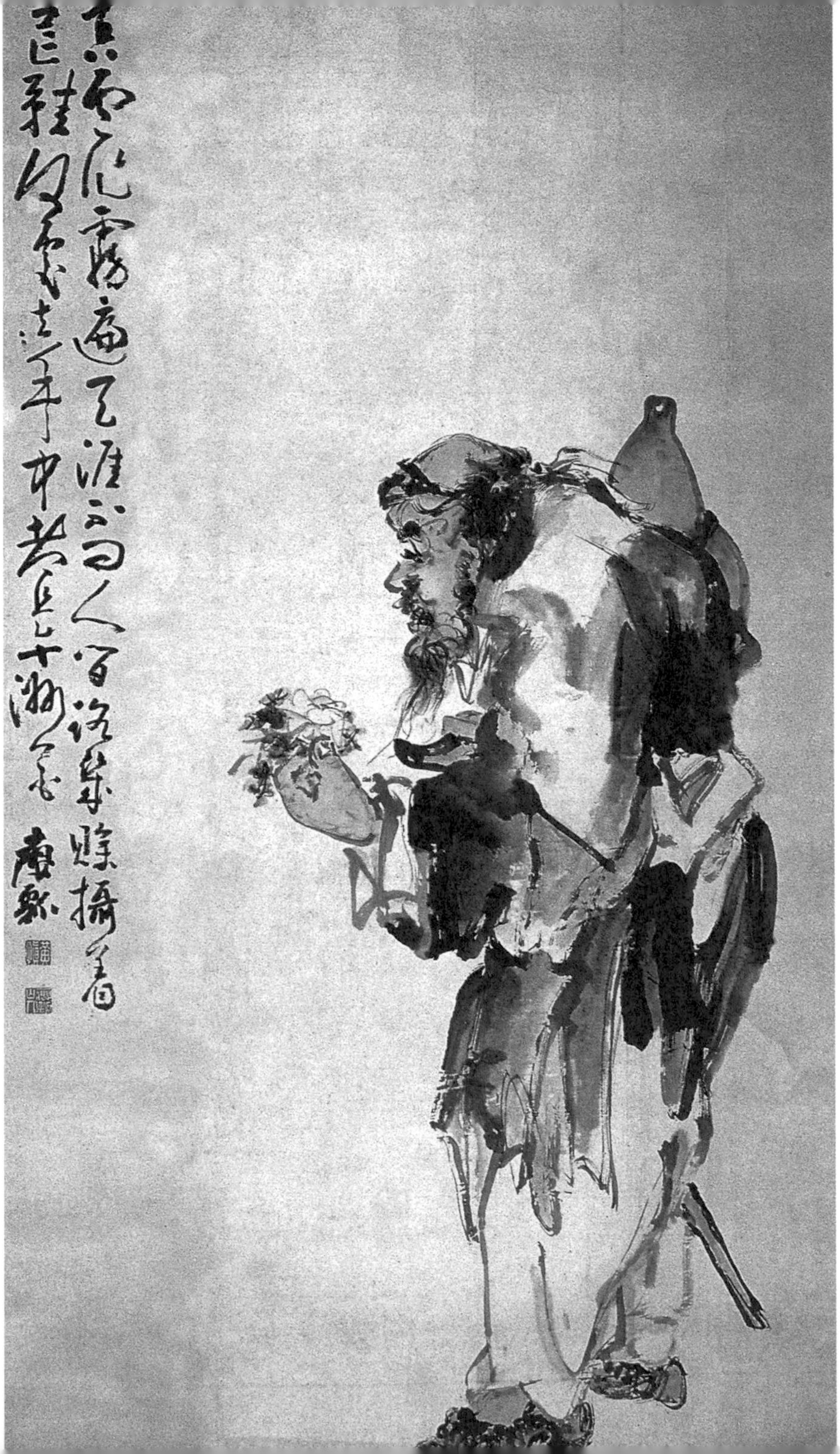

影響。

揚州地區的畫家，崇尚革新之風。黃慎也立志變革，他在繼承前人的基礎上，又吸收了山水、花鳥寫意畫法，終於以人物畫名響揚州，所作「尺紙零縑，世爭寶之」。

黃慎在「揚州八怪」中，是引書法為畫法最突出的一位，就某種意義上來說，是他的書風決定了他的畫風。小寫意畫，他以行書筆法為之；大寫意風，他以草書筆法為之。在他的畫中能真切地體會出書風即畫風，看來是書法確立了文人畫藝術的品性。

黃慎以前的水墨寫意人物，基本都是勾完整體的人物衣褶、輪廓後，再在輪廓內塗上水墨，這實際上應稱水墨畫，而不能稱寫意畫。宋代梁楷雖多以水墨揮寫人物，但他多以沒骨潑墨為之，用線不多，他另一種風格的人物畫是線多墨少，不能將用筆、用墨隨機運用。黃慎的寫意人物是真正意義上的寫意，他將「拖泥帶水」的墨法和靈動的草書筆法，直接用於人物身上。他的畫不是勾好輪廓再著墨，而是用粗筆濕墨揮灑，在墨中引出線，由線再變成墨，隨機生發、酣暢淋漓。黃慎的繪畫「初視如草稿，寥寥數筆，形模難辨，及離丈餘視之，則精神骨力出」。

在表現題材上，黃慎的人物畫，大量以市民、漁夫為主題，衣衫襤褸，狀如乞丐，與傳統人物畫帝王將相、仕女高士題材迥然不同。

藏於南京市博物館的《漁翁漁婦圖》，是黃慎常畫的題材。畫一漁翁身背魚簍，手拿一小魚，笑容可掬地和漁婦商討價錢，兩人情感生動，呼應有致。漁翁以潑墨、草書筆法為之，線面互用，水墨淋漓。漁婦衣褶、輪廓率筆勾出，用筆活脫，漁翁和漁婦，形成線、墨、黑、白對比，趣味盎然。另外，他畫的《漁父圖》、《鐵拐李圖》，無不筆酣墨飽、形神兼備。

黃慎的大寫意人物畫，為一直不景氣的人物畫發展注入了新鮮活力，使寫意人物和山水、花鳥並肩前進，揭開了人物畫新的篇章，對我們當今寫意人物，仍有著可資借鑑之處。

81. 鄭燮

——一枝一葉總關情

清朝中葉，揚州地區由於市場繁榮、文化發達，因而在前後一百二十二年的時間內，揚州地區聚集了一百數十位知名畫家，形成了具有時代氣息的「揚州畫派」。這個畫派以陳撰為最大，羅聘為最小；羅聘之後，揚州畫派開始衰落。「揚州八怪」是「揚州畫派」最興盛階段，以華喦、高鳳翰、李鱓、金農、黃慎、高翔、鄭燮、李方膺、邊壽民等代表的文人畫家，開創了文人畫新境界，而被載入了史冊。

「揚州八怪」為了生計，大多都擅長多種繪畫技能，以應所求。而思想最活躍，僅擅幾筆蘭竹，卻能名揚四海的人，就只有鄭燮了。

鄭燮（1693～1765），字克柔，號板橋，江蘇興化人。興化在揚州之東，是蘇北有名的魚米之鄉，而鄭燮的家庭並不富裕。他四歲喪母，由叔父和乳母撫育長大，在友人的資助下，才有機會讀書，並應科舉而為康熙秀才、雍正舉人、乾隆進士。乾隆七年（1742年），四十九歲的鄭板橋出任山東范縣令；五十四歲，又調署濰縣。在任期間，他同情民眾疾苦、秉公勤政，被百姓稱為親民之官。

有一年，山東遭受災荒，出現了「十日賣一兒，五日賣一婦」的饑饉情景，這使鄭板橋目不忍睹。於是，他在濰縣開倉放糧，賑濟災民，深受民眾愛戴。然而，鄭板橋的行為卻得罪了那些貪官污吏，他們反誣陷板橋藉賑災舞弊，對他加以打擊排擠。盛怒之下的鄭板橋，決意辭官絕宦，再也不與貪官同流合污。辭官南歸之日，百姓擁道相送，場面十分感人。

關心民眾疾苦，在鄭板橋許多

作品中，也有所體現。他在濰縣署中畫的墨竹中題詩道：

> 衙齋臥聽蕭蕭竹，疑是民間疾苦聲。
> 些小吾曹州縣吏，一枝一葉總關情。

愛民之心可見一斑。鄭板橋筆下的蘭竹，在意境抒發方面已超越了一般文人藉物詠情的層面，而具有了社會意義。

　　鄭板橋南歸揚州後，開始了他的賣畫生涯。板橋因生計原因，早年就曾賣畫於揚州；而今日重回故地，繪畫水準也非早年可比。此時板橋的繪畫，在繼承前人蘭竹畫法的基礎上，已達到了爐火純青的地步。因他主張學畫要「十分學七要拋三」，所以很難看出他究竟師學何人，但從畫跡上看，仍有文同、鄭思肖、石濤筆意。板橋畫蘭竹，用筆爽利峭拔、用墨活脫清新，整體筆墨磊落舒展，頗得清雅縱逸之氣。

　　藏於瀋陽故宮博物院的《墨竹圖》，畫叢竹一片，勁拔挺秀，竹葉密而不亂，披斜拂揚，十分瀟灑。在右上首竹枝間，以「六分半書」題字若干，封住紙邊，彌補了畫幅四面透氣、缺少張力的弱點；題字

▼ 鄭燮《墨竹圖》

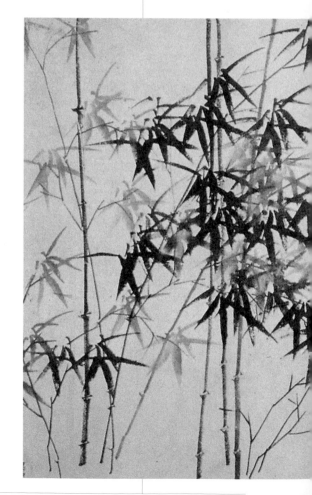

成了畫面構圖的一部分，這是板橋常用的一種題字方法。

存於揚州市博物館的《蘭竹石圖》，氣勢開張，岩石突兀，岩隙間叢蘭秀竹舒展而出。濃墨畫蘭竹、淡墨寫山石，蘭竹以中鋒出之，岩石側筆勾勒，整體畫面秀色可人，基本上代表了板橋蘭竹的藝術成就。

鄭板橋素有詩、書、畫「三絕」之譽，他的詩不僅多以民間疾苦為題材，而且不乏自我寫照、自寫性情之作。他在題畫詩中云：

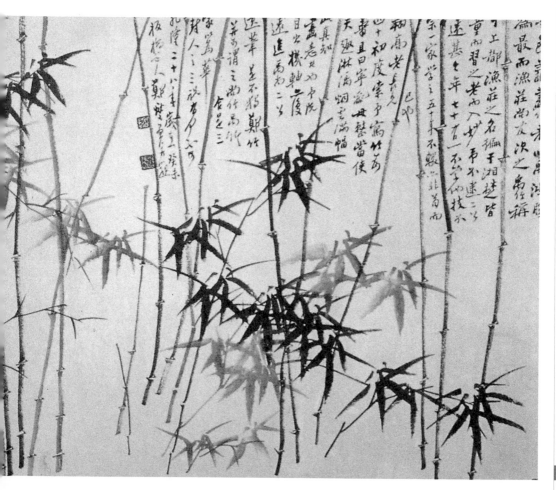

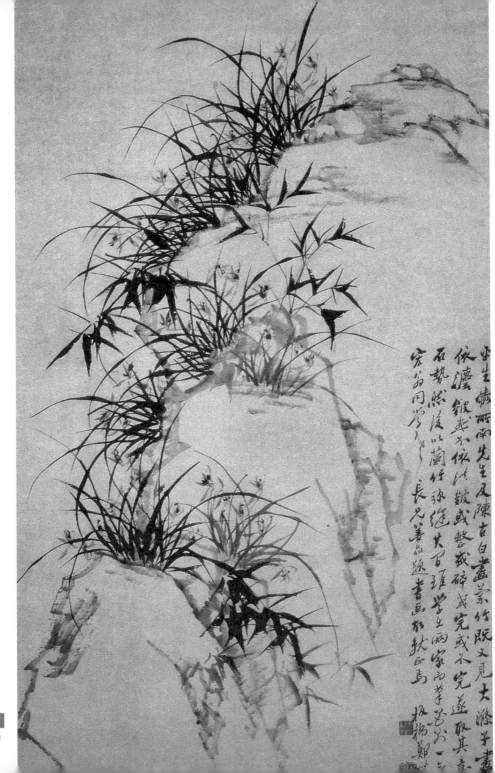

余生歲兩南先生及陳古白畫蘭竹既又見大滌子畫
依據銳意不依法然或整或碎或完或不完遂取其意
石勢然後以蘭竹弥繼之而兩家不必其一
容翁同學九長兄姜頫題書畫於秋正馬
板橋鄭

咬定青山不放鬆，立根原在亂岩中。

千磨萬擊還堅勁，任爾東南西北風。

　　表達了他的堅強意志。他的書法，在雜用篆、隸、行、楷的基礎上，形成風格獨特的所謂「六分半書」，參差錯落，有如「亂石鋪街」，書風怪奇不群。

　　鄭板橋的繪畫思想也很新奇。他主張學畫應當「學一半，撇一半」，「師其意不在跡象間」。在創作方法上，他提出「眼中之竹」、「胸中之竹」、「手中之竹」三段過程。把觀察自然、創作構思和藝術創作的實現有機結合，發展了蘇軾提出的「胸有成竹」繪畫創作理論。

　　鄭板橋僅以幾筆蘭竹就稱雄畫壇，這在某些人眼裡是不可思議的事。當今許多畫家幾乎畫遍了所有能畫的東西，從城市畫到鄉村、從田野畫到原始森林，皓首窮年，也沒成畫界名手。究其原因，無非是對題材用意過多，對筆墨自身語言少了些錘煉。不找到筆墨內在語言，是「說」不清楚題材的；不讀萬卷書，走遍天下也是「流浪」。

　　鄭板橋的幾筆蘭竹，所觸及的是文人畫法式核心領域，文人畫的筆墨語言，正好和蘭竹的自然形態相協調。竹幹如篆書、竹枝如行書、竹葉如楷隸；蘭葉如撇、蘭花如點；竹幹顯筆、竹葉顯墨，在一枝半葉中，構成了自足的筆墨天地。如果我們能完善地將筆墨內在語言，運用到所畫題材當中去，也許會改變當前中國畫徘徊不前的狀態，這也是鄭板橋對後世的價值所在。

82. 郎世寧
——溝通中西繪畫的先驅

明朝萬曆九年（1581年），當時義大利傳教士利瑪竇曾攜帶傳教所用的聖母像、耶穌像來華，將西方「文藝復興」繪畫風格傳入中國。有些素描畫片，還被刊印在中國畫譜中，對中國畫家有所影響。當時的曾鯨就參用西法，而創「波臣派」人物畫新風尚。一百多年後，在利瑪竇的故鄉，又來了一位傳教士，並且成為中國宮廷畫家，他就是義大利米蘭人郎世寧。

郎世寧（原名Giuseppe Castiglione, 1688～1766），年輕時受過較有系統、嚴格的繪畫技法訓練，曾為教堂畫過「聖像」之類的宗教繪畫。

康熙五十四年（1715年），郎世寧二十七歲時，由歐洲天主教耶穌會葡萄牙傳道部派遣到中國，以期傳教於中國百姓。十一月獲康熙皇帝召見，當時康熙六十二歲，酷愛藝術與科學，雖不贊成郎世寧所信仰的宗教和向中國百姓傳教，卻因郎世寧有繪畫才能而把他當做藝術家看待，甚為禮遇。

康熙對郎世寧說：「西方的教義違反中國正統思想，只因傳教士懂得數學原理，所以國家才予以聘用。」然後又詫異道：「你怎能老是關懷你尚未進入的來世而不顧現世？其實萬物是各得其所的。」既而聘郎世寧為宮廷畫師，不給他傳教的機會。

康熙死後，雍正即位，在他統治下，曾一度「迫害教士」，郎世寧因宮廷畫師身分而躲過一劫。但郎世寧心中不時還惦念著傳教之事，乾隆登基後，因他平日喜愛繪畫，便經常去看郎世寧作畫。

有一天，乾隆來看他作畫，郎

世寧突然跪下，從懷中掏出一卷用黃綢布包著的耶穌會奏摺呈上，請皇上開恩寬容聖教。乾隆卻溫和地說：「朕並沒有譴責你們的宗教，只是禁止臣民的皈依罷了。」從那以後，郎世寧入宮都要受到檢查，以免懷裡再藏什麼奏摺之類。

1746年，有五名本篤會傳教士被判處死刑，一日乾隆命郎世寧呈上新作觀之，這時他又跪下說：「求陛下對我們憂傷戚戚的宗教開恩。」乾隆面帶慍色，未予答覆。

就這樣，郎世寧來中國後，一直沒有

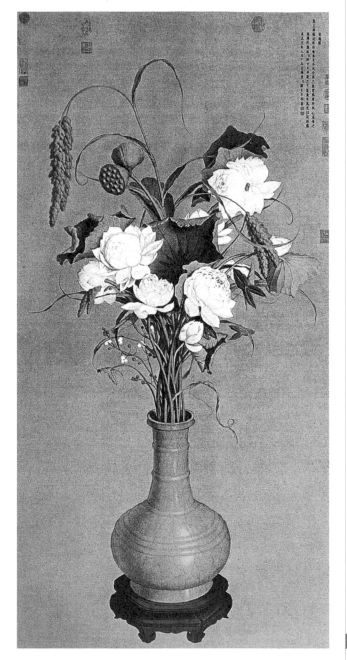

▶ 郎世寧《聚瑞圖》

機會傳教，而是作為畫家於1766年在北京去世，年七十八歲。乾隆賜予侍郎銜，並賞銀三百兩為他料理後事，遺體葬於北京阜成門外外國傳教士墓地內。

郎世寧還奉皇帝之命參加了圓明園部分建築的設計工作，還和曾任工部侍郎年希堯一起探討西洋的焦點透視畫法，並由年希堯撰寫成《視學》一書，成為我國第一部介紹歐洲透視畫法的著作。

郎世寧繪畫題材廣泛，山水、人物、花鳥、動物，無所不能，尤擅畫馬。他的繪畫以西洋畫為體、中國畫為用，採用西洋繪畫技法，參以中國工筆畫技法，注意透視、解部、素描關係的表現，創造出了許多不失西畫之根本，而又有中國特色的新型繪畫。

現藏於瀋陽故宮博物院的《竹蔭良犬》圖，是郎氏動物繪畫的代表。圖中繪苦瓜纏繞翠竹，下立一良犬，氣宇軒昂，雙眸凝視前方，身長腰細、毛色銀灰，解剖合理，皮毛肌肉質感極強。點景之用的翠竹雜卉畫得也十分生動自然，整個畫面渾然一體，是郎氏精心之作。

藏於臺北故宮博物院的《聚瑞圖》是代表郎世寧花卉水準的佳作。畫中瓷器的質感、荷花的清新、荷葉的輕盈、穀穗的重量感，無不恰到好處地表現出來。

郎世寧的繪畫，雖用西法，但他儘量減弱陰影和明暗交界線，以相對的平面來適應中國人的欣賞習慣。中西結合的繪畫，弄不好會庸俗不堪，而郎世寧的畫卻能得中國繪畫的水墨韻致，和在宋畫中才有的蕭穆之氣，這就是他的成功所在。

長期以來，人們對郎世寧繪畫的認識有所偏差。一是

▶ 郎世寧
《竹蔭良犬》

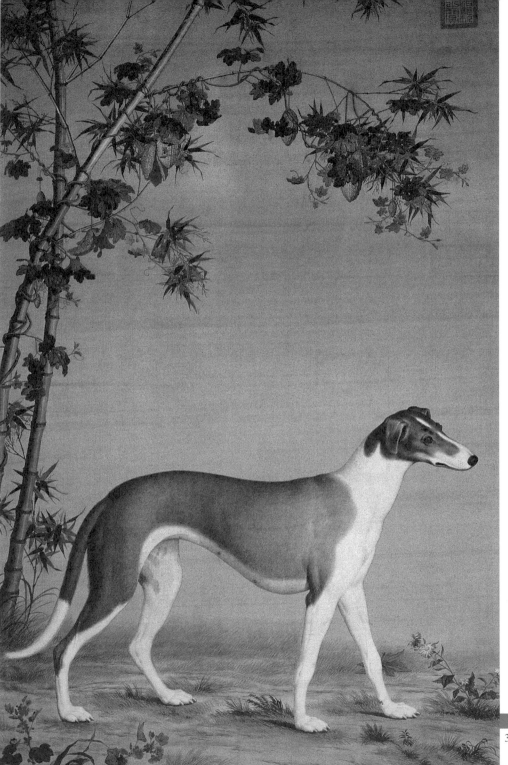

停留在郎氏不過是爲討好皇帝而作，不足爲賞；二是停留在鄒一桂所言「筆法全無，雖工亦匠，故不入畫品」的觀念中，缺少對其繪畫的理性判斷。

其實，鄒一桂的說辭並非指郎世寧作品，也並非輕視郎世寧的作品。鄒一桂在《小山畫譜》中說：

> 西洋人善勾股法，故其繪畫於陰陽遠近，不差錙黍，所畫人物屋樹，皆有日影，其所有顏色與筆，與中華絕異。布影由闊而狹，以三角量之。畫宮室於牆壁，令人幾欲走進。學者能參用一二，亦具醒法……。

從這段話中，我們可以知道，鄒一桂所指的是西方的油畫，而非郎世寧的作品。

郎世寧以其卓絕才華，在不失中華民族繪畫特徵的原則下，吸收外國繪畫精華，創立了新的畫風，同時受到中西雙方的肯定。這和我們許多畫家「融合」中西繪畫後的作品，成為中西雙方都不認可的「怪胎」，有著天壤之別。郎世寧的繪畫，在當下中西方文化的交匯中，仍然有著現實的啓示作用。

83. 趙之謙
——筆墨清新書意濃

文人畫在確立自己主流地位以前，書法作用和精神一直隱藏於繪畫當中，是處於不必特別表露而自發追求階段。而文人畫家主動將書法帶入繪畫領域，使文人畫強調以書入畫，由「自發」發展到「自覺」，這是文人畫藝術的一次重大飛躍。從此，書法藝術開始主導著文人畫藝術的品性，書法與文人畫的關聯越來越緊密。最後，到「揚州八怪」時期，出現了書風決定畫風、書風即畫風的極端現象。

由於「揚州八怪」將「書畫同源」進行了極端發展，再往前走就很容易取消自身，因為文人畫畢竟不是書法與繪畫的簡單混合。另外，由於「揚州八怪」的方法大多從「帖學」一路走出，因而有散漫潦草之習。將其用於畫中，也有荒率粗簡之氣，雖然看起來很大氣，但卻不耐人尋味，文人畫似乎走入了死胡同。

有清一代的書法，可大致分為兩個發展階段。清初帖學盛行，崇尚趙孟頫、董其昌，因輾轉描摹，遂失本來面目。嘉慶、道光以來，漸趨衰微，而碑學日盛，特別是在鄧石如、包世臣的提倡下，碑學橫掃帖學的媚弱書風，為書壇帶來一片生機，並影響到繪畫領域。趙之謙就以碑學之法用於繪畫，使文人畫出現了新的轉機，為近代美術尋找到了一條新的道路。

趙之謙（1829～1884），字益甫，號冷君，後改字叔，號悲庵、無悶等，浙江紹興人。他十四歲喪母、二十五歲喪父，在家境困頓的情況下，刻苦學習。十七歲師從沈霞西學習金石學，二十歲便能開館授徒。1861年，太平天國農民起義軍攻入紹

興，他離開家鄉，四處糾集地主武裝，反對農民起義軍。同年，他的妻女皆故，為懷念妻子和愛女，取號悲庵。此後，他做過私塾教師，又到過北京，以賣畫為生。

他從三十七歲起，曾在北京參加過三次會試，均以失敗告終。由於他在詩、書、畫、印方面名望日盛，四十四歲時，被舉薦到江西南昌，主持纂修《江西通誌》。後歷任鄱陽、奉新和南城縣的知縣。

趙之謙的繪畫尤得益於他的書法和篆刻。他的書法初學顏真卿，而後致力於北碑書體的研習，字體方整樸厚。篆、隸師學鄧石如，並臨寫金文石刻、碑板。趙之謙的篆刻吸取「浙派」、「皖派」之長，後又引金文石刻、秦漢印章入印，自成一格，對後世的影響不下於他的繪畫。

趙之謙的繪畫以花卉為主，偶作山水、人物。他的寫意花卉師學非常廣泛，從明代的陳淳、徐渭，到清代的八大山人、石濤、惲壽平、華嵒、蔣廷錫，再到「揚州八怪」的李鱓、李方膺、羅聘等，都成為他筆下所涉學的對象，並且還常留意元人筆墨逸趣。

趙之謙雖然師學廣泛，但他基本上都以自己獨具風貌的北碑書體去貫穿諸家；因此，不論他學哪一家，都有自己的體貌。由於他引頗具金石味道的北碑書風入畫，因此他的用筆如刀耕石，遒勁有力，這正是「揚州八怪」所缺少的。趙之謙將渾厚樸拙的北碑筆意用於寫意花卉，改變了「揚州八怪」用筆率粗浮飄的不良影響，使寫意畫在筆墨追求上進入一個新階段。

他引北碑書風入畫，並不是機械搬用，而是在古厚樸拙的用筆中寓以靈動之氣，使他的繪畫在渾厚古雅中，充

▶ 趙之謙
《梅壽圖》

◎藏鋒

東漢書法家蔡邕在《九勢》中說：「藏鋒，點畫出入之跡，欲左先右，至回左亦爾。」所謂「藏鋒」是指在運筆之際逆鋒入紙，將鋒藏於筆畫中，在收筆時又將筆鋒回收於筆畫內，不露稜角，筆觸有圓厚之氣。作畫行筆雖不能刻意藏鋒，但也不能過分出鋒，而有尖薄之病。趙之謙作畫，多以「北碑」筆法藏鋒為之，故有古厚之氣。

滿著清新活潑的意趣。

趙之謙精於篆刻，並善將字體的「分間布白」用於繪畫的章法構圖中，他的《梅壽圖》就是運用篆刻布白原理來構圖的佳作。梅枝分別從畫幅上首和右上側垂下，構成大的方形骨架，留出右下角最大的空白，和上首最密處形成對比。然後，在粗枝中間以細枝「切割」出大小不等的小空白，並在其中又「切割」出大小參差的空間，這樣就形成了大、中、小不等的布白，節奏變換感極強。梅幹以方拙的北碑書風出之，正好和略呈方形的構圖布白形成巧妙呼應，使畫面充滿張力。【註】

另外，趙之謙大量地將工筆畫的色彩用於他的寫意畫中，在古厚

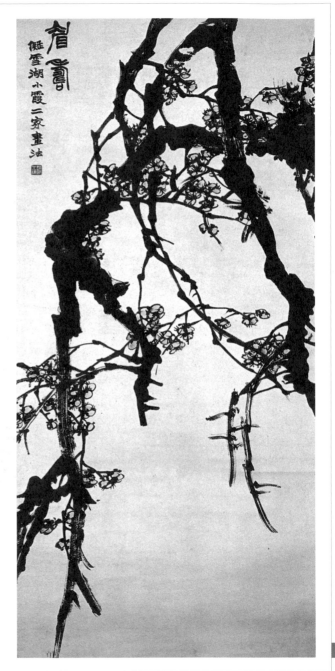

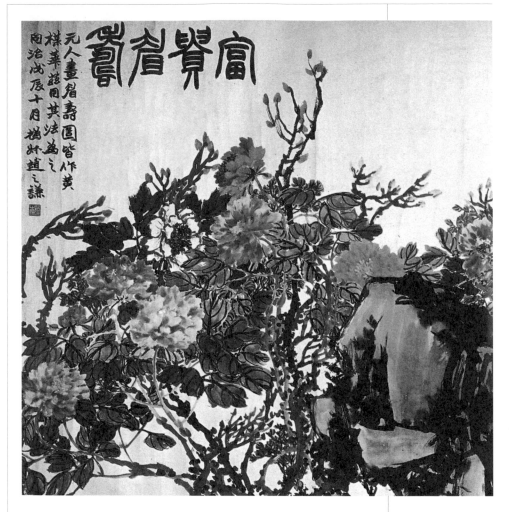

▲ 趙之謙
《富貴梅壽》

拙樸的筆墨中點以色澤明麗的花朵，使畫面古雅清新，開
大寫意濃豔色彩之先河。

　　趙之謙是繼「揚州八怪」之後，再一次將寫意畫推上
新境界的旗手，是「揚州畫派」畫風向「海派」畫風轉變
的橋樑，爲文人畫注入了新鮮血液，使瀕臨衰微的文人畫
再次煥發了青春，並以矯健的步伐向前邁進。

84. 蒲華
——胸襟瀟灑墨花飛

近代中國美術史上，繼「揚州畫派」之後，在上海又出現一個「海派」畫家群體，成爲中國古代傳統繪畫向現代繪畫轉變的重要紐帶和橋樑。「海派」畫家以「海上三傑」虛谷、任伯年、吳昌碩爲代表，開創了具有時代特徵的新畫風，在中國美術史上，寫下了濃重的一筆。但是，嚴格來說，應該將代表「海派」畫風的「海上三傑」，改稱「海上四傑」，把開啓海上畫風的先導者蒲華列入其中，這樣才能概括海派畫風發展階段的全貌。

蒲華（1832～1911），原名成，字作英，號種竹道人、胥山野史等，浙江嘉興人。

蒲華的祖上編籍「墮民」，這些人相傳是元軍南侵滅南宋時，集中於紹興一帶的俘虜和「罪人」，當時稱爲「樂戶」；明代改稱「丐戶」，

單立戶籍；清時又定名爲「墮民」。他們不得與平民通婚、不准應科舉、不能進入朝堂廟堂、不能爲人師表，只能做一些低賤的雜役、苦力。雖然清末辛亥革命時已無更多限制，但中國傳統的門第觀念，仍然壓得他們喘不過氣來。蒲華後來遷居上海後，經常參加一些雅集活動，而許多「雅士」鄙其出身，不願與蒲華共席。這也許是蒲華畫名不高而被埋沒的原因之一。

蒲華幼年做過廟祝，因能讀書、識字，被安排在廟中扶乩轉沙盤。所謂扶乩是古代一種占卜吉凶的活動，三人一組，分爲天、地、人三才；「天才」扶乩在沙盤裡寫字，「地才」用筆記下這些字，而由「人才」宣讀。由於長時間在沙中寫字，最後使得他在紙上寫字也有畫沙之感，蒲華奇曲纏繞的書

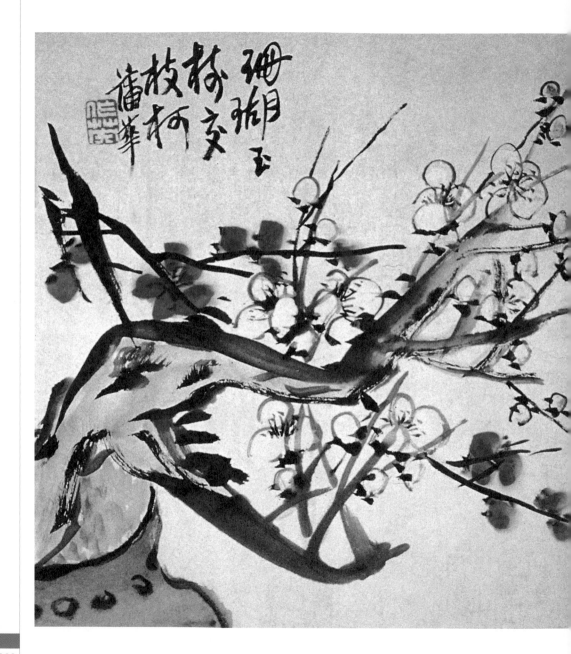

風，靈感也許就是從沙盤中所得。

　　蒲華青年時期，曾多次科考而未能成功，後決意進取，專心致力於書畫、詩文的創作。蒲華二十二歲結婚，妻子亦能詩善畫，與蒲華感情很深，兩人互爲感情寄託，安貧樂道地生活著。1863年，妻子因病去世，這對蒲華是一個沉重打擊，使他內心痛苦萬分。念夫妻之恩，而常盼妻子「魂兮返斗室」，一生再沒續娶。

　　此後，蒲華四處飄泊，曾至寧波、杭州，最後寓居上海，以賣畫爲生。他喜飲酒，常至酒肆酣飲，得興時便揮毫潑墨，頃刻成幅。1911年夏天的一個晚上，蒲華醉歸寓所，一臥不起；待人發現時，才知因假牙塞入喉管而逝。蒲華老友吳昌碩等爲他料理了後事，其親屬將其運回嘉興，葬於鴛鴦湖畔。

　　蒲華繪畫初師同里周閑，得其法度，後又師學陳淳、徐渭、李鱓、八大山人等諸家。山水、花鳥皆能，尤精畫竹，竹藝師承元代吳鎮筆法，兼收各代畫竹精華，體察圃中叢竹之情態，放筆直寫，能攝眞竹「魂魄」，堪稱寫竹高手。

　　蒲華用筆多以長鋒羊毫用力運筆，行筆徐緩、力透紙背；以中鋒爲主，適當左右偏側，變其筆致，使用筆有所變化。蒲華筆墨以活潤爲特色，他行筆追求潤字當先，潤中求蒼，一條筆道中，就有濃淡、乾濕、陰陽之變，意韻雋永。他用墨畫花、畫竹，更是墨花淋漓，幻化無窮。一般畫家都在墨中取韻、筆中取氣，而蒲華卻能在用筆中取墨韻，而無渙散無力之病，非大家所能做到。蒲華最難能處是整體畫面的自自在在、純任天然，似有不修邊幅之

◀ 蒲華
《梅花圖》

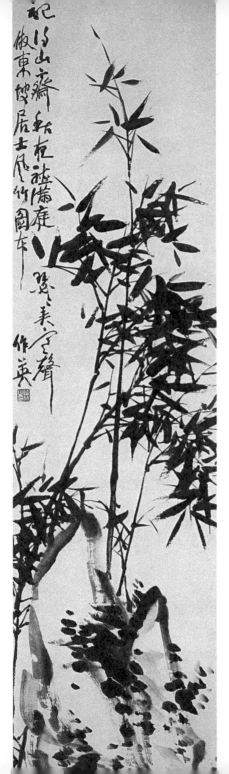
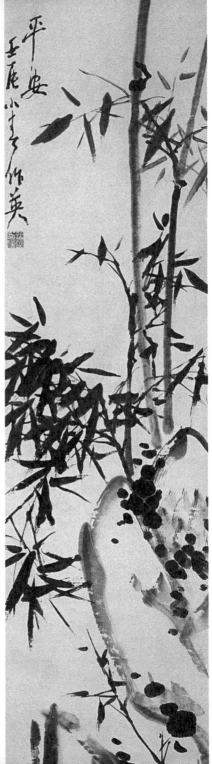

嫌，實乃其中眞意具在，不可與不識者語。此中意味可在蒲華的梅花、墨荷、墨竹等作品中相參悟。

蒲華畫竹堪稱絕唱，他筆下的竹參透理法，窮盡竹態萬種風情，而又了無痕跡。他的筆在理法上似無規律可循，不像鄭板橋著意竹的各種法式，使人一目瞭然。蒲華的竹是在混沌中求清醒，雖不示理法，而理法自在其中。他的竹似乎不合眞竹的物理情態，卻能把竹的內在氣度、君子之風，呈現於眾人面前。

畫竹「結頂」最難，弄不好就有聳肩下墜之感，而無削拔凌空之勢；而蒲華最善處理竹的「結頂」部位，在隨意幾筆中，就把竹的秀逸情態揮寫而出。沒有長期的仔細觀察，是萬萬不能做到的。可以武斷地說，蒲華僅憑墨竹就可躋身大師行列，而絕無半點慚天愧地之嫌。

蒲華不僅開創了一種畫風，更重要的是，他直接影響了吳昌碩，開啓了「海派」畫風新門徑。雖然吳昌碩常言任伯年是老師，而從沒提過師從蒲華，但他的畫風從蒲華畫風中羽化而出，應該是不爭的事實。

我們目前對蒲華的認識，還不是很全面，但我們應該知道，在「海派」畫風發展的歷程中，蒲華是衝在前面的「旗手」，在中國美術發展史上，應該賦予他應有的地位。

85. 虛谷
——一拳打破去來今

文人畫中超世絕塵的逸品之格，一直是文人畫論雅談俗的標準。元代畫家以其生活狀態和審美理想相融合，創造了文人逸品之極，成爲文人畫的理想境界。在中國繪畫的逸、神、妙、能四種品級中，神、妙、能可在跡象間求得，獨逸品之格是不能以形跡相論的。它和畫家人生經歷、生活方式、心智境界緊密相連，雖可率意點寫，卻不能刻意模仿。

元人畫中逸格的產

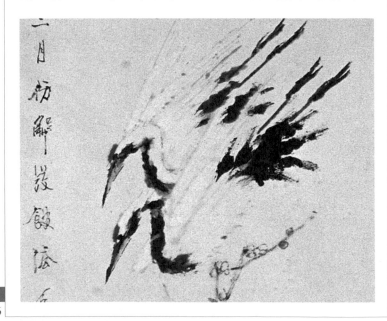

▶ 虛谷
《梅鶴圖》（局部）

生，是社會歷史環境造就的，因而大部分是源於「只好如此」的一種無奈的心緒使然。而歷史的車輪駛入二十世紀後，資本主義工商業和城市文明已有所發展，尤其像上海這樣的海埠城市，商品經濟十分活躍，在上海賣畫為生的畫家們，為適應市民和商賈的審美需求，努力追求「雅俗共賞」的畫風，不再追求出世的逸品之格。但這並不意味著逸品一格在中國畫中消失了，只不過它又以新的形態呈現而已。清末「海派」畫家虛谷的畫風，就是在現代城市文明和傳統文化相激盪中而產生的「新逸品」畫風，它是元代逸品一格在繪畫上最後一次的「迴光返照」。

虛谷（1824～1896），本姓朱，名懷仁，安徽歙縣人。他原為清軍參將，因同情太平天國革命，不願奉命去打太平軍，「遂披緇入山，不禮佛號，惟以書畫自娛」。出家後，改名虛白，字虛谷，號紫陽山民、倦鶴。他的書齋取名「覺非」，表達了他與昨日之「非」徹底決裂的心情。

同治年間，他攜帶筆硯，往來於蘇州各寺院間，為各寺和尚畫過不少肖像。1868年冬，虛谷應上海仁壽堂的邀請，與蘇州楞嚴寺住持柳溪和尚來到了上海。晚清時期，江南的商業、文化中心由揚州移到上海，畫家雲集於此，以畫為生。

據《海上墨林》說他「來滬時流連輒數月，求畫者雲集，倦即行」。虛谷與當時在上海的名畫家任伯年、高邕之、胡公壽、吳昌碩等關係密切，畫風互有影響。虛谷與任伯年感情尤為深厚，任伯年曾為虛谷畫過肖像和扇面，稱虛谷為「道兄我師」。任伯年去世時，虛谷痛哭失聲，作輓聯云：「筆無常法，別出新機，君藝稱極也。天奪斯人，誰能繼起，吾道其衰乎？」此中真情可見一斑。

虛谷的繪畫題材較廣泛，人物、山水、花鳥無所不能，尤擅松鼠、金魚、枇杷等。虛谷師學很廣，漸江、八大山人、華嵒、惲壽平、金農對他都有所影響，並鍾情於宋元繪畫的法度、逸趣。

但對他影響最大的還是華嵒畫

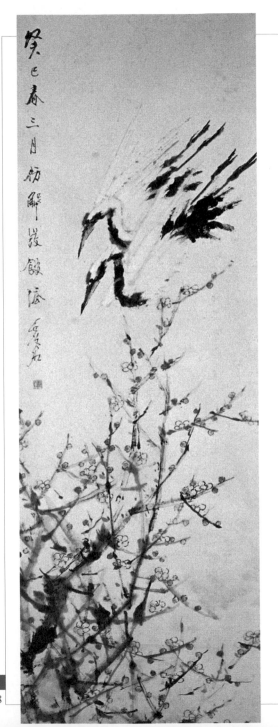

風。虛谷以長鋒羊毫，變華嵒圓轉之筆爲方折之筆；變提按行筆爲頓拙行筆；變中側行筆爲偏側行筆；變溫潤筆墨爲蒼枯筆墨；變造型的圓弧線爲方折線；變華嵒求動爲求靜；變飄逸爲冷逸；變華嵒求墨的變化爲求筆的力度。

由於是以長鋒偏側行筆，所出線條有蒼莽之氣和鋒芒森森的感覺，再加他多在大面積的灰色調中，著以少量濃豔之色，因而畫面冷逸脫俗，超出眾人之上。

藏於北京故宮博物院的《梅鶴圖》和《松樹圖》，基本可體現出虛谷的筆墨特色。

《梅鶴圖》繪梅花綻放，兩隻仙鶴收翼乍落，梅枝紛繁卻不雜亂，主幹以乾筆焦墨顫筆寫之，細枝以渴淡之筆寫出，在用筆縱橫挺健中，透出梅幹的鐵骨盤折之氣。梅花略以淡色點染，襯出鶴頂最紅之色，點亮整個畫面，有俊雅高潔、冷香清豔的意趣。

◀ 虛谷《梅鶴圖》

《松樹圖》以乾墨蒼筆磊落頓挫地寫出松幹，以中鋒勁利之筆寫出松針，用幾片零落秋葉點出季節時令。整幅畫面把松樹偉岸、堅貞、剛直的性格，生動地表現出來，是虛谷畫松題材的代表作。

　　當時海上畫派的吳昌碩以古拙的石鼓文筆意入畫，來匡正畫壇媚弱之風；任伯年以純熟的法度，來張「形神兼備」之目；而虛谷的畫風，則在格調上勝人一籌，人們更看重他畫中的冷逸脫俗之氣，是以格勝而不是以畫勝。這對在時風已變而又常出入都市的虛谷來說，能畫出如此品味的「新逸品」，真是難能可貴。

　　虛谷的「新逸品」畫風順應時代文化潮流，將古代逸品一格，轉化成新時代的「新逸品」。他突破成法，為使傳統文化向現代轉換，做出了表率。誠如吳昌碩在虛谷《佛手圖》中題詞所云：

　　十指參成香色味，一拳打破去來今。
　　四闌華藥談風格，舊夢黃爐感不禁。

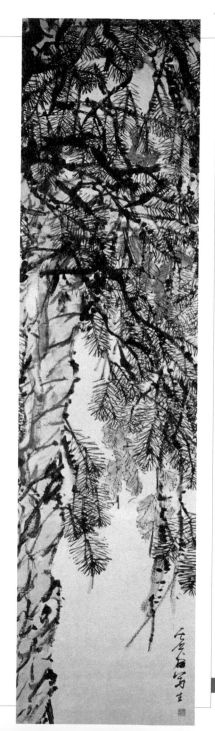

▶　虛谷《松樹圖》

389

86. 任伯年
——筆無常法 別出新機

晚清的畫壇，由於「揚州畫派」末流和「四王」末流的陳陳相因，因而顯得蕭條冷落，生機盡喪，路子越走越窄。而就在此時，中國商業重地上海畫壇卻出現了開創新風、欣欣向榮的繁榮景象。在這裡，畫家薈萃、人才輩出，形成了獨具風貌的「海上畫派」，而任伯年就是「海上畫派」的中堅人物。

任頤（1840～1896），字伯年，號小樓，浙江紹興人。父親任鶴聲原是民間肖像畫工，後改做米商，因年景不佳，擔心兒子將來無技謀生，便把畫像之術傳給伯年，因此，任伯年少時已有極強的造型能力。年輕時，任伯年曾在太平天國的軍中任「掌軍旗」之職，「戰時麾之，以為前驅」。

父親去世後，十六、七歲的任伯年飄零至上海，在一家扇莊當學徒，為了生活，常模仿其族叔任渭長之畫出售。一日，自畫任渭長款摺扇多面，置於街頭售之，而自守於側。適任渭長偶然經過，注視良久，問伯年畫者何人。任伯年答曰：「任渭長所畫。」渭長笑曰：「我即渭長，未曾作此。」任伯年一時羞愧難當，只得承認是自己所仿。任渭長見他所畫機趣朗然，便說：「讓汝隨我學畫如何？」任伯年欣喜應之。不久，任渭長將他攜往蘇州，從其弟任阜長學習繪畫。

任伯年作畫，一般都有畫稿，是從生活中觀察、寫生而成。有一次，一位客人去看望任伯年，到了任伯年的家中，只聽到他的「請坐」之宣，卻不見人。等了片刻，任伯年才爬窗而入。客人問其故，方知他翻上樓頂去觀察兩貓相鬥。

後來，任伯年畫名日重，索畫

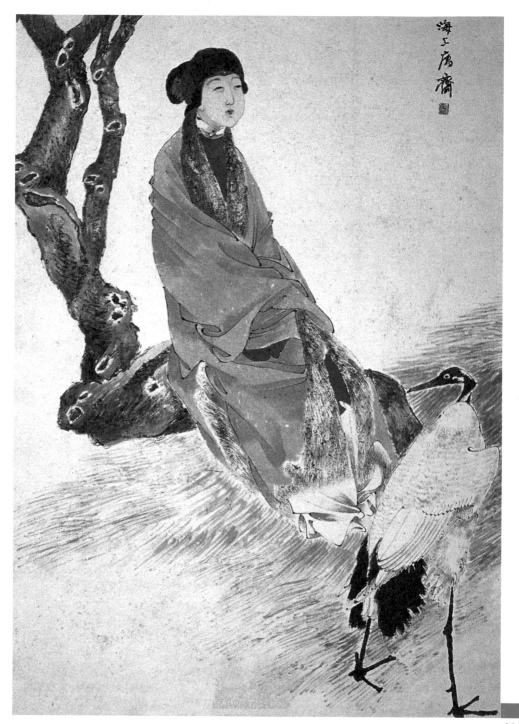

▲ 任伯年《梅鶴圖》（局部）

者漸多，因不堪其累，他常吸鴉片提神以助。某氏求任伯年畫，並代為磨墨、鋪紙，任伯年當時仍在吸鴉片菸，而不予理會。忽一陣風將宣紙吹到墨池上，蘸上了黑墨。那人且歎且怨：「我叫你起來畫，你不起來，現在紙已蹧蹋掉了。」任伯年卻說：「不著急，我就用這張紙給你畫。」忽起床就案，又將硯中之墨在紙上東潑西淋，旋即操筆就抹，頃刻間一隻大黑貓躍然紙上，某氏心滿意足，攜畫而去。

任伯年繪畫以花鳥、人物為主，偶作山水，也別有佳趣。他人物畫本承父授的肖像畫，師從蕭山任渭長和任阜長兄弟，上追明末陳老蓮及清代華嵒，並著意領略宋代人物畫沉鬱之氣。

任伯年肖像畫以家學之法為主，臉部塑造以「墨骨」法和以色渲染法打底，關鍵部位以線強調，衣袍服飾以所學眾法為之，或寫或工、或墨或線。《仲英小像》屬以線為主，《酸寒尉》以「沒骨」法潑墨為之，無不神完氣足。

他除畫肖像畫外，還常畫高士隱逸、民間吉慶、仕女、勇士題材。

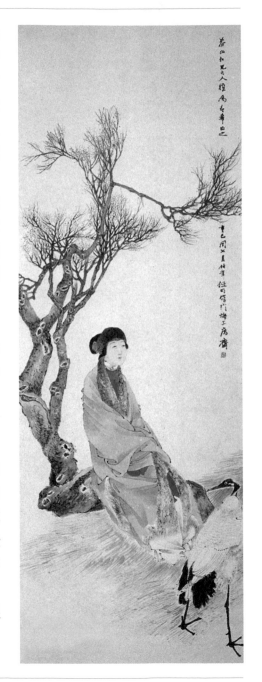

「關河一望蕭索」也是他最愛表現的題材之一。任伯年的人物畫，造型準確、情態生動，衣紋用筆既能表現形體關係，又有衣褶線條變化的靈動之美，很注意強調衣紋的走勢。

《梅鶴圖》是任伯年在刻畫人物神情方面較突出的作品。圖中繪古梅盤曲，皮蒼枝峭，一佳人倚坐其上，身披毛氅，內著紅甲。人物面目清秀，微蹙雙眼，有不勝日光、濃寒之感。衣紋以「釘頭鼠尾」之筆勁峭而出，似恐佳人受寒而將衣紋結構按包纏之勢統理，手足皆包纏在衣袍之內，突出人物面容。前立一鶴，回首凝望，頓增畫面神采。人物以赭墨色為主調，紅甲和鶴頂紅色點醒畫面又形成呼應，鶴的黑羽和人物頭部墨色與梅幹灰色、鶴的白色形成了黑、白、灰對比，增加了畫面節奏變化。最後，以人物的暖色和梅鶴的灰白冷色，形成大的反差，突出了佳人依依的情調。〔註〕

◎畫眼

一般而言，一幅畫中有生命的物象可以看作畫眼，如人物、鳥獸、蟲蝶之類；也可將畫中運動的物象看作畫眼，如車船之類；另外，畫中重點描繪的物象也能看作畫眼。總之，畫眼是一幅畫的精彩之處。任伯年在繪畫中就非常重視對「畫眼」的經營。

任伯年的花鳥畫始學「二任」，追摹華嵒、陳老蓮，法度已俱；又融胡公壽、張熊、朱夢廬、王禮等諸家為一爐，獨出一格。最後又上溯宋人正宗，把自己所學各家牢牢統一在宋人法度這條線上，得以「青出於藍」。這一點我們透過任氏一生時常撫臨宋畫就可以看出。

藏於虛白齋劉作籌處的《芭蕉雙鵝圖》，是任氏花鳥作品的成功之作。圖中畫一白一黑兩隻家鵝，挺立其身，雍容大方、款款而行。白鵝閉喙抬足，翩翩欲舞；黑鵝雙足踏地，張口似鳴，背景芭蕉畫得墨色淋漓。右側上首兩行題詩，如寶珠垂掛。畫面整體用筆鬆動瀟灑，用筆「鬆動」才能「生動」，用筆太緊畫面不宜靈活，這是任氏用筆的「不二法門」。以「沒骨」法畫鵝，難度極大。不用

◀ 任伯年
《梅鶴圖》

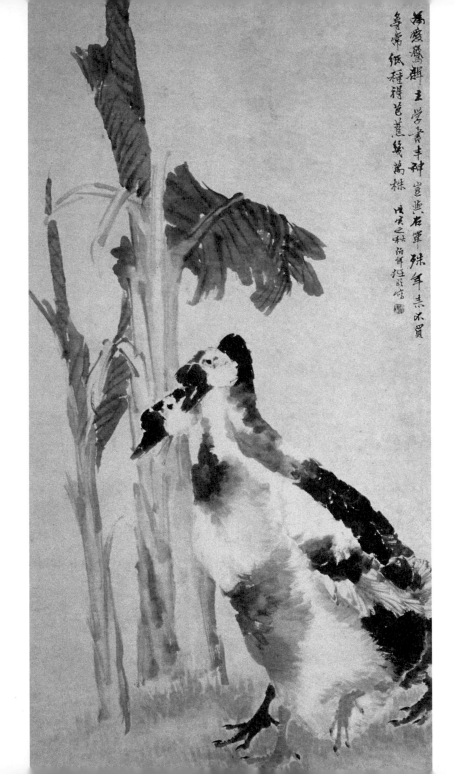

最愛鵝群主
學書丰神
豈與右軍殊
年焦不買
壽帶紙種得
苣蕙幾萬株
道光之秋
留竿狂飲寫

394

線，又要有形體、又要有筆觸，這就要有高超的用墨、用水能力。圖中以乾濕適中之墨寫出鵝頭和喙，並留有一些璣珠閃爍的飛白，而就是這些細小的飛白支撐了筆觸，也支撐了鵝頭骨架，使其有骨有肉。實際上，這些飛白起到了輪廓線的作用，看似「沒骨」，實則有骨。

該圖黑白對比非常強烈，在黑襯白、白襯黑中，更使雙鵝生動可愛。常畫花鳥的人都知道，鳥爪最難畫，圖中鵝腳用中鋒信筆寫出，骨肉俱全，強壯有力，腳趾尖如「泥裡拔釘」，從腳趾長出，堅硬無比，十分精彩。整個畫面渾然天成、元氣十足，是任氏花鳥畫成熟的象徵性佳作。

許多人認為任伯年美中不足之處是不善書法、詩詞，因而在格調上略有欠缺。這話聽起來有些道理，可是這種遺憾是針對文人畫家才有作用，而任伯年的畫在種屬上屬於工筆畫範疇。雖然在表面上，他的畫是那麼像寫意文人畫，很容易讓人誤會。但不搞清這個問題，就無法去界定任氏畫風。

實際上，任伯年是用寫意畫法去畫工筆畫，是以工筆畫為裡、寫意畫為面，在他的畫中既有寫意的痛快淋漓，又有工筆畫的神形兼備，他的「雅俗共賞」就是這樣獲得的。他將工筆畫線條紛披其態用於畫中，表面看的確很像文人畫用筆，但實質上他是將工筆畫寫意化，而不是將文人畫寫意化。

畫工筆畫者，能詩善書當然很好，但工筆畫的內在規定性並不是追求文人畫趣味。雖然任伯年晚些時候也臨過八大山人、鄭板橋的畫，但那時任伯年的筆性已定型了，不起太大作用。他也曾努力向文人畫靠近過，無奈筆中沒有文人畫功夫，只能以晚年的「衰筆」代之。但是，他這時的畫已開始走下坡路了，人們對他這一時期的畫並不太感興趣。如果任伯年走的是文人畫道路，那他就會畫隨人老，愈老愈紅了。一般文人畫家「爐火純青」階段都出現在晚年。

任伯年以其聰明才智，重新整合了工筆畫，開創了寫意工筆畫風，成為中國近代畫壇的一朵奇葩，其影響之深遠自是不言可喻。

◀ 任伯年《芭蕉雙鵝圖》

87. 吳昌碩
——天驚地怪　筆走龍蛇

　　文人畫強調以書入畫和追求筆墨自身語言的精鍊，書與畫的關係一直貫穿著文人畫的發展始終。由於書法在晚清前一直是以法帖相傳承，在歷代輾轉描摹的過程中，形神漸失。又因書法往往是以人相傳，而為人師者，是否能得書道正宗也是個問題。而以這種虛浮的書法之筆用於繪畫，會使畫面薄弱造作。晚清時期，趙之謙成功地將金石碑刻筆意用於畫中，開創了文人畫新境界，匡正了繪畫界的纖弱之風。而繼趙之謙之後，援篆籀書意入畫，開中國繪畫現代畫風新面貌的人，就是近代畫家吳昌碩。

　　吳昌碩（1884～1927），初名俊卿，又名倉碩，號缶廬、老缶、大聾、苦鐵，浙江安吉鄣吳村人。他出生於書香世家，少時生活清苦，但喜愛詩書，常以禿筆蘸清水練習書法。咸豐十年，昌碩祖母、母親、妻子及弟妹相繼病餓而死，自己飄零在外五年有餘。吳昌碩二十二歲中秀才，二十九歲移居蘇州。五十歲後，受朋友舉薦，出任江蘇安東知縣，因不堪其苦，到任一月便辭去。以後常以「酸寒尉」之號自嘲，任伯年還為他畫了一張《酸寒尉》肖像。

　　吳昌碩晚年雙耳失聰，因而號「大聾」，並把「大聾」兩字刻於印上。他又號「老缶」是因有一位朋友送給他一只無字古缶，他非常喜愛，遂取其號。並寫詩云：「以缶為廬廬即缶，廬中歲月缶為壽。俯將持贈情獨厚，時維壬年四月九。」

　　吳昌碩愛石成癖，當時寓居海上的畫家程璋，也喜玩石。一日，程璋在古玩商手中買了一塊玲瓏剔透的供石，小心翼翼地把石頭搬回

客堂裡，每天坐對供石凝視出神。過了幾天，吳昌碩前來造訪，看到此石，就問石從何處得來。程璋告之後，吳昌碩便說：「這好東西應當大家玩玩。」說著，就僱了一輛車子，將石帶回家中。後來吳昌碩搬家，才把供石送還，程璋一再撫摩，如親人重逢一般。

　　吳昌碩的畫有時真假難辨。他有一高足趙子雲，常在吳昌碩處觀其師作畫。吳昌碩有一個習慣，畫完畫後便去午睡，起後方題字押印。一天，趙子雲趁其師睡後，將老師所作依樣臨下，以假換真。吳

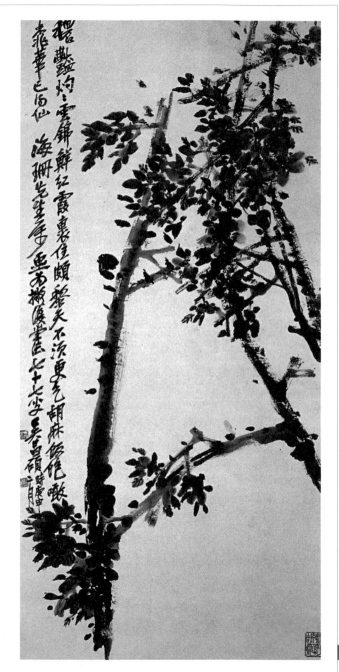

▶ 吳昌碩《桃花》

397

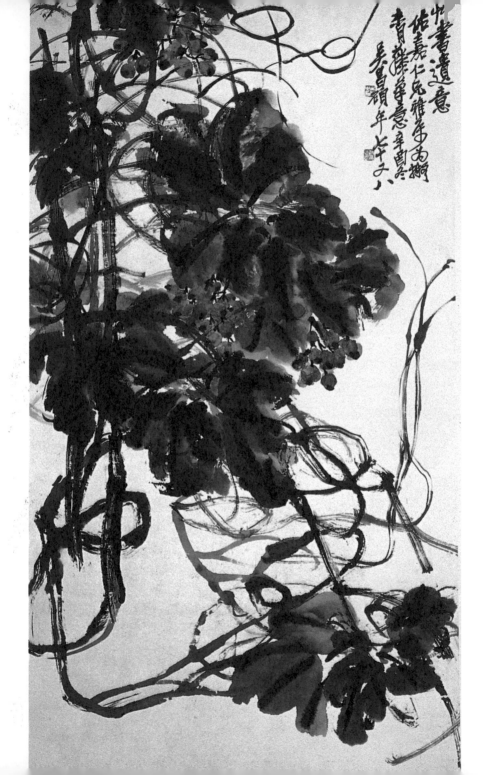

◎力透紙背

是指筆力所表現
的程度，並不是
指那種使勁用力
的運筆。它是在
藏筆中鋒、筆力
持重，以及毛筆
與紙面的摩擦所
達到的一種道勁
厚重、猶如滲透
到紙背似的，這
是筆力的滲透，
而不是墨汁的單
純滲透。吳昌碩
由於引「大篆」
筆法入畫，所以
其筆畫處，無處
不「力透紙背」。

昌碩醒後也不知其奧，便在贋品之上題字押印。又因向吳昌碩索畫者太多，爲了應付需求，便命幾位弟子臨摹他的畫，然後親自題款，應其所求。所以，吳昌碩的畫，款眞畫僞、畫眞款僞者不在少數。

吳昌碩在上海時，與蒲華、任伯年、胡公壽、虛谷等相往還，畫風互有所取。特別是蒲華對吳昌碩影響最深，並且是對筆墨結構內部的影響，而任伯年對吳昌碩的影響是外部的形、色方面。形、色不能構成文人畫審美趣旨，因而在吳昌碩達到一定的狀物能力後，就將任氏畫風漸漸洗去。倒是晚些時候的任伯年，時有吳昌碩筆意的作品出現。

吳昌碩擅寫石鼓文，刻印遠宗秦漢，又融浙、皖兩家精華，獨具風格。吳昌碩學畫較晚，但這並沒影響他的繪畫成就，他只不過把最後決定和制約文人畫家的功夫，提前完成了而已。吳昌碩曾說：「我書法比畫好，金石勝過書法。」可謂言之有理。吳昌碩的石鼓文、篆刻爲他的繪畫，起了「保駕護航」的作用。

吳昌碩雖然師學過沈周、陳淳、徐渭、八大山人、石濤、李鱓、金農等諸家，但他吸收最多的還是蒲華、趙之謙的畫風。雖然吳昌碩常在畫中寫師某某畫意，但由於他以篆籀之法用於繪畫，用筆特點太強，所以臨誰都不像，只取大意而已。

此外，吳昌碩的獨特書風，讓他一開始揮毫潑墨，就確立了自己終身畫風，只是畫隨人老而已，這和任伯年一生有幾個畫風轉變期是不同的。[註]

由於石鼓文的用筆剛勁有力、蒼古渾厚，使吳昌碩

的畫有了金石之氣，用筆如錯金鍛鐵，渾厚持重，他筆下的花卉也都有剛勁中寓婀娜的情態。吳昌碩在構圖方面，也將石鼓文的字形間架原理用於畫中。他構圖多把石鼓文變正爲斜，以傾斜的「井字」形架構作爲他構圖的基礎，然後運用石鼓文、篆刻的疏密穿插，分間布白來「搭」起自己的畫面。

吳昌碩的構圖有些就像建築上所用的「腳手架」一般，充滿了張力。他常說：「苦鐵畫氣不畫形」，這種「氣」是調動了從用筆到構圖的所有因素才能獲得，從筆中看是一種氣勢，從墨中看是一種精神。

吳昌碩畫風大致有兩種，一種是以篆書中鋒筆意爲之的畫，如《桃花》圖便是典型；一種以草書筆意爲之，如《草書遺意》圖中的用筆，如舞龍蛇，絞轉變幻、氣象不凡。但他的草書筆意實際上已是篆味十足了，是將石鼓文的用筆引入了草書。在著色上，吳昌碩發展了趙之謙的濃豔之風，用更單純、更鮮豔的色彩來點寫花卉，使畫面有古雅、古豔之氣。

吳昌碩在歷代畫家中，是以書意入畫最突出的一位，是他的書法決定了他的繪畫本性，是著意以「篆籀」之法用於繪畫的集大成者。從吳昌碩開始，中國繪畫便開始朝著現代化進程邁進了。

第四部分
傳統圖式與價值的嬗變

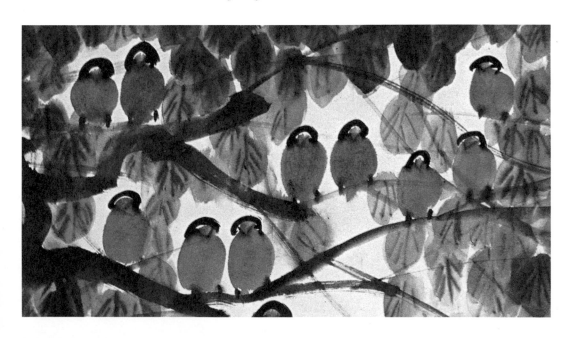

88. 陳師曾
——才華蓬勃　筆簡意深

　　隨著中國的門戶開放，西方繪畫大量湧入，中國畫家也開始走出國門，到西方去學習西洋繪畫，將西方繪畫理論和技法帶回國內，並開設學校，推廣普及繪畫教育。因此，就出現了中西方繪畫在審美趣味上的差異和矛盾。

　　傳統文人畫的圖式與價值，受到一些人的質疑，甚至是批判，文人畫的自律發展成爲問題。而就在這時，卻出現了以陳師曾爲代表的畫家群體，極力提倡文人畫傳統和

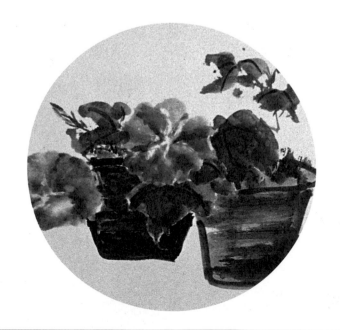

◀ 陳師曾
《牽牛花》(局部)

▶ 陳師曾
《溪流浣衣》

重新認識文人畫，並系統地整理了文人畫理論，為文人畫順利轉化成適應現代社會發展的繪畫做出貢獻。

陳師曾（1876～1923），名衡恪，字師曾，號槐堂、朽道人、染倉室、安陽石室等，江西修水人。陳師曾出身官宦之家，祖父陳寶箴為湖南巡視，父陳三立為官吏部主事，清末著名詩人，因參與戊戌變法，與父同被革職。

陳師曾幼時喪母，由祖母撫養。他六歲開始學畫，一日隨祖母乘轎遊西湖時，見湖面荷花盛開，高興得用手在轎板上畫荷，回家後即置紙筆，對繪畫的興趣日增。

青年時期，他曾就讀於南京水師學堂；1902年，偕弟陳寅恪東渡日本留學，與魯迅共讀於東京弘文學院，兩人有著深厚的友誼。魯迅第一部翻譯小說《域外小說集》的書名題字，就是陳師曾所書。特別是他們同在北京期間，經常在一起切磋金石書畫，往來甚密。魯迅有一枚印章「俟堂」，就是從陳師曾「槐堂」的名號引申而來，並請師曾雕刻成印。

陳師曾1910年回國後，先後任江蘇南通師範學校、湖南第一師範學校教員。因欽慕吳昌碩的書畫、金石藝術，常到上海

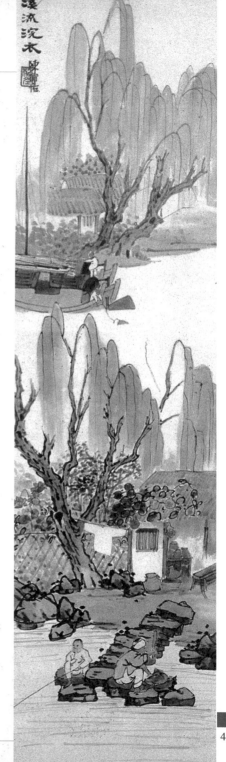

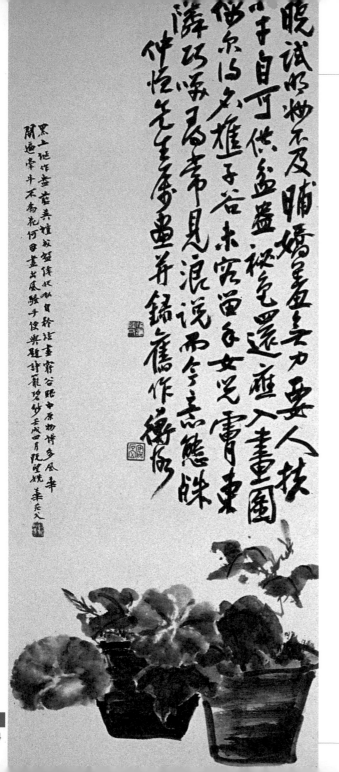

吳昌碩處請教。後受教育部之聘，至北京從事圖書編輯工作。1923年，因繼母病於南京，他親至調理，竟哀傷而病死。

陳師曾繪畫，山水、花鳥、人物，無所不能。他的山水畫，初學龔賢，又融合沈周、石濤、黃公望、倪雲林諸家，強調用筆多於用墨。全用篆籀之筆勾山勒樹，即使是皴擦也儘量以中鋒爲之，不用偏側之筆。

意境追求已和傳統文人畫有所不同，多以現實生活、場景爲題材，不以士大夫的等外閒觀來處理畫面，而是把自己作爲畫中生活場

◀ 陳師曾《牽牛花》

景的一員，並將文人畫表現領域拓展到生活中更廣泛的空間。這是他認爲文人畫當有「變法」的表現。

他在《溪流浣衣》中，繪一村婦河邊洗衣，一頑童正在垂釣，後面船上漁夫汲水，柳蔭下畫一農家小院。這是傳統文人畫中所不曾有的，也是他重新振興文人畫的探索。

陳師曾的寫意花卉，師學吳昌碩，而又上溯徐渭、陳淳、「揚州八怪」，用筆勁利、用墨活脫、用色古雅，在繼承文人畫優秀傳統基礎上，追求生動活潑的時代情趣。

他的《牽牛花》圖，已完全是市井人家中的情調，兩盆牽牛，兩朵盛開、兩朵含苞，爲襯托花葉，而用西法加深花盆墨色，使葉與盆拉開了空間。陳師曾的繪畫，無不體現著探索文人畫表現新境界的可能。

陳師曾一直宣導振興文人畫，並鼓勵開創自己的畫風。1917年，他多次勸齊白石「變法」，開創新風格。齊白石對陳師曾所言深信不疑，力排萬難、堅持「變法」。1922年，陳師曾去日本時，把齊白石的畫帶去展出，結果使齊白石一舉成名，轟動海外，買齊白石畫者紛至沓來。這件事，令白石老人一生感激不盡。

在文人畫理論方面，他於1921年發表了《文人畫之價值》；第二年，他又出版了《中國文人畫之研究》，系統地梳理了文人畫理論。他提出文人畫「四要素」：第一人品，第二學問，第三才情，第四思想，指出了文人畫家應具備的素質。

總之，陳師曾不僅以自己的藝術探索來證明文人畫的存在價值，而且在理論上也有所建樹，這是非常難得的。可惜他英年早逝，未能最後完成開創文人畫新風的任務，但他對現代繪畫的啓示作用，是不可否認的。

89. 高劍父
——兼收並蓄　開創新風

當清朝末年國勢衰微、文化低沉之時，西方文化卻迅速東漸中國，引起了席捲全國民主與文化革命的熱潮。一些廣東青年藝術家，一方面參加革命，一方面也開始探索新式繪畫。其中許多有志青年，不遠萬里，東渡日本，去學習西方藝術。這些人之中，就有「嶺南畫派」的創始人之一高劍父。

高劍父（1879～1951），原名崙，廣東番禺人。他年幼喪父，家境清寒，少年時曾在族叔的藥店中當學徒。其族叔能醫善畫，使高劍父從小就對繪畫產生了濃厚的興趣。十四歲時，隨嶺南著名畫家居廉學畫，因天資聰慧，畫藝大進，甚得居廉喜愛。

高劍父十七歲時，入澳門格致書院，從法國傳教士麥拉學習素描。返回廣州後，在述善小學堂任圖畫教師，並認識了在兩廣優級師範任教的日本畫家山本梅崖，接觸到一些日本繪畫。透過與麥拉、山本的交往，使高劍父有機會去認識西方繪畫的優點，為他日後變革中國繪畫奠定了基礎。

為了深入學習西方藝術，高劍父東渡日本，以求深造。初與廖仲愷、何香凝同住一處，並先後加入白馬會、太平洋畫會、水彩畫會等日本繪畫組織，研習東西

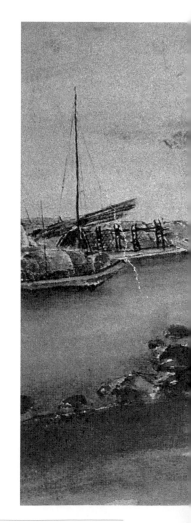

方繪畫。幾年後，高劍父畢業於東京美術學校。

　　1906年，他加入同盟會，任廣東同盟會會長，積極組織革命活動，並參加了著名的黃花崗起義及光復廣州戰役。辛亥革命以後，高劍父同其弟高奇峰、高劍僧再次赴日，學習繪畫。民國初年，在孫中山革命派的資助下，高劍父與其弟高奇峰在上海創立審美書館，出版《眞相畫

▼ 高劍父
《漁港雨意》

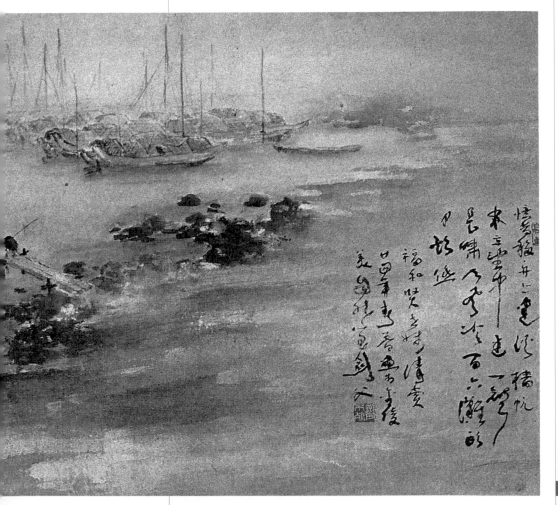

報》，進行革命宣傳。

　　孫中山逝世後，他棄政從藝，辦春睡畫院，廣收弟子，專心致力於中國畫的改革。他還先後創辦過南中美術專科學校、廣州市立美術專科學校，並擔任中央大學、中山大學教授，培養了一大批「嶺南畫派」的骨幹。

　　高劍父的繪畫，兼收中西之長，並著重師學日本現代水墨畫大師竹內棲鳳的畫法。將中國畫中淋漓滲化的用墨效果，和西方繪畫的造型方法、著色方法相結合，創立了新的畫風。

　　他在中國繪畫的筆墨觀念和西方繪畫的形色觀念之間，找到了新的結合點。這種新的結合點，不僅是繪畫上

▼ 高劍父
《秋燈圖》

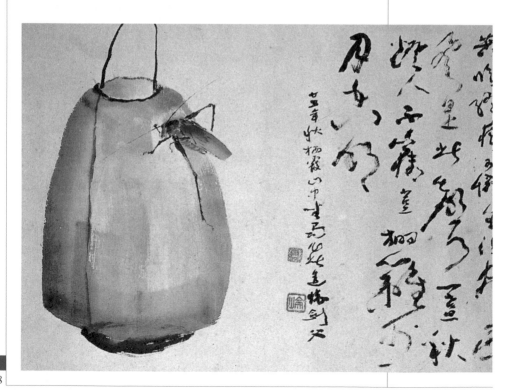

的，它實際上是中西方文化、觀念、思潮、精神層面相結合的體現，是和當時辛亥革命形勢相融合的。也可以說，高劍父是將辛亥革命的精神引進了繪畫領域。

高劍父提倡改革中國繪畫，並不是一味否定中國繪畫，他認為「文人畫」與「院體畫」都有自己的長處，不應持門戶之見。提出要「折中」中西方繪畫，以中國繪畫為主，吸收西方繪畫為輔；以中國畫筆墨為體，以西方繪畫形色為用，終於開創了具有時代氣息的「嶺南派」畫風，是繼「海派」之後又一被學界承認的畫派。

高劍父擅畫山水、花鳥，偶作人物、動物，也別有機趣。他畫山水，情境交融、水墨淋漓，每每於意興酣然時，濃墨數筆，概括力極強，既能收，又能放。

《漁港雨意》以大筆將沙灘急掃而出，磊落灑脫，人物、舟橋用精謹之筆勾勒而出，和沙灘形成了線與面、粗與細的對比；江邊石塊線面互用，平衡了對比關係。畫面將遠近、虛實變化，融合在淡墨灰調中，營造了寒雨淒迷的意境。

高氏的花鳥畫，更是筆墨酣暢、瀟灑痛快，《秋燈圖》以細緻的用筆畫一姿儀俏俊的螞蚱，翅膀一筆寫出，質感極強；觸鬚細勁而有彈性，不深入觀察是畫不出來的。紗燈用板刷蘸墨色，縱橫幾筆，就把燈紗的質地刻畫而出，眞是妙不可言。

在繪畫表現題材中，高劍父不拘於傳統成法，提倡表現新事物，在他的畫中，出現了飛機、汽車、電線桿等現代題材，這是傳統繪畫所未曾表現過的內容。

高劍父之弟高奇峰與其兄畫風相近，而另一位畫家陳樹人，雖然畫風和高氏兄弟不同，但在藝術上也具創造精神，與高氏兄弟有「嶺南畫派三傑」之稱。

以高劍父為首的「嶺南畫派」，在藝術表現上，「折中中外，融合古今」，形成了新的流派。但是，「嶺南畫派」對後世的眞正作用和影響，不在形跡而在精神，他們那種主動面對西方藝術，勇於創新的精神，值得每位藝術家學習。

90. 黃賓虹
——黑墨團中天地寬

由於中西方繪畫的差異，也導致了欣賞方面的差異。西方傳統繪畫由於重體量、重形色，這對欣賞者是件好事，他們大可不必懂素描和瞭解繪畫程序，便能看懂繪畫的意蘊。但我們若想看懂傳統文人畫的話，就是一件很複雜的事情了。

你不僅要瞭解書法和具備一定的學識，更要懂得文人畫圖式和筆墨法式內部諸環節。因為文人畫在所有的繪畫程序中，都能傳達它的意蘊，更注重的是過程。而且，每個程序都保留在畫面上，這和西方繪畫重結果，以及後面程序總要遮蓋前面程序是不同的。

欣賞文人畫時，你對筆墨內在語言瞭解越多，你就有可能理解越深。現在之所以連許多畫家都看不懂文人畫，問題就在於不懂筆墨語言。僅憑從繪畫性著眼，判斷出畫中物象；僅從素描調子著眼，體會一點水墨灰調子的變化；或從西方繪畫的筆觸出發，聯想一些皴法的肌理變化。這種著眼點，是和傳統文人畫的本意相差很遠的。

我們欣賞傳統文人畫已有困難，可偏偏又出現了一位黃賓虹，他的畫比其他畫家的畫更令人費解，但他的聲望卻比他們高得多，這就更加擾亂了觀者的視聽。不過，作為一代大師，他肯定有他的藝術道理，雖然解讀他的畫的確很困難，但這並不妨礙我們接近他。

黃賓虹（1865～1955），名質，字樸存，號予向、大千、虹叟、黃山山中人，祖籍安徽歙縣潭渡村，出生於浙江金華。

黃賓虹五歲便開始讀書，在父親和啟蒙老師的影響下，六歲就臨摹畫稿，並兼習篆刻。青壯年時，

他曾從鄭雪湖學山水，也很著意於陳崇光的花鳥畫。在這期間，他深受康有為等改良派的變法思想影響。

1895年，康有為在北京發動「公車上書」，他表示贊同。四十二歲那年，他因參與組織「黃社」，被人告密清廷，當局欲以「革命黨人」將其拘捕，他在朋友的幫助下變裝逃往上海，並在上海定居。

在滬期間，他在商務印書館、神州國光社當編輯，在新華藝專、上海美專當教授，並發起組織「金石書畫藝觀學會」、「百川書畫社」等。

▶ 黃賓虹《山水畫》

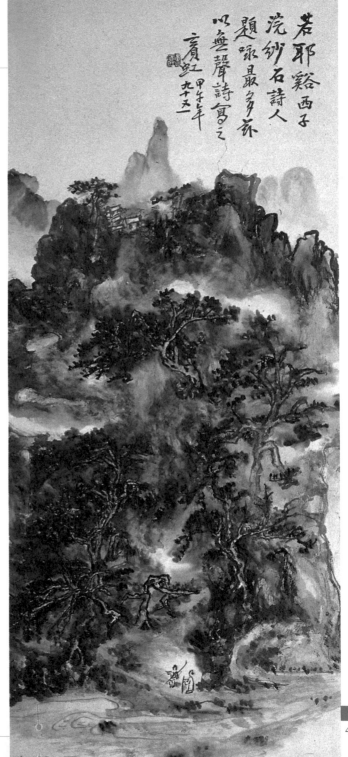

1937年起，黃賓虹遷居北京十年。1948年秋天，南遷杭州西湖。六十歲以後，除了遊歷山川名勝外，便作畫、讀書、考證著述。九十歲時，雙目患重障，仍在紙上摸索作畫，創作了許多代表其藝術水準的作品。

黃賓虹的繪畫，多學黃山、新安諸家。「新安畫派」畫家筆墨感情充沛，用筆多強調碑刻金石之氣，因而與當時纖弱柔靡的畫風相區別。「新安畫派」的筆墨特色，為黃賓虹的繪畫打下了良好的基礎。

這一時期，他非常著意於用筆的力度，強調用筆多於用墨，墨韻大多也都在用筆中取得，畫面墨色虛淡，也就是所謂「白賓虹」畫風。【註】

實際上，他這一時期的繪畫，和董其昌、「四王」所走的路沒有太大的區別，只不過，他用金石之氣矯正了「四王」的秀弱之風而已；但在筆墨法式、內在語彙錘煉上，練的是相同的「筆墨禪」。筆墨法式的條理性、規範性、精確性，比「四王」是有過之而無不及，而且「四王」中的王原祁對黃賓虹啟發性更大一些。

其實，黃賓虹對董其昌、「四王」的繪畫本意是心領神會的，只是他不僅能「入禪」，而且還善於「出禪」。他後來融會北宋、五代諸家，又吸收高克恭、石谿、龔賢之精華，形成了「黑賓虹」畫風，完成了他「出禪」之舉。

從大自然的山川草木中，以文化成了許多皴法、樹法等符號法式，這是文人畫成熟象徵的一個方面。它使得萬物有了可控性，不如此，文人畫的筆墨將無處承載。但是，我們應該明白，這些皴法、樹法符號，是人們從大自然中總結的，是人為的，不是萬物自己「預謀」的，這些

◎虛實相生

這是中國繪畫非常重要的畫理。是指運用對立融合的理念，在畫中製造矛盾、解決矛盾，最終完成和諧一致的繪畫作品。在具體運用中，多以濃淡、乾濕、黑白、虛實、疏密等相反相成的對比因素生成畫面，化實為虛、變虛為實，在虛實相生中達到化境。黃賓虹可以說是一個巧妙運用「虛實」的能手。

符號法式和自然萬物本身關係不大。

黃賓虹的「出禪」階段，就是將這些筆墨法式、符號法式打得虛空粉碎，還原給真實的山川草木，使其從自然中來，回自然中去。他的筆中只保留了一點、一線，如此一來，他就獲得了超越筆墨法式、符號的最大自由。

他以這種自由、隨意地表達著他對自然的感受，如果不是超越了筆墨法式、符號的限制，他一生的遊歷和寫生，對他的繪畫作用不會太大。

黃賓虹是用回歸本意的一點、一畫，努力地從筆下發掘出

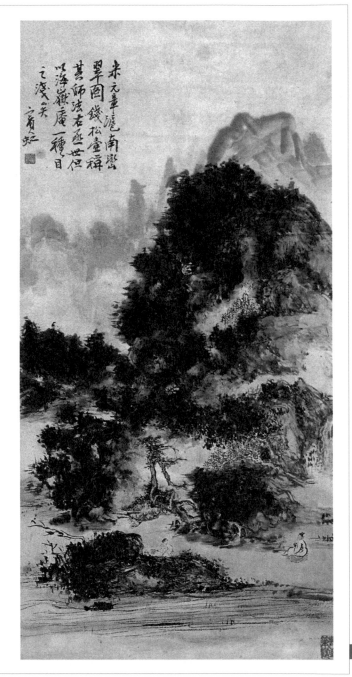

▶ 黃賓虹《山水畫》

自然的真實奧義，將筆墨和自然融合在一起。他在自然中能體會出筆墨韻致，在筆墨韻致中也能體會出自然的意蘊。

這樣，他就在寫生中把自然意蘊、筆墨韻致體會了一遍，只有這樣，才能真正做到「以畫為樂」、「以畫為寄」。過程已經就是目的，所以才能「筆才一二已能構幅，筆有千萬也可不止」。黃賓虹的畫，有的非常簡略，而有的卻極其繁複黑重，也就是這個道理。

黃賓虹的畫，必須從真實著眼才能弄懂。他是透過不真實的表面，達到真實的目的；他的畫不是告訴人們山多高、水多長，而是走進了更深刻的真實。

他畫山的陰陽交割、樹陰的投影、山川的溫潤厚重、土地的肥沃、萬木的蔥蘢生機、雨後的濕潤、雲霧的蒸騰，所有這些都不是表面真實所能表達的，不過，這卻是游離形象表面之外更加真實的東西，缺少了這些，山川草木就沒有了生命。

看黃賓虹的畫，一定要換個「眼光」來看，才可能發現奧秘。就像我們看「三維立體畫」的畫片，當你沒看見裏面的物象時，只能看到畫片表面的「花花綠綠」；當你看清了裏面的物象時，表面的「花花綠綠」就消失了。而想看到畫片中的物象，就必須換一個和平時觀察事物不一樣的「眼光」才行，有些人一輩子也看不見畫片中的物象，只能停留在畫片表面的「花花綠綠」上。這個比喻，也許能體現出欣賞黃賓虹繪畫的層次差別。

由於黃賓虹把筆墨和自然融合在一起，我們看黃賓虹的畫，除了要對筆墨有所體悟外，還要多去觀察真山真水。因為黃賓虹是將筆墨直接轉化成畫中的山水。他將筆墨的「渾厚華滋」，轉化成「山川渾厚、草木華滋」；將乾筆、潤筆，轉化成「乾裂秋風、潤含春雨」。看來，光看畫，不看真山，是很難真正理解黃賓虹山水的真諦。

近年來，黃賓虹的知名度愈來愈高，這說明人們在逐漸地加深對他的認識，相信隨著時間的推移，黃賓虹的藝術更將被世人所理解。

91. 潘天壽

——天驚地怪見落筆

傳統文人畫的發展，是和中國封建社會的政治、文化、經濟相統一的；和單一的自然經濟、小農經濟是相協調的。傳統文人畫的興衰，也是在這大一統的封建社會文化框架內上下漲落，而從未遇到社會形態變革和西方藝術衝擊的挑戰，所以，傳統文人畫圖式和價值一直是統一的。

隨著新社會的建立和西方繪畫的大量傳入，傳統文人畫開始同時面臨著如何向現代社會轉換，和如何應對西方藝術衝擊的雙重問題。面對這些問題，諸多畫家都以不同的方式在探索著新與舊、中與西的整合方案，潘天壽就是這諸多探索者中卓有建樹的大家。

潘天壽（1898～1971），原名天授，字大頤，號壽者、雷婆頭峰壽者等，浙江省寧海縣人。潘天壽自幼聰慧好學，七歲入私塾，課外善習書畫。

潘天壽十四歲時，入寧海縣城國民小學讀書，購得《瘞鶴銘》、《玄秘塔》、《芥子園畫傳》，朝夕臨摹，愛不釋手；十九歲國小畢業時，父親因家計累頓，要他回家助耕，但他決意求學，徵得父親同意，隨後考入浙江第一師範。求學期間，潘天壽得識經亨頤、李叔同等諸多學者，並在人生品格、治學態度諸方面受其影響彌深。

1923年，潘天壽來到上海，任教於民國女子工校。在滬期間，結識許多畫界名手，並有機會得到吳昌碩的親授。吳昌碩對潘天壽的才氣十分器重，特地送他一副篆書對聯：

天驚地怪見落筆，
巷語街談總入詩。

潘天壽對吳昌碩的藝術非常喜愛，會心處也甚多。但他深知藝術應有創新，因而能得其法，而不被法所困，這是潘天壽高於吳氏其他弟子之處。

1928年，國立西湖藝術院創辦時，潘天壽任該院教授，而定居杭州；1944年，任國立杭州藝專校長；1949年以後，曾任浙江美術學院院長、中國美術家協會副主席等職；「文革」期間慘遭「批判」，在受到數年折磨之後，於1971年含冤去世。

潘天壽的繪畫師學甚廣，對遠自兩宋的董（源）、巨（然）、馬（遠）、夏（圭），元代吳鎮，明代沈周，清代石谿、石濤、八大山人、高其佩、吳昌碩等諸家，皆有所悟。

但論用功，潘天壽不像齊白石、黃賓虹那樣，日日伏案臨池，他更多的是用「頭腦」來作畫。他取沈周、石谿之蒼辣，變石濤筆墨恣縱為井然、變八大山人圓轉為方折、變吳昌碩樸厚為骨力，變古人筆中求氣為筆中求力。著意追求「強其骨」、「一味霸悍」的陽剛之美。

為求其骨力、雄拔，他用墨也求用筆之法，是墨從筆出、墨中藏筆。在他的畫中，無論從小的環節還是大的開合【註】，都蘊含著力量的開張和趨勢。

為了避免過分的劍拔弩張，潘天壽在畫中大量地運用了各種「點法」，弱化了「橫衝直撞」的線條，他許多畫中的墨韻是從各種「點法」中獲得的。

點和線是構成繪畫語言對比最基本單位，能完畢地調和點與線的對比關係，會使畫面對比更單純、更響亮、更有節奏。可以說，自「點法」獨立以來，在花鳥畫中用點最多的就是潘天壽，他的畫如果沒有「點法」便不能成立。

▶ 潘天壽
《梅月圖》

◎開合

從古人寫文章「起承轉合」的創作方法引申而來。有大「開合」、小「開合」之分。

大「開合」一般是指以較大樹木、山石構圖為「開」，再以房屋、遠山連接氣脈為「合」。在大的「開合」中又有許多小的「開合」，其理一如；這樣，一幅畫就有了收收放放，在收收放放之間，充滿了節奏感。潘天壽的繪畫中，處處閃耀著「開合」的光芒。

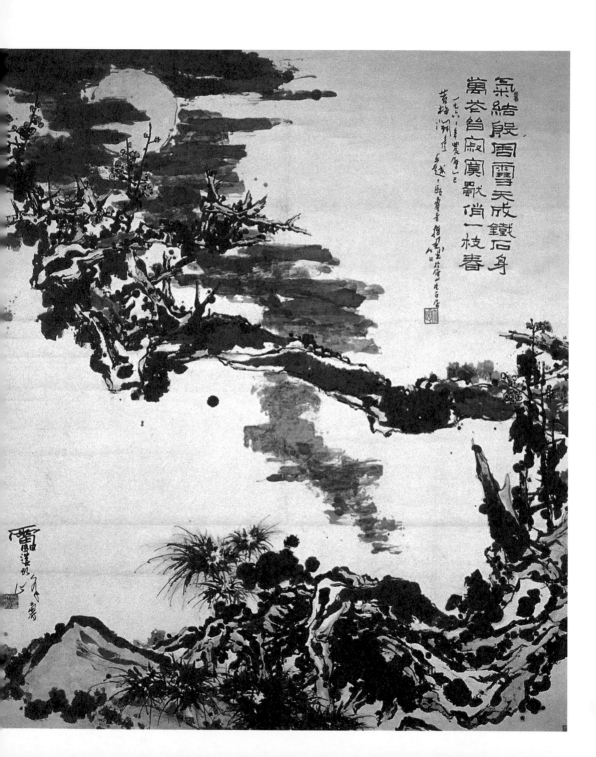

潘天壽不僅以深厚的傳統功力，開創了雄渾奇崛、蒼古老辣、生澀險絕的畫風，而且還對傳統繪畫的章法構圖進行了梳理。

章法構圖規律，在前人論述和作品中已有體現，但大多是畫家心性的自然流露，是處於自發追求階段，而潘天壽卻將構圖提高到自覺追求階段。

他在繼承前人構圖格法的基礎上，總結出了平面分割的基本原理，如圖形切割、骨架組合、重心偏移、力量趨向、開合呼應等等，爲中國畫章法經營提供了原理上的依據。

《映日》是潘天壽在構圖方

▼ 潘天壽
《映日》

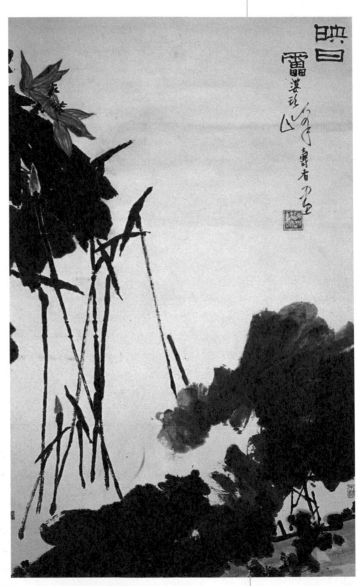

面獨具匠心的佳作。該圖以三角形平面分割爲主調，右邊空白不著一物，左邊墨荷穿插繁複，並在繁複中留出空白與大空白呼應；右邊上首題字不僅使畫面氣脈收得住，也和繁複的穿插形成呼應，使畫面疏中有密、密中有疏，節奏感極強。圖中墨荷行筆和墨荷邊緣多呈直線，荷桿穿插猶如「鋼筋骨架」一般，現代意味十足。

如果用建築來類比的話，潘天壽的構圖是從傳統強調曲線變化的「土木結構」，變爲現代強調直線變化的「鋼筋水泥結構」，也是和城市現代文明相協調的。

《梅月圖》是潘天壽最後一張大幅作品，畫面以 S 型構圖，繪一樹梅花從畫中衝出又折回，折回梅幹無所支撐，有下折之感；而潘天壽在左上角一輪圓月四周以墨塗出雲氣，將梅枝拉起，雲氣尾端也起到支撐線作用，最後使奇險的構圖「化險爲夷」。畫面氣韻似乎比前期作品更加冷澀奇崛、沉重霸悍。

潘天壽在繪畫中有意強調了秩序、力量、穩定、直線等現代藝術成分。但這些成分卻是在中國傳統繪畫體系內部生發出來的，從中我們也可以看出，潘天壽所走的變革中國畫之路，是和其他人有所區別的。

他試圖將傳統圖式向現代轉換，藉古變新，以適應中國社會向城市化、工業化、現代化的轉變。潘天壽的藝術探索，似乎已觸及到了中西方藝術相通之處。

潘天壽的繪畫，從另一個角度證明了平面分割、構成等因素不是西方藝術所獨有，而是中西藝術所共用；他的繪畫也說明了傳統中國畫向現代化轉變的可能性，這也許是潘天壽變革中國畫的本意所在。

92. 齊白石
—— 衰年變法　別有新意

文人畫自萌發以來，一直著力表現超塵拔俗的審美趣味，抒發文人胸中萬象，以高雅脫俗為主旨，對「村粗不堪」之物從不理會。而近代畫家齊白石，卻將農婦村夫的生活情趣引入文人畫中，變俗為雅，或以俗為雅，使文人畫改頭換面，以嶄新的面貌出現在世人面前，創造了文人畫新境界，也揭開了文人畫新篇章。

齊白石（1863～1957），名璜，小名阿芝，字萍生，號白石、白石翁、借山翁、杏子塢老民、星塘老屋後人等，湖南湘潭人。

幼年時的齊白石，就酷喜繪畫，因無師指教，便自己習畫。他小時常去放牛，祖母和母親不放心，便在他脖子上掛一銅鈴，遠遠聽到，便知他在何處。後來為紀念此事，白石刻「繫鈴人」一印。

因齊白石少年時身體單薄病弱，無力春耕夏耘，便學了木匠。他先學做粗木工，一日從師傅去做活，路遇同里三個木匠，師傅急忙避路讓行，神情謙恭。白石不解，問其故，方知木匠行內分「粗細」，粗木匠只能做打製一般家具的「粗活」，細木匠卻能畫善雕，專做「細活」。路上所遇三人皆是細木匠。白石心中暗自不服，他們能做，自己為何不能？一年後便改學雕花木工，當了細木匠。

一日，他在給顧主雕花時，無意間看到一部五彩套印的《芥子園畫譜》，甚為興奮，便將其借回，一幅一幅逐頁臨摹了半年。這無疑對他將來從事繪畫產生非常重要的啟蒙作用。

齊白石二十七歲時，拜本鄉文人畫家胡沁園為師，學畫工細花鳥

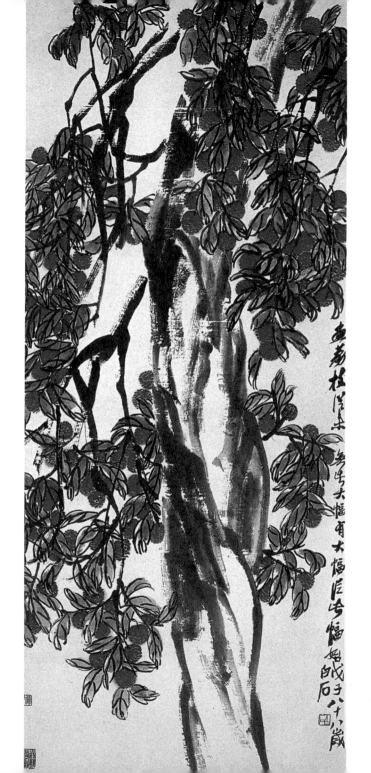

▶ 齊白石
《荔枝圖》

草蟲；師從當地畫家譚溥學山水；並向文人陳少蕃學習詩
文，開始了他的書畫生涯。晚年時，他曾爲此作詩道：

> 掛書無角宿緣遲，廿七年華始有師。
> 燈盞無油何害事，自燒松火讀唐詩。

齊白石到了三十七歲，又拜湘潭王湘綺爲師。四十歲他開
始遠遊，足跡踏遍大江南北，「五出五歸」，眼界大開。
　　1919年，齊白石爲避鄉亂，第三次來到北京，「以賣
畫刻印自活」。剛來北京時，因其畫風不合時流，常遭人

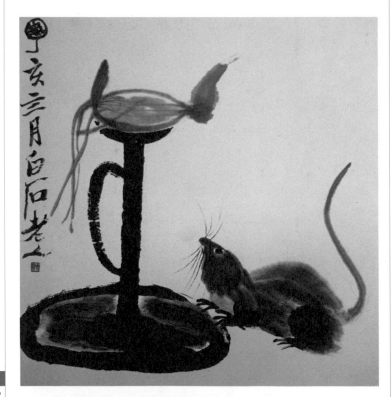

◀ 齊白石
《燈鼠圖》

冷眼。就在這時，陳師曾鼓勵他「變法」，「自創風格，不必求媚世俗」。齊白石信然，便開始了他「刪去臨摹手一雙」的「衰年變法」。

齊白石的繪畫，除了在家鄉親得師授外，更多的是師學前人。他對徐渭、八大山人、吳昌碩欽佩不已，曾說：

> 青藤（徐渭）、雪個（八大山人）遠凡胎，缶老（吳昌碩）衰年別有才。我欲九原為走狗，三家門下轉輪來。

他在諸大師的畫中，的確也深有所悟，得其筆墨要義。但是，作為一位成功的藝術家，不僅要會學，而且更要會「拋」，學固不易，「拋」更難。當一個畫家知道學什麼時，他還停留在「技術」層面；當一個畫家知道「拋」什麼時，他就進入了「藝術」殿堂。

齊白石的「衰年變法」是從裏到外、從筆墨語言到表現題材的整體「變法」，而不是單方面的「變戲法」。他面臨的首要問題，就是從他所師學的諸家中擺脫出來，這對一個畫家來講是很困難的。因為筆墨結構和用筆習性一旦形成，就「惡習難改」了。尤其八大山人的畫風，在相當長的時間裏，一直「制約」著白石。

他曾在一幀冊頁上題字云：

> 白石作畫，常恨雪個（八大山人）來吾腸。

從中我們可以知道，改變已形成的筆路是何等不易。在長期的筆墨探索中，齊白石悟出若要形成屬於自己的畫風，就必須先找到屬於自己的筆墨，變「我就筆墨」為「筆墨就我」。

他變八大山人用筆絞轉曲折為用筆直率平易、變冷逸為平和；他變徐渭用筆疾速為用筆徐緩、變用墨滲化渾淪為用墨醒透朗然、變墨中求筆為筆中求墨；他變吳昌碩用筆剛猛勁利為輕鬆恬淡、變追求整體的書法氣勢為追求局部行筆中的韻味。

齊白石的畫面非常強調「飛白」的效果，他在行筆中著意留出濃淡「飛白」，以「飛白」豐富用筆變化，在「飛白」中求蒼潤。他在強調「飛白」的同時，特別注意「破墨法」[註]的運用，在濕淡墨上用乾濃墨破之，以求墨韻的豐富性。白石是在「飛白」中取氣、在「破墨」中取韻。

齊白石繪畫特色是──一「飛白」、二「破墨」、三題材。他用率直樸素的筆墨，表現著樸素的農村題材，將文人畫情趣引向農村的廣闊天地，並在那裏「大有作為」。

在他的筆下出現了高粱、玉米、白菜、柴筢、鋤頭、算盤、青蛙、老鼠、燈蛾、油燈、紅燭、鴨蛋等生活中的景物，開拓了文人畫表現新內容。

齊白石經過十餘年的不懈努力，終於在文人畫和民間藝術中間找到了契合點，完成了從筆墨到審美情趣的轉換，使他的繪畫在「衰年變法」中煥發了青春活力。齊白石的藝術是他生命狀態、人生經歷的折射，他對後世的影響將是非常深遠的。

◎破墨

相傳，唐代畫家王維畫山水喜用「水墨渲淡」之法為之，其法是在第一層墨色沒乾之際，再上第二層墨色。

後來，此法在寫意花卉方面更是大放異彩，往往以濕墨點垛花葉，再用乾濃墨勾葉筋，在乾濕、濃淡相互作用下，墨色鮮活淋漓，意味無窮。齊白石可以說是一位「破墨」的高手。

93. 林風眠
——寂寞的耕耘者

近一個世紀以來，中國藝術家一直在想方設法融合西方繪畫精華，變革中國傳統繪畫，或創造出一個新型畫種。他們先到東洋，後到歐洲，學習西方的繪畫技法和理論，希望能在變革中國繪畫上有所作爲。

然而，他們所創作出的作品，不是中西合「臂」，就是中西連「手」，或是立「足」於西方繪畫的「怪胎」。在這裏，已談不上藝術精神的融合，而是機械的移植和黏合。

不過，我們也不能否認有少數的成功者，他們不是在表面，而是在精神上整合了中西方藝術，成爲中西藝術探索的典範，林風眠就是這其中的佼佼者。

林風眠（1900～1991），廣東梅縣人。祖父是雕刻石匠，父親是民間畫師。林風眠自小就喜詩善畫，六歲即入私塾，十八歲中學畢業後，於1918年同林文錚、熊君銳去法國留學。先後入法國第戎美術學院、巴黎高等美術學校，並在柯爾蒙畫室研習繪畫。

由於林風眠去法國時才十八歲，在此前僅初涉「嶺南畫派」畫風，沒有先入爲主的東西，中國傳統教育對他薰染不深。他對中國傳統並沒形成成熟的看法和思想，因而極易受當時西方流行的現代藝術感染，馬諦斯（Henri Matisse）、莫迪里亞尼（Amedeo Modigliani）、盧奧（Georges Rouault）對林風眠影響較大。

1923年，林風眠在德國遊學所創作的繪畫，多取材於歐洲古典和浪漫主義題材。當時，留法的中國畫家一般都學法國古典寫實主義繪

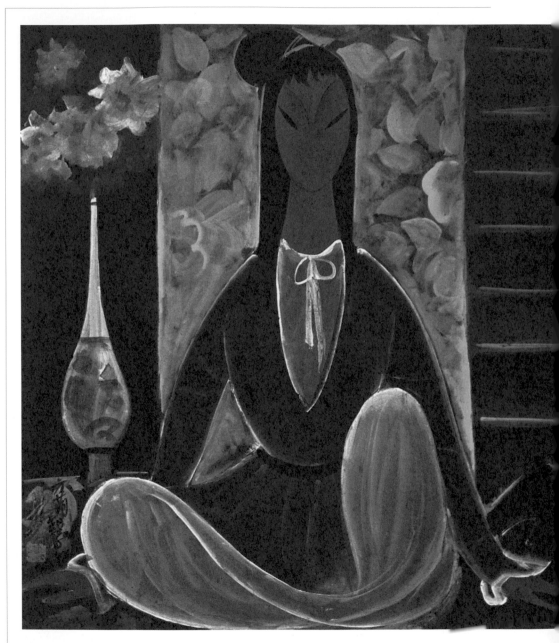

▲ 林風眠《端坐的女人》

畫，而林風眠卻著意於西方現代藝術，是現代藝術促使他形成了自己的藝術觀念。

而更意味深長的是，林風眠是在西方加深瞭解了中國傳統藝術，他在參觀西方博物館中的中國藝術品時，發現了中國傳統藝術的魅力，這爲他回國後致力於中西繪畫的整合打下了基礎。

在法期間，林風眠與林文錚、吳大羽等成立「霍普斯會」，並組織中國美術展覽會，在展覽會上結識了蔡元培，深受其「以美育代宗教」的感召。

林風眠1925年回國。1928年，在蔡元培大力支持下，創立杭州國立藝術院，任校長兼教授。在他任職十年間，基本上是以法國美術院校教育爲模式，強調基本功的訓練，但在藝術思想及觀念上比較開放自由，培養了一大批優秀畫家。

1939年以後，林風眠在觀念上有所變化，開始潛心作畫，題材大多也都遠離現實和形勢，有「唯美主義」和「爲藝術而藝術」的思想。

二十世紀六〇年代，林風眠在上海首次辦畫展，一舉成功，但「文革」期間遭到批判，被打成「黑畫家」，許多作品被毀。1979年，林風眠定居香港。

林風眠融合中西繪畫，主要不是技法上，而是以觀念和精神統領技法。這種觀念和精神，又主要不是歐洲古典繪畫的，而是西方現代藝術精神，這種精神和中國藝術有著某種親緣性。

林風眠選擇中國藝術的範圍，不是傳統文人畫，而是漢畫磚、漢畫石，宋代瓷器上的瓷繪以及民間的藝術。這實際上是中國藝術最廣泛的基礎，也最能代表中國藝術最深層的東西。

中國繪畫本來就是從牆上、陶瓷上、磚瓦上轉到紙上的，它比紙上繪畫更接近繪畫本意。這些物品上的繪畫，在用線上更直接、更率眞、更疾速光滑，也更隨意，這種藝術神采和西方現代藝術也有著某種親緣性。

再說，民間藝術也是最易轉化成現代藝術的。林風眠使中國藝術

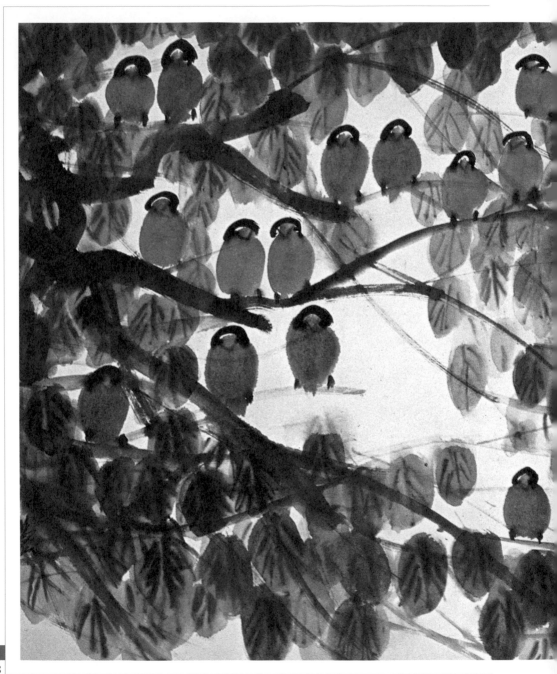

◀ 林風眠《晨曲》

和西方現代藝術找到了精神契合點，儘管它們的兩極是不同的。最後，他將這鮮活的「精神」承載在宣紙和毛筆上，透過水墨與色彩，讓它們交合滲化，創造出具有現代意義的藝術新境界。

林風眠畫風樣式多變，沒有一種風格具有普遍意義，體現繪畫的探索經驗和藝術精神。他的繪畫多方構圖、畫得較滿，並有背景烘托氣勢；弱化明暗，以色顯光；用筆流動飛快，力量感很強；講究形式上的意匠，畫中隱藏著淡淡的寂寞和傷感。

《端坐的女人》是他常畫的題材。

圖中以各種圓弧線畫一佳人，整體是幾個橢圓構成，抓住了女人的特徵。畫面兩邊塗有對稱的黑邊框，為平中求奇；而將右邊畫七條橫線，左邊畫一細頸瓶，瓶的弧線和右邊直線形成對比，和佳人弧線形成呼應。

佳人頭髮兩邊的直線平衡了兩邊的邊框，為襯托佳人臉部的光滑感，而在後面以金黃色大塊筆觸為之，黃色和左上角的紫花形成畫面色彩對比的最強音。整幅畫面是在靜中取動、方中取圓，是以多變的形式在說話。

而他的《晨曲》卻是用情感在說話。

圖中以勁利之筆迅速勾出舞動的樹枝，也勾出了畫中的旋律；一群小鳥在樹枝間參差錯落，猶如「五線譜」上的音符，奏響了清晨的音樂。整個畫面充滿了詩情畫意。

在林風眠的長期的藝術探索中，開創了繪畫的新門類，雖然真正理解它還需要一段時間，但林風眠的藝術精神已深深地影響著許多畫家。

94. 徐悲鴻
——盡精微　致廣大

在談到近代中國美術，想繞開徐悲鴻幾乎是不可能的。無論是油畫還是國畫；無論在中國美術的改造方面，還是在中國美術的教育方面；無論是在發現人才，還是提攜後人方面，都有他的重要貢獻。

徐悲鴻（1895～1953），江蘇宜興人。他父親徐達章是位村塾先生，擅長書畫，這對徐悲鴻喜愛繪畫有著啓蒙作用。他九歲開始隨父學畫，不久已能做父親的助手；他十七歲時，父染重疾，家道日窘，爲全家生計，他除擔任學校圖畫教師外，還到上海等地賣畫營生。

1915年，徐悲鴻再次赴滬，一邊刻苦作畫，一邊學習法文。當時，他畫了一匹奔馬，寄給審美書館館長高劍父。此畫受到高劍父、高奇峰兄弟的一致讚賞，並資助徐悲鴻入震旦大學法文系半工半讀。

暑期應聘到明智大學作畫，結識了康有爲，在藝術觀上受其影響頗深。

翌年5月，赴日本學習美術，與蔣碧薇結婚。年底回國，應聘任北京大學畫法研究會導；1919年，徐悲鴻赴法國巴黎美術學校，師從著名畫家達仰學習素描；1921年，徐悲鴻去德國柏林，訪問了柏林美術學院，並有機會到各國觀摩繪畫名作。

1927年，徐悲鴻回國，歷任中央大學藝術系教授、上海南國藝術學院美術系主任、北平大學藝術學院院長等職。1950年，擔任中央美術學院院長。

徐悲鴻不僅擅畫油畫、素描，而且國畫人物、山水、花鳥、動物無所不能，堪稱畫壇全才。

徐悲鴻的素描具有高超的藝術

水準，他對素描語言的把握非常恰當，不依賴背景襯托，而能使層次豐富；不依賴將物象塗黑，而能在淡灰中使物象有渾厚的體量感。

他的素描往往在受光部強調用線、背光部強調用面，他的素描用線具有中國畫白描的韻致，變化非常微妙。在徐悲鴻的素描中，隱現著中國畫的神采，其水準是可以和世界大師相提而論的。

他的油畫則繼承歐洲古典油畫特色，吸收印象主義繪畫的光與色，又融合中國畫的精華，使其具備了民族氣質。

他雖然提倡寫實主義畫風，但還沒來得及將技法的寫實主義延伸至題材的寫實主義，他就離開了人世，這不能不令人遺憾。但他以寫實主義在中國畫創作上卻卓有成效，他繪製了大量寫實的彩墨畫作品，《灕江春雨》圖是徐悲鴻彩墨畫探索的成功之作。

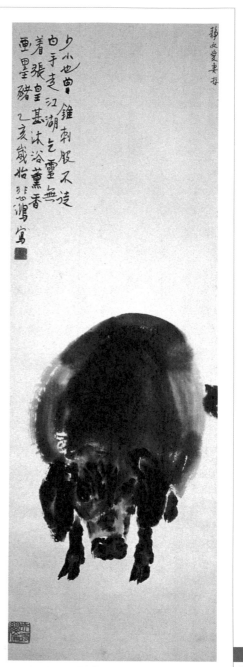

▶ 徐悲鴻《墨豬》

　　圖中以濃墨先將樹木點出，再以淡墨簡略勾出房屋，然後用大筆抹出遠山，並著意留出雲霧，又用縱橫之筆寫出倒影，樹木房屋的墨色，在上下淡墨的浸化中，開始滲化變幻，與整幅墨韻融為一體，滲化無跡。趁濕又補點一些煙樹倒影，最後畫一人撐舟疾行。整幅畫面水墨淋漓、氣韻酣暢，在煙雨迷濛中把江南水鄉表現得淋漓盡致，堪稱徐悲鴻彩墨畫經典。

　　徐悲鴻喜畫馬，他對馬的肌肉、骨骼，以及神情、動態，都有著深刻的體會，他筆下的馬無不在

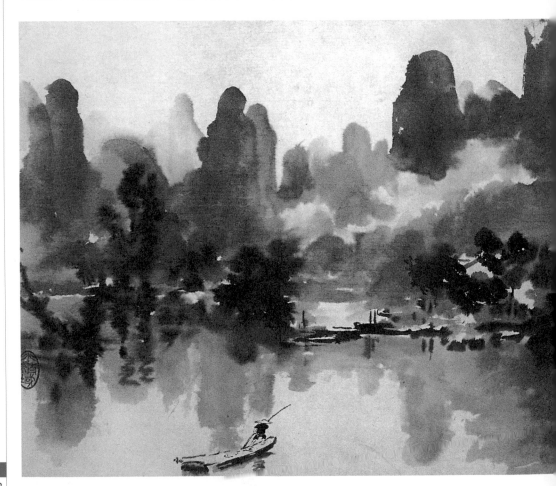

筆墨酣暢中，體現出精微的神機。他除畫馬外，對其他動物也畫得生動別致，如《墨豬》圖，以濃墨先將主要特徵勾出，然後闊筆幾抹，就把豬的憨肥之態表現無遺。

徐悲鴻在美術理論方面，也有許多精闢的見解。1920年發表的《中國畫改良論》，是他第一篇論述中國畫改良的論文。文中提出「古法佳者守之，垂絕者繼之，不佳者改之，未足者增之，西方畫之可採入者融之」的論斷，為許多想變革中國畫的有識之士所借鑑；在繪畫意匠過程中，他提倡「盡精微、致廣大」，抓住重點，以「少少許，勝多多許」，為廣大的美術工作者所認同。

他對中國傳統人物畫，曾指出：「自明清以來，幾無進取，且缺點甚多。」「如畫衣服難分春夏，開臉一邊一樣，鼻旁只加一筆，童子一笑就老，少艾攢眉即醜等等，豈能為後世法度。」因此，他提倡以寫實主義畫風來矯正傳統人物畫的弊端。

徐悲鴻還非常注意發掘美術人才，任伯年就是在徐悲鴻大力推崇下，才廣為人知。「南北二石」的齊白石、傅抱石曾得其幫助，人物畫家蔣兆和也曾受其推介。

在教學上，徐悲鴻為中國美術的教育建立了基礎框架，並培養了大批優秀畫家，成為中國美術的中堅力量。徐悲鴻對中國近代美術的貢獻是巨大的。

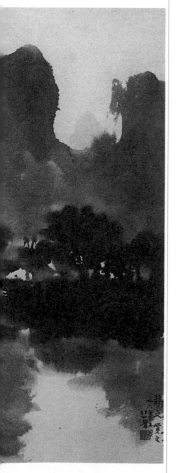

▼ 徐悲鴻
《灕江春雨》

95. 張大千
——獨自成千古　悠然寄一丘

　　據記載，中國畫中的「潑墨」之法，始於唐代王洽，但由於王洽作品沒有流傳於世，所以無法判斷當時用「潑墨」法所作的松石山水是什麼效果；後世的梁楷、徐渭、石濤多以酣暢淋漓的筆墨作畫，也常被人們名之為「潑墨」。但是他們的「潑墨」是用筆來完成的，只不過有「潑」的意味而已，不是完全意義上的「潑墨」；而純粹的「潑墨」法，是出現在近代畫家張大千的畫中，是他將「潑墨」法發展到了藝術的極致。

　　張大千（1899～1983），名權，後改作爰，號大千，四川內江縣人。父親張懷忠，早年從事教育，後改鹽業。母親曾氏，擅長繪畫，這對張大千喜愛書畫不無影響。張大千兄弟十人，他排行第八，九歲開始習畫，十二歲已能畫山水、花鳥和人物，十三歲就讀於新式學堂，十九歲與仲兄張澤留學日本，學習繪畫與染織。

　　1919年，張大千返回上海，因未婚妻謝舜華去世，悲痛萬分的路張大千於松江禪定寺出家，法號大千，三個月後還俗，與曾慶蓉結婚；婚後重返上海，從師於李瑞清，並結識吳昌碩、黃賓虹、王震、馮超然、吳湖帆等。

　　1924年，在上海首次舉辦個人畫展。1932年，全家移居蘇州網師園。1936年，上海中華書局出版《張大千畫集》，徐悲鴻作序，稱譽「五百年來一大千」。

　　1940年，張大千赴敦煌臨摹古代繪畫，深受古代藝術薰染，畫風為之一變；1953年，移居巴西；1956年，赴法國時，與畢卡索會晤，並為其演示中國傳統墨竹畫

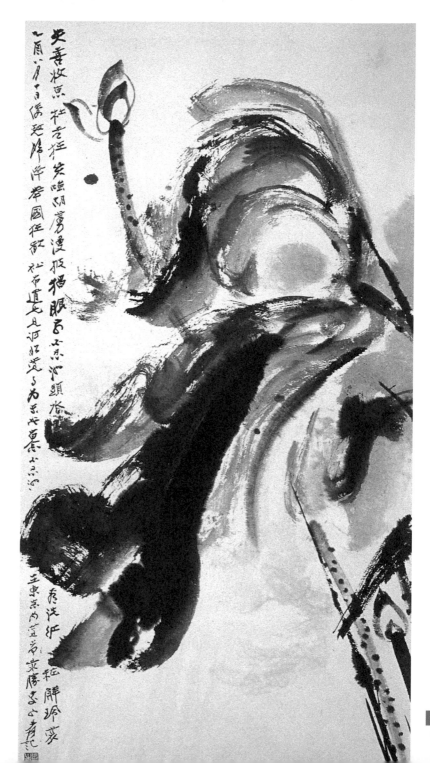

▶ 張大千
《墨荷圖》

法，還相互交換了作品。據說，畢卡索還指出大千的繪畫和古人面目雷同，缺少個人風格，促使他開始探索革新之路；1969年，張大千移居美國三藩市；1978年，又遷居臺北，五年後去世。

張大千的繪畫師學很廣，由宋、元至明、清，由石濤、八大山人再到徐渭、陳淳，無不精心臨撫；尤其對石濤、八大山人用心頗多，以致所臨作品和以其筆意所寫的作品，達到了亂真的地步，許多行裏人也誤以為真，爭相購藏。

張大千的繪畫在六十歲以前，主要以傳統畫法為主，山水介於石濤、石谿之間，多畫名山大川，並著意運用直線，略有新意。除了畫水墨、淺絳山水外，還畫青綠山水、金碧山水；他的寫意花卉，吸收了八大山人的許多畫風，他變八大山人用筆絞轉為中鋒直筆，變其用墨紛披為整飭，變其畫風的冷逸為瀟灑飄逸；人物畫以傳統為根基，左受日本畫風影響，右受敦煌畫風影響，畫面用筆流暢、用色瑰麗、造型飽滿，略有大唐風韻。

張大千的繪畫如果僅停留於此，那他充其量也只是個二流畫家，中國大陸畫家有此水準的也不在少數。

最難能可貴的是，張大千六十歲前後，開始「衰年變法」，探索潑墨山水的畫法。

所謂「潑墨法」，是先以筆勾勒物象大概，然後以濃淡墨潑於紙絹上，任其流溢，再點以濃墨或清水，有時可在墨上再潑彩，也可彩墨同時潑於紙絹，任其滲化融合，彩墨相彰、變幻莫測。潑墨完畢，再用筆細心收拾，將渾淪處點醒。這樣就使潑墨處在虛實之間幻滅，令人神往、遐想萬千。

《神木圖》是張大千潑墨山水的成功之作。

畫面前方以線為主勾出神木樹幹，在枝杈間點寫濃淡相間的樹葉；後面高山，用筆勾出大的脈絡，然後以大片水墨潑出，並用水沖之，使水與墨滲化淋漓，墨色變化十分豐富；最後，用筆收拾出山的皴紋，使其和潑墨部分巧妙結合，形成線面對比、乾濕對比、黑

白對比，增加了形式上的關聯。在山體結構的支撐下，潑墨部分則變成了山的背光和山的溝壑，真可謂「點石成金」。

有學者認為，張大千的「潑墨潑彩」法是受美國抽象表現主義畫家卜洛克 (Jackson Pollock)「潑油彩」畫法影響，並將其法用於自己的畫中。這個觀點是值得再商榷的。

到目前為止，還沒有任何證據說明張大千是直接受卜洛克的啟發而變法，也沒有任何證據證明張大千在變法前看過卜洛克的畫。張大千的潑墨和卜洛克的潑彩，

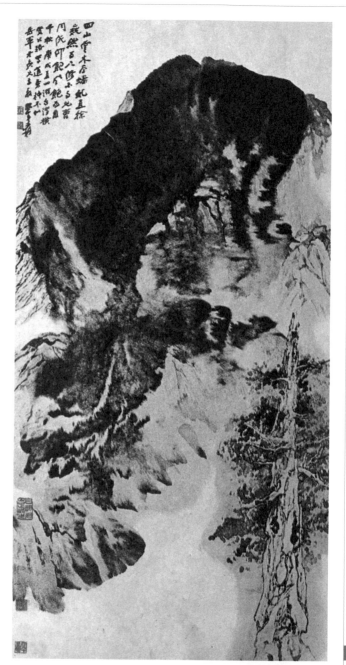

▶ 張大千《神木圖》

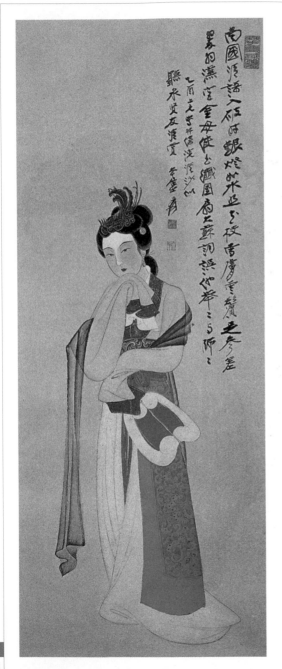

是兩類形態和語言都相異的藝術，如果僅從表面形態上的相似，就說張大千是學卜洛克，那麼，從踢翻的油桶、滴淌的奶油中更易受到啓發。

實際上，我們可以認爲，張大千的「潑墨法」是中國水墨畫自律發展的結果。

中國是水墨畫的故鄉，歷史上早就有「潑墨法」的記載。畫家們追求的水墨淋漓、水墨相輝的效果，就是「潑墨法」的前奏，起碼在理論上，「潑墨法」已經存在了。「潑墨法」的出現，是和中國傳統水墨畫發展一脈相承的，是中國水墨畫極端發展的結果。如果說西方藝術對張大千有所影響的話，那也是在創新觀念上的啓發。

張大千的潑墨繪畫，從傳統中羽化爲現代藝術，使他有資格步入大師的行列。他的藝術成就對當代水墨畫的創新，也有著重要的啓示作用。

◀ 張大千《仕女圖》

96. 石魯
——筆飛墨走精靈出

傳統山水畫的表現題材，大多以名山大川、江南小景為主。古代士大夫們藉著這些山峰峻峭、草木蔥蘢的景致，營造理想中的世外桃源。而傳統文人畫的筆墨法式，也是圍繞著這些題材建立的。

因而，在傳統山水畫中，幾乎沒出現過黃土高原的景象，這除了它太平凡無奇和缺少表現語言外，更重要的是，它不符合士大夫文人們的雅賞，自然也就不會把胸中的雅逸情懷寄託於貧瘠的黃土高原上。

不過，就在這塊貧瘠的土地上，卻出現了一個影響巨大的「長安畫派」。該畫派的畫家們，以極大的熱情謳歌了這片黃土地上的風土人情，在平凡的景色中發現了美。而首先發現這黃土地之美，並竭盡全力來創作的則是「長安畫派」的中堅石魯。

石魯（1919～1982），原名馮亞珩，因慕石濤、魯迅之品格，故以石魯為號。石魯自幼愛好美術，1934年夏，石魯隨兄入成都東方美術專科學校國畫系，專門研習石濤、八大山人、揚州畫派、吳昌碩諸家；1938年，借讀於華西協和大學文學院歷史社會學系。

1939年1月，隻身一人騎自行車離家輾轉至晉而赴延安，投身革命。1954年任西安美協副主席；1955～1956年赴印度、埃及旅行寫生；1961年，長安畫派畫展在京舉行，一時轟動畫壇，得到社會的肯定。這時期，石魯還創作了電影文學劇本《暴風雨中的雄鷹》，後來被拍成電影。

「文革」一開始，石魯就遭到了批判，受到多次的無端凌辱，身心俱損。於是他棄家出走，隻身入

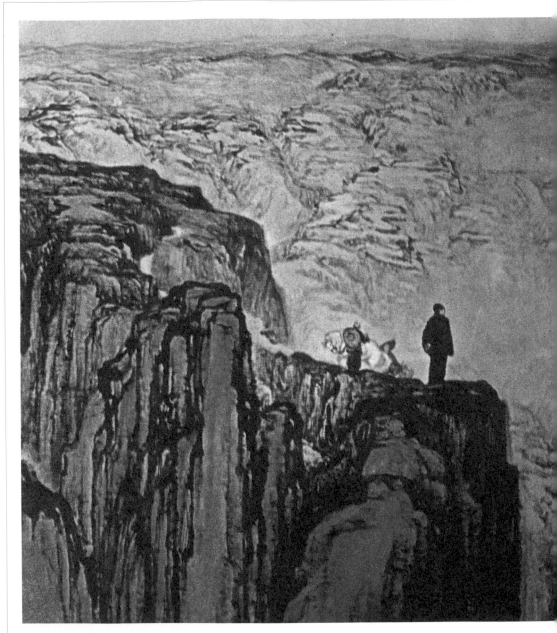

▲ 石魯《轉戰陝北》

川，一代傑出的藝術家開始了行醫討飯的乞兒生涯；但不久又被抓回，遭到更嚴厲的「批判」。

當時，曾有人策劃以現行反革命罪，上報省政法組，判石魯以極刑或死緩（死刑緩期執行的簡稱）。但因石魯影響較大，一時難於下手，他才倖免於死。無端的迫害，使石魯身心受到嚴重摧殘，不幸於1982年與世長辭。

石魯早期繪畫創作以版畫為主，兼作年畫、連環畫，主要作品有《群英會》、《打倒封建》等。1950年，石魯開始借鑑西方畫法進行國畫創作，代表作有《變工隊》、《古長城外》、《埃及寫生》等。

這個時期的作品，雖然表達了石魯對現實生活的真實感受，作品也的確有許多鮮活的內容。但是，由於過分追求形色、明暗、體量效果，而忽略了中國畫筆墨因素，實際上是在用國畫工具畫素描。

也許他是在赴印度、埃及寫生時，比較出各國藝術的差異性，而對我們民族藝術終有所悟，體會出國畫筆墨語言的重要性，開始了「一手伸向傳統，一手伸向生活」的創作階段。

他在作品中，加強了筆墨因素，減弱了明暗體量，使西畫技法配合於國畫技法，終於開創出繪畫性很強，而又不失中國特點的「長安畫派」畫風。繪畫性的加強，促使石魯作品的內在意境，從詩的境界拓展至文學境界，和傳統國畫意境追求拉開了距離，而具有了現代意義。

這一時期的代表作，有《轉戰陝北》、《南泥灣途中》、《赤岩映碧流》等。《赤岩映碧流》以朱砂、水墨「拖泥帶水」直接揮灑而成，渾淪中有其筆，劈斫中有其骨，突破了傳統國畫的程序性，色墨交融，繪畫性語言極強；取景構圖也以鏡頭取像式來完成，突破了傳統「三段式」章法，在觀物視角上已是現代的眼光。

石魯這時期的作品，和出國寫生前相比，素描已不是他的繪畫基礎，而只是一個條件，書法和傳統筆墨的基礎作用在加強，這是他對傳統國畫語言認識上的提高。

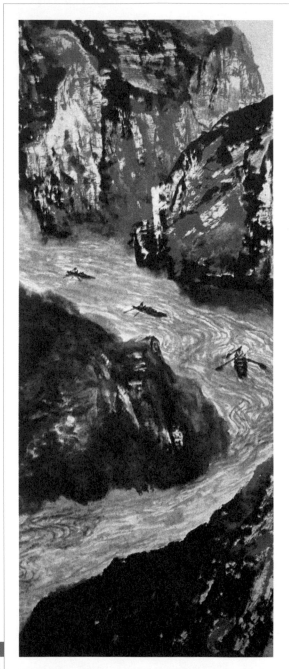

　　十年動亂，石魯在大劫中獲得大悟，梅、蘭、松、竹、荷、華山成為他藉物詠懷的主題，在傳統題材中寓以人生品格新境界。他這時期的作品，筆墨因素已起決定作用，石濤、八大山人、吳昌碩、虛谷諸家之筆墨被他融入畫中，特別是虛谷奇峭辛辣的用筆，對石魯有著直接的啓示。

　　《石榴圖》就是他這方面的佳作。表面上看，他好像在向傳統回歸，其實每個環節都有新意，可謂「舊貌換新顏」。

　　由於石魯年壽不永，他只是開創了長安畫派的新畫風，卻沒有創造出藝術最高峰，這的確令人扼腕不已。但以石魯為首的長安畫派，是在1951年崛起的新畫派，對中國畫的發展方向有著引導作用。因而，長安畫派畫風被廣大美術工作者所借鑑，直接而廣泛地影響中國畫壇。

◀ 石魯《赤岩映碧流》

97. 蔣兆和
——一碗苦茶獻眾生

中國人物由傳統轉向現代、由古典畫風轉向現實畫風，在任伯年的人物畫中已有所體現；後來，在徐悲鴻的提倡下，許多畫家也開始探索人物畫寫實畫法，徐悲鴻本人也身體力行，創作了大量的寫實主義作品。但他的人物畫，大多是以勾線為主的粗筆白描，或先勾輪廓再塗墨、塗色，沒有將筆墨有機地結合在一起。

直到蔣兆和的畫面，才使筆墨與人物的結構融合在一起，完成了中國人物畫由傳統向現代的轉換。可以說，中國人物畫的寫實主義是起於徐悲鴻，而成於蔣兆和的。

蔣兆和（1904～1986），四川瀘州人。蔣兆和出身於書香門第，祖父是教書先生，父親曾是秀才。但當時科舉已廢，仕進無門，家境日窘，窮愁不得志的父親，整天捧著大煙槍以解愁悶。

蔣兆和是蔣氏家族單傳獨苗，甚得家人寵愛。不料在他三歲時，突然因病驚厥，數日未醒，家人一片號咷。大人們把他放在門板上，準備好了棺材，就在行將出喪時，蔣兆和卻甦醒過來，眾人驚喜異常。也許是這個緣故，家人給他取了個新名——兆和，從此他一直沿用此名。

蔣兆和自幼喜愛繪畫，在父親執教的家塾中讀書。為了謀生，蔣兆和十六歲時來到上海，以畫肖像和畫廣告為生，業餘自修素描、油畫。這期間，他結識了徐悲鴻，深受其以寫實主義改良中國畫之主張影響。

1928～1930年，他擔任南京中央大學藝術科圖案教師。當一二八淞滬戰役爆發時，為宣傳抗日，他

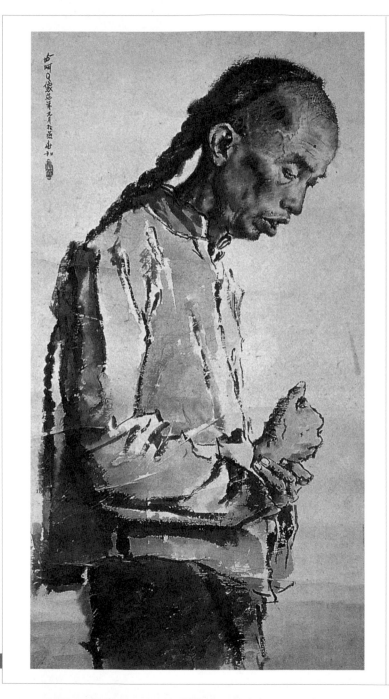

▶ 蔣兆和
《阿Q畫像》

曾為抗日將官十九路軍軍長蔡廷鍇、總指揮蔣光鼐繪製了油畫肖像。

1934年，蔣兆和赴南京參加孫中山塑像徵稿活動，借宿於徐悲鴻的家中。次年秋，又赴北平，接辦友人李育靈的畫室招生授徒，後又曾返回四川，於1937年開始長期定居北平；1950年起任中央美術學院教授。

蔣兆和的繪畫，大多表現社會下層勞動者和顛沛流離者的生活，為他們的不平、不幸而呼號。勞動者題材，是他繪畫內容的重要組成部分，他曾在畫冊自序中寫道：

> 知我者不多，愛我者尤少，識我畫者皆天下之窮人，惟我所同情者，乃道旁之餓殍。

又說：

> 我不知道藝術之為事，是否可以當一杯人生美酒，或是一碗苦茶？如果其然，我當竭誠來烹一碗苦茶，敬獻於大眾之前。

他的繪畫，始終貫穿著為「人生而藝術」的善良願望和進步思想。1943年完成的《流民圖》，是他藝術成就的集中體現，也是他那種關注人生的悲劇意識的集中表現。圖中背井離鄉的農民、工人、知識份子，和在死亡線上掙扎的老人、婦女、兒童，無一不是戰爭年代裏人民命運的真實寫照。

藝術不止於表現什麼，而更在於如何表現。蔣兆和的繪畫風格由傳統繪畫、民間擦炭肖像畫、西方素描三部分融合而成。開創了既有筆墨，又有明暗，形象生動、惟妙惟肖的現代寫實主義畫風。

蔣兆和的人物畫，筆墨已具兩種功用：用線既可體現輪廓，又可體現運筆；用墨既可表明暗，又可表墨韻。筆墨、形體、明暗相互融合，可以這裏畫一筆、那裏抹一下，最後形成一個完整的形象。不必嚴格按著先勾輪廓線後再塗墨塗色的傳統方法來作畫，避免了筆與

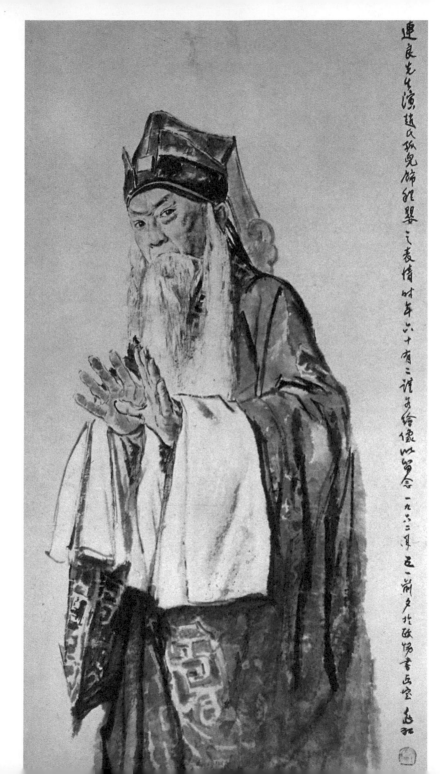

連良先生演趙氏孤兒飾程嬰之表情時年六十有二謹為繪像以留念一九六二年五月前夕北京張伯書並記 [印]

墨兩層皮的缺點。

蔣兆和的繪畫，以五〇年代為界分為前後兩個階段。從藝術角度來看，五〇年代以前的作品，較後一階段高出一籌。

《阿Q畫像》是他前期的代表作，成功地表現了阿Q樸實和麻木的精神狀態。畫面用筆較輕靈，在塑造體量關係的同時，還著意於墨韻變化。阿Q臉部以皴擦法擦出大的明暗關係，臉部結構關鍵部位用線勾出，頭部以乾墨皴擦，巧妙地表現了阿Q頭上的瘡疤污垢。臉部刻畫較細，甚至對太陽穴部位的血管都有所交代。

身體左側以較細而鬆動的線勾出，由於線條搭得很鬆，身體也就虛轉過去，增加了空間的虛實感；右側以較濃之筆勾出胳臂，前緊後鬆，分出明暗，並在暗部注意墨韻變化，避免了只有明暗，沒有筆墨。身體明暗過渡追求大的轉折，簡潔明快，避免了過分立體、筆墨無法施展，又和西畫拉不開距離的弊端。

該圖不僅用筆輕靈，用墨也很瀟灑輕鬆，注意留出空白和飛白，使筆墨之間節節有呼吸。既吸收了西方藝術特點，又保持了中國的民族特色，是一幅中西結合的佳作。

蔣兆和後期繪畫，表情刻畫細膩、畫面色彩豐富，素描因素加強。由於著意於表情的生動性和造型的準確性，而忽略了筆墨關係，用筆太粗硬、太直、太實，用墨過於依從明暗調子，因此也就少了幾分筆墨韻致。但也不乏精彩之作，如《京劇演員馬連良》，無論是在表情的生動性，還是造型的準確性、刻畫的細膩性、色墨的豐富性，都達到了很高的藝術水準。

蔣兆和的人物畫，在美術史上具有劃時代的意義，他完成了中國畫人物的新舊轉換，以嶄新的繪畫語言，表達著生動的現實生活。他還為國家培養了大量的美術人才，影響深遠。

◀ 蔣兆和《京劇演員馬連良》

98. 傅抱石
—— 江山如此多嬌

山水畫因其以表現無限的空間為要旨，畫中樹木、房屋、舟車、人物等物象不能畫得太大，點景物象畫得越大，畫面空間也就越小。即使是畫山體輪廓也不能用過長過粗的線，因過粗過長的線會使山體顯得矮小，不利於營造深遠的山水意境。

山水畫是在「豎畫三寸，當千仞之高；橫墨數尺，體百里之迴」中施展筆墨，不能像畫大寫意花卉那樣縱橫其筆。大寫意花卉是因為更適合文人畫家恣意揮灑，才迅速發展成熟的。但是，山水畫一刻也沒停止過探索直接揮寫的可能。

清初的石濤，已將大寫意花卉畫法引入他的畫中，開創了筆墨恣肆的山水畫風；而在近代，又出現了一位石濤的追隨者，終於能像畫大寫意花卉那樣，直接揮灑著「千山萬水」，開創了酣然豪放的山水畫風，他就是近代畫家傅抱石。

傅抱石（1904～1965），原名瑞麟，江西新餘人，生於一個貧寒家庭。他少年時便酷愛書畫、篆刻，經常出入裱畫店，觀賞書畫名跡。青年時期，他努力研習傳統技法和畫史，曾著《國畫源流概述》一書。他廣泛師學元、明、清諸家，尤其醉心於石濤畫風和繪畫理論，因號「抱

▶ 傅抱石
《瀟瀟暮雨》

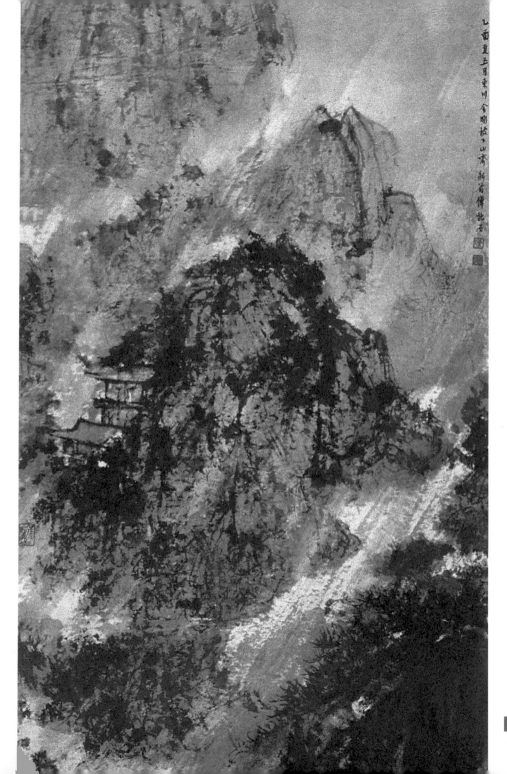

乙酉夏五月東川金剛坡上山齋新霽傅抱石

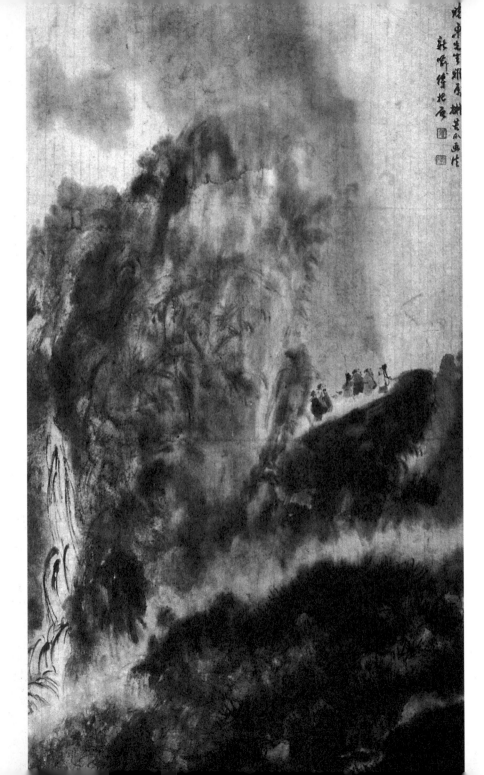

石齋主人」。

1933年，傅抱石得徐悲鴻之助赴日本留學，入東京美術學校研究部，攻讀東方美術史及工藝、雕刻；1936年回國後，由徐悲鴻推薦到南京中央大學藝術系任教。抗日戰爭時期，在郭沫若主持的政治部三廳任秘書。

1949年之後，傅抱石歷任南京師範學院美術系教授、江蘇省國畫院院長、中國美術家協會副主席等職；1960年，率團展開長程寫生考察，第二年又到東北寫生作畫，開闊了眼界，創作了許多山水佳作。

傅抱石喜飲酒，尤喜酒後揮毫潑墨。1959年，他與關山月合作，爲人民大會堂繪製巨幅山水畫《江山如此多嬌》時，因當時中國經濟窘迫，白酒供應緊缺，傅抱石幾日未能飲酒，終於有一天酒癮發作而開始「罷畫」。周恩來知道此事後，想方設法弄了兩瓶茅臺酒送給他，傅抱石非常感動，出色地完成了山水畫的創作任務。

傅抱石的繪畫，形成於蘊含古今、融貫中西風格之中。

石濤的山水，雖然筆墨放縱，但他畫中山石樹木的結構還是很完整，因爲他畢竟沒越出文人畫的大框架。文人畫山水是用各種皴法、樹法、點法的連綴運用，最後完成整幅畫面。

可是，在傅抱石的畫中，他把這一切都給砸碎了。他的皴法是如同亂麻的「抱石皴」，他的樹法是粉碎的「破筆點」，如果按著傳統繪畫畫法，是無論如何成不了畫的。

因爲沒有了渾整的點法、皴法，也就沒有了物象的結

◀ 傅抱石
《仿苦瓜山水》

構，即使勉強畫成，畫面也會凌亂不堪，而傅抱石卻出色地將這些鬆散破碎的皴與點，融合在物象的結構中。

在貌似凌亂中，山川草木的結構層次井然有序。實際上，他是吸收了日本竹內棲鳳的彩墨畫和日本水彩畫的成分，去掉光影保留明暗，去掉色彩保留黑白，在此作法之下，他就用明暗調子將那些「碎筆」融合在物象結構中，使筆與筆之間發生了聯繫。

如果山石皴法、樹木點法太完整獨立，那這些明暗調子是無法將它們融合在一起；另外，傅抱石是將這些明暗調子隱藏在筆墨中，儘量保持相對的平面，以突出筆墨的效果。如果缺少了這些明暗調子，他的畫是不成立的。

他作畫是大膽落筆、細心收拾。所謂細心收拾，就是調整調子，他的畫有時要反覆染好幾遍，直到能明確交代結構與層次為止。他的畫面越放縱，其中的明暗關係越準確，只是這些明暗關係被筆墨遮蓋了而已。但只要虛眼靜觀，或者退後幾步，就能看出其中道理。

《仿苦瓜山水》圖，就屬用筆狂放而明暗隱於筆墨中的典型。

另外，他還用抓緊一面、放開一片的方法，來表現物象的結構和層次。因他的筆墨多碎筆，如果不在山體結構邊緣收緊的話，就會散亂無形。所以，他在山石邊緣用筆緊而重，裏面鬆而淡，既可體現筆墨，又可體現結構。為保留山體結構，他用上實下虛、上濃下淡的山體層層推遠，而無黏渾之感。《瀟瀟暮雨》圖，就可印證此理。

當傅抱石的山水畫情境交加、水墨淋漓、意興酣然之時，可謂濃墨縱橫，概括萬千。他以深厚的傳統底蘊，融合技法和感情，開創了不尚拘謹、不事華飾、筆簡意遠的山水畫風，對現代山水畫發展有著重要的啟示作用。

99、100. 李可染、陸儼少
——「南陸北李」意匠新

中國有一個很有趣的文化現象，就是愛把一種事物分成南北對稱。如在飲食上有「南甜北鹹」、武術上有「南拳北腿」、禪宗上有「南頓北漸」，而在繪畫上更是愛以南北稱之，如「南黃（賓虹）北齊（白石）」，「南潘（天壽）北李（苦禪）」等等。在二十世紀末的中國畫壇上，最後可南北相稱的畫家，就只有李可染和陸儼少了。

陸儼少比李可染長兩歲，他們兩人都出生於二十世紀之初，一位久居南方，一位長住北方。他們都以高壽經歷了整個世紀的風風雨雨，都工山水。但在學習與吸收、意境之追求、筆墨之探索、風格之呈現等方面，又有著很大的不同。將他們南北對應而論，也許是一件很有意思的事。

陸儼少生於1909年，上海市嘉定人，父親是小業主。陸儼少在未識字時便喜愛繪畫，中學時期，常和擅長金石書畫、古典文學的師友接觸，並開始學習中國畫。十八歲從蘇州王同愈先生學詩文書法，十九歲從常州馮超然先生學畫山水。

陸儼少弱冠時便有超俗離塵之念，二十五歲曾入浙江武康上柏山中，躬耕畎畝，以種植自給；二十九歲時，日軍入侵，為避戰亂，遷居重慶，飽覽了蜀中山川；四十四歲任上海中國畫院畫師，後任浙江美術學院教授、中國美術家協會理事。

李可染生於1907年，江蘇徐州人。幼時從同鄉畫家錢食芝學畫，1923年考入上海美專；1929年進杭州國立藝術學院研究部專攻油畫，曾參加過「一八藝社」的進步版畫創作活動；1943年在重慶任教於國

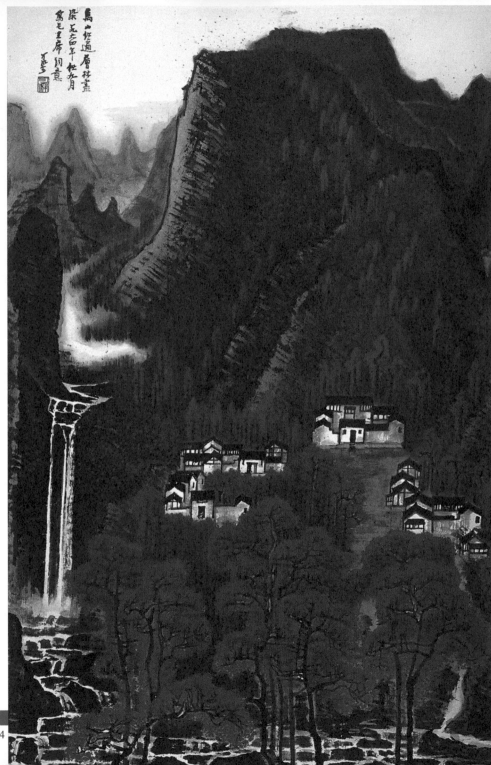

鳥鳴山更幽層林盡
染一九六四年秋九月
寫毛主席詞意
苦禪

立藝專；1945年遷居北平，從事教學工作，並拜齊白石、黃賓虹為師。曾擔任中央美術學院教授、中國美術家協會副主席、中國畫研究院院長等職。

在學習和吸收方面，陸儼少非常重視「師承」。在傳統上可謂薰染彌深，但又不被傳統所困，了然悉知「藝術是文化的花朵」。提出「四三三」的治學方法，即「四分

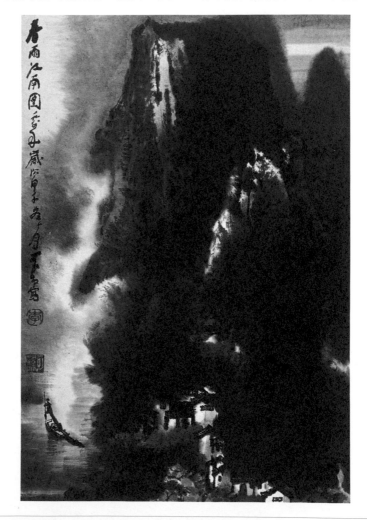

◀ 李可染
《萬山紅遍》

▶ 李可染
《春雨江南》

讀書，三分寫字，三分畫畫」。以讀書為「舟」、寫字為「舵」、畫畫為「槳」，這樣才能乘風破浪而不迷失航向。

面對歐風東漸的新時代，陸儼少仍是「以不變應萬變」，以傳統為根基來開創新畫風。我們看到他的山水畫仍是以傳統的皴擦點染為之，可細看每個環節又都有新的氣象和新的形態。

在學習和吸收方面，李可染非常強調「變革」。他十六歲入上海美術專門學校，二十二歲考入杭州國立藝術學院，深受西方藝術影響。四十歲又拜齊白石、黃賓虹為師，中西方繪畫都得以接觸，深知「藝貴創新」的真諦，決心「變革」中國畫，提出「要以最大功力打進去，以最大勇氣打出來」。打進去是「理解」，打出來是「概括」。他的山水畫在抓住「筆墨」基礎上，又將西方藝術的體量關係引入畫面，頗具現代氣息。

在美學和意境方面，陸儼少追求的是「優美」，他的山水畫曲折多變、靈動飄逸、通體皆虛。畫面以曲線為主，追求一個「動」字；李可染則追求的是「壯美」，他的山水畫渾厚凝重、沉雄茂密、單純融合。畫面以直線為主，追求一個「靜」字。

筆墨方面，陸儼少的畫，墨色明快淋漓、筆端極富變化，所有筆跡都清晰地展現在畫面上，不遮不擋。用筆絞轉反側、提按有序，從點中抽出即是線，擴線即是面，筆筆有根據。他在畫中還大量運用潑墨，有痛快淋漓之感。在筆墨運用上，陸儼少是能「潑」即「潑」、可「勾」則「勾」，相互生發、運用自如，把傳統優勢發揮到極點。

李可染的筆墨沉著厚重，局部濃淡變化不大，追求整體的對比；筆墨痕跡儘量融入畫中，渾化無形。用筆多以帶「金石意味」的線勾畫物象，抓住一個「蒼」字。李可染的畫裏洋溢著厚、密、重、滿的主調，主要是層層點染帶來的效果，多次的積墨使山水樹木渾然一氣，所有的筆墨最後都形成一個「拆不散、打不爛」的整體。

在筆墨運用上，李可染是能

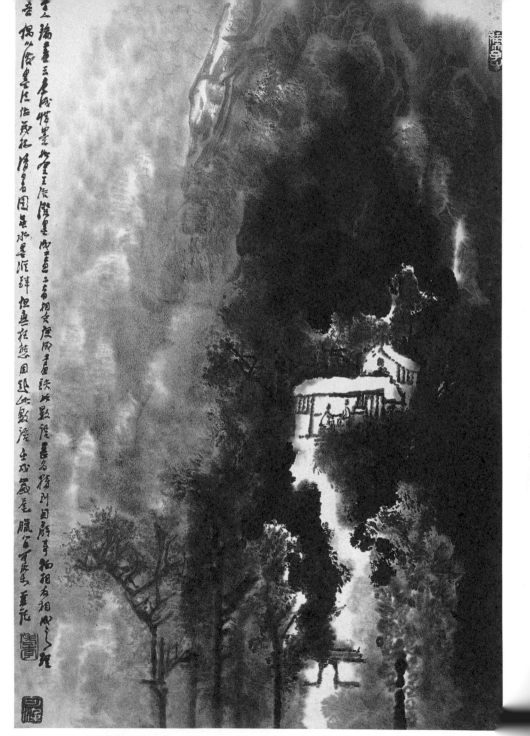

▲ 李可染《茂林清暑圖》

「點」即「點」、可「染」則「染」，在點染中融會中西，將時代氣息呈現出來，氣勢逼人。【註】

在章法經營方面，陸儼少強調山川飛動的氣勢。他的山水一般都是右下角起勢後，衝向左上角，基本用筆、用墨都服依於從右至左的大趨勢；李可染也很注重氣勢，是一種自下而上的氣勢。他的畫有上升的崇高感和巋然不動的莊嚴意味。所畫物象都控制在「紀念碑」似的框架裏，在框架內求變化。

在對待傳統繪畫語言上，陸儼少用的是「加法」。他不僅刻意強調傳統繪畫語言的豐富性，還將一些繪畫語言局部放大，單獨運用，提出一個因素就可以單獨構成畫面，讓我們細細品味。

而李可染用的是「減法」。1954年前的十年中，他曾下了很大的功夫研究傳統繪畫，並儘量將複雜的傳統語言單純化，找到最「純粹」的東西。最後，剩下了最本質的「一點」、「一線」，他用這最單純的「一點」、「一線」，奏響了最豐富的筆墨樂章。

在空間透視上，陸儼少強調「主觀空間」。他選擇的布景方式，依然是傳統的「散點透視」。「散點透視」和西方的「焦點透視」相比，更適用於繪畫。它不受定點限制，可以自由發揮。傳統的處理方法，一般是「散點透視」加筆墨濃淡來表現空間，由濃及淡、由近及遠。

但這種方法也有侷限，就是濃淡反覆運用，會使畫面紛亂不整。而陸儼少用一種主觀的「符號對比」方法解決了這個問題。在他的作品中，往往是一層細筆水紋、一層粗筆山石；一層雙勾樹木、一層白描的雲，在其中還運用

◎筆力

是指作畫行筆點畫所表現出的一種力量美，它需以控筆能力為基礎，又需以線質品味做保障，才能達到有筆觸品質的力量之美，不然則易有粗野、狂怪之弊。李可染作畫，多以扛鼎「筆力」為之，氣象超特不凡。

▶ 陸儼少
《太白胡僧圖》

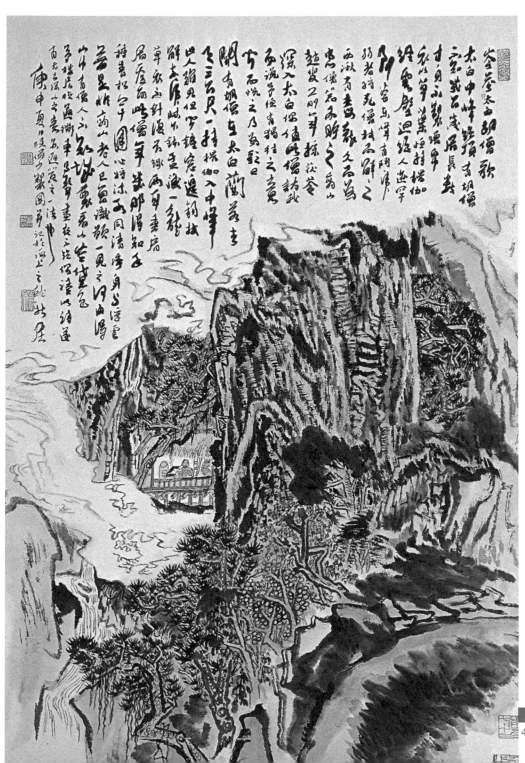

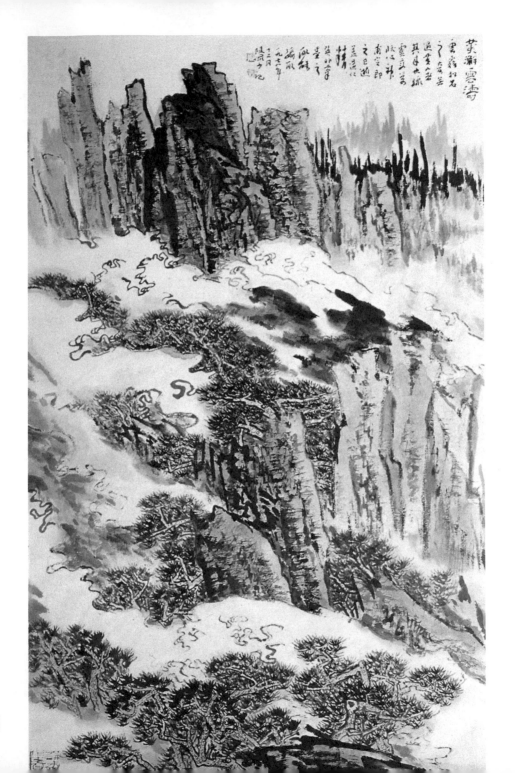

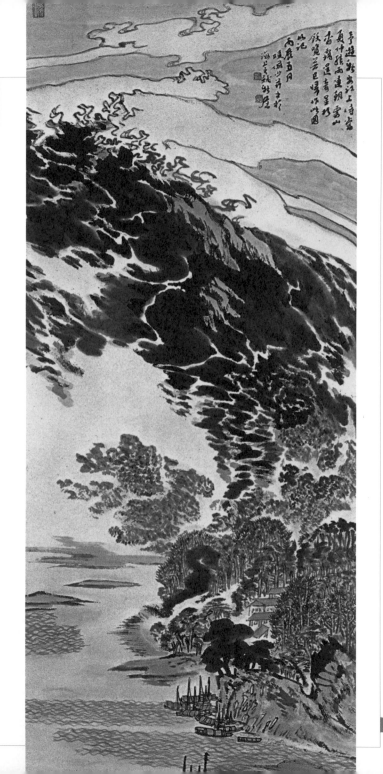

◄ 陸儼少
《黃澥雲濤》

► 陸儼少
《新安雲起圖》

各種樹法、皴法;濃淡、粗細、乾濕、線面、黑白、疏密對比。在層層相襯中,將畫面空間擴展至最大化。這些「主觀空間」的對比程序還沒用完一個循環,就已畫到百里開外了。

在陸儼少的筆下,空間透視的運用,比任何一個時代的畫家都自由,空間推展也比任何一個時代都深遠。【註】

而李可染則強調相對的「客觀空間」。注意了欣賞者的視覺感受,但又不是完全的「焦點透視」。他把「焦點透視」裏的「定點」和「滅點」去掉,把近景和遠景弱化,只取中景,這樣可以保持最大的平面性和筆墨發揮的自由性。為此,他還把畫面近景中的橋和房屋也處理成平面。

實際上,他所採取的是「二維半」的半浮雕空間關係,既保持了質感、量感、空間感,也能在相對的平面上發揮筆墨效果,這也是他融合中西的成功之處。

透過對「南陸北李」的比較,可以看出「繼承」和「變革」並不矛盾,都有成功的可能。在時代變革的潮流中,李可染順應了時代,創造出具有新境界的優秀作品;而陸儼少在西方藝術衝擊傳統的環境裏,依然孤獨地立足傳統,創造新意,更是難能可貴。

可以說,陸儼少是二十世紀末「傳統正脈最後一人」,李可染是「融合中西藝術的拓荒者」。他們的藝術實踐,在許多方面對我們深具啟發性。

◎計白當黑

是書畫創作中以虛代實的方法之一。一般來講,書畫作品是著筆處為「黑」,不著筆處為「白」。但這「白」並不是單純的空白,而是有物象的「白」,它可以表示江湖、雲霧、道路等,是以虛代實的「計白當黑」,運用得當會使畫面增色不少。從陸儼少的畫中,我們也許能體會出「計白當黑」的妙處。